Jörn Rüsen/Henner Laass (Hrsg.)

Interkultureller Humanismus

Menschlichkeit in der
Vielfalt der Kulturen

D1704050

WOCHEN
SCHAU
VERLAG

Bibliografische Information der Deutschen Bibliothek

Die Deutsche Bibliothek verzeichnet diese Publikation in der Deutschen Nationalbibliografie; detaillierte bibliografische Daten sind im Internet über http://dnb.ddb.de abrufbar.

© by WOCHENSCHAU Verlag
Schwalbach/Ts. 2009

www.wochenschau-verlag.de

Titelbild: Jörn Rüsen
Gesamtherstellung: Wochenschau Verlag
Gedruckt auf chlorfreiem Papier
ISBN 978-3-89974523-8

Inhalt

Teil III: Ausblick

Vorwort

Dieses Buch ist im Zusammenhang eines Forschungsprojektes zum Thema „Der Humanismus in der Epoche der Globalisierung – ein interkultureller Dialog über Kultur, Menschheit und Werte" entstanden, das von 2006 bis 2009 im Kulturwissenschaftlichen Institut (KWI) in Essen durchgeführt und von der Stiftung Mercator gefördert wurde. Das Projekt verband regionale Forschungsinteressen der drei Ruhrgebietsuniversitäten Bochum, Dortmund und Duisburg-Essen, war international und interkulturell vernetzt, wandte sich mit besonderen Veranstaltungen auch an ein breites Publikum und hat sich schließlich nicht nur theoretisch, sondern auch praktisch grundlegenden Fragen der Bildung zugewandt.

Dieses Interesse an Theorie und Praxis der Bildung unter dem Vorzeichen des Humanismus hat zur Zusammenarbeit des Projektes mit der Landeszentrale für politische Bildung in Nordrhein-Westfalen geführt. Akademische Forschung und grundlegende Einsichten und Praktiken der historisch-politischen Bildung fügten sich in ein gemeinsames Interesse zusammen: Humanismus soll als Inhalt, Ziel und Prozess der Bildung in unterschiedlichen Institutionen zur Diskussion gestellt, wenn nicht gar zur Geltung gebracht werden. Dieses Buch stellt einen ersten Schritt dazu dar, dieses Interesse umzusetzen.

Es ist nicht möglich, die Vielfalt dessen vollständig darzustellen, was unter ‚Humanismus' zu verstehen ist und Aufmerksamkeit verdient. Es musste daher eine Auswahl der möglichen Themen unter zwei Gesichtspunkten getroffen werden. Erstens sollte die interkulturelle Dimension des humanistischen Denkens in historischer Perspektive deutlich und zweitens sollte die Rolle dieses Denkens in den wichtigsten Bereichen der menschlichen Lebenspraxis thematisiert werden.

Natürlich konnten weder alle größeren Zivilisationen und Kulturen repräsentiert werden noch wurden alle Bereiche der menschlichen Lebenspraxis behandelt. Aber die thematisch gesetzten Schwerpunkte geben in ihrer Konstellation, so hoffen wir, einen brauchbaren Überblick über den Humanismus im Zeitalter der Globalisierung.

Niemand wird heute mehr in Abrede stellen, dass die historisch-politische Bildung interkulturelle Bezüge braucht. Dennoch dominiert nach wie vor die westliche Perspektive, und die so genannten nicht-westlichen Länder und Kulturen haben noch nicht die Aufmerksamkeit gefunden, die ihnen angesichts der gegenwärtigen Weltlage gebührt.

Dieses Buch versteht sich als ein energisches Plädoyer dafür, den geistigen Horizont unserer Bildung wahrhaft interkulturell auszuspannen. Zumindest im ersten Teil ist dies explizit der Fall; im zweiten Teil, wo es um wichtige Bereiche und Dimensionen des menschlichen Lebens geht, stehen natürlich die Realitäten im Vordergrund, die die Lebenswelt der durch dieses Buch angesprochenen Interessenten am Humanismus bestimmen.

Als Fortführung und Ergänzung dieses Buches ist ein Band mit Materialien geplant. Er enthält Dokumente, die die hier behandelten Themen in ihrer historischen, aber auch in ihrer systematischen Perspektive repräsentieren. Unsere Autoren haben auf unseren Wunsch hin teilweise recht umfangreiche Quellenmaterialien eingereicht. Ihr Charakter variiert von der Dokumentation und Übersetzung von in Deutschland schwer zugänglichen Texten archaischer, nicht-europäischer Weisheit über klassische Texte des europäischen Humanismus in seiner historischen Entwicklung bis hin zu Stellungnahmen zu konkreten Konflikten unter dem Gesichtspunkt eines „Neuen Humanismus". Ihre Integration hätte den Rahmen dieses Bandes gesprengt. Sie sollen daher in einem Folgeband bearbeitet, ergänzt und veröffentlicht werden.

Wir danken der Stiftung Mercator und dem Kulturwissenschaftlichen Institut für die Ermöglichung unserer Arbeit. Danken möchten wir auch der Fakultät für Geisteswissenschaften der

Universität Duisburg-Essen und ihrem Dekan, Prof. Dr. Erhard Reckwitz, für ihre Unterstützung unserer Arbeit an der Drucklegung. Den Autoren sind wir dafür zu großem Dank verpflichtet, dass sie sich dazu bereit erklärt haben, ihre Fachkompetenz in wesentlichen Bereichen des Humanismus für ein breiteres Publikum in zusammenfassenden Darstellungen in Anspruch nehmen zu lassen. Das war nicht immer ganz einfach, da Umfangsbeschränkungen und Darstellungsgesichtspunkte berücksichtigt werden mussten, die für Fachbeiträge nicht immer selbstverständlich sind. Für die Geduld, mit der die Autoren unsere Wünsche aufgenommen und umgesetzt haben, sind wir sehr dankbar. Der Landeszentrale für politische Bildung, insbesondere Herrn Prof. Dr. Andreas Kost, und dem Wochenschau Verlag, insbesondere Herrn Bernward Debus und Frau Dr. Birgit Wolter, danken wir für gute Zusammenarbeit. Ein besonderer Dank gebührt Angelika Wulff für ihre Mitarbeit an der endgültigen Erstellung des Druckmanuskripts.

Bochum und Wuppertal im Februar 2009
Jörn Rüsen und Henner Laass

Jörn Rüsen

Einleitung:
Einheitszwang und Unterscheidungswille – die kulturelle Herausforderung der Globalisierung und die Antwort des Humanismus

Humanismus – das ist eine Antwort auf drängende kulturelle Orientierungsprobleme der Gegenwart, die sich aus dem Zusammentreffen unterschiedlicher Weltsichten und Lebensformen immer wieder ergeben. In immer stärkerem Maß wird das politische Leben – vor allem in Europa – davon bestimmt, dass unterschiedliche Wertauffassungen, Weltdeutungen und praxisnahe Einstellungen zu allen Grundfragen des menschlichen Lebens aufeinander stoßen. Wie gehen wir mit dieser uns herausfordernden und manchmal recht bedrängenden Erfahrung kultureller Unterschiedlichkeit in der Gestaltung des sozialen, persönlichen und politischen Lebens auf allen Ebenen um?

Gibt es so etwas wie eine ‚höhere Ordnung‘, in die die kulturellen Unterschiede eingebracht und in der ihr Verhältnis einvernehmlich geregelt werden kann? In der Bundesrepublik Deutschland wird für eine solche höhere Ordnung der Begriff ‚Leitkultur‘ verwendet. Ursprünglich war es ein politischer Kampfbegriff gegen demokratiefeindliche Einstellungen von Migrantengruppen und gegen naive Annahmen über ein friedliches Nebeneinander der verschiedenen Traditionen und Kulturen. Inzwischen aber bezeichnet er ein akutes Sachproblem, eben den Regelungsbedarf im Verhältnis unterschiedlicher Lebensformen.[1]

Dieses Problem spitzt sich zu, wenn es um eine Grundfrage der kulturellen Gestaltung des menschlichen Lebens geht, nämlich um die Antwort auf die Frage: „Wer bin ich?" beziehungsweise „Wer sind wir?" Diese Fragen stellen sich häufig, zumal in Krisensituationen, und sie müssen auch beantwortet werden, wenn Menschen mit sich selbst und mit anderen im praktischen Leben miteinander auskommen müssen. Damit verwoben ist die Frage nach Zugehörigkeit und Abgrenzung. Sich zugehörig zu anderen und sich zugleich unterschieden von anderen zu fühlen und zu wissen, ist ein mentales Lebenselixier der menschlichen Existenz. Diese Doppelbewegung von Gemeinsamkeit und Unterscheidung ist eine ständige Leistung des menschlichen Geistes. Gemeinschaft lebt von und in den kulturellen Praktiken ihrer Selbstvergewisserung. Sie manifestiert sich auf höchst unterschiedliche symbolische Weise: in den ‚Meistererzählungen' ihres Entstehens und Werdens, in Denkmälern, Festen, Liedern, Trachten, Zielbestimmungen im schulischen Unterricht und generell in der Erziehung – um nur einige Beispiele solcher Manifestationen zu nennen.

Zugehörigkeit ist lebenswichtig. Es gibt daher auch keine menschliche Lebensform, in der sie nicht eine wichtige Rolle spielte. So natürlich sie ist – ohne eine kulturelle Anstrengung ist sie nicht denkbar –, sie ist keine Dimension des realen Lebens. Zugehörigkeit existiert im Modus der Selbstverständlichkeit; sie wirkt stillschweigend und bestimmt die Menschen, die mit und in ihr leben. Zugleich aber ist ihre Lebenskraft darauf angewiesen, dass sie von diesen Menschen immer wieder praktiziert, bewusst gelebt, gepflegt und bestätigt, aber auch reflektiert, diskutiert, kritisiert, umkämpft, verändert – kurz: als dynamischer Prozess in Gang gehalten wird.[2]

Zugehörigkeit heißt immer auch: Unterscheidung.[3] Jedes Symbol der Gemeinschaft ist auch eines der Abgrenzung. Es gibt kulturelle Universalien der Unterscheidung, in denen sich soziales Leben organisiert und mit denen es von den Betroffenen verstanden und gelebt wird. In allen Kulturen zu allen Zeiten wird unterschieden nach: nach Alt und Jung, nach Mann und Frau, nach Freund und Feind, nach Macht und Ohnmacht, nach

Gut und Böse, nach Herr und Knecht, Oben und Unten und eben auch: nach Innen und Außen.[4]

Letztere Unterscheidung ist solange relativ einfach zu treffen, solange die Betroffenen glauben, dass sie eindeutige Kriterien dafür haben, die darüber entscheiden, wer zur eigenen Lebensgemeinschaft gehört und wer nicht. Solche Eindeutigkeit stellt die Vorstellung einer natürlichen Verwandtschaft dar; in zeitlicher Perspektive handelt es sich um geteilte Abstammung. Die traditionellen gemeinschaftsbildender Geschichten, die so genannten ‚Meistererzählungen‘, sind Abstammungs-Geschichten. In ihnen spielt der Ursprung (Arché) eine entscheidende Rolle.

Diese ‚Natürlichkeit‘ lässt sich allerdings nicht rein biologisch definieren. Die biologischen Zusammenhänge (Kinder, Eltern, Geschwister, weitere Verwandte etc.) wurden mit unterschiedlichen Bedeutungen versehen. Sie konnten also kulturell durchaus zu unterschiedlichen Formen von sozialer Zugehörigkeit ausgebildet werden. Überdies wurde diese Natürlichkeit historisch definitiv in umfassendere Formen der menschlichen Gemeinschaft überschritten. Eine der wichtigsten universalhistorischen Entwicklungen menschlicher Lebensformen bestand in der Entgrenzung der natürlichen, verwandtschaftlichen Beziehungen in eine weiträumigere, umfassendere Gemeinschaft. In ihr wurden dann über alle natürlichen Bindungen hinweg lebenswichtige Entscheidungen getroffen. Die griechische Polis ist ein historisches Paradebeispiel einer solchen nicht-ethnischen, sozusagen un-natürlichen, oder besser: über-natürlichen (in diesem Falle: genuin politischen) Gemeinschaft.

Eine andere, weltgeschichtliche höchst folgenreiche Überschreitung natürlicher Grenzen der Zugehörigkeit haben die so genannten Weltreligionen erbracht. Hier luden sich Zugehörigkeit und Abgrenzungen mit der Glaubensmacht transzendenter Heilsvorstellungen auf, die prinzipiell für alle Menschen Gültigkeit beanspruchten. (Wenn heutzutage ethnische Gesichtspunkte politisch wirksam werden, dann sind sie zumeist durch und durch kulturell definiert; ihre ‚Natürlichkeit‘ ist sekundär, aufgesetzt – aber darum nicht weniger wirksam.)

Zugehörigkeit wird also im Laufe der Zeit immer weniger von objektiven Vorgaben bestimmt, denen die betroffenen Menschen unterworfen sind, ohne etwas gegen sie ausrichten zu können. Grad und Ausmaß sozialer Zugehörigkeit sind bis zu dem Extrem rein subjektiver Willensentscheidung gewachsen. Eine besonders markante und für moderne politische Lebensformen typische Formulierung, die eine solche, durch subjektive Entscheidung gestiftete Gemeinsamkeit zum Ausdruck bringt, ist die Definition von Nation durch Ernest Renan: Sie sei ein „Plebiscit de tous les jours" – ein kollektiver Willensentschluss, der jeden Tag getroffen werden könne.[5]

Was hält die kulturellen Praktiken sozialer Zugehörigkeit und Abgrenzung in Atem? Warum sind sie auf dauernde Tätigkeit des menschlichen Geistes angewiesen? Dafür gibt es innere und äußere Gründe. Die inneren liegen dort, wo das gesellschaftliche Leben durch divergierende Interessen der Beteiligten immer wieder austariert und die zentrifugalen Kräfte immer wieder auf Gemeinsamkeit gebündelt, also zentripetal, ausgerichtet werden müssen. Und die äußeren liegen dort, wo die Abgrenzung von Anderen in den Wechselfällen der Außenbeziehungen, die neue Ein- und Ausgrenzungen mit sich bringen, immer neu ausgerichtet und vollzogen werden muss.

Beide Anforderungen – die nach innerer positiver und die nach äußerer negativer Kohärenz – werden umso dringender, je vielfältiger und dynamischer sich das soziale Leben gestaltet. Das ist ganz besonders dann der Fall, wenn die Grenzen zwischen Innen und Außen verschwimmen, wenn die Differenz der eigenen Lebensform zu derjenigen der Anderen unter Anpassungszwänge an übergreifend-vereinheitlichende Lebensformen gerät. Wenn ‚die Anderen' im eigenen Territorium leben, nimmt die kulturelle Unterscheidung neue Züge an, gewinnt sie gleichsam Hautnähe. Und wenn sich quer durch die Unterschiede zwischen Eigenem und Fremdem differenzübergreifende, vereinheitlichende Kräfte zur Geltung bringen, dann entstehen neue Unterscheidungszwänge.

Eben das geschieht im Prozess der Globalisierung. Freie

marktwirtschaftliche Ökonomie, digitale Vernetzung, internationale Rechtsordnungen, kulturübergreifende Moden und kulturindustrielle Massenunterhaltung scheinen einer Zugehörigkeit durch Abgrenzung zuwider zu laufen. Eine Weltkultur oder ‚Zivilisationsökumene' (Lübbe 2005) hat sich etabliert und entwickelt sich rasant weiter. Freilich löst sich damit der kulturelle Unterscheidungszwang des sozialen Lebens gerade nicht auf. Er bringt sich vielmehr in diesen übergreifenden zivilisatorischen Prozessen immer erneut zur Geltung – einfach deshalb, weil Menschen ohne Zugehörigkeit und Abgrenzung nicht leben können (s. dazu Rüsen 2007: 49-54).

Die Macht dieser allgemein-menschlichen Lebenspraxis der Unterscheidung von Selbst und Anderen im Globalisierungsprozess ist evident. Davon zeugt besonders eindrucksvoll der 11. September 2001 als historisches Großereignis – ein Geschehen von welthistorischer Bedeutung hinsichtlich unterschiedlicher kultureller Zugehörigkeiten. Zahllose Beispiele liefert aber auch der politische Alltag, zum Beispiel der heftige Streit um den Bau von Moscheen in Deutschland: Ihre Minarette repräsentieren das stolze Selbstbewusstsein einer religiösen Minderheit, und die Mehrheitsgesellschaft reagiert darauf mit erstaunlicher Aggressivität, obwohl in ihr kein vergleichbar intensives religiöses Selbstbewusstsein mächtig ist.

Im Streit um die Minarette geht es um viel Grundsätzlicheres als nur um eine religiöse Differenz. Es geht um das Grundsatzproblem von Selbst- und Anderssein, von Zugehörigkeit und Abgrenzung in einer neuen historischen Konstellation. Es ist die Konstellation in einer Gesellschaft, die sich als Einwanderungsland verstehen und lernen muss, auf sozial produktive Weise mit dem Anderssein der Andern umzugehen, das sie aus ihrer unterschiedlichen kulturellen Herkunft mitbringen.

Das gleiche Problem stellt sich in den Außenbeziehungen von Gesellschaften, Ländern, Staaten und Kulturen. Unterschiedliche Traditionen, Weltsichten, Lebensformen stoßen aufeinander, und der Vereinheitlichungszwang der Globalisierung schwächt diese Zusammenstöße nicht ab, sondern kann ihnen sogar zusätzliche Aggressivität verleihen. Dafür stehen die verschiedenen Fundamentalismen, in denen sich religiöse Differenz aggressiv zur Geltung bringt.

Der amerikanische Politikwissenschaftler Samuel Huntington hat bekanntlich diese Abgrenzungszwänge kultureller Selbstbehauptung im Zeitalter der Globalisierung auf die Formel eines „Clash of Civilizations" gebracht (Huntington 1996). Er sah in ihm eine quasi-natürliche Kraft politischen Handelns in kultureller Form, eine Art Fundamentaltatsache der internationalen Politik, die man systematisch in Rechnung zu stellen habe. Seine These hat vielfache, heftige und grundsätzliche Kritik erfahren. Aber ein Blick in die tagespolitischen Ereignisse zeigt überdeutlich, dass das Phänomen eines fundamentalen Konfliktpotenzials in den kulturellen Orientierungen der sozialen Lebensformen nicht bestritten werden kann.

Die Frage ist nur, wie es gedeutet und wie und in welchem Deutungsrahmen damit umgegangen werden muss. Nimmt man das Konfliktpotenzial kultureller Differenz als eine quasi-natürliche Komponente des politischen Handelns, die der Machtnatur der menschlichen Selbstbehauptung entspringt, dann folgt daraus letztlich nur ein Postulat (nicht nur) kultureller Aufrüstung im Kampf der Kulturen. Das aber wäre eine politische Naturalisierung kultureller Unterscheidungen. Es handelt sich aber um *Kultur*, und das heißt: Es geht um ein Tätigkeitsfeld, in dem es immer Alternativen im theoretischen und praktischen Umgang mit kultureller Differenz gibt.

Und genau hier besteht ein unübersehbarer und dringender Handlungsbedarf. Überlässt man den Konflikt einfach sich selbst, indem man in ihm nur seine eigene Position *gegen* die der anderen stärkt, dann überantwortet man das Verhältnis zu den Anderen einem reinen Machtwillen. Den Anderen bleibt dann gar nichts anderes übrig (wenn sie es nicht eh schon wollten), als ihrerseits mit Macht zu antworten. Dann wäre das letzte Wort in der Auseinandersetzung mit kultureller Differenz ein Kampf aller gegen alle, der unter bestimmten Bedingungen in reales Töten und Sterben übergehen kann.

An einem solchen Krieg aber kann man im Ernst kein Interesse haben, wenn es um die eigene *Selbstbehauptung* geht. Sie würde ja der ständigen Gefahr ausgesetzt, von der Selbstbehauptung der Anderen geschwächt oder gar vernichtet zu werden. Die Anderen haben aber den gleichen Willen zum Überleben. In dieser Gemeinsamkeit liegt eine elementare Chance interkultureller Verständigung. Aus dem differenzübergreifenden gemeinsamen Interesse am Überleben folgt, dass nach einem Weg gesucht werden muss, wie man den Konflikt pazifizieren oder – wie man auch sagen könnte – zivilisieren kann. Es geht dann darum, kulturelle Orientierungen zu finden, die den Überlebenswillen menschlicher Gemeinschaftsbildung über alle Abgrenzungen vom Anderssein der Anderen hinweg auf ein differenz-übergreifendes Ziel oder auf eine interkulturell plausible Wertordnung ausrichten.

Solche Bestrebungen und ihr entsprechende Vorstellungen einer allgemeinen-menschlichen Wertordnung gibt es natürlich. Sie finden ihren Grund in den Gemeinsamkeiten, die die verschiedenen Kulturen ja auch aufweisen. Zu oft wird der Blick darauf durch die Schärfe einer kulturellen Selbstbehauptung gegen eine oder viele andere verstellt.

Ein markantes Beispiel für die Konzeption einer solchen Gemeinsamkeit ist die auf Hans Küng zurückgehende Initiative „Weltethos" (Küng 1993; Küng 1995). Sie hebt auf moralische Prinzipien ab, die die großen Weltreligionen teilen, und natürlich finden sich solche Prinzipien. Sie lassen sich im Gesichtspunkt der Wechselseitigkeit von moralischen Zumutungen oder Geboten zusammenfassen: dass das, was man von den Anderen nicht zugefügt haben möchte, auch den anderen nicht zugefügt werden darf.

Die Perspektive, die ein solcher Gesichtspunkt eröffnet, ist attraktiv. Sie hat jedoch einen großen Nachteil: In ihr verschwinden die konfliktträchtigen Unterschiede. Sie lösen sich in einem Ethos der Menschheit auf. Und genau hier liegt das Problem: Die Notwendigkeit, sich von anderen unterscheiden zu müssen, um man selbst zu sein, wird ja mit der Geltung der moralischen Gegenseitigkeitsregel nicht aufgehoben, sondern besteht unvermindert fort. Das universale moralische Ethos spricht die lebensnotwendige Differenzbestimmung der menschlichen Gemeinschaftsbildung nicht an; es verordnet ihr höchstens eine Grenze und setzt sie unter das Regulativ der Wechselseitigkeit. Das ist ein wichtiger Schritt auf dem Wege der kulturellen Zähmung des Konfliktpotenzials von Selbstbehauptung durch Abgrenzung; aber es fehlt eine positive Bestimmung kultureller Differenz in der Gemeinsamkeit eines ethischen Prinzips.

Es kommt also darauf an, eine differenz-übergreifende Bestimmung der kulturellen Orientierung des gesellschaftlichen Lebens zu finden, die zwei Eigenschaften hat: Einmal muss sie aus der gemeinschafts-bildenden Differenz selber plausibel gemacht werden können und zweitens muss ihr der Stachel aggressiver Selbstbehauptung gezogen sein.

Welche Bestimmung kann das sein? Zunächst muss eine werttächtige Orientierungsgröße gefunden werden, die alle Kulturen gemeinsam haben. Dann muss gezeigt werden können, dass diese Größe kulturelle Differenz begründet. Schließlich müssen aus dieser Differenzbegründung Perspektiven einer Zähmung und Zivilisierung des kulturellen Selbstbehauptungswillens eröffnet werden können.

Welche Orientierungsgröße menschlicher Selbstverständigung könnte allgemeiner sein als das Menschsein des Menschen? Es gibt keine Kultur, in der dieses Menschsein nicht mit besonderen Qualitäten hervorgehoben würde, die den Menschen vor allen anderen Lebewesen auszeichnen (Müller 1983; Antweiler 2007). Von dieser anthropologischen Basis aus haben sich dann in den verschiedenen Kulturen – langfristig und unter besonderen Bedingungen – unterschiedliche humanistische Traditionen herausgebildet. An diese Traditionen könnte aussichtsreich angeknüpft werden, wenn es darum geht, eine tragfähige Wertbasis für die interkulturellen Beziehungen im Globalisierungsprozess zu finden und plausibel zu machen.

Anknüpfen heißt natürlich nicht, sie einfach fortzuschreiben. Das würde die Problemlage kultureller Unterschiede nicht erleichtern, sondern nur bestätigen. Aber wenn man diese Traditionen kritisch aufeinander bezieht und dabei auch vor Selbstkritik nicht halt macht, dann können zunächst einmal die Gemeinsamkeiten herausgearbeitet werden – bis hin zu einem interkulturell akzeptablen Begriff der Menschenwürde. Von ihm her ließen sich dann die kulturellen Unterschiede auf neue, auf friedliche Weise im Verhältnis zueinander zur Geltung bringen. Sie wären dann verschiedene Manifestationen der gleichen Menschenwürde, die sich unter unterschiedlichen historischen Bedingungen herausgebildet haben. Wenn man das Anderssein der Anderen so deutet, dann kann man von ihrer Verschiedenheit etwas über das Eigene, über sich selber, lernen.

Was bringen wir mit unserer westlichen, europäischen und deutschen Tradition in diese interkulturelle Konstellation von Humanismus ein? Es ist nicht die Aufgabe einer Einleitung, diese Frage ausführlich zu bearbeiten. Der Anknüpfungspunkt für die Konzeption eines interkulturellen Humanismus jedoch kann nur die je eigene Tradition und natürlich die Absicht sein, eben diese durch Öffnung auf die gegenwärtige Problemlage zukunftsfähig zu machen.

Der Humanismus westlicher Prägung ist eine kulturelle Orientierung der Lebenspraxis, die ihre entscheidenden Gesichtspunkte einer bestimmten Deutung des Menschseins des Menschen entnimmt. Er beruht in seiner neuzeitlichen Ausprägung auf der Annahme, dass sich die Grundfragen der Kultur nur beantworten lassen, wenn sie als Fragen nach dem Menschen gestellt und aus dem Potenzial des Menschseins beantwortet werden. Immanuel Kant hat das in seiner bekannten Zusammenstellung dieser Grundfragen, die sich immer wieder zur sinnhaften Bewältigung des menschlichen Lebens stellen, zum Ausdruck gebracht: Sie beträfen die Möglichkeiten des Wissens, die Gebote des Sollens und die Aussichten auf gelingendes Leben: Was kann ich wissen? Was soll ich tun? Was darf ich hoffen? Alle drei Fragen lassen sich nach Kant zu einer einzigen zusammenfassen: Was ist der Mensch? (Kant 1781: A 805; Logik, Einleitung, 3. Abschnitt).

Diese Frage ist natürlich keine bloße empirische, sondern sie zählt auf eine Qualität des Menschseins, die sein besonderes Dasein als Kulturwesen betrifft. Es gehörte zu diesem Dasein, sich als Mensch eine ontologische Qualität zuzuschreiben, mit der er sich von anderem Seiendem, zum Beispiel von der nicht-menschlichen Natur, unterscheidet und sich zu sich selbst und zu anderen ethisch verhält. Diese Qualität des Menschseins ist dann humanistisch,[6] wenn sie das Verhältnis der Menschen zueinander und zu sich selbst mit der Direktive wechselseitiger kritischer Anerkennung bestimmt. Immanuel Kant hat dieser Direktive die Fassung eines kategorischen Imperatives gegeben. Er besagt, dass man alle Menschen niemals nur als Mittel für die Zwecke anderer, sondern immer auch als Zwecke in sich selbst ansehen und dieser Ansicht entsprechend handeln müsse. Diese Selbstzweckhaftigkeit stellt eine moralisch unüberschreitbare Schranke der Instrumentalisierung und des Gebrauchs von Menschen als Mittel zu nicht von diesen selbst gesetzten Zwecken dar. Wegen dieser Selbstzweckhaftigkeit müsse man allen Menschen grundsätzlich, also ohne Ansehung ihrer jeweiligen Lebenssituation, Würde zusprechen (Kant 1785: VII, 568).

Mit einer solchen Bestimmung stellt sich das, was Humanismus ist, recht abstrakt dar. Eben deshalb dürfte sie auch allgemein zustimmungsfähig und geeignet sein, in einem interkulturellen Dialog eine wichtige Rolle zu spielen. Es müssen in ihr allerdings noch drei Qualifikationen des westlichen Humanismus nachgetragen werden, die ihm in seiner modernen Fassung von Anfang an zukommen. Die eine betrifft seine historische Ausrichtung. Damit meine ich nicht seine Geschichte, sondern seine historische Konkretisierung der Selbstzweckhaftigkeit des Menschen. Sie entfaltet sich in Raum und Zeit zu einer Fülle unterschiedlicher persönlicher und sozialer Manifestationen. Dafür steht beispielhaft die Geschichtsphilosophie Johann Gottfried Herders. Die zweite Bestimmung betrifft seinen Charakter als Bildungskonzept. Selbstzweckhaftigkeit wird als dynamische Größe, als Bildungsbedürftigkeit und -fähigkeit des Menschen verstanden. Sie wird jedem anthropologisch universell als seine Möglichkeit zugeschrieben, die er nach Maßgabe der für ihn verbindlichen Sinnkriterien ergreifen und verwirklichen, oder aber auch verfehlen kann. In ihrer modernen Fassung wird diese Möglichkeit und ihre dynamische Verwirklichung als autonome Subjektivität ausgelegt. Die klassische deutsche Ausprägung hat dieses Bildungskonzept durch Wilhelm von Humboldt erhalten.

Beides, Historisierung und Pädagogisierung, charakterisieren den Humanismus als dynamische Selbstzuschreibung des Menschen, nicht als Beschreibung einer fixen Ausstattung mit unverwechselbaren Eigenschaften, sondern als Anlage und Aufgabe, als Entwurf und Aufforderung. Die dritte Qualifikation ist politisch. Humanismus war und ist eine kulturelle Praxisorientierung, die durch ihren Rekurs auf den Menschen und seine ontologische Auszeichnung immer auch politisch verfasst und ausgerichtet ist. Diese Orientierung regelt politische Herrschaft durch rechtliche Bestimmungen, die mit dem Menschsein des Menschen begründet werden. Sie nehmen die Form von Verfassungen an, die dem Gesichtspunkt des Schutzes der menschlichen Würde verpflichtet sind. Die Menschen- und Bürgerrechte sind als geltungsstarke Rechtsgrundlagen politischer Herrschaft Früchte vom Baum der ethischen Ontologie menschlicher Selbstzweckhaftigkeit.

Diese Tradition gilt es, angesichts der Orientierungsprobleme, die der Globalisierungsprozess aufwirft, auf eine interkulturelle Dimension hin zu öffnen, in der das Anderssein der Anderen als Manifestation meines eigenen Menschseins erscheint. Dann nämlich können wir die spannungsreiche Unterschiedlichkeit unseres Verständnisses vom Menschsein des Menschen als Chance ergreifen, uns gegenseitig neu wahrzunehmen und uns in unserer Differenz (nicht ohne Kritik!) anzuerkennen.

Eine solche Verhältnisbestimmung geht über das häufig anzutreffende Nebeneinander und Gegeneinander der Kulturen hinaus. Man könnte es ihr Ineinander nennen. Keine fixen Grö-

ßen menschlicher Welt- und Selbstdeutungen stünden sich mehr
äußerlich gegenüber, sondern unterschiedliche Traditionen träten
in ein lebendiges, dynamisches, inneres Verhältnis zueinander.
Es würde als Bewegung einer kommunikativen Auseinandersetzungen realisiert werden, die auf Konsens ausgerichtet ist – zum
mindesten aber durch konsensfähige Regeln bestimmt wird. Mit
dieser Dynamik geraten unterschiedliche Traditionen in eine
interpretative Bewegung. Sie setzen sich im Versuch gegenseitig
ins Benehmen, die kulturellen Konflikte, die der Globalisierungsprozess aufwirft, lösbar zu machen. In solch diskursiven
Bewegungen könnte ein neuer Humanismus entstehen, nicht als
fixierte Weltanschauung, sondern als umgreifender Lernprozess.
Das Entscheidende an diesem Lernprozess wäre es, dass sich eine
Vorstellung einer übergreifenden Ordnung der interkulturellen
Kommunikation ergäbe, die vom Gesichtspunkt wechselseitiger
kritischer Anerkennung bestimmt wäre.

Das Ergebnis einer solchen Kommunikation lässt sich nicht
vorwegnehmen, sondern nur als Ziel praktischer Anstrengungen
entwerfen. Eines stünde zu erwarten und sollte Ziel aller Bemühungen sein: Genau diejenigen Elemente und Faktoren der
menschlichen Kultur, die eine solche Anerkennung möglich machen, müssten sich verstärken lassen. Die in ihnen beschlossenen
universellen, den Anderen einbeziehenden Geltungsansprüche
ließen sich betonen und weiterentwickeln.

Dass eine solche Vorstellung nicht unrealistisch ist, lässt sich
auf der Ebene des politischen Humanismus zeigen: Hier lässt sich
eine wachsende interkulturelle Anerkennung von Menschen- und
Bürgerrechten und ein allmählich dichter und stärker werdendes
Netz internationaler Rechtsbeziehungen beobachten. Dabei geht
es um den Schutz genau derjenigen werthaften Qualität des
Menschseins des Menschen, die in der westlichen Tradition mit
der Kategorien ‚Menschenwürde‘ oder ‚Menschlichkeit‘ ausgedrückt wird. ‚Menschlichkeit‘ ist zu einem Rechtsbegriff in der
internationalen Politik geworden.[7]

Als Fazit sollte festgehalten werden: alle Anstrengungen, einen gangbaren Weg zu einer Leitkultur der Gegenwart zu finden, sollten darauf ausgerichtet werden, einen solchen Entwicklungs- und Lernprozess anzuregen und zu fördern.

Die hier vorliegenden Aufsätze sind selbst Beispiele eines solch interdisziplinären und interkulturellen Kommunikationsprozesses. Ihre Verfasser präsentieren einen Humanismus, der in viele Kulturen – vielfach unterschwellig oder unterdrückt – ausgebreitet ist und wesentliche Dimensionen ihrer Lebenspraxen tangiert. Noch seine Unterdrückung verweist jedoch auf historisch unerledigte Prozesse.

Die Texte verstehen sich in weiter Hinsicht als Beiträge zum Verständnis, wenn nicht gar als erste Schritte zur Lösung solcher Orientierungsprobleme, die Zugehörigkeiten und Abgrenzungen in der Gegenwart aufwerfen. Auch wenn die zentral-europäische Perspektive bei vielen Beiträgen nicht zu übersehen ist, so fügen sie sich doch zwanglos in eine interkulturelle Dimension der menschlichen Identitätsbildung ein, die jeden Ethnozentrismus relativiert, wenn nicht sogar überwindet.

In diesen Humanismen – in ihren Gemeinsamkeiten und Unterschieden – sind Wege angebahnt, die wir gehen müssen, wenn wir den *clash of civilizations* selber zivilisieren und kulturelle Unterschiede nicht als Bedrohung, sondern als Chance der Humanisierung im Verhältnis zu uns selbst und zu den anderen ergreifen wollen, mit denen wir immer enger zusammenleben und zusammenleben müssen.

Im ersten Teil des Buches werden die Entwicklungen und Traditionen des humanistischen Denkens im Westen, in Lateinamerika, in Afrika, China, Indien und der islamischen Welt dargestellt. Damit wird ein breites Feld der historischen Erfahrung betreten, das kritisch aufbereitet werden muss, wenn es um die Ausarbeitung und Durchsetzung eines interkulturellen Humanismus geht. Dabei darf die kulturelle Unterscheidung als wesentliches Element der menschlichen Identitätsbildung nicht verschwinden. Sie sollte freilich eine Form annehmen, in der ihr der Stachel aggressiver Selbstbehauptung genommen wird.

Im zweiten Teil werden die Ebenen und Dimensionen der menschlichen Lebenspraxis als Tätigkeits- und Anwendungsfelder humanistischen Denkens im Einzelnen angesprochen. Dabei dominiert nicht mehr eine interkulturelle Perspektive, sondern Dimensionen und Gesichtspunkte, die unsere Welt (mit einem Akzent auf der westlichen Moderne) heute grundsätzlich bestimmen. Die Politik hat spezifische Humanisierungschancen durch eine menschenrechtliche Regelung des Umgangs der Menschen untereinander erschlossen. Die globalisierende Kraft der Wirtschaft erfordert eine eigene humane Regelung, die durchaus nicht alle kulturellen Unterschiede einebnet, sondern sie neu und zwingend zur Geltung bringt. Die gegenwärtige Krise mit ihren chaotisierenden Tendenzen macht das Erfordernis überdeutlich: eine Ökonomie für die Menschen. Im Umweltverhältnis hat der Mensch sich selbst als Naturwesen kulturell zur Geltung zu bringen; er muss der Natur gegen ihre schrankenlose und zerstörerische Ausbeutung ein fundamentales Recht auf den Menschen zugestehen und dieses Recht auch durchsetzen. Schließlich wird dann der übergreifende Gesichtspunkt der Bildung behandelt, in einer übergreifenden Perspektive und in zwei Beiträgen in einer je speziellen Hinsicht. Geschichtsdidaktisch geht es um ein humanisierendes Potenzial des historischen Erzählens, sozial-psychologisch und kulturtheoretisch geht es um die Frage nach den Voraussetzungen ‚interkultureller Kompetenz‘. Ein knapper Ausblick auf offene Fragen des Praxisbezuges bildet den Schluss.

So endet der Band mit einem Ausblick auf eine ‚Schlüsselqualifikation‘, die im 21. Jahrhundert in allen Regionen der Welt immer wichtiger werden wird. Ungeachtet ihrer wachsenden Bedeutung haben wir erst damit begonnen zu erkunden, was wir unter ‚interkultureller Kompetenz‘ verstehen können und wollen. Der Schlusstext greift noch einmal Aspekte des Spannungsfeldes von Humanismus und Politik und einige der Implikationen der vorgetragenen Positionen auf. Nicht nur die drei letzten Beiträge, sondern im Prinzip alle, sind Zeugnisse solchen Anfangens.

Damit setzen sie den unabschließbaren Prozess der Bildung des Menschen durch den Menschen zum Menschen fort.

Anmerkungen

1   Eingebracht in die Diskussion hat diesen Begriff Bassam Tibi (Tibi 1998: 154); dazu Lammert 2006.

2   Zu den anthropologischen Grundlagen menschlicher Zugehörigkeit s. Müller 1987.

3   Viele markante Beispiele finden sich in den Denkmälern, die nationale Zugehörigkeit signalisieren. So hebt z.B. die Herrmannsfigur an der Porta Westfalica bei Detmold – 1875 errichtet als Symbol der deutschen Nation – drohend das Schwert in Richtung Frankreich.

4   Diese Auflistung knüpft an Überlegungen von Reinhart Koselleck an und führt sie weiter aus. Siehe Koselleck 1987: 9-28.

5   So Renan in seiner berühmten Rede in der Sorbonne vom 11. März 1882. (http://www.dir-info.de/dokumente/def_nation_renan.html – März 2008).

6   Es gibt auch eine nicht-humanistische Qualität des Menschseins. Sie ist immer dann gegeben, wenn die besondere Qualität des Menschseins nicht allen Menschen (als Gattungswesen) zugeschrieben wird, sondern von besonderen, nur bestimmten Menschen im Unterschied zu anderen zukommenden Eigenschaften abhängig gemacht wird. Mit seiner davon strikt abweichenden Bestimmung wird der Humanismus zu einer historischen Ausnahmeerscheinung, zu einer Errungenschaft, die es festzuhalten und weiter zu entwickeln gilt. In Reinkultur, also ohne ethnozentrische Elemente dürfte er historisch kaum aufgetreten sein. Das verleiht ihm durchaus auch kontrafaktische Züge und befähigt ihn zu grundsätzlicher Kritik an unmenschlichen Lebensverhältnissen. Mit dieser gleichsam utopischen Qualität verlässt der Humanismus aber nicht den Bereich der historischen Erfahrung und verliert sich im Wolkenkuckucksheim bloßer Wunschvorstellungen, sondern wird zum Stachel realhistorischer Veränderungen. Dafür steht beispielhaft die langfristige Wirkung des römischen Humanismus. (Siehe dazu den Beitrag von Hubert Cancik in diesem Band.)

7   Dafür steht als historisches Paradigma der „internationale Strafgerichtshof", dessen Aufgabe u.a. in der Verfolgung und Verurteilung von „Verbrechen gegen die Menschlichkeit" besteht. Sein Statut wurde am 17. Juli 1998 von der UN-Bevollmächtigtenkonferenz in Rom angenommen. Nach Hinterlegung der 60. Ratifikationsurkunde ist das Rom-Statut am 1. Juli 2002 in Kraft getreten. Die feierliche Vereidigung der ersten 18 Richter fand am 11. März 2003 statt (http://de.wikipedia.org/wiki/Internationaler_Strafgerichtshof). Siehe dazu: Manske 2003.

Teil I
Regionen

Hubert Cancik

Die Rezeption der Antike – Kleine Geschichte des europäischen Humanismus

Einführung

‚Humanismus' ist ein junger, ein offener, ein wenig fixierter Begriff. Er bezeichnet ursprünglich ein Programm zur Reform des Gymnasiums in Deutschland. Später charakterisiert er eine Epoche der italienischen Geschichte. Schließlich meint Humanismus die Grundlage humanitärer Praxis in aller Welt. Das Wort ‚Humanität' ist ein wenig älter. Es ist dem Französischen entlehnt (*humanité*). Johann Gottfried Herder (1744-1803) hat das Lehnwort in der deutschen Sprache legitimiert und in dem Begriffsfeld: Menschheit, Menschenrecht, Menschenwürde, Menschenliebe verankert.

Beide Begriffe – ‚Humanismus' und ‚Humanität' – sind abgeleitet von dem lateinischen Wort *humanitas*. Dieses Wort bedeutet ‚Menschheit' und ‚Menschsein', ‚Bildung' und ‚Barmherzigkeit'. M. Tullius Cicero (106-43 v. Chr.) bietet hierfür die klassischen Zitate.

Der Name ‚Europa' ist uralt, so alt, dass unklar ist, ob der Name griechisch sei oder semitisch. Er bezeichnet ursprünglich eine Gestalt der griechischen Sage, sodann verschiedene geographische Einheiten mit vielen Sprachen und Religionen (keltisch, germanisch, slawisch; jüdisch, christlich, islamisch; deistisch, pantheistisch; atheistisch, pagan). ‚Europa' heißt schließlich das politische Prinzip, das nach dem Zweiten Weltkrieg und nach der Auflösung der Blöcke (1989) eine immer noch wachsende Europäische Union geschaffen hat.

Das Wort ‚Antike' meint eine Epoche und eine Norm: zum einen das Altertum der Hellenen und Römer (etwa 800 v. Chr. bis 800 n. Chr.), zum anderen das ‚Klassische‘, den antiken ‚Kanon‘, das Modell, das Beispiel derer, die ‚vor uns‘ (lat. *ante nos*) gegangen sind, der *antiqui*. Teile dieser Kultur und ihrer Geschichte gelten als gemeineuropäisches ‚Erbe‘: Römer-Straßen (lat. *stratum*) und Stadtanlagen (Aachen, Köln, Mainz, Regensburg, Trier), die Schrift und das Geld, Ethik und Politik, Recht und Philosophie, Mythos, Kunst, Wissenschaft. Das Erbe wird rezipiert, genutzt oder abgestoßen; es wird verarbeitet, aktualisiert, in Volkssprache umgesetzt, nationalisiert, mit ‚Neuem‘, ‚Fremdem‘ synthetisiert. Diese Arbeit an der antiken Tradition ist eine Dimension der Religions- und Geistesgeschichte in allen nachantiken europäischen Kulturen. Aber nicht jede Antike-Rezeption ist als solche schon Humanismus.

‚Europa‘, die ‚Weithin-Sehende‘ heißt eine phönizische Prinzessin aus Tyros (Libanon). Hellenen haben sie geraubt, so erzählt Herodot, der ‚Vater der Geschichtsschreibung‘ (484 – ca. 420 v. Chr.) am Anfang seines Geschichtswerkes. Die antiken Chronographen datieren den Raub um das Jahr 1435 v. Chr. Der große Krieg zwischen Persern und Hellenen (500-479 v. Chr.) ist ihm ein Konflikt zwischen den Kontinenten Asia und Europa, zwischen Orient und Okzident. Deshalb erzählt Herodot ausführlich vom Frauenraub in mythischer Zeit: Phönizier rauben die Io, Hellenen die Europa; dann die Hellenen Medea aus Kolchis, und Paris aus Troia in (Klein-)Asien raubt sich Helena. Dieser Frauenraub eskaliert nun gegen jede politische Vernunft zu einem großen, dem Troianischen Krieg, um 1250 v. Chr. nach der Berechnung des Herodot. So tief in der fabulösen Frühgeschichte hebt der Historiker an, um die Bedeutung des zeitgenössischen Konflikts zwischen Hellenen und Persern im 5. Jahrhundert zu veranschaulichen. Herodot schafft dabei die ‚Idee Europa‘. Der Historiker bildet sie aus Geographie und Mythos, aus Politik und Krieg. Er stellt griechische Freiheit gegen orientalische Despotie und gegen das Massenaufgebot aus Asien die List, das Freiheitspathos und den Todesmut der Wenigen bei Marathon (490), Salamis (480) und in den Thermopylen (480).

Der Mythos von der Jungfrau auf dem Stier und Herodots Konstruktion der Idee Europa erinnern den Ursprung griechischer Kultur aus dem großen, reichen, fremden Orient und formieren den Eigensinn Europas. Diese Idee wird durch faszinierende Bilder und starke Texte vermittelt. Sie gehört zum Kernbestand des europäischen Humanismus.

Das alte Europa ist ein Kontinent wie Asia und Libya (Africa). Die Grenze im Osten liegt, nach antiker Vorstellung, an den Dardanellen und am Tanais (Don, Russland). Kleinasien (Türkei), obschon früh (im 2. Jahrtausend) und dicht von Griechen besiedelt, gehört zu Asien. Nachdem Kiew und Moskau das politische und religiöse Erbe des byzantinischen Reiches reklamiert hatten, verlegte die Neuzeit die Grenze von Europa an den Ural. Der Name Europa haftet aber auch an einem kleinen Landstrich an den Dardanellen. Er bezeichnet das Territorium von Konstantinopel (Istanbul/Türkei), des „Neuen", des „Zweiten Rom". Die kleine Provinz Europa gehörte in der Spätantike zur Diözese Orient und zum Ostteil (*praefectura Orientis*) des römischen Reiches. Ausgerechnet das antike Europa liegt bis heute in der Türkei.

Europa liegt im Westen, wo die Sonne zum Ozean hinab fährt (Ok-zident); hier liegt das Abendland (Hesperien). Nach astronomisch-geographischer Logik ist es immer das Gegenstück zum Orient, zum Morgenland, wo die Sonne das Firmament hinauffährt. Europa ist ein kleiner Kontinent, der westliche Zipfel der riesigen Asia. Es ist ein kleinteiliger Kontinent. Dies verhinderte lange, dass sich große, zentralisierte Reiche wie im Zweistromland und am Nil entwickeln konnten. Viele Inseln, ein Meer in der Mitte, das nicht trennte, sondern zu Entdeckungsfahrten, Handel, Gründung von Kolonien einlud. Überall an den Küsten Pflanzstädte der Phönizier, Hellenen, Römer. Odysseus, der „Dulder", „der Vielgewandte" ist der Mensch dieser Landschaft. Homer (Odyssee 1,3) rühmt ihn: „Er hat die Städte vieler Menschen gesehen und ihren Sinn erkannt (griech. *égno*)." Odysseus steht am Anfang der Genealogie des europäischen Menschen (Andreae 1984); er sei, so heißt es, „der erste sich selbst bestimmende (...)

Mensch der Weltliteratur". Deshalb war Homer Schullektüre in Antike und Neuzeit, wurde Odysseus ein Paradigma des humanistischen Menschenbildes.

Das Imperium

Die politisch-militärische und kulturelle Energie Europas hielt sich nicht an die Grenzen der Geographen. Das Reich Alexanders (336-323 v. Chr.) und seiner Nachfolger reicht über Syrien, Irak, Iran, Afghanistan bis an Indus und Ganges. Das römische Reich erfasst Nordafrika und die westlichen Teile des Alexanderreiches. So wurde das Mittelmeer die Binnensee des Imperiums. Pompeius triumphiert über alle drei Kontinente (61 v. Chr.). Aber römisches *imperium* will Macht ohne Grenzen. Vergil[1] dichtet:

> *his ego nec metas rerum nec tempora pono,*
> *imperium sine fine dedi.*
> Diesen (Römern) setze ich weder Zielsäulen der Macht noch Zeitabschnitte, Herrschaft ohne Ende gab ich.

Vergil wurde Schulautor schon in der Antike und bleibt es im lateinischen Westen bis in die Jetztzeit. Er vermittelt in den schönsten, von allen Humanisten immer wieder kommentierten Versen den Herrschaftsanspruch Europas. Vergil ist, auch deshalb, „Vater des Abendlandes".

Die ökonomische, politische, kulturelle Einheit des römischen Imperiums wird durch zwei Spaltungen zerstört. Der griechische Ostteil trennt sich vom lateinischen Westen Europas (395 n. Chr.). Die politische Spaltung wird vertieft durch die religiöse. Das große Schisma (1054) trennt die römisch-katholische von den orthodoxen griechischen und slawischen Kirchen. Das Christentum konnte seinen übernationalen Anspruch nicht erfüllen. Es fixierte die nationalen Politiken und alte, tiefe kulturelle Unterschiede.

Die zweite Spaltung des circummediterranen und multireligiösen römischen Reiches erfolgt durch die arabische Expansion nach Syrien und Ägypten (640 n. Chr.), Nordafrika und Spanien (711).

Das verbindende Binnenmeer wird zu einem feindlichen. Diese horizontale Spaltung des römischen Imperiums definiert um 800 das Ende der Antike. Die neuen Zentren Europas verlagern sich nach Norden, nach Osten, an die Küsten des Atlantiks. Der neue Caesar Augustus residiert in Aachen und Wien (bis 1806), das Zweite Rom (bis 1453) wird abgelöst von Moskau, dem Neuen, dem ,Dritten Rom' (seit 1523/24). In riesigen Kolonialreichen auf vier Kontinenten verbreitet sich europäische Kultur aggressiv und unwiderstehlich über den Globus: mit Christentum und Technik, mit den Bildungssystemen und politischen Ideologien kommen auch antike Tradition, idealer (I. Niethammer) und realer Humanismus (K. Marx), die Begriffe von Menschenwürde, Freiheit und Gleichheit, Menschenrecht.

Die Antike

Die ,Antike' ist eine Epoche (ca. 800 v. – 800 n. Chr.) und eine Idee (Ideal, Norm, Kanon, Modell). Sie ist gemeineuropäisches Erbe durch Geschichte, insofern viele Regionen Europas Teile des *imperium Romanum* waren, oder durch Rezeption, insofern alle Regionen Europas, auch die slawischen und zeitweise arabischen (Sizilien, Malta, Andalusien) antike Kultur aufgenommen haben. Die Antike ist als tatsächliche Geschichte und als Idee Grundlage und immer präsenter Antrieb für europäischen Humanismus in seinen vielen und widersprüchlichen Ausprägungen. ,Antike' ist ein Glücksbild, der Raum für gelingendes Menschsein, eine Sehnsucht, Arkadia und Utopia in einem.

   Die Antike fasst traumatische Erfahrungen von Inhumanität und Destruktivität, individuelle und kollektive, in prägnante Formen und überliefert sie in mythischen Konfigurationen (Antigone, Medea, Niobe), in Epos (Thebanischer und Troianischer Krieg) und tragischer Dichtung (Aischylos, Perser; Sophokles, Ödipus; Euripides Hekabe), in Geschichtsschreibung und historischer Dichtung: Thukydides über die Pest in Athen, Tacitus über den Untergang der römischen Republik, Lucan über Caesars Bürgerkrieg.

Die griechische Antike beginnt als eine spätaltorientalische Randkultur und wird zum Zentrum der Méditerranée. In Mythos und Geschichtsschreibung haben die Griechen diese Abhängigkeit erinnert: Europa kommt aus Tyros, Priamos von Troia ist ein Vasall des Ninos, Königs von Assyrien. Thales, der erste Naturphilosoph (1. Hälfte 6. Jh. v. Chr.) soll vornehmer phönizischer Abstammung gewesen sein. Mit ihm beginnt die Wissenschaft von den Prinzipien der Natur und des Kosmos. Die drei Fremdworte – Prinzip (griech. *arché*), Natur (griech. *physis*), Kosmos („geordnete Welt") – umschreiben die Grundlage magiefreier, theoretischer Erkundung von Himmel und Erde.

Die Griechen sind eine Lernkultur. Sie übernehmen alles von den Barbaren – und machen es besser. Sogar Götter und Riten haben sie von Ägyptern und Phöniziern „gelernt". Auffällig, dass sie keine Fremdsprachen lernen; verständlich, dass ihnen „Erziehung das erste" ist (*próton paídeusis*) (Diels/Kranz 1952/60: Antiphon, frg. 60) und die Technik der Rede (Rhetorik) zur Allgemeinbildung wird. Die Römer lernen von den Griechen – Sprache, Kunst, Mythos, Philosophie, Rhetorik, Geschichte – und versuchen, sie zu ‚übertreffen'. Damit sind sie ein Modell der europäischen Kulturen überhaupt. Aber auch dieses Prinzip, der Wettstreit (griech. *agón*), „immer der beste zu sein und herauszuragen vor andern", ist griechisch.[2] Der interkulturelle Dialog ist strukturierende Praxis der beiden antiken Kulturen.

Antike Kultur ist politisch und öffentlich. Der Mensch wird als ‚staatsbezogenes', gesellschaftliches Lebewesen definiert (griech. *zóon politikón*, lat. *animal sociale*).[3] Der öffentliche Raum ist groß und differenziert. Da ist der Markt (*Agora*), wo der Apostel Paulus Philosophen trifft, mit denen er über das Göttliche und die Auferstehung des Fleisches diskutieren kann; das Gericht (*Areopag*); die ‚Theater', in denen sich das Kollektiv repräsentiert und feiert; sie sind Ort für Schauspiele, Empfänge, Prunkreden, Volksversammlungen. Die meisten Kultanlagen sind offen, auch für Fremde (Nichtbürger). Hier stehen Kunst und Weihegaben mit den Inschriften und Namen der Stifter, und viele können sie lesen.

Das Muster (griech. *parádeigma*) ist Athen.[4] Diese *pólis* („Stadt-staat") ist völlig autark und deshalb frei. In ihrer klassischen Epoche (5.-4. Jh. v. Chr.) erfindet sie verschiedene Typen der „Volksherr-schaft" (griech. *demo-kratía*). Deshalb bietet Athen „die meisten Formen des Lebens". Diese Stadt wird „Erziehungsanstalt" (griech. *paídeusis*) für ganz Griechenland, die Antike und darüber hinaus.

Neue Vorstellungen von Freiheit und Gleichheit werden hier ausgebildet und praktiziert – nicht ohne Konflikt und Miss-erfolg. In einer neuen Wissenschaft, der Politologie, werden sie untersucht und kritisiert: Welche ist die beste Verfassung, welche die besten Lebensformen für möglichst viele Staaten und Menschen?[5] Welche Typen von Demokratie gibt es? Freiheit, so definiert Aristoteles, ist am meisten in der Demokratie, weil alle, gemäß dem für alle geltenden Gesetz, am Staate (griech. *politeía*) teilhaben in gleicher Weise.

Die Antike ist eine komplexe Kultur. In einigen Gebieten und Epochen bestehen ausgeprägte Geldwirtschaft, Arbeitsteilung, Manufakturbetrieb, Fernhandel und damit typologisch frühneu-zeitliche Strukturen. Die kulturellen Segmente – Rechtswesen, Kunst, Religion, Philosophie, Bildungswesen, Wissenschaften, Weisheit – sind differenziert, auch theoretisch begründet und in ihrer Geschichtlichkeit reflektiert. Eine ungewöhnliche Kreativität und Energie erschafft eine „zweite Natur" (Cicero). Prometheus, der den Menschen bildet, und Ikarus, der in die Sonne fliegt, sind bis heute mythische Zeichen ‚titanischer' Kraft:

> Ungeheuer ist vieles. Doch nichts / Ungeheuerer als der Mensch (Sophokles, Antigone).[6]

Religion steht in einer losen Verbindung zu Kultur und Wissen-schaft. Die Tempel haben geringe ökonomische Macht. Priester und Priesterinnen sind angesehen, bilden aber keinen organisierten Klerus. Die spekulative Theologie wird Sache der Philosophen. Es gibt kein heiliges Buch, keinen allgemeinen staatlich gestützten oder kirchlichen Religionsunterricht. Im Konflikt mit dem Judentum und Christentum werden religiöse „Privilegien" konstruiert und

Religionsfreiheit als Menschenrecht (*ius humanum*) des Einzelnen gegen den Staat gefordert. Die Toleranzgesetze von Konstantin (306-337 n. Chr.) bis Julian (360-363) realisieren am Ende der Antike noch einmal – mit begrenztem Erfolg – eine multireligiöse Gesellschaft unter Einschluss der Christianer.

Die Antike ist aber auch eine Kultur mit großen Unterschieden zwischen Stadt und Land, zwischen Griechenland und Rom, zwischen Polis und Imperium. Sie lässt sich nicht in einer knappen kulturphysiognomischen Skizze erfassen. Dekonstruktivistische Entzauberer hätten es leicht: Die Antike, den Griechen, den Römer gibt es nicht. Die Versuche zu Gleichheit und Freiheit, Demokratie und Toleranz lassen sich leicht als Ideologie und Fehlschlag entlarven oder durch antike Alternativen relativieren. Das demokratische Athen wurde von Sparta besiegt; die auf große Ungleichheit gebaute römische Adelsrepublik war militärisch und politisch überlegen; viele Philosophen priesen die Monarchie; christlicher Totalitätsanspruch verhinderte zum Ausgang der Antike die Religionsfreiheit einer multireligiösen Gesellschaft. Die Sklaverei wurde nicht abgeschafft, auch nicht bei Juden und Christianern; die Frauen erhielten nirgends weder aktives noch passives Wahlrecht. ‚Die Antike' war weltzugewandt, mit Neugier und Lust auf Empirie. Aber sie erfand auch das Jenseits (griech. *ep-ékeina*). Die Antike ist leibfreundlich, sinnlich, erotisch; die Plastik ist ihre spezifische Kunst: die Gestalt der ‚reinen Person', ohne Abzeichen und Uniform. Aber die Römer sind, so will es das Klischee, nüchtern, trocken, prüde und eher kunstfern, unmythisch. Die Götter der Antike sind menschenförmig und zahlreich. Aber die Philosophen denken den einen Gott, das „Ein und Alles" (*hen kai pan*), den Geist, der die Welt bewegt und lenkt.

Das römische Recht ist eine kulturelle Revolution: keine Gottesurteile, Zurückdrängung entwürdigender und grausamer Strafen; Begründung des Rechts in den Prinzipien Gerechtigkeit, Billigkeit, Rechtssicherheit, Natur und Vernunft (Cicero, Über Gesetze). Aber es bleiben die Klassenjustiz, die Folter, die Strafe der Kreuzigung und *ad bestias*.

Angesichts dieser und vieler anderer Widersprüche verwundert
es nicht, dass sich ebenfalls antiker Autoritäten und Paradigmen
bedient, wer den idealen oder realen, den ethischen oder eman-
zipatorischen Humanismus angreifen will. Das Altertum selbst,
heißt es dann, sei selbst der Beweis gegen den Humanismus: Die
Antike lehre ja, dass Sklaventum „zum Wesen einer Kultur" gehöre:
„Das Elend der mühsam lebenden Menschen muss gesteigert werden", nicht etwa abgeschafft; die Rede von Menschenwürde und
Grundrechten sei Illusion, Lüge; die Aufklärung „ungermanisch",
der Krieg notwendig, der Mensch der Jetztzeit verzärtelt. So sprach
Friedrich Nietzsche (Nietzsche 1980), Lehrer und Professor für
Griechisch in der großen alten Humanistenstadt Basel.

Die Renaissance

Um 1500 gibt es in vielen Städten Italiens „Humanitätsstudien"
(*studia humanitatis*). Hier unterrichtet der (*h*)*umanista* die antike
Literatur und Rhetorik. Er ist der Fakultät der Artisten zugeordnet,
wo die „Sieben freien Künste" gelehrt werden. Die Artistenfakultät
ist eine „niedere Fakultät" mit propädeutischen Aufgaben. Sie
bereitet auf das berufsbezogene Studium an den drei „Hohen
Fakultäten" vor (Medizin, Jurisprudenz, Theologie). Die niedere
Stellung des *umanista* steht im Gegensatz zu den anspruchsvollen
Gegenständen, die er lehren, und dem Ziel, das er erreichen soll:
nichts weniger als Bildung (*conformatio*) zur Humanität an den
Texten der antiken Redner, Geschichtsschreiber, Dichter, Philosophen. Der Name und das Lehrprogramm der *studia humanitatis*
sind in Italien etabliert und antik legitimiert. Coluccio Salutati
(1331-1406), Kanzler von Florenz (1375-1406) erläutert Carlo
Malatesta, dem Herrn von Rimini, den Begriff ‚Humanität' (*humanitas*) (Salutati 1896: 534ff).[7] Das Wort bedeute ‚Bildung' (*eruditio,
litterae, scientia*) und ‚Milde' (*mansuetudo, comitas, benignitas*).
Ebenso sagt es Cicero. Die „Humanitätsstudien" der italienischen
Renaissance sind eine bewusste und legitime Aufnahme antiker
Pädagogik und „Moralwissenschaft" (*scientia moralis*). Die *studia*

humanitatis werden zwar erst sehr viel später mit einem ‚Ismus' zum pädagogischen Systembegriff geadelt: „Humanismus" (1808). Aber: die doppelte Bestimmung von Humanität durch „(geistige) Entrohung" (*eruditio*) und durch „(tätige) Barmherzigkeit" (*philanthropia*), der Kern des Humanismus, ist in der italienischen Renaissance von Beginn an wirksam.

Der Ausbau der „Humanitätsstudien" zu einer „Hohen philosophischen Fakultät" ist keineswegs der Anfang der humanistischen Bewegung in Italien (ca. 1300-1600). Der Aufstieg der italienischen Städte und Staaten, der Rückgang feudaler, der Erfolg der bürgerlichen Wirtschaftsformen, republikanischer und popularer Verfassungen in den Städten beginnt vor und unabhängig von dieser Bewegung. Francesco Petrarca (1304-1374) gilt als ihr erster Vertreter. Er hat Jurisprudenz studiert, steht zeitweise im Dienste des Kardinals Giovanni Colonna, reist im Auftrag der Visconti (Mailand) zu Kaiser Karl IV. nach Prag (1336). Petrarca erlernt die griechische Sprache bei Barlaam, einem Mönch aus Kalabrien, der lange in Konstantinopel gelebt hatte. Das Kapitol in Rom ist die Bühne für die Krönung des Dichters mit Lorbeer (*poeta laureatus*, 1341). Hier werden die antiken „Kapitolinischen Spiele" erneuert, wird ein kulturpolitisches Signal für ganz Europa gesetzt. Petrarca erhält nach antikem Brauch den Lorbeerkranz und das römische Bürgerrecht. Die antiken Ruinen der Ewigen Stadt werden ihm Zeichen einer Hoffnung, die weit über die Verbesserung des lateinischen Stils, die Bereicherung der italienischen Literatur, die weitere Erforschung von Ciceros Reden und Briefen hinausgeht. Er schreibt an Cola di Rienzo, der 1347 vom Volk der Stadt Rom zum Tribunen bestimmt worden war: „Brutus hat die Stadt von einem einzigen Tyrannen befreit, Du von vielen. Camillus ließ die Stadt aus noch vorhandenen, ja noch rauchenden Ruinen wieder neu erstehen, Du aus längst verfallenen Ruinen" (Petrarca 1859-63).[8]

Die alte römische Geschichte – Brutus, Camillus, Vespasian – lehrt neue Möglichkeiten der Politik: die Einigung des zerrissenen Italien. Petrarca schreibt an Cola di Rienzo: „Sei gegrüßt,

Gründer der Freiheit, des Friedens, der Ruhe Roms." Cola ist „der Prophet der lateinischen Renaissance" (Gregorovius 1953/57: II 2, 744).

Der poetische und politische Einsatz der italienischen Renaissance, die Dichterkrönung Petrarcas (1341) und das Tribunat des Cola di Rienzo (1347), verbindet sich nicht zufällig mit der Stadt Rom. Deren monumentale Hinterlassenschaft war auch im 14. Jahrhundert noch enorm: überall antike Säulen, die ruinierten Aquädukte, das Straßensystem, die riesigen Thermen des Diocletian und des Caracalla, die aurelianische Mauer, die langen Gräberstraßen vor den Toren der Stadt. Ein späterer Besucher schreibt: „... an diesen Ort (sc. Rom) knüpft sich die ganze Geschichte der Welt an, und ich zähle einen zweiten Geburtstag, eine wahre Wiedergeburt, von dem Tage, da ich Rom betrat" (Goethe 1970: Bd. 11, 160; vgl. 167; 179).[9]

Aber nicht nur in Rom und nicht erst im 14. Jahrhundert verdichtet sich die Rezeption antiker Wissenschaft, Philosophie, Kunst, Geschichte, Poesie zu einer Wiedergeburt. Schon im 12. Jahrhundert hatte man die Vorstellung einer natürlichen Gotteserkenntnis und Moral entwickelt, hatte Plato, Cicero und Seneca als Künder von Vernunft, Natur und Tugend aus natürlicher Sittlichkeit vertreten (Abaelard [1079-1142], Johann von Salisbury [1120-1180], Wilhelm von Conches [1080-nach 1154]). Der Philosoph erscheint wieder und vertritt in dem Religionsgespräch mit Juden und Christianern eine eigene Stellung (Abaelard 2008). Johann von Salisbury überliefert einen Spruch Bernhards von Chartres (um 1126):

Pigmei gigantum umeris impositi
plus quam ipsi gigantes vident.
Zwerge, auf die Schultern von Giganten gesetzt, sehen mehr als die Giganten selbst. (Salisbury 1929: 3,4 (900 C), 136)

Der Däumling auf den Schultern des Riesen Pagerne/Schweiz, Waadt, ca. 12. Jh.

Der Spruch verbindet kurz und treffend das Selbstbewusstsein des Jahrhunderts mit der Achtung vor der Leistung Früherer, den Glauben an den Fortschritt (*plus*) mit der Notwendigkeit von Tradition („auf die Schultern").

Byzanz und der slawische Kulturraum

Byzanz, eine alte griechische Stadt an den Dardanellen, wird im vierten Jahrhundert Konstantinopel, das „Neue Rom", das „Zweite Rom".[10] Die Stadt Konstantins, gegründet 330 n. Chr., gewinnt für den Ostteil des *imperium* eine ähnliche Bedeutung wie das Alte Rom für den Westen. Antike Traditionen werden von hier aus über das christliche Syrien an Perser, Araber und schließlich in die osmanisch-islamische Kulturregion vermittelt. Auf dem Balkan werden durch byzantinische Politik und Kultur Bulgaren und Slawen akkulturiert und christianisiert. Ihre glagolitische und kyrillische Schrift ist aus der griechischen entwickelt. Nach der Einnahme Konstantinopels durch Mohammed II. (1453) waren die Titel, die imperiale und kulturelle Idee ‚Rom' wieder verfügbar. Auf das „Alte" und das „Zweite" folgt jetzt Moskau, das „Dritte Rom". In den drei Sendschreiben des Philotheos von Pleskau (Filofei von Pskow, Russland) an die russischen Großfürsten Michael G. Misjur' Munechim (gest. 1528), Vasilij III. (1503-1533), Ivan IV. (1533-1574) wird die Theologie und Ideologie des „Dritten" Rom entwickelt: „Denn zwei Rom sind gefallen, aber das Dritte steht, und ein Viertes wird es nicht geben" (Schaeder 1957). Römische und christliche Tradition werden synthetisiert: „Das römische Reich ist unzerstörbar, denn der Herr (Christus) ist unter römischer Herrschaft registriert worden." Das Dritte Rom – „das ist das Neue Große Russland".

Das hellenische Bildungssystem bleibt im byzantinischen Reich, ebenso wie im Westen, auch nach der Christianisierung von Herrscherhaus und Bevölkerung bestehen. Staatsdiener brauchen Allgemeinbildung (griech. *enkyklios paideía*, lat. *studia liberalia*). Denn „Literaturkenntnis", so die Kaiser Konstantius und Julian,

„ist die größte aller Tugenden"; wer sich hier auszeichnet, wird befördert.[11]

In Byzanz bleibt antike Literatur in großer Menge und Qualität erhalten. Der Diplomat, Kirchenfürst und Gelehrte Photios dokumentiert in seiner ‚Bibliotheca' (abgefasst um 845) die ihm erreichbare griechische Literatur (Treadgold 1980). Er beschreibt und exzerpiert 239 christliche und jüdische Werke, 147 hellenische, darunter vielbändige Historiker wie Diodorus Siculus und Cassius Dio. 110 Werke, die Photios noch las, sind inzwischen vollständig verloren. Nicht in die ‚Bibliotheca' aufgenommen sind, da allgemein bekannt, Schultexte und Standardliteratur: Homer, Hesiod, die drei Tragiker, Aristophanes, Pindar, Theognis; Thukydides und Xenophon, Plato und Aristoteles, Euklid und die Bibel. Diese Negativliste zeigt das ungewöhnliche Bildungsniveau der byzantinischen Oberschicht. Deshalb ist es verständlich, dass Photios als ‚Humanist' und seine Epoche als ‚Makedonische Renaissance' (9.-11. Jh.) bezeichnet werden. Die zeitliche Begrenzung ist jedoch unklar; Kriterien wie ‚Autonomie des Individuums, Öffnung des christlich-mittelalterlichen Weltbildes, schöpferischer Aufbruch der Künste und Wissenschaften, neue Lebensformen' sind schwer zu erfassen. Ähnliches gilt für die ‚Proto-Renaissance' (11.-13. Jh.), die so genannte Renaissance unter den Komnenen (11.-12. Jh.) und Palaiologen (13.-15. Jh.). Ohne eine präzise Typologie und Phänomenologie von ‚Renaissance' ist die Übertragbarkeit des Begriffs nicht zu entscheiden. Die Unterschiede zu der sozialen, politischen, kulturellen Entwicklung im Westen sind jedenfalls offenkundig, gerade weil der Westen den byzantinischen Gelehrten, Lehrern und Kopisten so viel zu verdanken hat.

Der arabisch-islamische Kulturraum

Syrien (mit Libanon, Palästina/Judäa), die Reiche der Arsakiden und Sasaniden in Mesopotamien (Iraq) und Iran sowie das westliche Zentralarabien waren seit Alexander und seinen

Nachfolgern (Seleukiden und Ptolemäern) Teil oder Einfluss-
gebiet der hellenistischen Kultur.[12] Durch die Eroberungen seit
dem Tode Mohammeds (632) fielen diese und weitere teilweise
stark hellenisierte Regionen unter arabische Herrschaft. In diesem
arabisch-islamischen Kulturraum entstand eine umfangreiche
griechisch-syrisch-persisch-arabische Übersetzungsliteratur, deren
Wirkung und Bedeutung allerdings umstritten ist.

Die wichtigsten Autoren der „Wissenschaft der Alten"
(Griechen) sind der arabischen Welt bekannt: Aflatun, Aristu-
talis, Arsimidis, Batlamyus, Buqrat, Galinus, Suqrat, Uqlidis.[13]
Während Wissenschaften, vor allem Medizin, und Philosophie,
vornehmlich Aristoteles, übersetzt und bearbeitet wurden, fehlt
die schöne Literatur, die große griechische Epik, Lyrik, Dramatik.
Die arabische Rezeption unterscheidet sich dadurch deutlich von
der römischen, die mit der Übernahme von Kunst und Mythos,
Schrift und Recht, Homer und Theater beginnt. Die römische
Kultur wurde zweisprachig. Die arabischen Bildungsschichten
haben nicht das Bedürfnis, „zu den Quellen" (*ad fontes*) selbst zu
gehen. Sie geben sich mit dem zufrieden, was ihnen Übersetzer,
Philologen, Organisatoren wie Hunain ibn Ishaq (803-873)
geschaffen haben (Bergsträsser 1913). Hunain und seine Schule
bilden durch ihre Übersetzungen die wissenschaftliche arabische
Terminologie – eine ebenso nachhaltige wie unauffällige Natio-
nalisierung (Arabisierung) der griechischen Tradition. Obschon
die schöne (hohe) Literatur und die Mythen der Griechen nicht
übernommen wurden, ist die Poetik des Aristoteles, als Teil des
„Organon" und „logische" Schrift übersetzt worden. Ibn Sina
(Avicenna; gest. 1027) und Ibn Rusd (Averroes; gest. 1198) haben
sie bearbeitet und über die Bedeutung von „Vorstellungsvermögen"
und „Nachahmung" (Mimesis) spekuliert. Hazim al-Qartaganni
(gest. 1256) hat diese griechisch-arabische Tradition zur Grundlage
seiner arabischen Poetik gemacht. (Vgl. dazu und zum Folgenden
die Ausführungen von Arkoun in diesem Band.)

Nur wenige dem arabisch-islamischen Kulturraum bekannte
Autoren der *jumatrija, asturnumija, falsafa/al-falasifah* seien

genannt: Euklid, Heron, Nikomachos, Archimedes, Arat, Do-
rotheos, Ptolemaios, Aristoteles (Analytica, Ethik, Metaphysik),
Alexander von Aphrodisias, Polemon (Physiognomik), Porphyrios
(Geschichte der Philosophie), Plotin, Proklos, Pseudo-Menander
(Weisheitssprüche), Pseudo-Plutarch („Lehren der Philosophen"),
Pythagoras („Goldene Worte"), Theophrast. Die gesamte medizi-
nische Literatur der Griechen wird den Arabern bekannt: Galen
(übersetzt von Hunain ibn Ishaq) und Hippokrates, Dioskurides
(„Über Heilpflanzen"), Johannes Philoponos („Über die Geschich-
te der Medizin"). Auch der „Eid des Hippokrates," die Grundlage
von Ethik und Humanismus der Ärzte, wurde übersetzt:

> Ich schwöre bei Gott, dem Herrn des Lebens und des Todes,
> ... und ich schwöre bei Asklepios ... (Rosenthal 1965)

Die Verantwortungsethik, die Wissenschaftlichkeit, die Diskre-
tion, der Primat des Patientenwohles sind hier festgeschrieben,
Abtreibung und Euthanasie verboten.
    Die Wirkung und Bedeutung dieser Rezeption griechischer
Wissenschaft und Philosophie für den arabisch-islamischen
Kulturraum ist umstritten. Die Suche nach dem „antiken Erbe"
in den neuzeitlichen Kulturen Europas wird jedenfalls die Ei-
gentradition und die Innovationen dieser Kulturen (Nationen,
Ethnien) nicht übersehen. Das idealtypische Konstrukt aus besonderer Lebensform und Menschenbild, von Mitmenschlichkeit
und Berufsethik der Lehrer, Schreiber, Beamten, Richter, Ärzte,
Gelehrten, das im Westen ‚Humanismus' genannt wird, lässt sich
ja auch kulturspezifisch denken. So kann man beispielsweise von
‚salomonischem' oder ‚konfuzianischem' Humanismus sprechen.
Nach Hans-Heinrich Schaeder (1896-1957) ist die Rezeption
griechischer Kultur im Orient ‚unfruchtbar' geblieben, eine
wirkliche „Renaissance," ein „dauerhafter Humanismus" sei
nicht entstanden (Schaeder 1928). Nach Franz Rosenthal (1914-
2003), einem Schüler Schaeders, steht die Antike-Rezeption im
Kalifenreich des 8.-10. Jahrhunderts „dem Geist und Wesen der
europäischen Renaissance von all den Bewegungen, auf die man

den Ausdruck ‚Renaissance' in den letzten Jahrzehnten modisch angewandt hat, bei weitem am nächsten"; die „Renaissance des Islam" durch das griechische Erbe sei unübersehbar (Rosenthal 1965; vgl. Mez 1922; Kraemer 1986; Kraemer 1992).

Eine Entscheidung zwischen diesen gegensätzlichen Meinungen wird vermieden, wer nicht Fachmann ist. Deshalb möge die Feststellung eines arabischen Philosophiehistorikers und die *Fatwa* eines Rechtgelehrten diese Problemskizze beschließen.[14] Said al Andalusi (1029-1070) schreibt: „Die griechischen Philosophen gehören zur höchsten Menschenklasse und zu den größten Gelehrten." Und as-Subki (1284-1355) entscheidet: „Jemand, der behauptet, dass die Logik unislamisch oder verboten sei, ist ein Dummkopf."

„Menschlichkeit"

Das 18. Jahrhundert vollzieht eine zweite „Kopernikanische Wende", die Wende zur „Anthropologie" (J. G. Herder, 1765). Das alte Orakel aus Delphi: „Erkenne dich selbst" (lat. *nosce te ipsum*) wird aktualisiert (Pope 1733: II 1-2):

> Know then thyself, presume not God to scan;
> The proper study of mankind is Man.

In den europäischen Sprachen verbreitet sich mit Deismus, Frei-maurerei und Aufklärung das positiv und emphatisch gebrauchte Wort *humanity, humanité*, Humanität, *gummanostj*, auch in den Volkssprachen: Menschlichkeit, *lidskost, tschellawjatschnostj*. Die gemeinsame Herkunft aus dem lateinischen *humanitas* und die fortdauernde Beziehung auf die klassischen Texte, vor allem Cicero, haben zur Folge, dass die Bedeutung in den verschiedenen europäischen Sprachen sehr ähnlich ist: (a) Wesen des Menschen (das Menschsein), (b) Menschheit (Menschengeschlecht), (c) Menschlichkeit (Sympathie, Verständnis, Barmherzigkeit, humanitäre Hilfe). In Frankreich wird *humanité* zu einem zentralen Begriff aufgeklärter Ethik. Denis Diderot (Encyclopédie, 1753-58) definiert:

*Humanité, c'est un sentiment de bienveillance pour tous les hommes,
qui ne s'enflamme guère que dans une âme grande et sensible. Ce noble
et sublime enthousiasme se tourmente des peines des autres et du besoin
de les soulager, il voudrait parcourir l'univers pour abolir l'esclavage,
la superstition, le vice et le malheur.* (Diderot/D'Alembert 1782)

Johann Gottfried Herder hat, gegen deutliche Vorbehalte, das
französische Lehnwort in Deutschland beheimatet und begrifflich
bestimmt. Im 27. seiner „Briefe zur Beförderung der Humanität"
(1792) schreibt er:

Sie fürchten, daß man dem Wort Humanität einen Fleck
anhängen werde; könnten wir nicht das Wort ändern? *Menschheit,
Menschlichkeit, Menschenrechte, Menschenpflichten, Menschenwürde,
Menschenliebe?*

Diese Befürchtungen werden in dem Brief zerstreut, und er
schließt:

Also wollen wir bei dem Wort *Humanität* bleiben, an welches
unter Alten und Neuern die besten Schriftsteller so würdige
Begriffe geknüpft haben. Humanität ist der *Charakter unsres
Geschlechts*; er ist aber nur in Anlagen angeboren, und muss uns
eigentlich angebildet werden.

Die Rede von Humanität meint bei Herder die Idee von der
Gleichheit und Würde der Menschen, ihrer Teilhabe an Vernunft
und natürlichen Rechten, meint aber auch die Tatsache, dass
weder Gleichheit noch Menschenrechte verwirklicht sind: „Das
Menschengeschlecht," sagt Herder, „wie es jetzt ist und wahrscheinlich noch lange sein wird, hat seinem größten Teil nach
keine Würde." Es soll aber zum „Charakter seines Geschlechts,
mithin auch zu dessen Wert und Würde gebildet werden".

Die „Alten," auf die Herder sich bezieht, sind vor allem Epiktet
und Mark Aurel, Lukrez und Homer. Sie haben ihm zu seiner
Bestimmung von „Humanität" folgende Elemente beigetragen:
a) die Ausdrücke ,Menschheit, Menschlichkeit, Menschenrecht,
Menschenwürde, Menschenliebe'; b) die Vorstellung, der Mensch
sei unfertig, deshalb fortschrittsfähig und könne sich „den Charakter unseres Geschlechts anbilden"; (c) hierzu gehört weiterhin

eine erhebliche Blütenlese aus antiken Autoren sowie (d) eine eigene Abteilung über die griechische Kunst, die sich Herder als „Schule der Humanität" deutet.

„Entrohung und Barmherzigkeit"

Die Einheitlichkeit des Wortfeldes ‚Humanität' in den europäischen Sprachen ist im antiken Sprachgebrauch begründet. Das lateinische Wort *humanitas* ist zuerst in der öffentlichen Rede am Anfang des 1. Jahrhunderts v. Chr. belegt.[15] In der klassischen Literatur (Cicero, Seneca, Plinius) hat es folgende Bedeutungen: a) das Menschsein des Menschen (*condicio humana*), seine Sterblichkeit im Gegensatz zu den unsterblichen Göttern und seine Schwäche im Gegensatz zum (wilden, grausamen) Tier; der Mensch ist ausgezeichnet durch Vernunft (*ratio*), aber unfertig, wenn er auf die Welt kommt; b) die Menschheit, das Menschengeschlecht (*genus humanum*); c) die Menschlichkeit im Fühlen und Handeln: mitleidig, hilfsbereit, tolerant, taktvoll, geschickt im menschlichen Umgang, urban, mit Anstand und Witz. Diese Zuschreibungen sind universal, gelten für alle, Männer und Frauen. Seine Unfertigkeit und Schwäche zwingen den Menschen zum andauernden, lebenslangen Lernen, zur Vergesellschaftung (Sociabilität in Familie, Staat, Kosmopolis) und wechselseitiger Hilfe (*mutuum auxilium*).

„Entrohung" und „Barmherzigkeit," oder in neuerem Deutsch: „Bildung" und „humanitäre Praxis" sind die beiden, notwendig zusammengehörenden Bestimmungsstücke römischer *humanitas* und, dementsprechend, europäischer Humanität.[16]

Römische *humanitas* verbindet universal gültige Argumente philosophischer Anthropologie und Ethik mit gesellschaftlichen Standards der städtischen römischen Oberschicht. Die klassischen Zitate für diese Verbindung bietet Marcus Tullius Cicero (106-43 v. Chr.). Sein umfangreiches und vielseitiges Lebenswerk in Briefen, Reden, Redelehre, philosophischen Dialogen und Traktaten machte ihn zum Sprachmuster und zu einer viel benutzten Quelle für die

westeuropäischen Humanisten. Bei Cicero fanden sie den frühesten
Beleg für den Ausdruck „Menschenwürde" (*dignitas hominis*).[17]
Die deutsche Übersetzung Ciceros bietet deshalb den ersten Beleg
für das Wort „Menschenwürde" in deutscher Sprache (J. Neuber,
1488). Sie fanden ein anschauliches Modell für den Aufbau der
menschlichen ‚Person' aus universellen und individuellen „Masken"
(lat. *personae*): die Maske Vernunft, die Proprietät (Singularität),
Geschichtlichkeit, Wille. Cicero bot ihnen einen Überblick über
die philosophischen Systeme der Griechen, in guter Sprache und
konzentriert auf Ethik und Religion, Recht und Politik. Aus dem
Naturrecht ließen sich die Menschenrechte entwickeln – „von
Natur aus frei" –, aus der Allgemeinheit des Vernunftrechts das
Weltbürgerrecht der Kosmopoliten.[18] Ciceros Dialoge und Briefe
boten Modelle für urbane Gesprächskultur – Villa mit Park und
Bibliothek, für Kreisbildung (sog. Scipionenkreis) und eine Theorie
der Freundschaft. Cicero war für die stadtrömischen Altpatrizier
ein Aufsteiger (*homo novus*), der mit Bildung überkompensierte;
ein Übersetzer und Vermittler griechischer Kultur mit volkserzie-
herischem Engagement; ein öffentlicher Mensch, der die *vita civilis*
(*activa*) mit der *contemplativa* zu verbinden wusste.

Cicero konstituiert die Rhetorik als Universalbildung. Er
verlangt umfassendes Wissen von sehr vielen Dingen, vollkom-
mene Sprachbildung, psychologische, literarische, philosophische, historische Kenntnisse, Fachwissen in Jurisprudenz und
Übung im öffentlichen Auftritt (*actio*):[19] das ist ein europäisches
Bildungsprogramm. Seine religionsphilosophischen Schriften
belehren über atomistische und pantheistische Theologie, milde
Skepsis (Cicero) und einen staatstragenden konservativen Fid-
eismus (Aurelius Cotta, Oberpontifex).[20] Cicero formuliert die
humanistische Begründung jeder humanitären Praxis:[21]

> Die Natur schreibt vor, dass der Mensch für den Menschen, wer
> immer es sei, gesorgt haben wolle, allein aus dem Grunde, weil der
> ein Mensch ist. *Natura praescribit, ut homo homini, quicumque sit,*
> *ob eam ipsam causam, quod is homo sit, consultum velit.*

„Philanthropie"

Die auf natürliche ,Menschenliebe' und ,Barmherzigkeit' begründete humanitäre Hilfe („Mildtätigkeit", *clementia*) ist notwendiger Teil von Humanität. Dementsprechend verbreitet sich im 18. Jahrhundert mit dem Wort und Begriff ,Humanität' in den europäischen Sprachen auch das griechische Wort *phil-anthrop-ía* – „Menschenliebe". Hohe Mythologie, einige Bibelstellen und tiefe Veränderungen im Verständnis von Armut, Bettel, Almosen in der bürgerlichen Gesellschaft der Neuzeit beförderten eine neue Sprache des Euergetismus (griech. ,Gutes-Wirken-Wollen') (Sachße/Tennstedt 1980). Immerhin war Prometheus, der die Menschen geformt und für sie das Feuer vom Himmel geraubt hatte, der erste „Philanthrop" (Aischylos, Prometheus).

Armut – im Unterschied zu ,Einfachheit', ,Schlichtheit' – ist in der griechisch-römischen Antike kein persönlicher religiöser Wert und kein gottgegebener Zustand. Den Humanisten und Philanthropen ist sie ein oft selbstverschuldeter Missstand und kann, so hoffen sie, durch Erziehung und Disziplinierung beseitigt werden. Ein Weg führt über die Entklerikalisierung und Modernisierung der Schule. Die Gründung des „Philanthropin" in Dessau (1774) durch Johann Bernhard Basedow etabliert eine „moderne Pädagogik" – berufsbezogen, praxisnah, bürgerlich. Er fordert die Staatsaufsicht über das Bildungswesen, gründet Seminare für Lehrer, die nicht mehr Hofmeister oder Kleriker sind (Basedow 1893). Die Erfolge von Basedow, Joachim H. Campe, Christian G. Salzmann provozieren ein pädagogisches Kontrastprogramm: Friedrich Immanuel Niethammer benennt es mit einem damals neuen Wort – ,Humanismus'.

„Humanismus"

Der Begriff ,Humanismus' wurde geprägt von dem Philosophen und Bildungspolitiker Friedrich Immanuel Niethammer (1766-1848). Dieser bezeichnet damit das von ihm reformierte traditionelle

„Studium der *Humaniora*" an den höheren Schulen. Der Titel seiner Programmschrift lautet: „Der Streit der Philanthropinismus und Humanismus in der Theorie des Erziehungs-Unterrichts unserer Zeit" (1808) (Niethammer 1968). Der pädagogische Begriff Humanismus ist die reflektierte Antithese zu der „modernen Pädagogik" der Philanthropen. Dieser Humanismus will nicht die schnelle, praxisnahe Vorbereitung des Zöglings auf Beruf oder Fachstudium, die Einpassung des Kindes in „das Maschinenwesen" der Zeit. Niethammers Humanismus will die allgemeine Bildung, die Bildung des ganzen Menschen (Niethammer 1968: 276), von Vernunft und Humanität, „Menschenbildung" (Niethammer 1968: 183): „die Bildung des Menschen als Menschen, abgesehen von aller Verschiedenheit individueller Beschaffenheit (...), oder die Bildung der Menschheit im Individuum." Die Unterrichtsgegenstände müssen „classische Form" haben; „wahre Classicität in allen Arten der Darstellung des Wahren, Guten und Schönen in ihrer größten Vollendung (wird) aber nur bei den classischen Nationen des Alterthums angetroffen" (Niethammer 1968: 81). Niethammer zielt auf einen neuen „Stand der Gebildeten" aus allen Classen und Ständen, allerdings ohne die Frauen. Der moderne Staat braucht „gebildete" Staatsdiener, Wissenschaftler, Künstler. Das humanistische Gymnasium war, obschon bewusst „unmodern", zunächst erfolgreich, wider Erwarten und gegen den wachsenden Widerstand der Vertreter mathematischer, naturwissenschaftlicher, technischer Fächer und der Gegner der elitären bürgerlichen Standesschulen, die mit ihrem Abiturprivileg Staatsdiener und die Geistesaristokratie des Bildungsbürgertums heranzogen.

Karl Marx (1818-1883) war ein Absolvent dieses humanistischen Gynmnasiums. An einigen Stellen seiner Frühschriften (ca. 1843-48) benutzt er den Ausdruck ‚Humanismus'. Er hat ihn von seiner pädagogischen und antikischen Bindung gelöst, seine humanitäre Energie radikalisiert, anthropologisch und gesellschaftlich gefasst, zu einem politischen Programm konkretisiert und modernisiert. Er nennt ihn „realen Humanismus", um die

Antithese gegen „Spiritualismus oder den spekulativen Idealismus"
zu betonen, „der an die Stelle des wirklichen, individuellen Menschen das ‚Selbstbewusstsein' oder den ‚Geist' setzt" (Marx/Engels
1959). Das reale Individuum aber existiert in konkreten, oft
destruktiven Umständen als „ein erniedrigtes, ein geknechtetes,
ein verlorenes, ein verächtliches Wesen": Deshalb „muß man die
Umstände menschlich bilden" (Marx/Engels 1959: 138f). (Vgl.
die Ausführungen von Llanque in diesem Band.)

Die Umstände sind die arbeitsteilige Industriegesellschaft, der
entwickelte Kapitalismus, die Ausbeutung des vierten Standes. Das
Ziel aber ist „die wirkliche Aneignung des menschlichen Wesens
durch und für den Menschen", der „menschliche Mensch" (Marx
1968: 235). Marx hat den Begriff in seinen späteren Schriften
nicht mehr verwandt, seinen Gebrauch bei Arnold Ruge (1803-
1880) als „Phrase" angeprangert (Marx/Engels 1960: 279). Er
hat den Schwerpunkt seiner wissenschaftlichen Arbeit von der
Kritik der idealistischen Philosophie verlagert auf Ökonomie,
Geschichte, Technik. Aus dieser Verlagerung der Aufgabe ist
nicht auf eine ‚antihumanistische Wende' bei Marx zu schließen.
Die Erforschung des Menschen in seiner „Entfremdung", deren
Entstehung und die Möglichkeit, sie aufzuheben, blieben vielmehr
Zentrum seiner wissenschaftlichen und politischen Arbeit.

Die Pluralisierung des Humanismus

Der Ausdruck ‚Humanismus' war in Deutschland erfolgreich.
Um die Mitte des 19. Jahrhunderts tritt neben den idealen,
pädagogischen, realen der Epochenname ‚Humanismus'. Die
Literaturwissenschaftler Karl Hagen (1841/44) und Georg
Voigt (1827-91) bezeichnen damit die Anfänge der italienischen
Renaissance. Voigts Titel ist plakativ: „Die Wiederbelebung des
classischen Alterthums oder Das erste Jahrhundert des Humanismus" (1859).[22] Der Titel vermeidet den von Jules Michelet
eingeführten Epochennamen „*la renaissance*" (1855) (Michelet

1855; vgl. Burckhardt 1989). Der Ausdruck ‚Humanismus‘ ist offenbar selbstverständlich: Voigt glaubt, ihn nicht rechtfertigen zu müssen. Die neue Epoche nach dem „Zeitalter der Finsternis“ (Petrarca) beginnt mit Petrarca (1304-1374) und schließt mit der Ausbreitung „des Humanismus“ in den Republiken und Höfen Italiens um 1500. Mit ‚Humanismus‘ meint Voigt das antike „Vermächtnis“, das in Italien wieder belebt werde, die Befreiung des Individuums, die Stärkung der Position der Laien gegen die Übermacht der Kirche. Voigts Konzeption ist literaturgeschichtlich – wenig Kunst, keine Ökonomie. Aber das Buch war erfolgreich, auch außerhalb Deutschlands, es hat den jungen ‚Ismus‘ internationalisiert. Die Vervielfachung der Humanismen jedoch erforderte nun Unterscheidungen durch Adjektive und Ordnungszahlen.

Friedrich Paulsen (1846-1908), Professor für Philosophie und Pädagogik in Berlin, war ein realistischer Kritiker des humanistischen Gymnasiums: zu wenig „national“ sei es und nicht „modern“ (Paulsen 1919-1921 [1885]). In seiner Geschichte des gelehrten Unterrichts hat er die beiden Humanismen als „Althumanismus“ (15.-17. Jahrhundert) und „Neuhumanismus“ (ab 1740) unterschieden. Diese Benennung zwang die Nachgeborenen, wenn sie ihrerseits einen neuen Humanismus propagieren wollten, zur Nummerierung. Eduard Spranger (1887-1963) ließ dem alten Ersten und neuen Zweiten einen „Dritten Humanismus“ folgen (Spranger 1921), einen, der modern und klassisch war, der das Irrationale, Dionysische, Politische der griechischen Geistesform besser als Goethe, Friedrich August Wolf, Wilhelm von Humboldt zu verstehen vermochte (Spranger 1921).[23]

Der zeitgleiche Aufstieg des „Dritten Reiches“ brachte den Humanismus von Spranger und Werner Jaeger (1888-1961) mit seinem „Nähegefühl rassischer Verwandtschaft“ zwischen Griechen und Deutschen und seinem „wesentlich“ politischen Verständnis von Humanität in unklare Verhältnisse (Jaeger 1959; vgl. Jaeger 1951).

Die allmähliche Lösung des Begriffs ‚Humanismus‘ von seinem

pädagogischen Ursprung, von Antike und Klassik macht ihn frei für vielerlei Kombinationen. Das mag eine kleine Auswahl belegen: abendländischer Humanismus, atheistischer, christlicher, dialektischer, ethischer, evolutionärer, existentialistischer, hebräischer, klassischer, kritischer, sozialistischer, weltlicher. Die Verbindungen von philosophischer Anthropologie oder Theologie oder Ideologie mit ‚Humanismus' erbringen sehr verschiedene Ergebnisse: harmonische Synthesen; bloße Vereinnahmung und Neutralisierung einer erfolgreichen Marke; anspruchsvolle Entwicklung einer respektierten Tradition. Dementsprechend haben Humanismuskritik und strikter Antihumanismus mannigfache Ansatzpunkte: das humanistische Menschenbild; die unaufhebbare Spannung zwischen geschichtlicher Realität und dem normativen Anspruch einer alten Tradition; pädagogisches Programm und (Miss-)Erfolg des humanistischen Gymnasiums; die Vergeblichkeit humanitärer Bemühungen im Zeichen von offener struktureller Gewalt, religiöser Intoleranz, der „Mächte des Bösen", der geglaubten Sachzwänge der Märkte und Monopole. Das Vertrauen auf das Gute im Menschen, das Utopische und Arkadische im Horizont von Welt und Geschichte, das Versprechen von Schönheit und Glück, von freiem, reichem, vollkommenem Leben, die Pflege der Persönlichkeit – all dies kollidiert mit der harten Wirklichkeit von massenhafter Notdurft, dem Kampf um Wasser und billige Medizin, um Reis und ein bisschen Sicherheit.

Theorie und Praxis

Humanismus, das zeigt auch die Liste der Bindestrich-Humanismen, ist keine Philosophie, kein geschlossenes, nur mit sich selbst kompatibles System aus Anthropologie und Ethik, sondern die Lehre, „eine unvollendete Weltanschauung zu ertragen" (Mach 1883: 479). Humanismus ist keine Religion, auch keine Ersatzreligion. Humanismus ist zunächst ein pädagogisches Programm und Teil europäischer Antikerezeption. Humanismus ist einerseits

eine Bildungs- und Kulturbewegung, die eng mit den „freien Küns-
ten," den Geistes-, Kultur-, Human-, Geschichtswissenschaften
(*studia humaniora; humanities*) verbunden ist, andererseits die
Grundlage humanitärer Praxis. Die wichtigsten Trägerschichten
waren und sind männliche und weibliche Pädagogen (Lehrer und
Erzieher), Ärzte, Juristen (Richter, Notare, Verwalter), Gelehrte,
Künstler, Angehörige der ‚Intelligentsia'.

Humanismus ist eine immer umstrittene Tradition, ein andau-
ernder Diskurs aus Texten und Bildern mit historischen Paradigmen
(Athen, Sparta, Rom, Byzanz), Philosophemen (Natur, Vernunft,
Freiheit) und der Erklärung der Menschenrechte, mit symbolischen
Orten (Troia, Olympia, Kythera, Florenz, Wörlitz), mit Märtyrern
und Bekennern (Sokrates und Seneca, Erasmus und Thomas Mo-
rus), mit mythischen Bildern (Helena und Medea, Antigone und
Medusa), spezieller Architektur (Parthenon in Athen, Pantheon
in Rom, Brandenburger Tor in Berlin) und Kunst (Apoll vom
Belvedere im Vatikan, Michelangelos David in Florenz).

Nicht jede Rezeption von Antike ist Humanismus. Antike
Errungenschaften (Grammatik, Logik, Rhetorik, Medizin)
können zu inhumanen Zwecken gebraucht werden. Andererseits
ist Humanismus ohne Athen und Stoa wie Christentum ohne
Jerusalem und Tenach.

Kein Humanismus ohne Humanität, keine ‚Bildung' ohne
‚Barmherzigkeit', ohne humanitäre Praxis. Die Leiblichkeit,
Unfertigkeit, Schwäche, Fragilität des Menschen erfordert
prinzipiell und immer die unmittelbare, punktuelle, temporäre
Hilfe, Belehrung, Heilung, Trost, Schutz. Darüber hinaus ist
humanitäre Praxis notwendig und zwiespältig verbunden mit den
inhärenten Mängeln, der Destruktivität und Dysfunktionalität
von Staat, Wirtschaft, Militär, Justiz, Gesellschaft. Rotes Kreuz
und Roter Halbmond können Verwundete und Flüchtlinge versorgen, aber nicht Kriege und ethnische Säuberung verhindern.
Die Welthungerhilfe kann humanitäre Katastrophen mildern,
aber nicht Fehler der Agrarpolitik abstellen. Notwendigkeit und
Ambivalenz humanitärer Praxis haben sich verstärkt infolge der

Mängel des Sozialstaates und der Forderung nach einem schlanken, „deregulierten" Staat, der öffentliche Güter und Daseinsfürsorge (Bildung, Verkehr, Kommunikation, Wasser, Energie, Gesundheit) privaten Investoren zuführt.

Die erfreulicherweise zunehmende völkerrechtliche Verbindlichkeit von Menschenrechten ermöglicht, unter bestimmten Voraussetzungen, die „humanitäre Intervention" zur Abwendung „humanitärer Katastrophen", aber damit auch die Möglichkeit zu einem missbräuchlichen, humanitär getarnten weltweiten militärischen Interventionismus (Somalia, Kosovo, Birma) (Chomsky 2000).

Mit diesen inneren und äußeren, europäischen und globalen, theoretischen und praktischen Aufgaben und Problemen humanitärer Praxis sind viele Einrichtungen befasst: die „Europäische humanistische Föderation" (EHF, gegründet 1991), Humanistische Universitäten, Institute und Akademien (Brüssel, Utrecht, Essen, Berlin), zahlreiche nichtstaatliche Vereinigungen (NGOs).

Der Tag der Menschenrechte

Vor sechzig Jahren, am 10. Dezember 1948, wurde in Paris, Palais de Chaillot, von der Generalversammlung der Vereinten Nationen die „Allgemeine Erklärung der Menschenrechte" verkündet.[24] Die Erklärung gehört zu den Basistexten des modernen Humanismus. Der erste Artikel lautet:

> *All human beings are born free and equal in dignity and rights. They are endowed with reason and conscience and should act towards one another in the spirit of brotherhood.*

Der Artikel und seine einzelnen Begriffe haben eine lange und multikulturelle Vorgeschichte. Die Kommission und das Sekretariat, das die Erklärung erarbeitet hat, waren kosmopolitisch besetzt. Auch China, der Nahe Osten, Südamerika und die Sowjetunion sind vertreten (United Nations 1945-1995; Humphrey 1984; Hobbins 1995-2001; Cassin 1972 u.a. über: „Eleanor Roosevelt," 80-83; „Montesquieu et les droits de l'homme", 89-95; „La

tradition libérale occidentale des Droits de l'homme", 139-150).
Wie aus den Protokollen des Sekretariats, den Tagebüchern und
Berichten von John Humphrey (1905-1995, Kanada), René
Cassin (1887-1976, Frankreich), Charles Malik (1906-1987;
Libanon/Saudi-Arabien) ersichtlich, wurde die rechtsgeschichtliche
und philosophische Vorgeschichte der Menschenrechte durchaus
eingebracht und reflektiert, philosophische, theologische, „spekulative" Debatten jedoch tunlichst vermieden. Die *„philosophy
behind"* (Humphrey) wurde nicht expliziert. Deshalb gibt es
1948 keine Berufung auf die „Auspizien des Höchsten Wesens"
oder die „Natur, die dem Menschen seine Rechte" verliehen hat,
wie es in der Präambel der französischen *„Déclaration des droits
de l'homme et du citoyen"* geschrieben steht. Und doch war die
französische Erklärung von 1789 ein „Ausgangspunkt" (Cassin)
und Modell für die Allgemeine Erklärung von 1948, die „natürlichen Rechte" des Menschen Ergebnis alter rechtsphilosophischer
Arbeit. Die Religionsfreiheit (*libertas religionis*) beispielsweise
wurde in der Antike als „Menschenrecht (*humanum ius*) und
natürliche Fähigkeit für jeden Einzelnen" gegen den römischen
Staat eingeklagt (Tertullian).[25] Philosophische und juristische Texte
der Antike liefern zentrale Begriffe des neuzeitlichen Diskurses:
„Naturrecht" (*ius naturale*), „Menschenrecht" (*ius humanum*),
„Menschenwürde" (*dignitas hominis*), Freiheit und Gleichheit.
Das römische Rechtsbuch sagt,[26]

> „Nach dem natürlichen Recht sind alle Menschen frei geboren"
> und „alle gleich".

Die französische Erklärung sagte (Artikel 1):

> *„Les hommes naissent et demeurent libres et égaux en droits."*

Die „Allgemeine Erklärung" der Menschenrechte formuliert
(Artikel 1):

> „Alle menschlichen Wesen sind frei geboren nach Würde und
> Rechten."

Die „Allgemeine Erklärung" zeigt sowohl die Stärke der Tradition
wie den gewaltigen, „revolutionären" (Humphrey) Fortschritt

des modernen Völkerrechts und Sozialrechts, der Bürger- und Menschenrechte. Die Implementierung und Realisierung dieses Fortschritts stößt auf große Schwierigkeiten. Das Verbot der Folter wird sogar von den Erstunterzeichnern der „Allgemeinen Erklärung" in Frage gestellt; weder die Todesstrafe noch entehrende, demütigende Körperstrafen sind abgeschafft.[27] Nicht einmal die Freiheit, seine Religion zu wechseln, ist eine Selbstverständlichkeit geworden.[28]

Sechzig Jahre nach der Verkündung dieser Erklärung verbinden sich Bewunderung und Genugtuung mit der Erkenntnis, dass viele Versprechen aus der Aufbruchsphase nach dem Zweiten Weltkrieg nicht eingelöst und neue, große Bedrohungen für Menschenrechte, humanitäre Praxis, für europäischen und jeden anderen Humanismus entstanden sind.

Anmerkungen

1 Aeneis 1, 278f.

2 Homer, Ilias 6, 208.

3 Aristoteles, Politik 3,6, 1278b: „Von Natur aus ist der Mensch ein ‚politisches' Lebewesen."

4 Thukydides 2, 37, 1.

5 Aristoteles, Politik 4,11.

6 Aufgeführt ca. 442 v. Chr. 1. Standlied des Chores (V. 332-375); Übersetzung von Friedrich Hölderlin.

7 Coluccio Salutati an Carlo Malatesta, 10. September 1401 (Epistel 12,18).

8 Petrarca an Cola di Rienzo, Epistolae variae 48; vgl. ders., Epistolae familiares 11,16,1 (Verteidigung Colas).

9 Italienische Reise, 3. Dec. 1786.

10 Themistios: Rede III; Rede XII; vgl. Schaeder 1957.

11 Codex Theodosianus: 14,1,1. 24. Feb. 357 (360).

12 Arsakiden (427 v. Chr. – 226 n. Chr.); mit Ardeschir I. (226-241) beginnt das Reich der Sasaniden (bis 651).

13 Platon, Aristoteles, Archimedes, Ptolemaios, Hippokrates, Galenos, Sokrates, Euklid.

14 a) Sacid al-Andalusi, Tabaqat al-umam, 22-26 (bei Rosenthal 1965: 61); b) as-Subki, Taqi-ad-din: Fatawi as Subki, Kairo 1355-1356, II 644f. (bei Rosenthal 1965: 116).

15 Auctor ad Herennium (ca. 84 v. Chr.) 2,16,23 f.; 2,17,26; 2,31,50; 4,8,12;

4(5),16,23. – M. Tullius Cicero, Pro Sextio Roscio Amerino (80 v. Chr.), 154 (Schluss).

16 Vgl. Gellius, Noctes Atticae 13,17.

17 Cicero, de officiis (44 v. Chr.) 1,30, 106.

18 Cicero, de legibus (ca. 54-51 v. Chr.) 1,14,40; 1,15,43; 2,1,2.

19 Cicero, de oratore (verf. 55 v. Chr.), bes. 1,5,17-18 (Definition der Rhetorik).

20 Cicero, de natura deorum (44 v. Chr.).

21 Cicero, de officiis (44 v. Chr.) 3,6,27.

22 Die zweite, wesentlich erweiterte Auflage erschien in Leipzig 1880, die dritte, von Max Lehnardt bearbeitet, 1890; italienische Übersetzung: Florenz 1888; französische: Paris 1894.

23 Die Rede ist Werner Jaeger (1888-1961) gewidmet, der im März 1921 Nachfolger von Ulrich von Wilamowitz-Moellendorff geworden war.

24 Resolution 217 A (III), 10.12.1948. Die UNO hat zu diesem Zeitpunkt 56 Mitglieder; 48 stimmen für die Erklärung, 8 Staaten enthalten sich; keine Gegenstimme.

25 Ad Scapulam (um 214 n. Chr.) 2; Apologeticum (197 n. Chr.), 24-5-6.

26 Vgl. Ulpian, in: Digesten 1,1,4 = Justinian, Institutiones 1,5 pr.; 1,2,2: iure enim naturali ab initio omnes homines liberi nascebantur.

27 Art. 5: „No one shall be subjected to torture or to cruel, inhuman or degrading treatment or punishment."

28 Art. 18: „freedom to change his religion or belief".

Oliver Kozlarek

Humanismus in Lateinamerika

Die so genannte Entdeckung der Neuen Welt offenbarte den
Europäern tatsächlich eine *neue* Welt. Wurde in Europa bereits
seit Jahrhunderten eine aus Wissen und Fantasie modellierte Vorstellung von anderen Zivilisationen in Afrika und Asien gehegt,
überraschte Amerika mit dem absolut Neuen und Nichterwar-
teten. Eine solche Begegnung stellt an jede Kultur eine gewaltige
Herausforderung. Michel de Montaigne (1533-1592) war von
den Nachrichten, die Europa von der anderen Seite des Atlantiks
erreichten, so begeistert, dass er Speisen und Gewürze, welche
Reisende mitbrachten, ausprobieren wollte und sein Schloss
mit indianischen Waffen und Accessoires schmückte (Hamlin
1995: 37). Obwohl er selbst nie den neuen Kontinent betrat,
muss er ein eifriger Leser der Reiseberichte gewesen sein und
wusste, „dass dasjenige, was wir durch die Erfahrung von jenen
Völkern wissen, nicht nur alle Malereien übertreffe, womit die
Dichtkunst das goldne Zeitalter ausgeschmückt hat, nebst allen
den Erfindungen, um einen glücklichen Zustand der Menschen
zu erdichten; sondern selbst die spekulativen Begriffe der Philosophie und sogar ihre Wünsche" (Montaigne 2001: 88).

Montaigne war aber nicht der Einzige, dessen Denken durch
das Neue der Neuen Welt beeinflusst wurde. Vielmehr glauben
heute immer mehr Forscher, dass die Entdeckung Amerikas auf
die europäische Kultur allgemein einen ganz gewaltigen Einfluss
gehabt haben muss, und dass wir unser Verständnis des aktuellen Europas von den kulturellen Weichenstellungen, die dieses
Ereignis bedeuteten, nicht mehr trennen können. Fest steht,
dass die Begegnung mit anderen Menschen, die den Europäern
völlig fremd waren, und für die es keine Anknüpfungspunkte
im bisherigen Wissen Europas gab, ganz grundsätzliche Fragen

provozierte: Was hat es mit diesen Menschen auf sich? Können sie überhaupt als Menschen verstanden werden? Wie sollen wir mit ihnen umgehen? Und schließlich, um noch einmal den Geist Montaignes aufzurufen: Was können wir von ihnen lernen?

Zwar mischten sich sehr verschiedene Motive in diese Fragen: Exotismus, der Reiz des Neuen und Fremden, aber auch die Angst vor und die Ablehnung des Fremden. Fest steht aber auch: Sie stellten die Fundamente in Frage, auf denen die europäische Kultur des 16. Jahrhunderts beruhte, und stießen heftige Diskussionen diesseits und jenseits des Atlantiks an. Der Humanismus hat nicht nur Einfluss auf diese Debatten genommen, er ist in ihnen selbst auf eine neue, durchaus harte Bewährungsprobe gestellt worden und hat durch sie ein neues Gesicht bekommen. Dabei hat er in Lateinamerika robuste Wurzeln geschlagen und eine ganz eigene Tradition ausgebildet, die bis zum heutigen Tage sehr lebendig ist. Im Folgenden sollen einige Stationen dieses lateinamerikanischen Humanismus vorgestellt werden.

Humanismus und Politik

Vermutlich hatte Montaigne als Jugendlicher von der in Europa mit sehr viel Interesse zur Kenntnis genommenen Debatte zwischen Juan Ginés de Sepúlveda (1494-1573) und Bartolomé des las Casas (1484-1566) gehört, die sich 1550 in der spanischen Stadt Valladolid ereignete. Anlass für diesen Gelehrtenstreit war Ginés de Sepúlvedas Meinung, dass die Indios Barbaren seien und dass die Natur sie zur Versklavung vorgesehen habe. Bartolomé de las Casas, der als Geistlicher lange in Amerika gelebt hatte und einige Jahre zuvor eine berühmte Anklage gegen das brutale und ungerechte Vorgehen der spanischen Eroberer geschrieben hatte (1542), opponierte energisch.

Die Debatte stellt ein gutes Beispiel dafür dar, wie grundsätzlich die Diskussionen waren, welche durch die Entdeckung dieser ‚anderen' Menschen geführt wurden. Es geht letztendlich darum, die menschliche Qualität der Indios im Vergleich zu den

Europäern zu ermitteln. Während Ginés de Sepúlveda bereit war, in den Indios nur Menschen einer untergeordneten Klasse zu sehen und sie gegenüber den Europäern abzuwerten, bestand Bartolomé de las Casas auf die grundsätzliche Gleichheit *aller* Menschen. Indios und Europäern müssten demnach dieselben Rechte zugestanden werden. Der Philosoph Mauricio Beuchot sieht in Bartolomé de las Casas deswegen auch einen frühen Anwalt der Menschenrechte, die bekanntlich erst einige Jahrhunderte später postuliert werden sollten.

Las Casas speist sein Denken aus unterschiedlichen Quellen. Besonders wichtig waren für ihn der Nominalismus und der Thomismus, während der Humanismus nur eine untergeordnete Bedeutung gehabt hat. Beuchot glaubt, dass Ginés de Sepúlveda der eigentliche Humanist gewesen ist. Er beruft sich darauf, dass Ginés de Sepúlveda in Spanien eine im strikten Sinne huma-nistische Ausbildung erhalten hatte (vgl. Beuchot 1995). Die Debatte von Valladolid stellt also nicht nur eine Anknüpfung oder Aktualisierung des europäischen Humanismus dar, sie zeigt auch dessen Widersprüche auf. Zwar verlangt der Humanismus immer, den Menschen als Menschen zu sehen, er ist aber nicht unbedingt eine Garantie gegen Ungerechtigkeit und Missachtung. Oft sind vorgefertigte und limitierte Menschenbilder dafür ver-antwortlich, all jenen, die diesen Bildern nicht entsprechen, ihre Rechte als Menschen abzuerkennen. Dafür wäre der Humanismus Sepúlvedas ein beredtes Bespiel. Las Casas hingegen könnte als Erneuerer eines zu rigide und dogmatisch gewordenen europä-ischen Menschenbildes verstanden werden. Er sah ein, dass der europäische Humanismus der neuen Realität – die man wohl ohne zu übertreiben als Beginn dessen, was wir heute ,Globalisierung' nennen, begreifen kann – nicht mehr entsprach und angepasst werden musste. Damit wird Las Casas zu einem Vorbild für die kommenden Generationen von Humanisten in Lateinamerika. Ihnen allen ist gemein, dass sie sich am europäischen Humanismus zwar inspirieren, ihn aber auch verändern wollen.

Auch der Gründer der Universität Mexikos, der Augustiner

Fray Alonso de la Veracruz (1507-1584), macht durch seinen Humanismus auf sich aufmerksam. Er kritisierte nicht nur die Herrschaft der Spanier über die Indios, sondern erklärte diese sogar für nicht-legitim. Dabei stützte er sich auf eine Herrschaftstheorie, die davon ausgeht, dass alle politische Macht vom Volk legitimiert sein muss. Wenn also die Indios ihre politische Macht nicht an den spanischen König abtreten, könne dieser auch nicht die Herrschaft über jene beanspruchen. Der mexikanische Philosoph Ambrosio Velasco glaubt, im Denken des Fray Alonso de la Veracruz eine Mischung aus ‚Republikanismus' und Humanismus zu erkennen. Und obwohl beide Denkrichtungen ihre Wurzeln in Europa haben, betont Velasco, dass im Denken des Augustiners etwas Neues entstand. Als besonders charakteristisch hebt er die Mischung aus Humanismus und politischer Philosophie hervor (vgl. Velasco 2008).

Für das Unabhängigkeitsdenken und den neuen kreolischen Nationalismus, der sich in Lateinamerika ausbildete wurde die Anerkennung des Wertes und der Bedeutung der Indio-Kulturen wichtig. Die Mischung aus politischem Denken und Humanismus wurde zu einer der Hauptachsen, über die sich die neue Kultur des 17. Jahrhunderts artikulieren sollte. 1609 veröffentlichte Juan Zapata y Sandoval (1545-1630), der ebenfalls dem Augustinerorden angehörte, ein Buch dessen Titel erstaunlich modern klingt: *Sobre justicia distributiva* (Über die distributive Gerechtigkeit). Dabei meldet sich bei Zapata y Sandoval bereits der Wunsch nach einer eigenen Nation zu Worte, die sich als mexikanische verstehen lassen sollte. Ebenfalls im 17. Jahrhundert findet der lateinamerikanische Humanismus in der Dichtung Sor Juana Inés de la Cruz (1651 oder 1648-1695) eine wichtige Stimme. Octavio Paz sah in der Dichterin eine „Mutter der neuen Kultur", in der sich die Suche nach dem Eigenen mit einem ebenso starken Willen nach Universalität paarte.

Die Ambivalenz der Aufklärung

Das 18. Jahrhundert wird in Europa bekanntlich als das Jahrhundert der Aufklärung angesehen. Es ist aber auch eine Zeit, in der europäische Intellektuelle, Künstler und Wissenschaftler immer wieder bekunden, wie stark sie noch immer unter dem Eindruck und den Konsequenzen der Entdeckung einer Neuen Welt standen. Jean-Jacques Rousseau und seine Idee vom ,guten Wilden' ist nur eines der bekanntesten Beispiele dafür, wie sich Europa im Spiegel dieser ,anderen' Menschen und ihrer Kulturen kritisch mit sich selbst und ihrer eigenen Kultur auseinanderzusetzen begann. Dieser positiven Sicht des Neuen stehen aber unzählige Beispiele gegenüber, in denen die Neue Welt und alles, was sich in ihr befand – Menschen, Tiere, Pflanzen und leblose Natur – im Vergleich zur Alten Welt, das heißt vor allem: im Vergleich zum Bekannten, abgewertet wurde. Der Grundton dieser Argumentationen ist, dass in der Neuen Welt eben alles jünger sei und eben deswegen noch nicht voll entwickelt sein könne. Die bekanntesten Expressionen für solche anti-amerikanischen Übertreibungen stammen von den Naturalisten George-Louis Leclerc de Buffon (1707-1788) und Corneille de Pauw (1739-1799).

Keineswegs sind diese Ideen inkompatibel mit dem Anspruch der Aufklärung. Wenn Aufklärung vor allem als Erfolg der Vernunft gesehen wurde, und wenn Vernunft als etwas verstanden werden kann, was im Menschen reifen muss, stellen die anti-amerikanischen Übertreibungen auch Erklärungsversuche dafür dar, dass die Neue Welt und ihre Einwohner an diesem Erfolg nicht teilhaben können, weil sie noch in jener „selbstverschuldeten Unmündigkeit" leben, über die schon Kant in seinem berühmten Aufsatz „Was ist Aufklärung?" (1784) schrieb. Die anti-amerikanischen Argumente sind teilweise Ausgeburten kultureller Arroganz. Sie sind aber auch Teil einer diskursiven Strategie, deren Ziel darin besteht, die vermeintlich ,naturbedingte' Überlegenheit der Europäer mit pseudowissenschaftlichen Argumenten zu beweisen. Gegen solche Vorstellungen lässt sich wieder auf den lateinamerikanischen Humanismus verweisen. Der Verfasser der *Historia antigua de México* (Alte Geschichte Mexikos), der Jesuit Francisco Javier Clavijero (1731-1787), teilt mit den europäischen Humanisten früherer Jahrhunderte den Wunsch, sich die alten Traditionen wieder bewusst zu machen. Nur gilt die ,Renaissance', für die er sich einsetzt, nicht den Griechen und Römern, sondern den prä-hispanischen Zivilisationen Amerikas. Gleichzeitig lässt sich Clavijeros Geschichtswerk als Gegenstück zu den anti-amerikanischen Übertreibungen der Europäer lesen, denn es zeigt, dass Mensch und Natur in Amerika nicht minderwertig, sondern in erster Linie *anders* sind. Damit ist ein wichtiger Schritt in Richtung eines Differenz-Denkens getan, das nicht unbedingt durch die Kategorien ,besser' oder ,schlechter' kodiert wird.

Der lange Weg in die Unabhängigkeit

Der Stolz auf die Neue Welt wuchs mit Clavijero und anderen und mit ihm ein neuer Nationalismus, der in den Befreiungsbewegungen kulminieren sollte. Die meisten heute bekannten Länder Lateinamerikas erlangten die Unabhängigkeit von den jeweiligen Kolonialmächten zu Beginn des 19. Jahrhunderts. War die formale Unabhängigkeit erst einmal erreicht, galt es, neue Gesellschaften zu konstruieren. Dieser Prozess sollte äußerst langwierig werden. Er wurde von vielen Rückschlägen unterbrochen. Noch heute wird heftig diskutiert, ob es Lateinamerika gelungen ist, sich vom Joch des Kolonialismus völlig befreit zu haben. Theorien des Neokolonialismus oder die aktuelleren Theorien des Postkolonialismus geben deutliche Hinweise, dass der Prozess der Befreiung bzw. der ,Dekolonialisierung' trotz formaler Unabhängigkeit noch längst nicht abgeschlossen ist.

Politisch wie kulturell inspirierten sich die Befreiungsbewegungen im Liberalismus. Wie der mexikanische Philosoph Leopoldo Zea aber in einem wichtigen Buch deutlich zu machen wusste, verband sich der Liberalismus mit dem Positivismus. Der Positivismus wurde schließlich zum ,ideologischen Instrumentarium' der neuen herrschenden Klassen, und durch ihn sollten die neuen Gesellschaften Lateinamerikas auf den Königsweg zu ,Ordnung und Fortschritt' gebracht werden. Gegen Ende des 19. Jahrhunderts, so die Diagnose Zeas, hatte der Positivismus und der mit ihm verbundene Anspruch nach Ordnung eindeutig gegenüber dem Liberalismus die Oberhand. In den Institutionen höherer Bildung spiegelte sich diese Tendenz wieder. Zea schrieb: „Der Liberalismus hatte seine Mission beendet, die mexikanische Jugend, die im Zeichen der Ideen des Positivismus ausgebildet worden war, wollte nichts anderes mehr als Ordnung" (Zea 1968: 179). Mit dieser Entscheidung war auch der Humanismus zunächst einmal suspendiert. Allerdings nicht für lange.

Humanismus als Kritik am Positivismus

Im 20. Jahrhundert wurde die Welt gleich zu Beginn in eine tiefe Krise gestürzt. Die markantesten, von der konventionalen Geschichtsschreibung immer wieder zitierten Ereignisse sind die Russische Oktoberrevolution (1917) und der Erste Weltkrieg (1914-1918). Auch wenn es sich dabei um Ereignisse handelt, die tatsächlich die gesamte Welt in direkter oder indirekter Weise in Mitleidenschaft gezogen haben, wurde in der europäischen Geschichtsschreibung in der Regel übersehen, dass die weltweite Krise in anderen Teilen der Welt andere Reaktionen hervorrief.

Die Mexikanische Revolution ist dafür ein gutes Beispiel. Sie begann 1910 und endete etwa zehn Jahre später. Die Oktoberrevolution war also keineswegs die erste Revolution des 20. Jahrhunderts. Und noch ein Vorurteil der konventionellen Geschichtsschreibung muss in diesem Zusammenhang revidiert werden: Die Mexikanische Revolution zeigt, dass sich nicht alle Revolutionen des 20. Jahrhunderts am Marxismus orientierten. Mehr noch: die Mexikanische Revolution orientierte sich an keiner großen Theorie oder Ideologie. Wie der Historiker Alan Knight gezeigt hat, handelte es sich vor allem um das Werk ,einfacher Leute', und sie wurde nicht von Intellektuellen, die

ein „Programm verschreiben, eine Doktrin formulieren wollten"
(Knight 1991: 144) vorbereitet. Der Revolution ging also kein
kulturelles Programm voraus. Vielmehr wurde es im Laufe der
Revolution entwickelt. Fragen wir aber nach den Koordinaten,
die dieses Programm für den kulturellen Neuanfang steuerten,
lässt sich ohne den geringsten Schatten des Zweifels auf einen
expliziten Humanismus verweisen, der sich zugleich als radikale
Kritik am Positivismus verstand. Im Mittelpunkt dieser Kritik
stand eine Gruppe junger Intellektueller, die unter dem Namen
Ateneo de la juventud bekannt geworden ist. Im Folgenden möchte
ich auf einige Mitglieder genauer eingehen.

Antonio Caso (1883-1946) war Philosoph und gleichzeitig
einer der ersten Soziologen Mexikos. Gleich zweimal beklei-
dete er das Amt des Rektors der größten Universität Mexikos
(1920 und 1921-1923), der *Universidad Nacional Autónoma
de México*, und die Gesamtausgabe seines Werkes füllt stolze elf
Bände. Ganz gleich, ob wir Caso als Philosophen, Soziologen
oder Beamten betrachten wollen, er ist in all diesen Funktionen
immer auch ein Humanist gewesen. An einigen Stellen seines
Werkes finden wir direkte Hinweise. So zum Beispiel in einem
programmatischen Text mit dem Titel *El nuevo humanismo* (Der
neue Humanismus).

Caso sieht hier eine Aufgabe des Humanismus darin, sich
vom „Intellektualismus" zu distanzieren, der seiner Meinung
nach in der Philosophie Descartes seinen Ausgang nahm, und
von jenem Augenblick an die „philosophischen Traditionen der
Neuzeit" zu bestimmen begann (Caso 1973: 66). Was Caso an
dieser Tradition störte, war, dass sie sich als unfähig erwies, den
Menschen in seiner Gesamtheit zu verstehen. Der Trennung von
Geist und Körper oder Subjekt und Objekt, die für die Philosophie Descartes ganz zentral gewesen ist, gehe immer wieder auf
eine Vorstellung von der Trennung zwischen Mensch und Welt
zurück. Caso glaubte jedoch, dass der Mensch sich nicht getrennt
von der Welt verstehen lässt.

Außerdem warf Caso den Philosophien, die zu dieser Tradition gehörten, vor, die Wahrheit außerhalb des Menschen zu vermuten. Ein extremes Beispiel dafür war für ihn der Positivismus. Gegen dessen Doktrin behauptete er, dass sich Wahrheit unabhängig vom Menschen überhaupt nicht erfassen lasse. Sie offenbare sich vielmehr immer schon durch den Menschen und für ihn. In diesem Sinne sei „die grundsätzlichste Wahrheit aller Philosophie eine anthropologische Wahrheit", schrieb er (Caso 1973: 66). Dies bedeute aber auch, dass „jedes philosophische System streng genommen Humanismus" sein müsse (Caso 1973: 67). Caso setzte sich also für eine Philosophie ein, in welcher der Mensch wieder ganz entschieden in den Mittelpunkt gestellt werden sollte.

Entscheidend für Caso war der Glaube an die unauflösliche Verbindung von Mensch und Welt, die Einsicht, dass der Mensch immer ein in der Welt *Handelnder* ist. Den Menschen und die Welt voneinander getrennt zu denken, offenbare sich unter dem Primat einer solchen handlungszentrierten Anthropologie, wie Caso sie in der Philosophie des nordamerikanischen Pragmatismus fand, als widersinnig. Caso verstand das Ergebnis seines Humanismus als ein doppeltes: eine „Entdeckung des Menschen und der Welt" (Caso 1973: 68).

In einem anderen Aufsatz mit dem Titel *Nuestra misión humana* (Unsere menschliche Aufgabe) finden sich zwei komplementäre Sätze, die den Zusammenhang Mensch/Welt nicht nur aussprechen, sondern aus ihm moralische Konsequenzen ziehen. Der erste Satz lautet: „Die Welt ist noch nicht fertig" (Caso 1976: 55). Der zweite Satz besagt: „Der Mensch ist noch nicht fertig" (Caso 1976: 60). Welt und Mensch sind also noch unvollendet, sie befinden sich noch auf dem Weg der Vollendung. Dass dieser Weg aber eingehalten wird, dafür sorgt die Moral. Moral wäre in einer perfekten Welt mit einem ebenfalls perfekten Menschen überflüssig. Da wir aber in einer noch unfertigen Welt leben und noch nicht fertige Menschen sind, bedürfen wir der Moral, die uns auf Kurs hält.

Wie Antonio Caso gehört auch der Schriftsteller und Essayist

Alfonso Reyes (1889-1959) zur Generation der Kulturerneuerer Mexikos, deren Anti-Positivismus und Anti-Intellektualismus sich in einem Humanismus *sui generis* verdichten. Auch Reyes erkennt die Notwendigkeit, den Humanismus mit der Einsicht des menschlichen Handelns zu verbinden. So betont er, dass das Wort ‚Humanismus‘ heute nicht mehr mit einem bestimmten Inhalt gefüllt werden dürfe: „Eher noch als ein bestimmter Inhalt, versteht er sich als eine Orientierung. Die Orientierung besteht darin, all unser Wissen und all unser Handeln in den Dienst dessen, was gut für den Menschen ist, zu stellen" (Reyes 2000: 403). Humanismus ist nicht nur eine theoretische, geistige Einstellung, er ist vor allem Handeln, das heißt: eine bestimmte Art und Weise, die Dinge zu tun.

Zu der Einsicht der praktischen Qualität des Humanismus gehört auch die Einsicht, dass der Mensch nicht unabhängig von der Welt gedacht werden darf. „Der Mensch ist nicht allein, frei schwebend im Nichts, sondern er ist in die Welt eingelassen" (Reyes 2000: 406). Reyes verschweigt nicht die Vieldeutigkeit des Begriffs ‚Welt‘. Gerade darin aber liege auch seine Tugend, denn in all den verschiedenen Welten, die in ihm angesprochen werden, manifestieren sich die unzähligen Facetten des Mensch-Seins. Das Verständnis des Menschen hängt von den unterschiedlichen Konzeptionen ab. Würde es nur einen Weltbegriff geben, wäre auch der Spielraum für die Definition des Menschen entsprechend eingeschränkt. „Welt" ist, so schreibt Reyes, für den Menschen „eine zweite Person" (Reyes 2000: 414). Die Welt ist alles das, was der Mensch nicht ist. Das bedeutet aber auch: der Mensch ist all das, was die Welt nicht mehr ist. Welt und Mensch stehen in einem dialektischen Verhältnis zueinander und bedingen sich gegenseitig.

‚Welt‘ ist aber noch in einem anderen Sinne wichtig für Reyes Humanismus. Wie viele andere Intellektuelle Lateinamerikas war auch Reyes ein Kosmopolit. Reisen und das Studium anderer Kulturen waren für ihn eine Selbstverständlichkeit. Das Bewusstsein für die Notwendigkeit, sich in der Welt auszukennen, steht mit dem kulturellen Selbstverständnis Lateinamerikas in engem Zusammenhang. Dieses wird durch die Idee geprägt, eine Art Schmelztiegel zumindest zweier Kulturen zu sein: in der Regel der jeweils ‚autochthonen‘, prä-hispanischen Kultur einerseits, und der europäischen andererseits. In den Ländern, in denen die prä-hispanischen keine große Rolle spielten, sind es die Kulturen, die von afrikanischen Sklaven mit in die Neue Welt gebracht wurden, und sich mit der europäischen mischten. (Dies gilt zum Beispiel für Brasilien und Kuba.) Wenn sich also in der Neuen Welt die Kulturen Europas und Amerikas, bzw. Afrikas vermischten, dann entsteht aus dieser Mischung (*mestizaje*) bereits eine neue, raumübergreifende, transatlantische Kultur. Das Thema der *mestizaje* – oder wie es in der aktuellen Literatur häufiger heißt: der Hybridisierung – ist den meisten lateinamerikanischen Intellektuellen immer schon bewusst gewesen, genauso wie die Intuition, dass dadurch die Begrenzungen des Ethnozentrismus und des Nationalismus unterwandert werden. Die Welt erscheint aus dieser Sicht bereits in einem anderen Licht. Sie ist nun nicht mehr der Raum, in dem sich jeder auf seine kleine Parzelle, auf sein Land, auf seine Kultur beschränken muss. Vielmehr wird sie zu einer übersprudelnden Quelle von Ideen und kulturellem Reichtum, der potenziell allen Menschen zur Verfügung steht. Für viele lateinamerikanische Intellektuelle ist die Aneignung von Elementen ‚fremder‘ Kulturen eine Tugend.

Alfonso Reyes zeichnete sich besonders durch seine Kenntnis der Kultur des antiken Griechenlands aus. Nun ließe sich zwar behaupten, dass dieses Interesse nicht unbedingt einem Interesse an ‚fremden‘ Kulturen entspricht, sondern eher der Tatsache, dass die europäische Kultur als Hegemonialkultur in Lateinamerika galt und dass der Helenozentrismus zur Reproduktion des Eurozentrismus in der Neuen Welt gehört. Die Art und Weise, wie Reyes mit dem Legat der antiken Kultur umging, entkräftet diesen Verdacht aber. Er wollte die Originale nicht nur ehrfürchtig rezipieren, vielmehr benutzte er sie, um durch sie seine eigene mexikanische Realität zu reflektieren.

Ein Beispiel für eine solche kreative Aneignung stellt sein Drama *Ifigenia cruel* (Grausame Iphigenie) dar. In ihr greift Reyes nicht nur auf das griechische Material zurück, sondern auch auf Goethes Aneignung desselben, von der der deutsche Dichter bereits glaubte, etwas „ganz verteufelt Human[es]" geschaffen zu haben. In Analogie zu Goethe benutzt Reyes die antike Vorgabe, um über seine eigene historische Erfahrung zu reflektieren. Wie der Romanist Ottmar Ette bereits festgestellt hat (vgl. Ette 2001: 317ff), ist das Resultat eine kulturelle Schöpfungsleistung, die bewusst an universale Themen anknüpft und diese fortzusetzen versucht, indem sie sie durch aktuelle Themen revitalisiert. Was einst in der Alten Welt begann, wird nun in der Neuen weiter-geführt. Ette schreibt: „Denn auch die mexikanische Geschichte mündet schließlich in eine geschichtliche Progression, in eine Fort-Bewegung, die Alfonso Reyes zufolge mit der Humanisierung des Menschen im östlichen Mittelmeerraum begonnen hatte" (Ette 2001: 342). In dieser Fortsetzung der Weltkultur sahen Reyes und andere lateinamerikanische Humanisten ihre Mission.

Wie für die Humanisten der europäischen Renaissance galt also auch für die lateinamerikanischen Humanisten, dass das Studium der antiken Kulturen unverzichtbar ist. Der aus der Dominikanischen Republik stammende Essayist und Literatur-kritiker Pedro Henríquez Ureña (1884-1946) hat einige Gründe dafür genannt. Zum einen ist für ihn das Studium der Klassiker ein wichtiges Gegengewicht zum bereits erwähnten Positivismus. In einer Rede mit dem Titel *La cultura de la humanidades* (Die Kultur der Geisteswissenschaften) von 1914 betont Henríquez Ureña aber zusätzlich, dass die Lehre der Antike vor allem darin bestünde, gegen die ‚Enge' des eigenen Denkens auf der Hut zu sein (Henríquez Ureña 2001: 598). Das bedeutete für die Gegenwart Lateinamerikas am Anfang des 20. Jahrhunderts aber auch, dass das Studium der alten Griechen und Römer konsequenterweise durch das Studium „spanischer, französischer, italienischer, englischer und deutscher Literaturen" sowie durch die Vergegenwärtigung der „arischen, semitischen, indischen und chinesischen "Weisheiten ergänzt werden müsse (Henríquez Ureña 2001: 598-599). Die Aufgabe bestünde darin „ohne Unterlass zu urteilen, zu vergleichen, zu suchen und zu experimentieren" (Henríquez Ureña 2001: 599), um so der „Perfektion des Menschen" näher zu kommen. Die „Perfektion" sah Henríquez Ureña in der Einheit des Menschen. Diese ließe sich nur in einer wahrhaften Weltkultur erreichen, welche die Besonderheiten und Differenzen nicht aufhebt, sondern durch sie hindurch das Universale in Augenschein nimmt.

Der Philosoph Samuel Ramos (1897-1959) schrieb 1940: „In keiner anderen Epoche als in unserer ist es angebrachter, die Einheit des Menschen zu betonen, weil diese heute, mehr denn je, verloren scheint" (Ramos 1990: 73). Dieser Satz steht in einem Buch mit dem Titel *Hacia un nuevo humanismo* (Zu einem neuen Humanismus), in dem Ramos seine Leser davon überzeugen möchte, dass der zunehmenden Fragmentierung des Menschen eben nur mit einem „Neuen Humanismus" begegnet werden kann, in dem die „zentrale Stellung des Menschen" wieder zurück erobert werde (Ramos 1990: 72). Ramos sieht aber auch ein, dass es sich dabei um alles andere als um eine einfach zu lösende Aufgabe handelt. Seiner Meinung nach leben wir in einer betrügerischen Zivilisation, die vorgibt, gut für den Menschen zu sein, die sich aber schon längst in „ein Monster verwandelt hat, das seine Ketten abgeschüttelt hat und seinen Herrn und Schöpfer nun bedroht". „Die Menschheit", so beendet er seine Kritik, „befindet sich in einer paradoxen Situation, weil sie sich gegen ihre eigene Zivilisation verteidigen muss" (Ramos 1990: 69).

Schon dieser kurze Ausschnitt aus seinem Werk lässt erkennen, dass Ramos stark von der europäischen Kulturkritik beeinflusst wurde. Nietzsche, vor allem aber Simmel werden hier und anderswo als Quellen genannt. Bemerkenswert ist, dass Ramos nicht in die Fallgrube des Nihilismus taumelt, wie es Nietzsche nachgesagt werden kann. Grund dafür ist einerseits sein fester Glaube an den Menschen, sein Humanismus, den Nietzsche bekanntlich aufgegeben hatte. Um diesen Unterschied verstehen zu können, ist es notwendig, noch einmal den historischen und geografischen Hintergrund zu berücksichtigen: Als Ramos 1940 sein *Manifest für einen Neuen Humanismus* veröffentlichte, zu einer Zeit, als in Europa ein neuer Weltkrieg tobte, schrieb er in Mexiko, einem Land, das sich zu jener Zeit als eine Rettungsinsel verstand, aber auch als kreatives Labor für eine Weltkultur, die einst in Europa begonnen hatte.

Humanismus nach dem Zweiten Weltkrieg

Nach zwei Weltkriegen sowie der systematischen Vernichtung von 6 Millionen Juden und Millionen anderer Menschen, fällt es schwer, daran zu glauben, dass der Humanismus, auf den sich auch die Kulturen der Vernichtung berufen, etwas Gutes bringen soll. Diejenigen, die – aus unterschiedlichen Gründen – schon immer gezweifelt hatten, waren gleich zur Stelle, als es darum ging, dem maroden Humanismus den Gnadenstoß zu geben. Eine wichtige Kritik legte der deutsche Philosoph Martin Heidegger Ende der 40er Jahre in seinem *Brief über den Humanismus* vor, die von vielen als radikale Absage an den Humanismus verstanden wurde.

Wenig später erschien in Mexiko ein Buch, das sich auch als herausragendes Dokument des lateinamerikanischen Humanismus nach 1945 lesen lässt. Die Rede ist von Octavio Paz *Das Labyrinth der Einsamkeit.* Das Buch ist eine Sammlung von Aufsätzen, in denen sich Paz (1914-1998) – der 1984 mit dem Friedenspreis des Deutschen Buchhandels geehrt wurde und der 1990 den Nobelpreis für Literatur erhielt – nur auf den ersten Blick mit verschiedenen Aspekten der mexikanischen Kultur beschäftigt. Das Anliegen des Autors geht jedoch weit über den Anspruch hinaus, bloß ein Buch über Mexiko zu schreiben.

So darf nicht übersehen werden, dass es sich mit einem in jenen Jahren heftig diskutierten Thema der europäischen Philosophie beschäftigt. Es handelt sich um ein Thema, das auch den bereits genannten Martin Heidegger beschäftigte: das Thema der Verlassenheit – oder wie Paz sagt: „Einsamkeit". Sie stellt eine zentrale Erfahrungsquelle des menschlichen Daseins dar und ist deshalb die Grundbestimmung aller Menschlichkeit. Er schreibt: „Alle Menschen *fühlen* sich irgendwann einsam; alle Menschen *sind* irgendwann einsam. Leben heißt sich trennen von dem, was wir waren, um uns in das zu verwandeln, was wir in einer unbekannten Zukunft einmal sein werden, und die Einsamkeit ist der tiefste Grund der Conditio Humana" (Paz 1998: 189).

Hier deutet sich ein kaum zu übersehender Unterschied zwischen Heidegger und Paz an. Heidegger glaubt, festgestellt zu haben, dass das Gefühl der Verlassenheit damit zu tun habe, „dass der Mensch immer nur das Seiende betrachtet und bearbeitet" (Heidegger 1976: 339). Genau darauf bezieht sich dann auch seine Kritik, die sich aus der Überzeugung speist, dass das Seiende den Blick auf das Wesentliche, nämlich das ,Sein', verstelle. Paz hingegen glaubt, dass die Einsamkeit nur gelindert werde, wenn sich die einsamen Menschen mit anderen verbinden. Das Gefühl der Einsamkeit, so denkt Paz, suggeriere genau diese Einsicht, denn so deutlich es auch sein mag, dass Menschen von einem grundsätzlichen Gefühl der Einsamkeit geplagt werden, so sehr stünde doch auch fest, dass sie gerade dieses Gefühl dazu bewege, immer wieder die Vereinigung, die ,Kommunion' mit anderen Menschen zu suchen.

Dieser Humanismus ist das Gravitationszentrum, in dem sich die Vielzahl der Themen, die der Autor in seinem Werk von 1950 präsentiert, vereint. Alle verschiedenen Geschichten, die dort erzählt werden, gleichen einem Labyrinth. In dieser Metapher steckt auch ein Hinweis auf die Methode des Paz'schen Humanismus: „Wir sind nicht nur vom Mittelpunkt der Welt verstoßen worden, sondern auch dazu verdammt, diese durch Urwälder und Wüsten hindurch, auf steilen Pfaden und in dunklen Gängen als Labyrinth wieder zu finden" (Heidegger 1976: 202). Der Humanismus stellt dem Menschen eine permanente Aufgabe: die Suche nach und die Vereinigung mit anderen Menschen.

Ausblick: Was wir vom lateinamerikanischen Humanismus lernen können

Auch heute ist der Humanismus in Lateinamerika noch sehr lebendig. Davon zeugen unter anderem zwei anspruchsvolle Forschungsprojekte. Das erste ging im Jahre 2001 aus einer Initiative des UNESCO-Büros in Asunción (Uruguay) hervor und setzte sich zum Ziel, den Humanismus im Denken Lateinamerikas des 20. Jahrhunderts zu dokumentieren. Das Projekt trägt den Titel *El pensamiento latinoamericano del siglo XX ante la condición humana* (Das lateinamerikanische Denken des 20. Jahrhunderts angesichts der Conditio Humana). Einige Ergebnisse der länderübergreifenden Anstrengung sind im Internet zugänglich (http://www.ensayistas.org/critica/generales/C-H/). Die dort veröffentlichten Arbeiten machen deutlich, dass der Humanismus im 20. Jahrhundert tatsächlich eine wichtige Orientierung im lateinamerikanischen Denken dargestellt hat. Außerdem verdeutlicht das Projekt die Notwendigkeit, diese wichtige Tradition bewusst zu machen.

Ein neueres Projekt entstand vor einigen Jahren in Mexiko. Unter dem Titel *Significación política y cultural del humanismo iberoamericano en la época colonial* (Politische und kulturelle Bedeutung des iberoamerikanischen Humanismus in der Kolonialzeit) geht es um den Augenblick in der Evolution des lateinamerikanischen Humanismus, in dem sich dieser von den europäischen Vorbildern zu differenzieren begann. Auch hier ließe sich behaupten, dass das Projekt vor allem das Selbstbewusstsein, die Identität des lateinamerikanischen Humanismus zu Beginn des 21. Jahrhunderts bezeugen und stärken soll.

Es lässt sich bereits heute vermuten, dass der Humanismus auch in aktuellen Debatten in Lateinamerika eine bedeutende Rolle spielen muss. Dass dies tatsächlich so ist, soll hier nur an einem Beispiel illustriert werden. Eine der wichtigsten internationalen Diskussionen unserer Tage fragt nach den ethischen Konsequenzen der Biotechnologie. Erinnert sei hier nur an die Möglichkeit, den genetischen Code auch des Menschen zu manipulieren, wodurch der Ermessensspielraum dessen, was Menschsein bedeutet, radikal verändert wird. In einem Sammelband, in dem lateinamerikanische und europäische Forscher über das Thema diskutieren, wird vor allem eins deutlich: Im Gegensatz zu den Europäern, die sich in dieser Diskussion an Werten wie Freiheit, oder an Kriterien wie Vernunft, orientieren, sind es die Lateinamerikaner, zum Beispiel die mexikanische Philosophin Juliana González, die darauf bestehen, dass im Mittelpunkt der Debatte unserer jeweiliges Verständnis des Menschen stehen müsse (vgl. González 2008). Auch hier sind es also wieder humanistische Koordinaten, an denen sich die lateinamerikanischen Beiträge orientieren.

Fragen wir uns heute, im Sinne Montaignes, ob und was wir in Europa von Lateinamerika lernen können, so ist es vielleicht vor allem ein kompromissloses Eintreten für den Humanismus, das sich selbstbewusst in den großen Debatten unserer Zeit zu Wort meldet, in denen es schließlich um nicht mehr, aber auch nicht weniger als um die Zukunft des Menschen geht.

Elísio Macamo

Der Humanismus in Afrika

Afrika begreifen[1]

Es ist nicht leicht, Afrika mit Begriffen zu denken, die vorbelastet sind. Der Begriff ‚Humanismus' bezieht sich nach allgemeinem Verständnis auf eine spezifische Epoche europäischer Geschichte. Kann solch ein Begriff, entstanden an einem bestimmten Ort unter besonderen geschichtlichen Voraussetzungen und getragen von intellektuellen Strömungen, die sich dort auf eine bestimmte Art und Weise entwickelt haben, eine andere gesellschaftliche Wirklichkeit, eine andere Geschichte und eine Vielzahl an Welt-anschauungen, wie wir sie in Afrika vorfinden, beschreiben? Die Frage ist möglicherweise noch mit „ja" zu beantworten, aber dann wird die Sache erst spannend: Auf wessen Kosten geschieht eine solche Beschreibung? Ist ihr Preis, dass die afrikanische Wirklichkeit in eine ihr fremde begriffliche Welt hineingezwungen wird? Und sollte dies der Fall sein, können die gewonnenen Erkenntnisse für sich in Anspruch nehmen, der Wirklichkeit zu entsprechen?

Und weiter: Ist „Der Humanismus in Afrika" ein gut gewählter Titel? Oder sollte er „Der afrikanische Humanismus" lauten? Oder vielleicht besser „Der Humanismus aus der Sicht eines Afrikaners"? So viel ist deutlich: Der Titel „Der Humanismus in Afrika" ist zweideutig. Darunter kann man sowohl verstehen, dass es um die afrikanische Perspektive auf den Humanismus geht, als auch, dass es sich um die afrikanische Prägung des Humanismus handelt. Ersteres bedeutet, dass man sich darum bemüht, die Relevanz herauszuarbeiten, die das Gedankengut des Humanismus in Afrika besitzt.

Die Fragen, die in dieser Beziehung gestellt werden sollten, sind vielfältig: Wie hat man in Afrika versucht, sich der humanistischen

Tradition in Europa zu bedienen angesichts der schwierigen Geschichte, die beide Kontinente eint? Können die Afrikaner, die
sich damit befassen, Hinweise gewinnen, die sie als universell
und, folgerichtig, als relevant für Afrika betrachten? Wie hat man
versucht, das humanistische Weltbild mit afrikanischen Welt-
anschauungen zu vereinbaren? Und schließlich: Ist es gelungen?

Die Frage nach der afrikanischen Prägung des Humanismus hat
dagegen eine andere Qualität. Sie beschäftigt sich damit, welche
praktischen Auswirkungen die Übernahme von humanistischen
Ideen auf die afrikanische Geschichte hatte.

In jedem Fall bleibt der Fragende Teil einer Geschichte, die
die Begriffe ihrer Unschuld beraubt. Es ist so viel Schreckliches
in der Beziehung zwischen Afrika und Europa passiert, dass es
fast unmöglich geworden ist, überhaupt zu sprechen. Jeder Versuch einer Antwort wird im Keime erstickt, weil zunächst eine
Begriffsklärung geleistet werden muss und zwar eine Klärung,
die nicht nur darlegt, wie die jeweiligen Begriffe zu verstehen
sind, sondern die sie von unschönen Annahmen, Abwertungen
und groben Unterstellungen säubert. Die Sklaverei, die Kolonialherrschaft und die damit einhergehenden Demütigungen
der Afrikaner über Jahrhunderte hinweg lassen es schwer fallen,
über den ,Humanismus' zu sprechen, ohne dabei die Frage zu
stellen, wo die Menschen waren, die sich davon angesprochen
fühlten, als im Namen einer natürlichen Überlegenheit Europas
ganze Völker und Kulturen missachtet wurden. Warum war
der humanistische Geist nicht stark genug, um den päpstlichen
Bullen entgegenwirken zu können, die die Rechtfertigung dafür
lieferten, dass Indianer und Afrikaner keine Menschen waren und
deswegen versklavt werden konnten? Warum war dieser Geist
nicht stark genug, den von namhaften Denkern wie Kant und
Hegel ausgesprochenen abfälligen Bemerkungen über Afrikaner
entgegenzuwirken? Wo war der Geist des Humanismus, als das
mit dem Sklavenhandel verbundene ökonomische Interesse mit
den Zielen der Zivilisierung legitimiert wurde? Also: so oder so
sind wir Geiseln der Geschichte; denn genau so, wie wir mit

Recht vorwurfsvoll unseren Finger erheben, können wir auch behaupten, dass der humanistische Geist zu den Bedingungen unserer Freiheit zählte. Gerade weil eben diese Ideen, die den Menschen in den Mittelpunkt stellten, gedacht wurden, konnten wir Hoffnung schöpfen. Gerade weil der Humanismus Menschlichkeit definierte, konnten wir uns darauf beziehen, um eine Behandlung zu beanspruchen, die sowohl unsere Menschlichkeit achtete als auch denen ins Gewissen sprach, die unsere Menschlichkeit verletzten.

Eine Abhandlung über den Humanismus in Afrika ist, so gesehen, eine Auseinandersetzung mit der Geschichte und ihren Auswirkungen. Sich mit dem Humanismus in Afrika zu befassen, bedeutet im Grunde genommen die Frage zu stellen, unter welchen Bedingungen Kulturen sichtbar und relevant für andere werden. Man kann natürlich darauf beharren, eine ur-afrikanische Vorstellung von Humanismus herauszuarbeiten. Dies ist auch in den letzten Jahren zur Genüge getan worden. Erst richtig angestoßen wurde eine solche Suche, als Placide Tempels, ein belgischer Missionar im Kongo, das Buch *La philosophie Bantue* (Tempels 1949) veröffentlichte. In ihm versuchte er darzulegen, dass Afrikaner über eine Lebensphilosophie verfügten, die ihre ethischen Orientierungen zusammenfasste. Es folgten weitere Arbeiten von Jahnheinz Jahn (1961), Alexis Kagame (1956) und John Mbiti (1970), die diese Ideen fortführten. Auffallend dabei ist die Tatsache, dass die beiden Erstgenannten, also Tempels und Jahn, die sich Gedanken über afrikanische Weltanschauungen machten, Europäer waren. Sie interpretierten afrikanische Wirklichkeiten nach den ihnen zur Verfügung stehenden Denkmustern. Tempels bediente sich christlicher Vorstellungen und legte die Philosophie der Bantu so dar, dass sie einen religiösen Entwurf darstellte, dessen Kern darin bestand, dass Afrikaner Gott anerkannten. Jahns Analyse war nicht religiös motiviert, zielte aber in Anlehnung an diejenige Tempels darauf ab, eine kohärente Weltanschauung zu entwerfen, die die Vielfalt der kulturellen Formen in Afrika auf einen gemeinsamen Nenner brachte.

Afrika zu begreifen bedeutet einerseits, dass man vorsichtig im Umgang mit Begriffen ist, und das wiederum bedeutet andererseits, dass der Humanismus in Afrika historisch verstanden werden muss und dies in zweierlei Hinsicht: Erstens ist der Humanismus in Afrika ein Ergebnis der Auseinandersetzung mit Europa und zweitens kommt er in ganz bestimmten strukturellen Verhältnissen zum Tragen, was uns davor warnen sollte, kategorisch über einen afrikanischen Humanismus zu sprechen.

Hierzu könnte ein geschichtliches Ereignis, das Mitte des neunzehnten Jahrhunderts in Südafrika stattfand, sehr lehrreich sein, das vielen in Europa, auch manchen in Afrika nicht bekannt ist. Thematisiert wurde es von dem südafrikanischen Historiker J.B. Peires, der ein Buch darüber schrieb (1989). Tausende von Xhosa (eine ethnische Gruppe in Afrika) kamen ums Leben; Tausende verließen ihre Heimat; Hunderttausende Stück Vieh wurden geschlachtet. Es war eine Katastrophe, für die die Ethnologie den Begriff *cargo cult* erfunden hat, nämlich die Erwartung, dass ein mit Waren und Geschenken voll bepackter Heiland ein ganzes Volk retten würde. Die Xhosa hörten auf ein 12-jähriges Mädchen, *Nongqawuse*, das behauptete, mit ihren Ahnen gesprochen zu haben, wobei diese sie zu Botschafterin ernannt hätten. Weiterhin hätten die Ahnen versprochen, sie würden auferstehen, um die Weißen zu vertreiben, aber nur unter der Bedingung, dass das Volk der Xhosa in Vorbereitung der Auferstehung der Ahnen ihr ganzes Vieh schlachtete, die Feldarbeit einstellte, sich rituell säuberte und Getreidespeicher vorbereitete. Am Anfang reagierten die Xhosa zögerlich, dann aber wuchs allmählich die Zahl derjenigen, die dem Mädchen bis zur Katastrophe Folge leisteten.

Die Frage, die sich nun stellt, nimmt einen zentralen Platz in dieser Abhandlung ein. Welches Menschenbild hatten die Xhosa, das sie dazu bringen konnte, einer solchen Geschichte Glauben zu schenken? Welche strukturellen Bedingungen herrschten in ihrem Land, die es möglich machten, dass solche Prophezeiungen plausibel klangen? Die Antworten auf diese Fragen führen uns in die Geschichte und liefern einen Beitrag zum afrikanisch-europäischen Dialog.

Der Dialog mit der Geschichte

Der Dialog mit der Geschichte fängt im Grunde bei der Suche nach Afrika an. Aufgenommen wurde diese Suche von ehemaligen Sklaven, die in der zweiten Hälfte des neunzehnten Jahrhunderts nach Afrika zurückkehrten. Für sie wurden Liberia und Sierra Leone gegründet. Sie stellten sich Afrika zum ersten Mal als eine Kategorie *sui generis* vor (Irele 1975). Was sie damit auslösten, darf als Geschichte des Humanismus in Afrika betrachtet werden. Der Humanismus entstand also aus der Erfahrung des Sklavenhandels, der Kolonialherrschaft, des Rassismus und des Kampfes um menschliche Würde. Die zurückgekehrten Sklaven entwickelten dabei ein Verständnis von Afrika, das geprägt war von der eigenen Erfahrung der Sklaverei. Sie nahmen diese Erfahrung zum Anlass, eine Idee von einem zukünftigen Afrika zu entwerfen. Um diese Idee von Afrika richtig zu verstehen, müssen wir uns einen Streit, der die wesentlichen Momente des Humanismus in Afrika beschreibt, näher ansehen.

Es handelt sich um den Streit um die afrikanische Philosophie (vgl. Macamo 1999), genauer: um eine unter afrikanischen Intellektuellen geführte Debatte, ob es eine afrikanische Philosophie gibt. Auf der einen Seite behaupteten einige, wie der ruandische Geschichts- und Sprachwissenschaftler Alexis Kagame sowie der ugandische Religionswissenschaftler John Mbiti, dass eine afrikanische Philosophie insofern existiere, als es eine spezifisch afrikanische Weltanschauung gebe. Sie knüpften dabei an die Werke der bereits erwähnten europäischen Kenner Afrikas an, sowie an die Schriften des Ethnologen Leo Frobenius, die für sich in Anspruch nahmen, die „wahre Seele Afrikas" entdeckt zu haben. Diese „Seele", die Tempels als „Lebenskraft" definierte, wurde von der *Négritude*-Bewegung[2] prägnant zusammengefasst als das Prinzip, wonach die Vernunft griechisch und die Emotion schwarz seien.

Auf der anderen Seite standen Philosophen wie der Ghanaer Kwasi Wiredu, der Nigerianer Paul Bodunrin und der Beniner Paulin Hountondji, die darauf bestanden, dass Philosophie mehr sei als die Summe von Brauchtümern und Volkskunde. Sie wollten den Begriff ‚Philosophie' als Bezeichnung für eine universelle Tätigkeit verstehen, die darin besteht, nach bestimmten fachlich anerkannten Regeln und Prinzipien zu argumentieren. Kwasi Wiredu beispielsweise legte sich mit dem Ethnologen Robin Horton an, der behauptet hatte, dass die afrikanische traditionelle Religion die Funktion der westlichen Wissenschaft unter den Afrikanern innehabe und dementsprechend mit ihr gleichgesetzt werden könne (Horton 1960). In einem polemischen Aufsatz hielt Wiredu (1984) mit dem Argument dagegen, dass afrikanisches Denken traditionelles Denken sei und nur mit westlichem traditionellen Denken verglichen werden könne. Ähnlich argumentierte Paulin Hountondji, der die Vorstellung einer „afrikanischen Philosophie" mit der Begründung zurückwies, dass damit Afrika eine Einheit unterstellt werde, die es nicht aufwies. Er sprach von *l'unanimism* (Hountondji 1983).

Die Bedeutung dieses Streites um die afrikanische Philosophie liegt darin, dass er nicht nur thematisiert, ob es tatsächlich eine afrikanische Philosophie gibt, sondern auch von der Frage nach dem Kontext für den Entwurf einer Idee von Afrika handelt, welche uns wiederum Einblicke in den Humanismus in Afrika gewähren kann. Dabei handelte es sich um die dritte Phase einer längeren Geschichte der Herausbildung von Afrika als Schicksals- und Wertegemeinschaft (vgl. Macamo 1999). Die beiden ersten Phasen waren sowohl religiös als auch politisch geprägt, insofern als die zurückgekehrten Sklaven religiöse Metaphern verwendeten, um über das eigene Schicksal zu sprechen. Sie sahen sich selbst als ‚Auserwählte', die von der Vorsehung bestimmt worden waren, Afrika zu retten.

In einer Rede in Liberia im Jahre 1952 fasste Kwame Nkrumah diese Überzeugung mit den Worten zusammen:

Ich habe darauf aufmerksam gemacht, dass die Vorsehung die Schwarzen während ihrer Schwierigkeiten im Exil in den USA und der Karibik geschützt hatte; dass es die gleiche Vorsehung war, die Moses und die Israeliten in Ägypten vor Jahrhunderten behütete. „Ein noch größerer Exodus kommt auf Afrika zu“ habe ich festgestellt, „und dieser Exodus wird hier dann vonstatten gehen, wenn es ein vereinigtes, freies und unabhängiges Westafrika gibt (…) Afrika den Afrikanern“ habe ich gerufen … (Zitiert nach Appiah 1992: 30. Übersetzung E.M.)

Obgleich man bezüglich des Sklavenhandels einräumte, dass es sich dabei um etwas Unmenschliches handelte, fasste man ihn nicht unbedingt als Verdammung auf. Vielmehr ließ Gott es zu, dass Frauen und Männer in die Sklaverei verkauft wurden, damit sie Bekanntschaft mit dem Christentum machen und eine neue Lebensweise kennen lernen konnten. Sie waren dazu bestimmt, ihre Mitmenschen in Afrika aus der Finsternis ihrer Weltanschauung in das christliche Licht zu führen. In den Schriften dieser zurückgekehrten Sklaven findet man viele biblische Metaphern. Der Sklavenhandel war eben der „Exodus“, und die Rückkehr nach Afrika war die Rückkehr ins „gelobte Land“. Die Sklaven waren die „Auserwählten“, die ihre Mitmenschen heilen würden.

Später bediente sich der französische Philosoph Jean-Paul Sartre ähnlicher Metaphern, obgleich in marxistischem Gewand, als er zu bedenken gab, dass die Geschichte den schwarzen Mann auserwählt habe, die Menschheit zu befreien. Mit anderen Worten: Die Schwarzen nahmen in Sartres Geschichtsauffassung die gleiche Rolle ein, wie sie die Arbeiterklasse im Marxismus innehatte. Die zurückgekehrten Sklaven gingen in ihren biblischen Metaphern so weit, dass sie sogar behaupteten, dass die damals in weiten Teilen Afrikas übliche Nacktheit ein Zeichen für die ursprüngliche Unschuld der Afrikaner darstellte.

Weil eben die Suche nach Afrika darauf abzielte, einen Kontinent, seine Völker und die ganze Menschheit zu retten, bildete sie den Keim des Humanismus in Afrika. Es war ein Afrika, das es politisch noch nicht gab, sondern das noch zu begründen war.

Alexander Crummell, ein zurückgekehrter Sklave, der Pfarrer
geworden war, schrieb:

> *Afrika ist das Opfer seiner heterogenen Götzendienste. Afrika verrottet*
> *unter der Anhäufung von sittlichem und sozialem Elend. Dunkelheit*
> *bedeckt das Land und übergroße Dunkelheit die Menschen. Überall*
> *herrschen große soziale Übel vor. Vertrauen und Sicherheit werden*
> *zerstört, Unmoral ist überall im Übermaß anzutreffen. Der Moloch*
> *regiert und herrscht auf dem ganzen Kontinent und zermartert in*
> *Form von Fetischen, Menschenopfern und Teufelsanbetung Männer,*
> *Frauen und Kinder.* (Zitiert nach Appiah 1992: 35. Übers. E.M.)

Die Menschen in Afrika, schloss er daraus, "… *haben kein*
Evangelium. Sie leben ohne Gott. Das Kreuz ist ihnen niemals zu
Gesicht gekommen." Diejenigen, die von Gott beauftragt worden
waren, die afrikanischen Mitmenschen zu führen, sollten dafür
sorgen, dass aus dieser Vielfalt eine Einheit erwachse, die sich als
Gemeinschaft behaupten könne. Interessanterweise griffen die
Vertreter dieser Denkrichtung dabei auf den Begriff der Rasse
zurück und versuchten mit dessen Hilfe, der Gemeinschaft eine
Essenz zu verleihen. Edward W. Blyden, ein großartiger Intellektueller, der nach Sierra Leone zurückkam, schrieb:

> *Es ist das Gefühl der Rasse – das Verlangen nach einer eigenen*
> *Entwicklung, der Art der Menschheit, der wir angehören. Italiener*
> *und Deutsche sehnten sich lange Zeit nach einer solchen Entwicklung.*
> *Die slawischen Stämme suchen gerade danach. Nun aber trägt nichts*
> *mehr dazu bei, dieser Gefühle zu schwächen und dieses Verlangen*
> *zu unterdrücken als die Vorstellung, dass die Leute, mit denen wir*
> *verbunden sind und deren Leben wir zu verbessern suchen, niemals eine*
> *Vergangenheit hatten oder nur eine unrühmliche Vergangenheit – eine*
> *Vorgeschichte – „ohne Bedeutung und Hoffnung", die man am besten*
> *ignorieren und vergessen sollte.* (Blyden 1971: 212. Übers. E.M.)

Als ‚Auserwählte' sollten sie die Vermittler zwischen den europäischen
Kolonialherren und den schwarzen, gottlosen Afrikanern darstellen. So erklärt sich Blydens leidenschaftlicher Appell an befreite
Sklaven in Amerika, zurück nach Afrika zu kommen, um das Land
in Anspruch zu nehmen, das ihnen rechtmäßig gehörte.

Unmittelbar vor der Berliner Konferenz von 1884-85, auf der sich europäische Kolonialmächte Afrika aufteilten, hofften die zurückgekehrten Sklaven noch, dass sich die Europäer dafür entscheiden würden, ihnen die Entwicklung Afrikas anzuvertrauen. Sie glaubten noch daran, dass sich die Europäer in Afrika aufhielten, um Fortschritt und Wohlstand zu schaffen. Der Ausgang der Konferenz, der darin bestand, dass sich die europäischen Mächte Afrikas Reichtums aneigneten, sorgte dafür, dass die Suche Afrikas nach seinen Ursprüngen nicht mehr ausschließlich religiös betrieben wurde, sondern auch politisch. In der Folge wurde Afrika als eine Gemeinschaft gedacht, die dadurch gekennzeichnet war, dass sie Menschen zusammenbrachte, die ein ähnliches Schicksal und somit auch ähnliche Werte teilten. Dies mündete in die bereits erwähnte politische Prägung der Suche nach Afrika. Der Kampf um Selbstbestimmung stand im Vordergrund.

Eingeleitet wurde die politische Phase durch Kwame Nkrumah, den späteren Präsidenten Ghanas, des ersten unabhängigen schwarzen Staates Afrikas, der die Afrikaner mit dem Aufruf: *„Seek ye first your political kingdom, all else will follow“*, aufforderte, politische Selbstbestimmung zu beanspruchen. Zu jener Zeit, also zwischen 1920 und 1960, wimmelte es von Ideologien in Afrika. Man sprach beispielsweise von: *„Ujamaa“* (Nyerere 1968), *„Consciencism“* (Nkrumah 1970), „afrikanischem Sozialismus" (Friedland/Rosberg 1967; auch Babu 1981) und sogar vom „Humanismus" (Kaunda 1976). *Ujamaa* war die Vorstellung eines ursprünglichen afrikanischen Kommunismus, den es zurück zu gewinnen galt. Ähnliche Vorstellungen prägten den Begriff des „afrikanischen Sozialismus," der auch davon ausging, dass die ur-afrikanische Lebensform eine gemeinschaftliche gewesen und durch die koloniale Herrschaft verloren gegangen sei. Nkrumahs *Conscientism* war mehr als nur die Vorstellung einer ursprünglichen Gemeinschaft; sie nahm Bezug auf die Geschichte und mahnte die Afrikaner, sich ihrer Lage bewusst zu werden, um ihre lang entbehrte Würde zurückzugewinnen. Der Humanismus von Kaunda war eine Mischung aus Christentum und Selbstbestimmung und zielte darauf ab, ein afrikanisches Dasein zu rechtfertigen, das sich auf ein schlichtes Verständnis von Menschlichkeit bezog.

Der Rest ist im Wesentlichen Geschichte. Erst mit Ghana 1957 und dann in den 60er Jahren mit Nigeria, Kenia u.a. erlangten die afrikanischen Länder ihre politische Unabhängigkeit und erfüllten sich nicht nur einen Traum, sondern schlossen auch einen geschichtlichen Prozess ab, der aus der Suche nach Afrika bestanden hatte. Mit der Selbstbestimmung wurden sie fündig und stellten dabei fest, dass Afrika als eine Schicksals- und Wertegemeinschaft zu sehen war.

Die Bedeutung dieses innerafrikanischen Dialogs mit der eigenen Geschichte für den Humanismus in Afrika besteht darin, dass er auf menschlicher Würde basierte, die zugleich Afrika innerhalb einer aus der Sicht der Afrikaner feindseligen Weltgeschichte verankerte. Die Erklärung Afrikas zu einer Schicksals- und Wertegemeinschaft entsprach dem Werdegang des Kontinents und seiner Völker, war aber auch ein Ausdruck struktureller Bedingungen, die sich seit dem fünfzehnten Jahrhundert in Afrika niederschlugen.

Diese haben wesentlich damit zu tun, dass die Erfahrung der Kolonialisierung sowie der Einbeziehung Afrikas in die Weltwirtschaft diesen Kontinent zu einem modernen Konstrukt gemacht haben. Afrika als Schicksals- und Wertegemeinschaft ist dagegen aus dem bewussten Dialog zwischen den Afrikanern und ihrer Geschichte hervorgegangen.

Der schwedische Politikwissenschaftler Bjorn Wittrock (2000) schlug dazu eine Definition vor, die sich dazu eignet, diese strukturellen Bedingungen zu beschreiben. Er gab zu bedenken, dass die Moderne eine Reihe von Versprechungen darstelle, die verwirklicht werden könnten oder auch nicht. Nicht die Einlösung dieser Versprechungen definiere die Moderne, sondern die Möglichkeit von deren Einlösung. Die Moderne wurde somit zu einem reflexiven Moment, insofern sie den Afrikanern neue Möglichkeiten eröffnete, für die sie auch Einlösungsrahmen zur Verfügung stellte. In diesem Zusammenhang gewinnen gesellschaftspolitische Aspekte bei den Überlegungen über den Humanismus in Afrika an Bedeutung.

Tradition und Moderne

Der Humanismus kann nicht ohne Bezugnahme auf Tradition und Moderne thematisiert werden. Die allgegenwärtige Annahme ist die, dass afrikanische Lebensformen traditionell seien. Daraus folgt die weitere Annahme, dass die Beschreibung von traditionellen Lebensformen eine hinreichende Analyse der afrikanischen Form des Humanismus darstelle. Mit anderen Worten glaubt man, dass man, um den Humanismus in Afrika analysieren zu können, nur die traditionellen Lebensformen beschreiben muss, denn diese kämen einer vermeintlichen afrikanischen Essenz gleich. Eine solche Annahme stützt sich auf ein problematisches Verständnis vom Humanismus, weswegen es sinnvoll ist, bei der Frage nach der Bedeutung des Humanismus anzufangen, d.h. der Frage, wie die Afrikaner, insbesondere die gebildeten Afrikaner, ihr Verständnis des europäischen Humanismus dazu einsetzten um die eigene Geschichte zu hinterfragen.

Es mag irritierend wirken, den Humanismus in Afrika aus einer Betrachtung des Begriffspaars „Tradition und Moderne" zu thematisieren. Kaum ein Begriffspaar hat jedoch so viel dazu beigetragen, dass Afrika zum Gegenstand wissenschaftlicher Betrachtung geworden ist. Die begriffliche Trennung von Tradition und Moderne ist wichtig, auch wenn sie vorsichtig vollzogen werden sollte, denn es besteht die Gefahr, dass sich eine ethnozentrische Betrachtungsweise einschleicht. In der Tat haben in der jüngeren Vergangenheit Modernisierungstheorien, also Ansätze, die von der Annahme ausgingen, dass Geschichte aus dem Übergang von der Tradition in die Moderne bestünde, den Verdacht genährt, dass alle für traditionell gehaltenen Gesellschaften dazu verdammt seien, westliche Organisationsformen, Lebensstile und Denkweisen zum Nachteil der eigenen zu übernehmen.

Darüber hinaus legten sie den Wandel als unumgänglich und wünschenswert dar. So gesehen ließe sich die Geschichte der Beziehung zwischen Afrika und Europa als die Realisierung dieser teleologischen Wunschvorstellung interpretieren.

Kritiker unterstellten der Ethnologie beispielsweise, Handlanger der Kolonialherrschaft gewesen zu sein, insofern sie durch die Betonung der traditionellen Aspekte der afrikanischen Gesellschaft dem Kolonialismus eine Rechtfertigung im Namen der Modernisierung zur Verfügung gestellt habe (Leclerc 1972). Der Vorwurf hatte einen weiterreichenden Hintergrund. Die Betonung der Tradition als Merkmal dieser Gesellschaften rief ein Bild von nicht-europäischen Gesellschaften hervor, das einerseits die afrikanischen Lebenswelten zum Gegenstand der europäischen Intervention machte und ihnen andererseits die Fähigkeit absprach, diese Wandlungsprozesse selbst in Gang zu setzen. Die Kritik gründete auf der Überzeugung, dass die Beschreibung und Analyse nicht-europäischer Gesellschaften nach den gleichen Methoden und Theorien verlange, die für die Beschreibung und Analyse der europäischen Gesellschaften notwendig seien. Hier wird ein gewisser Universalismus unterstellt, der nur dann gerechtfertigt ist, wenn er zugleich Beschreibungen und Analysen liefern kann, die den spezifischen Bedingungen von einzelnen Gesellschaften oder Lebenswelten gerecht werden können.

Genau dies scheint jedoch ein Problem zu sein, wenn zwischen Tradition und Moderne nicht ausreichend differenziert wird. Ein Universalismus, der über strukturelle Unterschiede schweigt und nicht bereit ist, zu Kenntnis zu nehmen, dass solche Unterschiede Verhaltensformen, Einstellungen und Überzeugungen beeinflussen können, läuft Gefahr, genau diesen spezifischen Bedingungen nicht gerecht zu werden. In dieser Hinsicht ist Émile Durkheims (1978) Auseinandersetzung mit Formen der Integration und deren Auswirkungen auf die Arbeitsteilung ein guter Versuch gewesen, dem Beobachter die Reichhaltigkeit sozialer Beziehungen klar zu machen. Ähnlich muss man auch die Bemühungen von Ferdinand Tönnies (1963) beurteilen, der in

seiner Unterscheidung von Gemeinschaft und Gesellschaft einen
Rahmen für die Einordnung der spezifischen Bedingungen von
einzelnen Lebenswelten lieferte. Auch für die Betrachtung des
Humanismus in Afrika gilt der Grundsatz der Beachtung des
strukturellen Kontextes. Tatsächlich besteht die Gefahr, dazu
verleitet zu werden, Eigenschaften des sozialen Handelns im
afrikanischen Kontext als Ausdrucksformen des Humanismus zu
deuten. Studien über Afrika neigen leider dazu, dort vorhandene
soziale Phänomene als Eigenschaften einer vermeintlichen afrikanischen Essenz zu sehen, wenn es in Wirklichkeit um etwas ganz
anderes geht, nämlich um die strukturellen Eigenschaften einer
ganz spezifischen gesellschaftlichen Formation. In vielen Fällen
handelt es sich dabei um Traditionen, die sich in afrikanischen
Lebensformen niederschlagen, ohne dabei das Wesen der afrikanischen Kultur in irgendeiner Form wiederzugeben.

Das Begriffspaar „Tradition und Moderne" weist auch darauf hin, dass keine Kultur abgeschottet und frei von externen
Einflüssen ist. Wenngleich es keinen Anlass zu der Annahme
gibt, Gesellschaften, die traditionelle Formen der Organisation
aufweisen, seien zum Verschwinden verdammt, ist die Angst, sich
wandelnde Gesellschaften erlebten eine Entartung, weit übertrieben. Man bedient sich dieses Begriffspaares, um überhaupt in der
Lage zu sein, das Traditionelle und das Moderne in afrikanischen
Lebenswelten deutlich zu benennen, um sodann eine vernünftige
Diskussion über den Humanismus zu beginnen.

Die Versuche, die es in Afrika gegeben hat, eine afrikanische
Form des Humanismus zu identifizieren, sind im Grunde ein
Ergebnis der strukturellen Bedingungen, von denen hier die Rede
ist. Afrikaner reagierten auf die Geschichte, indem sie versuchten,
einen Platz für sich selbst im Konzert der Kulturen zu schaffen.
Dabei bedienten sie sich eines Vokabulars, das, wie am Anfang
bereits thematisiert, nicht unbelastet war, denn sie beschrieben
mit dessen Hilfe ein Afrika, das nur der Inbegriff für eine zum
selbstständigen Wandel unfähige Gesellschaft war, die eben auf
Unterstützung von außen angewiesen war.

Die derzeitig in Südafrika viel diskutierte *Ubuntu*-Philosophie (vgl. Mbigi/Maree 1997; Bhengu 1996) ist in dieser Hinsicht nichts anderes als genau dieser Versuch, das Land und die Individuen ausgehend von der erlebten Geschichte neu zu positionieren. Dabei geht es um eine kritische Reflexion über die ambivalente Erfahrung der Moderne (siehe hierzu Macamo 2005), die sich in der Unfähigkeit und im Unwillen der Kolonialherrschaft niederschlagen hat, den Afrikanern die Einlösung der Versprechungen der Moderne zu erlauben.

Während also das Bild in die Welt gesetzt wurde, dass afrikanische Lebensformen von Natur aus humanistisch seien, wirkten dem die Medienbilder entgegen, und es kam ein Kontinent zum Vorschein, der eine schwierige Beziehung zur Menschlichkeit zu haben scheint. Ein Journalist in Frankreich sorgte vor einigen Jahren für Furore, als er ein Buch mit dem Titel *Négrologie* (Smith 2003) veröffentlichte. In diesem Buch befasste er sich mit der inzwischen sprichwörtlichen politischen Instabilität Afrikas, die sich oft in kriegerischen Auseinandersetzungen innerhalb von Staaten niederschlägt, und stellte die These auf, dass es sich dabei um eine typisch afrikanische Neigung zu Morden an Schwarzen handle. Selbst seriöse Veröffentlichungen tun sich schwer, die richtigen Worte für die Beschreibung dessen zu finden, was sich auf dem afrikanischen Kontinent abspielt. Achille Mbembe, ein Sozialwissenschaftler aus Kamerun, gab zu (vgl. Mbembe 1992), keine Begrifflichkeit zu finden für eine Wahrnehmung dessen, was sich in Afrika ereignet. Er dachte dabei auch an die neuen Lebensformen, die sich in Flüchtlingslagern und in Gebieten, die unter der Kontrolle von Kriegsherren stehen, herausbilden.

Tatsächlich ist Afrika ein Kontinent, der viele Kulturen und Gesellschaftsformen aufweist, die großen Wert auf Gastfreundschaft und Solidarität legen. Dies ist umso bemerkenswerter, als es vor dem Hintergrund zunehmender Individualisierung stattfindet. Gastfreundschaft und Solidarität sind insbesondere auf dem Land ausgeprägt. Vielleicht liegt die Erklärung dafür einfach darin, dass ländliche Räume in der Regel konservativer

geprägt sind und die Menschen deshalb dazu neigen, ursprüngliche kulturelle Formen und Normen länger aufrechtzuerhalten.
Obgleich die Präsenz von kulturellen Formen ein zuverlässiger
Indikator für das Festhalten an Gastfreundschaft und Solidarität
sein kann, können keine weiterreichenden Schlüsse über die spezifischen Merkmale der afrikanischen Kultur gezogen werden. Es
ist nämlich durchaus möglich – wenn nicht sogar tatsächlich so –,
dass ländliche Räume in Afrika so sind, wie sie zu sein scheinen,
weil sie in viel stärkerem Maße traditionelle Lebensformen aufrechterhalten als städtische. In der Tat sind Gastfreundschaft und
Solidarität fast verdächtige Begleiterscheinungen traditioneller
Gesellschaften. Hierzu gibt es gute funktionalistische Erklärungen
wie die des deutschen Sozialanthropologen Georg Elwert (1991),
der zu bedenken gab, dass Reziprozität für das Überleben von
kleineren Gemeinschaften wichtig sei. Er führte diesen Umstand
auf das Fehlen von übergeordneten sozialen Sicherungssystemen
zurück. Diese Sichtweise sollte uns darauf aufmerksam machen,
dass kulturelle Formen hier als Eigenschaften von bestimmten
gesellschaftlichen Strukturtypen verstanden werden, die für die
Analyse des Humanismus in Afrika unabdingbar erscheinen.

Afrikanische Gesellschaften sind nicht nur deshalb vorbildlich,
weil sie Lebensformen und Werte aufrechterhalten haben, die
aus einer normativen Perspektive heraus positiv besetzt sind. Sie
sind auch deshalb zu bewundern, weil Afrikaner angesichts eines
hohen Maßes an Leid, das aus Bürgerkriegen, Vertreibungen und
Verwundbarkeit in Bezug auf Naturkatastrophen entspringt, nicht
nur Widerstandsfähigkeit zeigen, sondern dabei menschliches
Durchhaltevermögen und einen starken Lebenswillen dokumentieren. Tatsächlich könnte man Afrika sogar als lebendiges
Beispiel dafür verstehen, wozu die Menschheit unter schwierigen
Bedingungen fähig ist. Nichts von dem, was in Afrika im Kontext prekärer Lebensverhältnisse passiert ist, ist untypisch für die
Art und Weise, wie andere auf ähnliche Bedingungen reagiert
haben. Die Balkankriege der neunziger Jahren sowie der US-
Anti-Terror-Krieg haben menschliche Verhaltensweisen ins Leben

gerufen, die der ahnungslose gesunde Menschenverstand mit den
Medienbildern aus Afrika in Verbindung bringen könnte. Die
Fähigkeit der Afrikaner, den widrigen Verhältnissen zum Trotz,
immer wieder aufzustehen und zurückzukommen, zeugt nicht
nur davon, dass sie besonders „hart im Nehmen" sind, sondern
von ihrer Zugehörigkeit zur Menschheit.

Diese besonderen Fähigkeiten der Afrikaner haben einige
Wissenschaftler veranlasst, afrikanische Sozialphänomene aus
der Perspektive eines spezifischen geschichtlichen Werdegangs zu
erklären. Solche Erklärungen heben die Tatsache hervor, dass afrikanische Lebensformen eigentlich Reaktionen auf geschichtliche
Erlebnisse seien. Die US-Historikerin Louise White beispielsweise
legt afrikanische Lebensformen als kritische Kommentare auf die
Moderne aus (White 2000). Sie richtet ihren Blick auf Gerüchte,
die in bestimmten Gegenden regelmäßig zur Panik führen. Das
Ethnologenehepaar Comaroff (1993) behandelt den Widerstand
der Afrikaner gegen den Kapitalismus, während der Ethnologe
James Ferguson (1999), ausgehend von dem Niedergang der
Kupferindustrie in Sambia, der festen Überzeugung ist, dass
sich Afrika insgesamt rückwärts bewegt. Solche Ansichten, die
irgendwie von einer diffusen Auffassung vom Fortschritt in der
Geschichte geprägt sind, sehen keinen Platz für lokale Inhalte
vor, obwohl gerade diese der Entwicklung Inhalt und Substanz
verleihen. Was diese Ansichten außer Acht lassen, ist die wichtige Tatsache, dass trotz mancher Missstände und kritikwürdiger
Verhältnisse die Geschichte in Afrika weiter geschrieben wird. Es
handelt sich dabei um die reale Geschichte, deren Sinn im Handeln
und in den Gedanken der Afrikaner zu finden ist, welche sich
darum bemühen, ihre Existenz zu sichern und ihrem Leben eine
Bedeutung zu verleihen. Meine Argumentation versucht, einem
Schematismus des historischen Denkens zu entgehen, der darin
besteht, afrikanische Lebensformen vor dem Hintergrund eines
festgelegten Horizonts zu betrachten und Geschichtsschreibung
als einen langen Kommentar darüber zu verstehen, wie Afrika
den richtigen Weg der Geschichte verlassen hat. Eine solche

Auffassung vernachlässigt die Tatsache, dass soziales Handeln sich selbst protokolliert, d.h. dass Menschen nach ihren Überzeugungen und Motiven handeln, nicht nach einem extern verfassten Drehbuch.

Während der langen Geschichte der Auseinandersetzung mit sich selbst haben Afrikaner manchmal den Blick für die Autonomie des eigenen sozialen Handelns verloren. Die *Négritude*-Bewegung, als literarische Reaktion gegen die Kolonialherrschaft und für den Stolz auf die eigene Rasse, ist möglicherweise hinter den eigenen kritischen Ansprüchen zurückgeblieben, weil sie zu sehr auf einer zeitlosen afrikanischen Geschichte beharrt hat, die keinen Bezug zum tatsächlichen sozialen Handeln hatte. Der Aufruf, zu den Wurzeln zurückzukehren, war ein Beispiel dafür, denn zu welchen Wurzeln konnte man zurückkehren nach all dem, was inzwischen passiert war? Dieser Bewegung schien völlig entgangen zu sein, dass die Geschichte, die Afrika weg von den „Wurzeln" brachte, die Bedingung der Möglichkeit für das von ihr entwickelte Bewusstsein darstellte. Die *Négritude* war der Sache nach kein Weg in die Vergangenheit. Sie war vielmehr ein neuer Ausgangspunkt für eine Geschichte, der viele Möglichkeiten offenstanden.

Nicht ohne Grund beschrieb Jean-Paul Sartre in seinem *Orphée noire* (1972) die Bewegung als Geschichte, die sich ihrer selbst bewusst wurde. Seine These war eben, dass Afrikaner Darsteller einer Geschichte geworden waren, deren Rolle weit über die lokalen Bedürfnisse hinausging. Die Afrikaner seien aufgrund ihrer leidvollen Erfahrungen durch die Geschichte zum Hauptmotiv ihrer Geschichte geworden. Mit dieser Lesart zog Sartre Konsequenzen aus einem Verständnis der afrikanischen Geschichte, das aus dem sozialem Handeln kein Artefakt einer ursprünglichen Kultur machte, die verzweifelt versuchte, sich an einer Welt festzuhalten, die nicht ihre war. Er fügte den Bemühungen der Afrikaner eine Erkenntnistheorie hinzu, die der Vorstellung von Afrika als Schicksals- und Wertegemeinschaft noch stärkeren Ausdruck verlieh. Seine Einsichten erlauben es mir, mein Anliegen noch deutlicher zu formulieren.

Einen Humanismus in Afrika gibt es nicht, zumindest nicht den, der oft mit dem Hinweis auf die Existenz einer spezifisch afrikanischen Weltanschauung suggeriert wird. So behauptet beispielsweise ein in Fribourg (Schweiz) tätiger afrikanischer Philosoph, Bénézet Bujo, in seinem Buch *Wider den Universalanspruch westlicher Moral* (Bujo 2000), eine spezifisch afrikanische Moral ausfindig gemacht zu haben, die sich bei näherer Betrachtung jedoch als die Beschreibung der Eigenschaften einer traditionellen Kultur entpuppt. Pikanterweise sucht er diese afrikanische Moral bei dem Theologen Joseph Ratzinger, der die christliche Moral ähnlich beschreibt und zwar mit der Betonung der Gemeinschaft, und letztendlich die gesellschaftlichen Zustände der frühen Christen darstellt, die strukturell gesehen, Gemeinsamkeiten mit vielen afrikanischen Gemeinschaften aufweisen.

Ein Humanismus für Afrika

Weiter oben ist die Frage gestellt worden, welches Menschenbild die Xhosa von Südafrika hatten, das sie dazu brachte, die Visionen eines 12-jährigen Mädchens für plausibel zu halten. Die Antwort ist einfach: Die Xhosa hatten ein Menschenbild, das der Struktur ihrer Gesellschaft entsprach. Sie lebten in einer Gesellschaft, in der jeder unter ihnen auf seine unmittelbare Verwandtschaft angewiesen war. Diese Abhängigkeitsverhältnisse wurden durch Verpflichtungen untermauert, die die Ahnen im Alltag der Xhosa anwesend machte. Die Tatsache, aufeinander angewiesen zu sein, entsprach keiner bestimmten Vorstellung von Individuum oder Menschensein, sondern dem Bedürfnis, andere moralisch zu verpflichten, sich um Verwandte zu kümmern. Aus der Sicht einer komplexen modernen Gesellschaft betrachtet war das Menschenbild der Xhosa zu einfach, als dass es ihnen bei der Bewältigung neuer Herausforderungen wirklich geholfen hätte. Gewiss, und das wird sehr eindrucksvoll von Jeffrey B. Peires dokumentiert, verhielten sich die Weißen sehr schlecht und unmenschlich, aber erst dadurch, d.h. durch die Herausforderung, die die Weißen darstellten, kamen Bedingungen zustande, die es möglich machten, dass die Xhosa ein Menschenbild entwarfen, das als solches auch erkennbar war. Eine Ironie der Geschichte ist dabei sicherlich die Tatsache, dass ein diesem Volk entstammendes Individuum, Nelson Mandela, später ganz Südafrika in eine neue Welt führen würde, in der alle Menschen im Dialog mit der eigenen Geschichte an einem Begriff von Humanismus arbeiten.

Die *Ubuntu*-Philosophie, die in Südafrika seit dem Ende der Rassentrennung gefeiert wird, stellt keine Rückkehr zu den ursprünglichen afrikanischen Wurzeln dar. Sie ist vielmehr harte Arbeit an der Sammlung von geschichtlichen Aspekten und Erfahrungen, die darauf abzielen, der eigenen Geschichte und somit dem eigenen Dasein Kohärenz zu verleihen. Hierin liegt auch die Herausforderung des Humanismus in Afrika: Es kann nicht darum gehen, einen afrikanischen Humanismus ausfindig zu machen, sondern darum, die Bedingungen zu nennen, unter denen Afrikaner beginnen können, ihre Erfahrung der Geschichte zu verarbeiten, und Konsequenzen daraus ziehen. Weil diese Geschichte untrennbar verwoben mit Europa ist, ist die Arbeit, die die Afrikaner leisten müssen, eine Arbeit in globaler Geschichte und ganz im Sinne des bereits erwähnten französischen Philosophen Jean-Paul Sartre eine Arbeit, die nicht nur das spezifisch Afrikanische der Geschichte thematisiert, sondern das Universelle. Einen afrikanischen Humanismus kann es erst dann geben, wenn diese Geschichte ausreichend berücksichtig worden ist.

Anmerkungen

1 Den Herausgebern für ihre Geduld und Sandra Schröder für ihre aufmerksame und kritische sprachliche Bereinigung dieses Beitrages bin ich zum Dank verpflichtet. Ich trage die Verantwortung für den Inhalt.

2 Die Négritude ist eine Bewegung von französisch-sprechenden schwarzen Intellektuellen aus Afrika, Europa und Amerika, die sich in den 40er, 50er und 60er Jahren des letzten Jahrhunderts publizistisch und schriftstellerisch zu ihrer Identität als „Schwarze" bekannten. Sie vertraten eine essentialistische Auffassung der schwarzen Kultur, die sie zur Grundlage ihren Stolzes machten.

Heiner Roetz

Konfuzianischer Humanismus

Humanismus – in Asien ein Fremdwort?

Der „kategorische Imperativ" des jungen Karl Marx, es seien „alle Verhältnisse umzuwerfen, in denen der Mensch ein erniedrigtes, ein geknechtetes, ein verlassenes, ein verächtliches Wesen sei", kann als klassische Formulierung einer humanistischen Utopie gelten. Man muss entweder blind oder zynisch sein, um in Abrede zu stellen, dass noch der heutigen Welt eine solche Utopie Not tut. Ist aber das von Marx formulierte Ziel überhaupt generalisierbar oder ist es nur Ausdruck einer spezifischen Tradition? Handelt es sich vielleicht um ein Säkularisat der christlichen Religion, und verrät es sich als solches gerade dadurch, dass der Marx'sche „Imperativ" von der „positiven Aufhebung der Religion" seinen „Ausgang" nimmt? Verliert er ohne diesen Hintergrund seine Absicherung, und ging der Humanismus im Realmarxismus osteuropäischer und chinesischer Prägung unter, weil sich hier ein anderes, nämlich „orientalisches" bzw. „asiatisches" Erbe durchsetzte?

Kritiker in der Tradition des „westlichen" Marxismus haben diese Fragen schon früh gestellt. Als „asiatisch" oder „orientalisch" bezeichnen sie, wie schon Marx selbst, eine „barbarische" Gesellschaftsformation, in der ein „zentraler Despotismus" die Einheit isolierter Dorfgemeinschaften herstellt. „Asiatisch" wird dabei primär historisch verstanden, doch sind die Grenzen zu einem überhistorischen Begriff in Sinne tiefsitzender kultureller Sedimentierungen nicht scharf gezogen.

Im Vergleich zu den Ambivalenzen im Asienbild des westlichen Marxismus hat sich in den heutigen Sozialwissenschaften der ‚Faktor Kultur' als tragende Größe der Beschreibung der großen ‚Zivilisationen' etabliert. Die kulturalistische Wende beruht auf der berechtigten Kritik eines konzeptuellen Universalismus, der die Verallgemeinerbarkeit ‚westlicher' Begriffe einfach unterstellt. Sie führt aber in Aporien, beanspruchen doch ihre Vertreter einen Metadiskurs zu führen, der seinerseits nicht der Kulturgebundenheit unterliegen soll. Hinzu kommt die Gefahr, den alten Begriffs-Hegemonismus einfach durch die lokale Despotie der einzelnen ‚Kulturen' zu ersetzen. Beides verträgt sich schlecht mit einer konsensualen Lösung der Aufgaben, mit denen die Weltgemeinschaft heute konfrontiert ist: nämlich die ökonomischen und technologischen Imperative, deren Verselbständigung den Planeten zu zerstören droht, nicht weniger als die Ausübung politischer und gesellschaftlicher Macht in einen ethischen Rahmen einzubinden. Diese Aufgabe lässt sich als genuin ‚humanistisch' bezeichnen, betrifft sie doch den Anspruch des Menschen, nicht unter ihn entwürdigenden Bedingungen, sondern in einer gerechten Gesellschaft und in einer intakten Natur zu leben. Beziehen wir aber mit dieser Aufgabenstellung nicht schon eine partikulare Position mitten im „Kampf der Kulturen"?

In der Tat steht gerade die Bestimmung dessen, was ein ‚Mensch' überhaupt sei und was ihm gebühre, mit allen praktischen Konsequenzen im Kern des heute im Namen der Kultur ausgetragenen Streits. Die Konkurrenz der politischen Ideologien ist mit dem Ende des ‚Kalten Krieges' keineswegs durch einen globalen normativen Konsens abgelöst worden. Vielmehr haben Partikularismen im Namen der Kultur um sich gegriffen. Kennzeichnend hierfür sind z.B. die Kampagne für die ‚asiatischen Werte', aber auch Bemühungen der VR China um eine kulturelle Legitimation ihres politischen Kurses. Dass es so aussieht, als könne China ohne Systemwechsel die ältere sozialistische Ideologie durch eine neue kulturalistische ersetzen, scheint die ‚Asien'-Theorie der westlichen Marxisten zu bestätigen.

Streitfälle: Menschenrechte und Bioethik

Die chinesischen Argumente, die das Projekt eines globalen Humanismus herausfordern müssen, betreffen vor allem die

Frage der Menschenrechte, aber auch die Ethik der human-medizinischen Forschung.

Die moderne Biotechnologie hat mit ihren Möglichkeiten und Verheißungen in neuer Weise die ethische Grundfrage auf die Tagesordnung gesetzt, wie der Mensch mit sich selber umzugehen gedenkt. Sie ist längst zu einem globalen wirtschaftlichen und gesellschaftspolitischen Faktor geworden, und insbesondere in den asiatischen Anrainerstaaten des Pazifischen und Indischen Ozeans werden die neuen ,life sciences' mit großen Investitionsprogrammen gefördert. Neben die nationale Konkurrenz tritt dabei die länderübergreifende weltweite Kooperation. Entlang eines globalen Regulierungsgefälles verlagern sich Forschungen aus Ländern mit einer restriktiveren in Länder mit einer permissiveren Gesetzgebung. Ethischen Bedenken wird gern mit relativistischen Argumenten begegnet. So ist etwa dem deutschen Embryonenschutzgesetz vorgehalten worden, es verabsolutiere ein nicht verallgemeinerungsfähiges christliches Menschenbild. Chinesische Wissenschaftler und Institutionen wiederum werben mit einem ,kulturellen Umfeld', das sich mit weniger Einwänden herumzuschlagen habe als viele westliche Staaten. Was die Forschung mit ,menschlichem Material' in China weniger problematisch machen soll, ist ein Bild des Menschen als eines sozialen Wesens, das sich vom westlichen Individualismus abhebe. Hiernach entsteht der Mensch erst als Mitglied einer Gemeinschaft und damit nicht vor der Geburt. Die Forschung an embryonalen Stammzellen wäre dann ethisch unproblematisch, so etwa Qiu Renzong unter Berufung auf einen kulturellen Konsens, der im Konfuzianismus verwurzelt sein soll. Die Bestimmung des Menschen als Gemeinschaftswesen schwächt aber nicht nur den Status vorgeburtlichen Lebens, sondern hat analoge Konsequenzen für das Lebensende: Nicht mehr interaktionsfähige Patienten, so der taiwanesische Bioethiker Lee Shui-chuen, genießen einen moralischen Status dann, wenn die Angehörigen ihnen diesen zubilligen, aber nicht aus sich selbst. Lee vertritt ferner die Auffassung, dass der Mensch nach konfuzianischem Verständnis keine Pflicht zur Bewahrung der Natur habe, wie sie sich aus der biblischen Vorstellung einer Schöpfung der Welt durch Gott ergeben kann. Unter Berufung auf den klassischen konfuzianischen Text *Zhongyong* erklärt Lee den Menschen vielmehr zum „Mitschöpfer" des Universums, der selbst „Gott spielen" dürfe. So seien auch das Klonen in all seinen Formen und ebenso andere Arten gentechnischer Eingriffe zur Verbesserung des Menschen zu begrüßen, um „die Mängel der Natur auszugleichen". Max Webers These, dass China im Unterschied zum Westen aufgrund fehlender religiöser Transzendenz nicht in der Lage sei, die Welt aus den Angeln zu heben, ist hiermit auf den Kopf gestellt.

Auch in der Debatte um das Verhältnis der chinesischen Kultur zu den Menschenrechten ist das dem Konfuzianismus zugeschriebene Menschenbild ein ständiger Bezugspunkt. Die Menschenrechte genießen in China seit 2004 Verfassungsrang. Allerdings besteht China auf einer eigenen Lesart, wonach das fundamentale Menschenrecht jenes auf ‚Subsistenz', also auf Sicherstellung der materiellen Lebensgrundlagen ist. Da dieses Recht aber nur über gemeinschaftliche Bemühungen sichergestellt werden kann, folgt aus ihm das kollektive ‚Recht auf Entwicklung', das wiederum einen Staat mit dem ‚Recht auf Souveränität' voraussetzt. Hiermit geraten die Menschenrechte unter die Ägide der Institutionen, vor deren Macht sie doch schützen sollen.

China argumentiert für diese Position vor allem pragmatisch, beruft sich aber im Namen einer kollektivistischen Lesart des Konfuzianismus auch auf den ‚Faktor Kultur', womit es an die Asian values-Kampagne anschließt. Hiernach werden ein übersteigerter Individualismus, eine einseitige Insistenz auf Rechte gegenüber den Pflichten und ein atomistisches Gesellschaftsverständnis als eurozentrisch zurückgewiesen.

Liefert also ein traditionelles chinesisches Menschenbild zugleich die Rechtfertigung für eine illiberale Politik und eine liberale Bioethik? Und muss nicht damit an die Stelle der Hoffnung auf einen globalen Humanismus das pragmatische Aushandeln von Vereinbarungen treten? In der Tat ginge ein Humanismus ins

Leere, wenn die Lesart des Begriffes ‚Mensch' ins Belieben partikularer Kulturen gestellt wäre. Er erhielte aber eine Bestätigung,
wenn sich zeigen ließe, dass den großen ethischen Systemen, die
die Menschheit unabhängig voneinander hervorgebracht hat,
gemeinsame Intuitionen bezüglich der dem Menschen gebüh-
renden Achtung zugrunde liegen. China kann deshalb zugleich
als Herausforderung und als Testfall für das Programm eines
„Humanismus in der Epoche der Globalisierung" gelten.

Meines Erachtens kann nun eine kulturalistische Position wie
die skizzierte nicht wirklich überzeugen: Zum einen ist der Gedanke der sozialen Konstitution des Menschen kein Spezifikum
Chinas, sondern auch Bestandteil westlicher Entwicklungsthe-
orien. Überdies muss aus der Sozialität des ‚Gattungswesens'
Mensch keineswegs eine kollektivistische Ethik folgen. Sie lässt
sich mit Individualität zusammendenken.

Zum anderen repräsentieren die zitierten chinesischen Stellungnahmen zur Bioethik und zu den Menschenrechten zwar
einen *mainstream*, ihnen wird aber auch in China widerspro-
chen, und dies von Autoren, die sich auf die gleiche kulturelle
Tradition berufen. So steht für Nie Jingbao der Konfuzianismus
in der Frage der Schutzwürdigkeit des vorgeburtlichen eher auf
der konservativen als auf der liberalen Seite. Lee Ming-huei
wiederum betont, dass nicht die individuellen, sondern gerade
die kollektiven Menschenrechte mit der konfuzianischen Ethik
unvereinbar seien. Hier zeigt sich eine Grundproblematik der Berufung auf kulturelle Traditionen: Sie müssen interpretiert werden.
Der Interpret kann sich nicht hinter einer Tradition verstecken,
sondern ist, wenn er sich in sie stellt, quasi für sie verantwortlich.
Er kann sie verwerfen, er kann aber auch versuchen, sie auf der
Höhe der Zeit zu transformieren – so für das Programm eines
globalen Humanismus. Und hierfür eignen sich chinesische Traditionen nicht weniger als westliche. Von vornherein ist dabei zu
berücksichtigen, dass überlieferte Ethiken weder alle Probleme,
die uns heute beschäftigen, auf ihrer Agenda hatten, noch über
das akkumulierte Wissen verfügten, das den Nachgeborenen zur

Verfügung steht. Wenn Sie uns gleichwohl noch heute etwas sagen, dann deshalb, weil sie unter dem Druck außerordentlicher Herausforderungen Probleme der *conditio humana* exemplarisch durchdacht haben. Beides bedeutet, dass man zugleich mit ihnen und gegen sie wird denken müssen.

Schon das alte China hat in den Erfahrungen einer tiefen Traditionskrise diese Zusammenhänge im Grundsatz durchschaut. Im Folgenden soll ein Blick auf die klassische chinesische Philosophie geworfen werden, vor allem auf das Menschenbild des Konfuzianismus, auf den in den Kulturdebatten von heute immer wieder Bezug genommen wird.

Die Entdeckung des Menschen in der Traditionskrise des achsenzeitlichen China

Die Philosophie nimmt in China in etwa zeitgleich mit der Philosophie der Griechen ihren Beginn in der Epoche, die Karl Jaspers aufgrund ihrer welthistorischen Bedeutung als „Achsenzeit" bezeichnet hat. Das philosophische Denken entsteht in Reaktion auf eine tiefgreifende soziale Krise vor dem Hintergrund des kriegerischen Zerfalls der Feudalherrschaft der Zhou-Dynastie (11.-3. Jh. v. Chr.). Der Verlust der hergebrachten Gewissheiten führt zu einer Suche nach neuen Orientierungen. Die Grundrichtungen der chinesischen Philosophie haben ihren Ursprung in den Antworten auf die Frage, wie die Welt in die Flut geraten konnte, in der sie zu versinken droht, und was zu tun ist, um sie zu retten. Vor allem drei dieser Antworten sind historisch bedeutsam geblieben: die des Konfuzianismus, des Legismus und des Daoismus.

Die Konfuzianer identifizieren das Problem der Zeit als ein moralisches, dem mit der Kultivierung der Person zu begegnen ist. Sie richten ihre Aufmerksamkeit auf den Menschen und setzen das gesamte Vertrauen in dessen Bildbarkeit. Sie knüpfen dabei an die tradierte Sittlichkeit an, stellen sie aber auf die neue Grundlage einer im ,Selbst' des Einzelnen oder in seiner Natur fundierten moralischen Gesinnung: Der Blick richtet sich nach innen. Die Legisten weisen dies als verhängnisvolle Illusion zurück – für sie ist der Mensch nur ein kühl kalkulierender Egoist, der mit institutionellen Mitteln unter Kontrolle gebracht werden muss. Sie sehen das Problem als organisatorisches und richten ihre Aufmerksamkeit auf das politische System, aus dem alle Spuren menschlicher Beziehungen zugunsten der mechanischen Orientierung an Vorschriften zu verschwinden haben. Der Blick wendet sich nach vorn: Weder in vergangenen Vorbildern noch in einer Besinnung auf die Moral liegt der Weg zur Befriedung der Welt, sondern allein in einer den Problemen der Gegenwart angemessenen rigiden Herrschaftstechnik. Die Daoisten sehen die Ursache des Zerfalls in der Herausbildung einer künstlichen Menschenwelt aus der Einheit der Natur und damit in der menschlichen Zivilisation selbst. Sie richten den Blick zurück hinter die Geschichte in eine verlorene ungeteilte Ursprünglichkeit, die weder der Ethik noch der Institutionen bedurfte. Sie idealisieren den Menschen in seinem noch unverbildeten kindlichen Naturzustand, sehen in ihm aber einen gefährlichen Irrläufer, sobald die zerstörerischen Energien seines berechnenden Verstandes geweckt werden. Die drei Grundrichtungen des klassischen chinesischen Denkens verfolgen somit, in einer Differenzierung des neu-konfuzianischen Philosophen Tang Junyi (1909-1978), ein humanistisches, ein anti-humanistisches und ein supra-humanistisches Programm.

Alle diese Philosophien stehen in einem kritischen, reflektierten Verhältnis zum gescheiterten tradierten Ethos. Alle bislang akzeptierten Leitvorstellungen und Autoritäten, Eltern, Lehrer, Fürsten, religiöse Mächte, die Überzeugungen der „Vielen", die Vorbilder der Vergangenheit, die hergebrachten Formen gesitteten Verhaltens, geraten unter systematische Zweifel. Neue Kriterien wie der Nutzen (*li, yong*), das Gute (*shan*), das Natürliche (*tian*) oder das Praktikable (*ke*) werden durchdacht, die sich am Hier und Jetzt ausrichten. Verlässliche Erkenntnis orientiert sich nicht mehr am Fernen, sondern am Nahen, am selbst Erfahrenen und

Gesehenen statt am nur Gehörten, an der Gegenwart statt am Altertum.

Alle diese Bewegungen kulminieren in einem neuen Blick auf das Nächste und Unmittelbarste schlechthin: auf ‚den Menschen' selbst. Die humanismuskritischen Positionen der legistischen und daoistischen Philosophen lassen sich als Pendant dieser anthropozentrischen Wende lesen. Die Entdeckung des Themas ‚Mensch' ist somit das Ergebnis einer Krise, die ein grundsätzlich kritisches Verhältnis zur Tradition begründet hat. Der Mensch verliert den Halt an der Kultur, der er entstammt, und findet in der Reflexion auf sich selbst einen neuen Fluchtpunkt. Sich diese in seinem Ursprung angelegte Struktur des klassischen chinesischen Philosophierens vor allen seinen Inhalten klar zu machen, ist entscheidend, denn von hier erhellt die Fragwürdigkeit des Versuchs, ein im ‚chinesischen Denken' begründetes Menschenbild für einen berechnenden Kulturalismus zu vereinnahmen. Mit diesem Versuch wird das wichtigste Potenzial verspielt, das das zum Herkommen auf Distanz gehende Denken birgt: Nämlich im Hinausgehen über das Eigene in ein offenes und nicht sich abschottendes Verhältnis zum Fremden zu treten.

Die Zentralität des Themas ‚Mensch' in der klassischen chinesischen Philosophie und seine Einbettung in die Traditionskritik dokumentiert die folgende Passage aus dem Kapitel *Cha jin* (Beobachtung des Jetzt) des *Lüshi chunqiu* („Almanach der Herrn Lü") aus der Mitte des 3. Jh. v. Chr.:

> Warum sollte der Herrscher sich nicht die Normen der frühen Könige zum Modell nehmen? (...) Die Normen der frühen Könige sind über die alten Zeiten auf uns gekommen, wobei einer etwas hinzufügte und ein anderer etwas wegließ. Wie können sie da als Modell dienen? Selbst aber wenn dies nicht so wäre, könnten sie doch immer noch nicht als Modell gelten. (...) Denn die Normen des Altertums und der Gegenwart sind verschieden in ihren Worten und in ihren Maßstäben. So sind für die Sprache der Gegenwart die Ausdrücke des Altertums oft nicht mehr verständlich, und die Normen von heute stimmen mit denen des Altertums oft nicht mehr überein. (...)

Wie könnten also die Normen der frühen Könige zum Modell genommen werden? Selbst wenn dies aber möglich wäre, ginge es doch nicht an. Die Normen der frühen Könige waren von den Zeitumständen her erfordert. Diese aber sind nicht zusammen mit ihnen auf uns gekommen. (...)
Deshalb sollten die von den frühen Königen aufgestellten Normen aufgegeben werden. Zum Modell nehmen sollte man sich, wie sie Normen aufstellten. Was war es aber, aufgrund dessen sie Normen aufstellten? Es war der Mensch.
Aber auch wir selbst sind Menschen. Deshalb können wir die anderen verstehen, indem wir uns selbst beobachten, und wir können vom Alten wissen, indem wir das Jetzt beobachten. Das Alte und das Jetzt sind ein und dasselbe, die anderen und ich sind gleich. Ein Gelehrter, der das Dao (den rechten Weg) besitzt, schätzt es, vom Nahen aus das Ferne und vom Jetzt aus das Alte zu kennen, und vom Gesehenen aus das nicht Gesehene. Beobachte deshalb den Schatten unten vor der Halle, und du kennst die Bahn von Sonne und Mond und den Wandel von Yin und Yang (Dunkelheit und Helligkeit). Sieh das Eis in der Vase, und du weißt, dass es kalt ist auf der Welt und Fische und Schildkröten sich verstecken. Koste einen Bissen Fleisch, und du kennst den Geschmack des ganzen Topfes und die Würze des ganzen Kessels. (*Lüshi chunqiu:* 15.8)

Das *Lüshi chunqiu* bündelt hier klassische Topoi der zhouzeitlichen Traditionskritik. Die Orientierung am Vergangenen ist unzuverlässig – der Prozess des Tradierens ist ein Prozess des Veränderns und der Zeitenabstand sorgt für Schwierigkeiten des Verstehens sowie für neue Problemlagen, auf die die alten Lösungen nicht mehr passen. Damit wird jeder normative Bezugspunkt außerhalb des Jetzt hinfällig. Mit dem Übergang von der Beachtung bereits aufgestellter Normen zu deren Aufstellung erfolgt eine Umorientierung von der Vergangenheit zur Gegenwart, von der Wiederholung zur Innovation. Eine solche Ebenenverschiebung ist ein typisches formales Charakteristikum „achsenzeitlichen" Argumentierens.

Woher aber werden die neuen Normen gewonnen? Der Text verfolgt seine antihistorische Linie konsequent weiter: Er bringt den Gesichtspunkt der zeitunabhängigen Gleichheit alles

Menschlichen zur Geltung, dessen sich jeder durch die Reflexion
auf sich selbst vergewissern kann. Ein überhistorisches anthropo-
logisches Paradigma ersetzt das allem Traditionalismus zugrunde
liegende Paradigma der Geschichte. Dies entspricht einer alten
Überzeugung des europäischen Humanismus: Die Bewegung des
menschlichen Geistes übergreift Raum und Zeit.

Der Gegenwartsbezug des Kapitels *Cha jin* des *Lüshi chunqiu* ist sicherlich nicht für alle Richtungen des zhouzeitlichen
Denkens in gleichem Maße kennzeichnend. Aber sie alle sind
von dem neuen Zeitparadigma zutiefst affiziert, auch der sich
selbst als Traditionsträger verstehende Konfuzianismus. Auch
für ihn ist der Mensch nicht mehr der mit seinem kulturellen
Kontext verwobene Angehörige einer bestimmten historischen
Gemeinschaft – er ist dies auch, aber nicht nur. Dies zeigen zwei
der Kernelemente der konfuzianischen Ethik: Die Goldene Regel
Konfuzius und die moralische Anthropologie Mengzis.

Konfuzius und die Goldene Regel

Konfuzius (551-481 v. Chr.) antwortet auf die Krise Chinas mit
einer Internalisierung der Moral. Sie schlägt sich zum einen nieder
in einem auffallenden Selbstbezug des Handelnden, der über eine
fortwährende innere Prüfung die Lauterkeit seiner Gesinnung
sichert und sich durch die Entwicklung von Selbstachtung, ohne
externe Sanktionen oder die Hoffnung auf jenseitiges Glück, zu
einer autonomen moralischen Person bildet. Zum anderen werden
die überlieferten Werte und Normen zum Gegenstand der Reflexion. Diese Wendung nach innen setzt die tradierten Regeln des
gesitteten Verhaltens (*li*), die streng differenziert nach Stellung,
Geschlecht, Alter und Rolle den Alltag bis in die Details regeln,
nicht außer Kraft. Zwar haben die *li*, Inbegriff der Tradition der
Zhou, ihre bindende Kraft in den sozialen Umbrüchen der Zeit
verloren. Man wäre aber ohne sie, wie Konfuzius „Gesammelte
Worte" (*Lunyu*) betonen, letztlich „ohne Stand" (Lunyu: 8.8, 16.13,
20.3). Doch wird nun neben dem rollenvermittelten Handeln das

direkte, abstrakte Verhältnis zum generalisierten ,anderen' zu einer von zwei komplementären Grundkomponenten der moralischen Praxis: Neben *li*, die Sitte, tritt *ren*, die „Menschlichkeit". Wenngleich es für den Konfuzianismus untypisch ist, die Spannung zwischen beiden zu betonen, übersteigt die Menschlichkeit im Konfliktfall die durch *li* bestimmte Rollenpflicht. Dong Zhongshu (179-104 v. Chr.) bringt ein brisantes Beispiel: Er verteidigt einen General, der unter Missachtung eines Befehls auf eigene Faust Frieden mit einer belagerten Stadt schließt, da er Mitleid mit dessen Bevölkerung fühlt. Dieses Handeln verstößt gegen den Kodex der *li*, der Amtsanmaßung nicht duldet. Doch schwerer hätte gewogen, die Menschlichkeit preiszugeben und das Leid der Menschen ungerührt mit anzusehen.

Im Unterschied zur Annahme, Konfuzius verfüge gar nicht über eine abstrakte Vorstellung vom Menschen, lässt sich aus keiner der Verwendungen des Begriffs ,Menschlichkeit' schlüssig eine soziale oder ethnische Restriktion herauslesen. Auf Menschlichkeit, so Konfuzius, „kann man selbst dann nicht verzichten, wenn man unter den Barbaren weilt" (Lunyu: 13.19). Hier ist zweifellos ein Allgemeinbegriff des Menschen im Spiel, dessen Gewinnung durch die Traditionskrise Chinas befördert worden sein dürfte.

Bei Konfuzius zeigt sich der Zusammenhang zwischen dem allgemeinen Bezug auf den Menschen und der impliziten Distanzierung der Tradition am klarsten an der Goldenen Regel, die eine auffallende Bestimmung der ,Menschlichkeit' ist. Auf die Frage, ob es etwas gebe, das aus nur einem Wort besteht und das ganze Leben hindurch befolgt werden könne, antwortet Konfuzius mit dem Satz: „Was man selbst nicht wünscht, das tue man anderen nicht an." (Lunyu: 15.24) Lunyu: 5.12 präzisiert: „Wenn ich nicht will, dass andere mir etwas antun, dann will auch ich es ihnen nicht antun." Offenkundig geht es hier nicht um eine konkrete Regel für spezifische Handlungsbereiche, sondern um eine allgemeine Maxime, deren Konzisität ein Moment ihrer generellen Gültigkeit ist. Die „Methode der Menschlichkeit" besteht einfach darin, „das Nahe als Beispiel zu nehmen" (Lunyu: 6.28), wobei an die Projizierung der eigenen Bedürfnisse und Abneigungen in den anderen gedacht ist, mit dem dann die Rollen des Handelnden und des Betroffenen getauscht werden. Zum richtigen Verhalten führt ein einziges Gedankenexperiment, wie Han Ying (2. Jh. v. Chr.) erläutert: Man „misst die Welt an den eigenen Gefühlen" und weiß, dass niemand „hungern und frieren" und in „Mühsal und Bitternis" leben will. Hiernach ist in der Goldenen Regel die in jedem Moment zu realisierende raumüberspannende grundsätzliche Gleichheit aller Menschen als verletzliche Bedürfniswesen unterstellt, ohne dass es noch der Werte einer bestimmten Tradition bedürfte. Letztere sind zwar ebenso wenig aufgehoben wie die ungleichen Rollen einer hierarchischen Gesellschaft. Doch wird mit der Analogsetzung des Ich und des Anderen ein formales Kriterium zur Geltung gebracht, an dem sie sich gegebenenfalls zu bewähren haben.

Es wird deutlich, warum das *Lüshi chunqiu* eben das Grundmuster der Goldenen Regel – den anderen verstehen, indem man sich selbst beobachtet – zum Verfahren für die Aufstellung nicht-traditionaler Normen machen konnte. Die Goldene Regel Konfuzius ebnet auch den Weg für das antitraditionale Prinzip „wechselseitigen Nutzens" Mo Dis (5. Jh. v. Chr.), des Begründers des ‚Mohismus', der sie auf der Suche nach einem neuen Geltungskriterium für das Gute utilitaristisch adaptiert, sowie für das gleichfalls nicht-traditionale Paradigma, das Mengzi (ca. 380-290 v. Chr.) in den Konfuzianismus einführt: das Paradigma der natürlichen Spontaneität.

Mengzis moralische Anthropologie

Mengzi sucht nach einer Antwort auf das Aufbegehren gegen die Moral im Namen der Natur durch Philosophen im Umkreis des Daoismus. Für die Daoisten ist die Moral eine Gängelung des natürlichen Menschen, im besseren Fall der hilflose Versuch einer Kompensation für den Verlust der Ursprünglichkeit, im schlimmeren aber Mittel zum Zweck, das noch eine Räuberbande zusammenhält. Die Moralisten sind die Helfer der Tyrannen. So heißt es in Buch 11 des daoistischen Klassikers *Zhuangzi*:

> Die Große Urtugend ist auseinander gegangen, und die ange-
> borene Natur und das Leben sind in ein großes Durcheinander
> geraten. Die Welt liebt das Wissen, und dem Volk wird bis zur
> Erschöpfung alles abverlangt. Seither herrschen die Äxte und
> Sägen (Körperstrafen), töten die Richtlinien und entscheiden
> Hammer und Meißel (Folter). Die Welt befindet sich in großem
> Chaos, und schuld daran ist die Aufrührung des Menschenherzens.
> (...) In unserem Zeitalter stapeln sich die Hingerichteten, werden
> Menschen in Fußschellen und Halskragen dicht gedrängt vorwärts
> getrieben und erblicken die Verstümmelten überall Leidensgenos-
> sen. Und erst jetzt, inmitten von Schellen und Fesseln, krempeln
> Konfuzianer und Mohisten die Ärmel hoch. Fürwahr, das ist zu
> viel! Ich kenne keine Genialität und Intelligenz, die nicht für
> Fußschellen und Halskragen gesorgt hätte, noch die Gerechtigkeit
> und Menschlichkeit, die nicht dazu beigetragen hätten, Fuß- und
> Handfesseln herzustellen. Woher weiß man denn, dass nicht ge-
> rade die Moralisten die Vorboten der Tyrannen und Räuber sind?
> Macht deshalb Schluß mit der Genialität und beseitigt die Intelli-
> genz! Dann herrscht auf der Welt die vollkommene Ordnung.

Das Menschen von Menschen angetane Leid empört das *Zhuangzi* nicht minder als das Leid, das der Mensch über die außermenschliche Natur bringt. Es antwortet hierauf aber nicht mit einer moralisierenden Kritik im Namen eines wie immer gearteten Humanismus. Das Anlegen spezifisch menschlicher Maßstäbe ist vielmehr selbst das Falsche und eine Ausgeburt des berechnenden Verstandes, der die Einheit der Welt auflöst. Auch Menschlichkeit und Gerechtigkeit sind Produkte des Kalküls. Der Daoismus setzt gegen sie eine rein naturalistische Form des Guten: Man überlässt sich der vormoralischen ‚Urtugend‘ (*de*) und dem ‚Wesen seiner Natur und seiner physischen Existenz‘. Gegen die menschliche Normierung der Welt idealisieren die Daoisten das noch unverbildete Kleinkind und schwärmen von der harmonischen Einheit des ‚höchsten Altertums‘, in der der Mensch als Mensch seine Konturen verliert. Das *Lüshi chunqiu* hat den universalen Naturalismus der Daoisten dem universa-

len Humanismus der Konfuzianer in einer ingeniösen Parabel
gegenübergestellt:

> Ein Mensch aus Jing verlor seinen Bogen. Statt ihn aber wieder-
> zusuchen, sagte er: „Ein Mensch aus Jing hat ihn verloren, ein
> Mensch aus Jing wird ihn finden; was soll ich ihn da suchen!"
> Konfuzius hörte davon und sprach: „Wenn er ‚Jing' weglässt,
> mag es angehen!" Lao Dan (die Symbolfigur des Daoismus) hörte
> davon und sprach: „Wenn er auch noch ‚Mensch' weglässt, dann
> mag es angehen!" So war Lao Dan der Unparteiischste.

Der Konfuzianismus hat gegen die daoistische Idealisierung der
Natur zwei Argumente gefunden. Für Xunzi (ca. 310-230 v. Chr.)
stößt der Daoismus den Menschen zurück in ein Tierreich, in
dem er nicht überleben kann, denn er ist als Mängelwesen auf
Kultur angewiesen. Mengzi aber versucht, den Daoismus auf
dessen eigenem Terrain zu überwinden: Wenn der natürliche
Mensch ‚gut' ist, dann eben im Sinne der Werte der konfuzianischen Ethik. Hiermit gewinnt Mengzi zugleich eine Basis, um
die Unmenschlichkeit seiner Zeit scharf anzugreifen.

Mengzi ist wie Xunzi ein Philosoph der ‚Zeit der streitenden
Reiche', in der die aus dem Zerfall des politischen Feudalismus
hervorgegangenen Staaten einander in gnadenlosen Kriegen dezi-
mieren. Diese Kriege und ihre Folgen werfen mit allem Nachdruck
die Frage auf, was legitime Herrschaft sei. Sie war erstmals beim
Sieg der Zhou über die Vorgängerdynastie Shang gestellt worden.
Die Antwort war, dass Herrschaft eines widerrufbaren ‚Mandats'
des ‚Himmels' bedürfe, und dass sie im Interesse des Volkes durch
einen Tugendhaften auszuüben sei. Hiermit wird die Politik dem
Primat der Moral unterstellt. Später radikalisiert sich der politische
Diskurs mit der Durchsetzung des militärisch durchstrukturierten
autoritären Zentralstaats, dessen Herrscher sich nur seinem kühl
kalkulierten Nutzen und keiner höheren Autorität mehr verantwortlich fühlt: nicht mehr dem König der Zhou als oberstem
Lehnsherren, nicht mehr der Tradition, nicht mehr dem ‚Himmel'
und den Erwartungen des Volkes. Zum entscheidenden Angelpunkt
des Systems, dessen Theorie die legistische Schule liefert, wird das

pure Selbstinteresse, zum Nutzen des Staates gesteuert durch die beiden ‚Handgriffe' Belohnung und Strafe; jede Spur von Moral wäre in ihm ein Fremdkörper. Herrscher und Untertan müssen sich darauf verstehen, ‚nicht menschlich' und ‚nicht loyal' zu sein; es gelten allein Gesetz und Vorschrift. Der Mensch als Mensch ist in diesem System ohne Wert; der Herrscher „hält ihn wie ein Haustier und nutzt ihn wie eine Pflanze". Der konfuzianische Humanismus indes wird der Komplizenschaft mit dem personalen Regime der Vergangenheit verdächtigt.

Der Aufkommen des legistischen Staates verschärft die Frage nach der richtigen Herrschaft, die die Konfuzianer als Erben der Himmelsreligion schon immer vor Augen hatten. Konfuzius befürwortet eine Regierung durch Tugend statt durch Administration und Gewalt (Lunyu: 2.3). Da die Konfuzianer auf dieser Differenz insistieren, gelten sie als Unruhestifter. Mengzi nennt die Fürsten Mörder, „denen danach gelüstet, Menschen zu töten" und die „dem Territorium Menschenfleisch opfern" (Mengzi: 1A4, 4A14). Mengzi und Xunzi legitimieren die gewaltsame Beseitigung von Tyrannen. Die Rechtfertigung erfolgt über das Argument, dass der Herrscher die ‚Welt', nämlich das Volk verloren hat, von dessen zumindest passiver Zustimmung er abhängt. Mengzi bedeutet den Fürsten, dass, wenn sie selbst menschlich und gerecht sind, alle dies sein werden, dass aber, „wenn sie ihre Untertanen wie Dreck ansehen, diese sie wie Räuber und Todfeinde betrachten werden" (4B3). Er gibt dem Volk das Recht, zu „vergelten", was ihm angetan wird (1B12). Was der legitimen Rebellion vorangeht, ist der Bruch einer Gegenseitigkeitserwartung, deren moralische Sublimation die Goldene Regel ist. Xunzi hat hieraus später eine dialektische Theorie entwickelt, die es möglich machen soll, eine hierarchische Gesellschaft durch die Integration von Gleichheit und Ungleichheit als ‚ausgewogen' zu gestalten, so dass noch der Niedrigste sie akzeptieren kann, insofern er von ihr etwas hat – nämlich die Erlösung von Streit und Not durch die Partizipation am ‚geteilten Nutzen'.

Mengzi aber begründet seine Forderung nach einer weniger

gewalttätigen Welt nicht nur mit dem Reziprozitätsverbund, in
dem die Mächtigen mit den Schwachen stehen, sondern mehr noch
mit seiner Theorie der menschlichen Natur. Er behauptet, dass
dem Menschen alle grundlegenden moralischen Orientierungen
nicht erst „von außen eingeschmolzen" werden, sondern dass er
sie als dynamische, zur Entwicklung drängende „Ansätze" bereits
„fest in sich hat" (Mengzi: 6A6). Dies ist der Kulminationspunkt
einer die Tradition auf Distanz bringenden Internalisierung der
Moral, die mit dem fortwährenden Selbstbezug des ‚Edlen' und
der Goldenen Regel im *Lunyu* beginnt. Mengzi allerdings hat
nicht die Unmittelbarkeit eines Gedankenexperiments vor Augen,
sondern die des spontanen Fühlens. Er macht für die Moral zwei
Quellen im natürlichen Gefühl aus. Die eine ist die familiäre
Zuneigung, namentlich die Liebe der Kinder zu ihren Eltern:

> Was der Mensch vermag, ohne es gelernt zu haben, das ist sein
> ‚gutes Vermögen'. Was er ohne nachzudenken weiß, das ist sein
> ‚gutes Wissen'. Unter den kleinen Kindern, die noch wie Babys
> lachen und auf dem Arm getragen werden, gibt es keines, das nicht
> seine Eltern zu lieben wüsste. Und wenn sie herangewachsen sind,
> gibt es keines, das nicht den ältesten Bruder zu achten wüsste. Die
> Eltern zu lieben ist Menschlichkeit, und die Älteren zu achten ist
> Gerechtigkeit. Es gibt nichts anderes, und dies gilt es auf die ganze
> Welt auszuweiten. (7A15)

Die Verankerung der Moral in der Familie sollte nicht als Befürwortung einer Verwandtschaftsethik missverstanden werden – es
geht Mengzi um die Fundierung, nicht um die Begrenzung der
Moral. Mit der ‚Ausweitung' der familiären Gefühle wird verhindert, dass Moral zur Binnenmoral wird; die Familie soll zwar ein
Ort besonderer und erster, aber nicht exklusiver Verantwortung
sein. An dieser Stelle überschreitet Mengzi nicht nur die Grenzen
einer Verwandtschafts-, sondern auch die einer Gefühlsethik, die
an das Erleben gebunden ist und aus sich heraus von mangelnder
Reichweite bleibt. In Kritik an einem König, der es fertig brachte,
nicht nur sein Volk, sondern auch seinen eigenen Sohn im ‚Krieg
um Territorium' zu opfern, sagt Mengzi:

Ein Menschlicher überträgt sein Verhalten zu denen, die er liebt,
auf die, die er nicht liebt. Ein Unmenschlicher überträgt sein
Verhalten zu denen, die er nicht liebt, auf die, die er liebt. (7B1)

Mengzi hat den gleichen Gedanken in Bezug auf eine zweite
natürliche Quelle der Moral formuliert – das Gefühl der ‚Unerträglichkeit‘:

Für alle Menschen gibt es etwas, was ihnen unerträglich ist.
Dieses auf das auszuweiten, was sie ertragen, ist Menschlichkeit.
(...) Wenn der Mensch es vermag, die Gesinnung, andere nicht
verletzen zu wollen, zur vollen Entfaltung zu bringen, dann gibt es
Menschlichkeit im Übermaß. (7B31)

Der wichtigste Auslöser des Unerträglichkeitsgefühls ist das Mit-
erleben des Leidens anderer. Es ist jedem eigen, dessen natürliche
Regungen noch intakt sind:

Alle Menschen verfügen über ein Gefühl (w.: Herz), das sie das
Leiden anderer nicht ertragen lässt. Die frühen Könige besaßen
dieses Gefühl, und so betrieben sie auch eine Politik, die das
Leiden der Menschen nicht ertrug. (...)
Der Grund, warum ich sage, dass alle Menschen ein solches
Gefühl haben, ist folgender: Angenommen, jemand sieht plötzlich,
wie ein kleines Kind dabei ist, in einen Brunnen zu fallen. Jeder
wird da ein Gefühl des Schreckens und des Mitleids empfinden.
Und dies nicht etwa deshalb, weil man mit den Eltern des Kindes
Beziehungen anknüpfen möchte, sich in seiner Gemeinde und
unter den Freunden Lob erwerben wollte oder einem der Schrei
des Kindes zuwider wäre.
So gesehen ist einer, der kein Gefühl des Mitleids hat, kein
Mensch. Wer das Gefühl der Scham und des Abscheus nicht hat,
ist kein Mensch. Wer das Gefühl der Höflichkeit und der Beschei-
denheit nicht hat, ist kein Mensch. Und wer das Gefühl für richtig
und falsch nicht hat, ist kein Mensch.
Das Gefühl des Mitleids ist der Ausgangspunkt der Menschlichkeit. Das Gefühl der Scham und des Abscheus ist der Ausgangspunkt der Gerechtigkeit. Das Gefühl der Höflichkeit und der Be-
scheidenheit ist der Ausgangspunkt der Sitte. Und das Gefühl für
richtig und falsch ist der Ausgangspunkt des Wissens. Der Mensch
besitzt diese vier Ausgangspunkte genauso, wie er seine vier Glied-

maßen besitzt. (...) Im allgemeinen gilt, dass jeder, der diese vier
Ausgangspunkte in sich hat, sie auch alle zu erweitern und zur
Fülle zu bringen weiß, genau so wie ein gerade angezündetes Feuer
oder eine gerade angebohrte Quelle. (2A6)

In der Lehre von den „vier Ausgangspunkten" beschreibt Mengzi
den Menschen als *ens morale*, das aus sich heraus spontan zu
moralischem Handeln und Urteilen fähig ist, wenn denn seine
Anlagen ungestört zur Entfaltung gebracht werden. Hierbei
verbindet der quasi-biologische Impuls, der in ihm wirksam
wird, den Menschen mit der Gattung, nicht etwa nur mit seiner
Verwandtschaft: Es ist nicht das eigene, sondern das fremde Kind,
das ihn auslöst. Auch der Vergleich der ‚vier Ausgangspunkte' mit
den vier Gliedmaßen zeigt, dass Mengzi gattungsbezogen denkt
– Moral ist in ihren Grundlagen kein Produkt einer bestimmten
Kulturgeschichte.

Hiermit muss Mengzi die Vorbildfunktion der frühen Heroen
der chinesischen Zivilisation nicht streichen; allerdings ragen
sie nur dadurch heraus, dass sie die bei allen Menschen gleichen
Anlagen voll zu bewahren vermochten. Ihr Verhalten zeigt beispielhaft, wie die spontanen Impulse der guten menschlichen
Natur wirken – sie verbinden mit dem Schicksal *jedes Einzelnen.*
Schon über ihre Natur, nicht erst über die Gesellschaft, sind alle
Menschen miteinander verbunden. „Wenn irgendwo im Reich
jemand ertrank", so sagt Mengzi über Yu, den Gründer der Dynastie Xia, „dann war es ihm, als hätte er ihn selbst ertränkt". Das
gleiche gilt für Ji, den Ahnherrn der Zhou: „Wenn irgendwo im
Reich jemand hungerte, dann war es ihm, als hätte er selbst ihn
verhungern lassen." (4B29) Ähnlich idealisiert wird der Kanzler
Yi Yin: „Wenn nur ein einziger einfacher Mann auf der Strecke
blieb, dann sagte er: Dies ist meine Schuld." Jeder Mensch
trägt jeden anderen in sich. Die Höhepunkte der bisherigen
Geschichte sind nichts anderes als die Höhepunkte des Wirkens
der menschlichen Natur.

Die ‚vier Ausgangspunkte' der Moral sind für Mengzi eine
direkte Repräsentanz des ‚Himmels' in jedem Menschen. Damit

verfügt der Mensch über eine Instanz in sich selbst, der eine besondere ‚Würde‘ zukommt. Die Würde seiner moralischen Natur unterscheidet sich von den Würden, die ihm durch eine Institution zuerkannt und wieder genommen werden können:

> Der Wunsch nach Würde ist eine Ambition, die alle Menschen teilen. Aber jeder einzelne Mensch hat eine Würde in sich selbst, an die er nur nicht denkt. Was die Menschen im allgemeinen als Würde schätzen, ist nicht die gute Würde. Denn wen ein Zhao Meng (ein Machthaber) würdigen kann, den kann er auch erniedrigen. (6A17)

Analog zu diesem Argument hat Mengzi die „himmlischen Ränge" der Moral, voran die Menschlichkeit, über die Ränge der politischen Hierarchien gestellt (6A16) und einen Primat der Autorität qua Tugend vor der Autorität qua politischer Stellung proklamiert (2B2). Er verlangt, dass sich die Politik ganz in den Dienst der moralischen Möglichkeiten des Menschen stellt. Sie hat durch eine „menschliche Regierung" die optimalen Voraussetzungen für die Entfaltung der guten Anlagen zu schaffen: durch die Sicherung der materiellen Lebensvoraussetzungen, die Förderung des Volkswohls, den Verzicht auf Krieg und harte Besteuerung und die Schaffung eines öffentlichen Schulsystems. Es ist aber nicht die Aufgabe des Staates, den Menschen durch institutionellen Zwang in Zucht zu nehmen. Ein Herrscher verliert sogar das Recht zu strafen, wenn er die Menschen in die Not und dann in die Kriminalität gezwungen hat – er ist als „Fallensteller" selber verantwortlich zu machen (1A7).

Man kann allerdings fragen, ob die Würde, die der Mensch laut Mengzi „in sich" hat, mit einer Würde des Menschen selbst identifiziert werden darf oder ob hier ein folgenreicher Unterschied zu machen ist: Überträgt sich nur dann, wenn der Mensch seinen moralischen Anlagen gerecht wird, die diesen zukommende Würde auch auf ihn selbst? Kann er andernfalls wie ein Tier behandelt werden? Zumindest eine Stelle spricht gegen eine solche Lesart. So heißt es über einen Menschen, der sein angeborenes „gutes Wissen" nicht genügend gepflegt hat:

> Wenn andere sehen, dass er sich wie ein Tier verhält, werden sie
> meinen, dass es sich um jemanden handelt, in dem niemals
> [andere] Anlagen vorhanden waren. Wie könnte aber dies der
> Eigentümlichkeit des Menschen entsprechen! (6A8)

Offenbar ist hier der Mensch durch seine moralischen Möglichkeiten und nicht erst durch tatsächlich erbrachte Leistungen
bestimmt. Auch wenn er sich also durch eigene Schuld oder
den Zwang der Umstände in der Praxis unmenschlich verhalten
kann, würde dies doch nicht sein Wesen berühren – eben seine
Befähigung zur Moral, die verkümmern vermag, aber wieder
aktivierbar ist, wenn man nur „nach ihr sucht" (6A6). Dieser
Gedanke dürfte eine humane Bestimmung des vormodernen
chinesische Rechts beeinflusst haben: die Zusicherung von
Straffreiheit bzw. Strafmilderung bei einer Selbstanzeige vor
der behördlichen Verfolgung einer Tat. Ihr lag die Vorstellung
zugrunde, dass der Mensch ein zu Einsicht und Selbstkorrektur
und damit zur Entwicklung fähiges Wesen ist – bis heute der
stärkste Einwand gegen die Todesstrafe. Das gleiche Argument
motivierte die Abschaffung der Verstümmelungsstrafen im Jahr
167 v. Chr. Ti Ying, die Tochter eines Verurteilten, machte damals
mit Erfolg für ihren Vater geltend:

> Ein Toter kann nicht wieder zum Leben erweckt werden, und ein
> Verstümmelter nicht wieder zusammengefügt. Wenn er nun seine
> Fehler korrigieren und sich selbst erneuern wollte, hätte er dazu
> keine Möglichkeit mehr. Ich bin bereit, als Amtssklavin die Schuld
> des Vaters gutzumachen, damit er sich selbst erneuern kann.

„Seine Fehler korrigieren" ist ein Motiv aus dem *Lunyu,* während
der Gedanke der „Selbsterneuerung" auf Mengzis Lehre von der
unverlierbaren Eigentümlichkeit des Menschen zurückgeführt
werden kann.

Mengzis moralische Anthropologie richtet sich an jeden
Menschen, doch ist sie vor allem ein Mittel, die Mächtigen unter
Druck zu setzen. Sie sind als Mitglieder der Gattung Mensch
zur Humanität befähigt – niemand kann sich auf mangelnde
Möglichkeiten und eine „Schuld der natürlichen Anlagen"

(Mengzi: 6A6) herausreden. Mengzi begründet hiermit zunächst eine Verpflichtung der Entscheidungsträger, sich wie Menschen zu benehmen. Sie würden andernfalls aber nicht nur gegen ihre eigene Natur verstoßen, sondern auch gegen die Natur der von ihrem Handeln Betroffenen. Der Verpflichtung zu moralischem Handeln korrespondiert offenbar ein Anrecht, als Mensch geachtet zu werden. Nicht anders ist es zu verstehen, wenn Mengzi sich darüber empört, dass die Herrscher ihr Volk wie Tiere und schlimmer behandeln. So bescheinigt er dem König von Qi eine ‚menschliche‘ Gesinnung, weil er Mitleid mit einem zum Opfer geführten Rind gezeigt hatte. „Was ist aber davon zu halten“, so fragt er, „wenn sich die Güte zwar bis zu den Tieren erstreckt, aber man dem Volk seine Anstrengungen nicht zukommen lässt?“ (1A7) Eine mitleidige Handlung kann zwar auch einem Tier gelten, hat aber erst gegenüber dem Menschen ihren wahren Ort. Und was den Menschen gegenüber dem Tier auszeichnet, ist das „Bisschen“ (4B19) seines moralischen Vermögens. Dies allerdings ist eine Differenz ums Ganze. Das Tier ist im Konfuzianismus kein Gegenstand des Respekts – Respekt ist umgekehrt das Spezifikum, das den Umgang mit Menschen vom Umgang mit Tieren unterscheidet (Lunyu: 2.7). Die Distanzierung der außermenschlichen Natur ist die Kehrseite des konfuzianischen Humanismus.

Bei Mengzi findet sich also offenbar die Vorstellung vom Menschen als autonomem *ens morale*, das von einem Ding oder einem Tier wesenhaft verschieden ist. Eine solche Lesart passt zum in der frühkonfuzianischen Literatur vielfach belegten Bemühen, ein moralisches Leben über den Selbstrespekt des einzelnen sicherzustellen, weniger über das Urteil der ‚anderen‘ und kaum über die Erwartung von Belohnung und Strafe seitens einer Gottheit. Sie widerspricht der eingangs erwähnten Theorie, dass für den Konfuzianismus ein Mensch vor seiner tätigen Mitgliedschaft in einer Gemeinschaft gar nicht existiere. Diese dem westlichen Pragmatismus verwandte, ihn aber verkürzende Sichtweise reduziert den Menschen auf eine bloße Relation und setzt die Konstitution menschlicher Individualität mit der

des Menschen selbst gleich. Den biologischen Menschen vom
sozialen scharf zu trennen, heißt aber zu übersehen, dass zumal
für den Konfuzianer Mengzi schon der biologische Mensch der
im Ansatz moralische ist. Überdies neigen die kulturalistischen
Ethiken dazu, die Sozialität des Menschen als die einer bestimmten gemeinsamen Lebensform zu verstehen und die Normen des
Zusammenlebens an überlieferte Gemeinschaftswerte zu binden.
Das ,Dao‘, der ,rechte Weg‘, den Mengzi an den vom Himmel
verliehenen natürlichen Impulsen des Menschen festmachte, wird
nun kulturimmanent. Dies steht nicht nur zur im Kern traditi-
onslosen, eher naturrechtlichen Linie Mengzis im Widerspruch,
sondern unterschlägt auch die Spannung, in der der antike, sich
stets verkannt fühlende konfuzianische ,Edle‘ als autonomer
Protagonist der Moral zur Gemeinschaft stellt.

Mengzis moralische Anthropologie eröffnet die Perspektive
nicht nur auf eine selbstverantwortliche Haltung des einzelnen
ohne äußere Gängelung, sondern auch auf ein humanes, letztlich
demokratisches politisches System, das sich an der Möglichkeit
einer solchen Haltung orientiert. Seine Ethik ist heute nicht zufällig der wichtigste Anknüpfungspunkt, um die Idee individueller
Menschenrechte, anders als es das offizielle China will, mit der
chinesischen Kulturtradition zu verbinden. Mengzis Vorstellung
vom Menschen als einem Wesen, das sich qua Mitgliedschaft in
der Gattung qualitativ vom Tier unterscheidet, stellt zudem die
,chinesische‘ bioethische Position in Frage, dass der noch nicht
in eine Gemeinschaft eingeführte Mensch einen geringeren moralischen Status besitze als der bereits geborene. Wie man also an
Mengzi zeigen kann, gibt es weder eine schlüssige konfuzianische
Lizenz für die Reduktion von Menschenrechten noch für ein
anything goes in der Biotechnologie.

Auf einem anderen Blatt steht, dass Mengzi selbst vermutlich
nicht bereit gewesen wäre, die aus seiner Theorie möglichen pro-
gressiven Konsequenzen zu ziehen. Er ist in vielem Sohn seiner
Zeit. Er ist, wie alle Konfuzianer der Vormoderne, Monarchist
und Elitist, und seine politische Ethik führt in den wohlwollen-

den Paternalismus. Er ist intolerant gegenüber „falschen Lehren" (3B9), er denkt patriarchalisch und formuliert die stolzesten Bekundungen seiner Unbeugsamkeit gegenüber der Macht explizit als Mann (3B2). All dies ist aber historisch-soziologisch bedingt statt theorieimmanent erzwungen. Für einen globalen Humanismus wäre der Konfuzianismus, nicht anderes als alle anderen traditionellen Ethiken, von solchen Rückständen zu entschlacken – nicht zuletzt gilt dies für die dunkle Seite seines Humanismus, die Herabwürdigung der außermenschlichen Natur. Er enthält allerdings mehr, als seine Vertreter, namentlich nachdem sie sich selbst als Beamtenschaft im kaiserlichen System installiert hatten, historisch zu realisieren willens waren.

Humanismus und Neu-Konfuzianismus

Dass zumal die Lehre Mengzis dem zeitgenössischen hierarchischen Verständnis von Politik viel tiefer widerspricht, als er selbst hat wahrhaben wollen, belegt die heftige Polemik seiner antiken Gegner, die ihm vorwerfen, die Tradition und die Institutionen an die natürliche Spontaneität verraten zu haben. Wie weit Mengzi über seine Zeit hinausweist, hat auch der ‚Neu-Konfuzianismus' des 20. Jahrhunderts deutlich gemacht, der sich trotz gerade durch Mengzi nicht immer gedeckter kulturkonservativer Züge bemüht, die alte Lehre auf der Höhe der Moderne neu anzueignen.

Der Neu-Konfuzianer Tang Junyi sieht im ‚Humanismus' die Zentralidee des Konfuzianismus schlechthin. Dabei grenzt er das ‚humanistische' Denken vom ‚a-humanistischen', ‚super-humanistischen', ‚sub-humanistischen' und ‚anti-humanistischen' Denken ab. ‚Humanistisches' Denken stellt die Existenz und den ‚Wert' des Menschen und der menschlichen Natur in den Mittelpunkt. A-humanistisches Denken, wie Tang es in der westlichen Wissenschaft am Werk sieht, objektiviert die Welt der außermenschlichen Natur. Supra-humanistisches Denken richtet sich auf transzendente Mächte, so in der christlichen Religion. Anti-humanistisches Denken macht den Menschen selber zu einem Ding, wie im Legismus, der sozialtechnischen *law and order*-Schule des alten China, aber auch im modernen Materialismus. Sub-humanistisches Denken ist zwischen Humanismus und Anti-Humanismus angesiedelt und speist sich aus einer verkürzten Sicht der Qualität der menschlichen Natur; Tang Junyi verortet hier vor allem utilitaristische Ethiken, so die des antiken Mohismus.

Der konfuzianische Humanismus hat Tang Junyi zufolge durchaus Defizite, die für sein historisches Scheitern mit verantwortlich waren. Sein Charakteristikum ist die einseitige Sicht des Menschen als ‚moralisches Subjekt'. Das ‚moralische Subjekt' muss sich aber auch als ‚politisches Subjekt', als ‚epistemologisches Subjekt' und als ‚technologisch-praktisches Subjekt' realisieren. Der Konfuzianismus muss somit in einer Weise rekonstruiert werden, dass die historisch wenig entwickelten Ideen der Wissenschaft und Technik und der Demokratie in ihm Aufnahme finden. Dies bedeutet die Anerkennung des ‚a-humanistischen' und in gewisser Weise auch des ‚sub-humanistischen' Denkens, insofern eine Demokratie auch ein Markt von Interessen ist. Allerdings darf der humanistische Kern des Konfuzianismus gerade unter modernen Bedingungen nicht aufgegeben werden, denn Wissenschaft und Demokratie bedürfen ihrerseits eines moralischen Rahmens. Mou Zongsan (1909-1995) hat hierzu den Gedanken einer ‚Selbstnegation' des von Mengzi postulierten ‚guten Wissens' entwickelt: In eigener Regie und auf Widerruf nimmt sich das ‚moralische Subjekt' zurück und delegiert Verantwortung an Wissenschaft und Technik, Politik und Recht.

In Bezug auf die Konstitution des ‚moralischen Subjekts' grenzt Tang Junyi den konfuzianischen Humanismus nach zwei Seiten hin ab: Er akzeptiert weder die materialistische Reduktion des Menschen auf ein Bedürfniswesen, noch seine ‚supra-humanistische' Unterordnung unter das Urteil und die Gnade einer jenseitigen Gottheit. Tang sieht in der christlichen Sündenlehre und ihrer Drohung mit ewiger Verdammnis sogar eine den Menschen herabwürdigende Form des Anti-Humanismus. Konfuzianische Religiosität, auf der Tang besteht, um den Materialismus zu bannen, soll dem entgegen vollständig in den Humanismus eingebunden sein: Der ‚Himmel‘, der dem Menschen seine moralische Natur verliehen hat, zeigt sich in dieser voll und ganz. Transzendenz wird damit eine ‚innere‘ im Menschen selber, und ‚Spiritualität‘ besteht in nichts anderem als der Realisierung der menschlichen Natur. Schöpft der Mensch diese seine Natur aus, dann, so Tang mit Mengzi, „kennt er auch den Himmel" (Mengzi: 7A1) – es gibt keinen numinosen Rest. Der konfuzianische Humanismus würde somit die höchste Form des Humanismus verkörpern. Der Mensch hat sich an keiner vorgegebenen Heilswahrheit zu orientieren, sondern an der in ihm selbst liegenden schöpferischen Kraft.

Die ‚Einheit von Himmel und Mensch‘ als Kulmination eines ‚holistischen Humanismus‘ wird im Neu-Konfuzianismus der Gegenwart, namentlich bei Tu Weiming, gern als Ausdruck einer ökologischen Vision verstanden und der ‚westlichen‘ Aggressivität gegen die Natur entgegengesetzt. Ins ‚Anthropokosmische‘ übersteigert, lässt der konfuzianische Humanismus den Menschen zum ‚Partner des Himmels‘ werden, um die Destruktivität des ‚Faustischen Drangs‘ des modernen ‚säkularen Humanismus‘ zu bannen.

Tu Weiming beruft sich hierzu auf die Rede des *Zhongyong*, dass der Mensch eine „Dreiheit mit Himmel und Erde" bilde. Eben dieser Gedanke motivierte allerdings, wie wir sahen, Lee Shui-chuen zu seiner Rechtfertigung der Biotechnologie. Er findet sich gleichfalls bei Xunzi, und zwar gerade im Rahmen einer Lehre vom ‚Sieg‘ des Menschen über das Natürliche. Für Xunzi ist die Natur in ihrem originären Zustand kein Wert an sich selbst, sondern nur die materielle Basis für die Lebensführung des Menschen, der sie bearbeiten und umformen muss, bevor er ‚Nutzen aus ihr ziehen kann‘. Eine neue, anthropogene Ordnung legt sich über die Ordnung der Natur, die ‚zugeschnitten‘ wird auf die Bedürfnisse des in ihr ursprünglich unbehausten Menschen. Objekt der ‚Kunst‘ des Menschen ist auch seine eigene, ihm angeborene natürliche Konstitution. Denn diese, so Xunzi in seiner

Kritik an Mengzi, ist ‚schlecht' sowohl im moralischen als auch im verglichen mit den Tieren funktionstüchtigen Sinne.

Xunzi verfolgt mit dieser Theorie in erster Linie ein ethisches und soziopolitisches, nicht ein technisches oder naturwissenschaftliches Interesse. Es geht ihm, wie allen Konfuzianern, um die moralische Kultivierung des Menschen und der Gesellschaft, die aber voraussetzt, die Kontinuität des Natürlichen zu durchbrechen. Die blinde Freisetzung instrumenteller Rationalität hingegen wäre für Xunzi selbst ein Rückfall in bloße Natur. Gleichwohl zeigt seine Lehre, wie zwiespältig der konfuzianische Humanismus tatsächlich ist, wenn es darum geht, die Vergewaltigung der Natur für menschliche Zwecke zu verhindern.

Ausblick

Humanismus, so können wir nun die eingangs gestellte Frage beantworten, ist, auch in seinen Ambivalenzen und Inkonsequenzen, kein Proprium des biblisch-griechischen Abendlandes. Und ein exklusiv chinesisches, namentlich konfuzianisches Menschenbild, das zu einer kulturell eigentümlichen Auffassung von Ethik und Politik führte und einen globalen Humanismus unmöglich machte, gibt es nicht. Selbst wenn sich aber Traditionen als sperrig gegenüber einem solchen Projekt erweisen sollten, wäre hiermit noch nicht das letzte Wort gesprochen. Denn Humanismus ist ohnehin nicht der gesicherte Besitz einer Kultur, er ist eine Aufgabe zur Schaffung und Gestaltung von Kultur. Die Ressourcen hierfür liegen in den Traditionen bereit, die man in den meisten Fällen nur humanistisch lesen muss, damit sie humanistisch antworten. Gleichwohl ist, wie schon das alte China wusste, der logische Ort des Humanismus nicht die Vergangenheit, sondern das Jetzt und die Zukunft.[1]

Anmerkung

1   Eine Langfassung dieses Beitrags erscheint in: Hennigsen, Lena/Roetz, Heiner (Hrsg.) 2009: Chinesische Menschenbilder, Wiesbaden.

Umesh Chattopadhyaya

Indischer Humanismus

1. Neuer Humanismus in interkultureller Perspektive

Der ‚Neue Humanismus', wie er von Jörn Rüsen in Deutschland
ins Gespräch gebracht wurde, ist eine zeitgemäße Antwort auf
das Problem des Humanismus im Zeitalter der Globalisierung,
insofern er eine weit größere Offenheit und Weite des Ausblicks
zeigt. Er bedeutet auch eine Abkehr von den früheren Formen
des westlichen Humanismus. Anders als diese atmet er demokratischen Geist, mit anderen Worten: er ist sensitiv für andere
Kulturen, d.h. inklusiv in dem Sinne, dass er Ideen anderer
Zivilisationen aufnimmt und integriert. Der zentrale Gesichtspunkt ist dabei die ‚Einheit in der Verschiedenheit'. Er ist also
offen für interkulturelle Perspektiven. In deutlicher Opposition
zu solch trennenden und gefährlichen Ansichten wie denen des
Clash of civilizations (Huntington 1996) entwickelt dieser liberale
Humanismus eine Methode kreativer Verknüpfungen zwischen
verschiedenen Kulturen, um so die Ausgangspunkte für einen
konstruktiven Dialog aufzuzeigen. Ihm liegt die Idee zugrunde,
die Differenzen anzuerkennen und die Gemeinsamkeiten in den
Wertvorstellungen über ein besseres Verständnis der Menschheit
herauszuarbeiten, d.h. ein systematisches Programm zu entwickeln
für die legitime Stellung des Humanismus in der Welt und seine
aktive Rolle im Dienste der Menschheit durch eine ‚Neue Form
der Erziehung'. Ein solches Vorgehen würde natürlich zunächst
das Problem der Differenz eher horizontal als vertikal im Sinne
einer Werteskala aufgrund von willkürlichen Kriterien behandeln. Indem er jedoch eine solch weite Perspektive einnimmt,
führt der ‚Neue Humanismus' zu größerer Konsens- und Nach-
folgebereitschaft in der Gemeinschaft der Völker. Dies ist eine

Forderung der Zeit, da die Globalisierung in ihren positiven und negativen Aspekten – negativ insofern, als solche Experimente dazu tendieren, unbeabsichtigte Nebenfolgen zu zeitigen – neue Herausforderungen für die Menschheit und die Frage nach seiner Dauerhaftigkeit stellt. Wenn der Humanismus überleben soll, werden interkulturelle Perspektiven dazu einen wichtigen Beitrag leisten müssen. Dies rechtfertigt auch die Notwendigkeit, Ideen aus Indien und anderer Länder mit reichhaltigen kulturellen Erbschaften zu integrieren. Dabei wird Indien in besonderer Weise profitieren, denn wie unten gezeigt werden soll, besteht in Indien trotz seiner langen Tradition humanitärer Bestrebungen eine außerordentlich große Kluft zwischen der Theorie und der Praxis des Humanismus. Ja, es besteht sogar die Gefahr einer weiteren Verschlechterung der Situation unter den Bedingungen der Globalisierung.

2. Humanistische Ideen in Indien

2.1 Zum Verständnis Indiens

Jeder Versuch, den indischen Humanismus zu verstehen, wirft die Frage auf: Was ist eigentlich Indien? Es herrscht allgemeine Übereinkunft, dass Indien die Welt im Kleinen ist. Indien bietet alle klimatischen Zonen des Erdballs und ist mit all den enormen Problemen ethnischer, kultureller, ökonomischer, religiöser und sprachlicher Unterschiede konfrontiert, die auch die moderne Welt zu lösen hat. Zwei der dringlichsten Fragen im Zusammenhang mit dem indischen Humanismus sind:

1) Wie, wenn überhaupt, lässt sich bei aller Verschiedenartigkeit Indiens Einheit darstellen?

2) Wie konnte die indische Zivilisation ihre Kontinuität min-destens während der letzten fünf Jahrtausende bewahren?

Mit einiger Routine haben traditionell orientierte Gelehrte und solche mit moderner analytischer Ausrüstung Indien mit Kategorien zu begreifen versucht, die einer Zwangsjacke vergleichbar sind. Sie lieferten diametral entgegengesetzte Ergebnisse mit bestenfalls

Teilwahrheiten. Wer solch traditionellen und modernen Ansätzen ausgesetzt war, weiß, wie schwierig es ist, Indien zu definieren. Denn es widersetzt sich in jeder Hinsicht einer Einordnung in Schubladen. Vielmehr gibt es ein Moment des ‚Mystischen' in der indischen Kultur, das es verhindert, ihren Kern und ihre Grenzen zu definieren, das aber gleichzeitig dafür sorgt, dass ihr das Schicksal der totalen Unterdrückung und Auslöschung erspart geblieben ist.

Trotzdem: Versuche, Indien einzuordnen, sollten gemacht werden, nicht isoliert, sondern in globalem Kontext. Indiens Eigenart ist wesentlich durch seine lange kulturelle Tradition der Offenheit gegenüber zeitgenössischen Ideen geprägt worden, die während der Achsenzeit und danach etwa aus dem Iran, Griechenland, dem Römischen Reich und China einströmten. Nach Ansicht vieler Forscher ist Toleranz eine Schlüsselkategorie zum Verständnis Indiens. Amartya Sen (2005) hat darauf hingewiesen, dass ‚Anerkennung' (*svikriti*) der genauere Begriff ist. Infolge seiner dynamischen und anpassungsfähigen Natur konnte Indien viele Elemente der islamischen Kultur des Mittelalters aufnehmen, wie z.B. die Kunst, Literatur und Philosophie des islamischen Sufismus, und ebenso die moderne westliche Zivilisation. Wie die alte chinesische ist die indische Kultur in der Lage gewesen, offensichtlich gegensätzliche Ideen zu integrieren. Es ist jedoch interessant zu beobachten, dass moderne westlich geprägte Inder immer dann, wenn es um tiefere existentielle Fragen geht, zu ihren traditionellen Denkweisen zurückkehren und dabei oft das Beste der westlichen und indischen Philosophien miteinander im Sinne einer ganzheitlichen Lösung kombinieren.

Die Einzigartigkeit Indiens liegt weder in seiner außerordentlichen Fähigkeit der Entlehnung westlicher Ideologien, etwa linker Provenienz, die Indien so erfolgreich annahm, noch in der Wiederbelebung einer im Kern konservativen und fundamentalistischen Philosophie des Hinduismus. Es ist dieser Wesenszug der indischen Kultur, ihre Dynamik und Offenheit, der ihre Besonderheit ausmacht und damit unverfügbar für jede

Form der Stereotypie. In einer seiner inspirierten Schriften hat
der Indologe Max Müller die Aufforderung an seine Studenten,
sich der alten Erbschaft Indiens zu widmen, in die folgenden
Worte gefasst:

> Welche Sphäre des menschlichen Geistes Sie auch immer für Ihre
> Studien auswählen, sei es die Sprache, die Religion, die Mytho-
> logie, die Philosophie oder die Sitten und Gebräuche, primitive
> Kunst oder primitive Wissenschaft, auf jeden Fall müssen Sie
> nach Indien gehen, ob Sie es wollen oder nicht, denn einige der
> wertvollsten und instruktivsten Bestände werden in Indien und
> nirgendwo sonst aufbewahrt. (Müller 1883: 11)

Indien benötigt keine Preisgabe seiner vormodernen Traditionen,
sondern deren Wiederbelebung und Verfeinerung im Kontext
der Problemstellungen zeitgenössischer Zivilisationen. Mein
Vorschlag lautet also, dass diese lebendige kulturelle Tradition
– erneuert und verstärkt durch solche Denker wie: Ramakrishna,
Vivekananda, Tagore, Aurobindo, Gandhi und viele andere – die
Grundlage bilden sollte für Indiens intellektuelle Auseinandersetzung mit westlichen und nicht-westlichen Kulturen sowie seine
Beteiligung an Projekten wie denen des ,Neuen Humanismus'.
Das bedeutet nicht, die Bedeutung der Modernisierung oder
der alten indigenen säkularen Traditionen in Indien, wie sie
sich in den Gedanken des *Lokayata*-Systems gezeigt haben, zu
leugnen. Es ist vielmehr die Kombination aller Strömungen, die
das ganze Bild Indiens ausmacht. Es war M.N. Roy, ein Vertreter
eines radikalen Humanismus, dem westlichen Humanismus
geistesverwandt, der in jüngerer Zeit die Auffassung vertrat, dass
ein kritisches und rationales Studium der alten philosophischen
Systeme eine ähnliche Wirkung für Indien haben könne wie die
Wiederaneignung der griechischen Philosophie während der
Renaissance für Europa.

Kulturelle Verschiedenheit macht einen wesentlichen Zug
Indiens aus. Diese unterscheidet sich von der multi-ethnischen
Struktur der Vereinigten Staaten von Amerika, wo alle verschie-
denen Gruppierungen zu Uniformität hinsichtlich ihrer Sprache

und Sitten gezwungen sind. Die kulturelle Vielfalt Indiens beruht dagegen nicht nur darauf, dass Menschen nicht nur verschiedene ethnische Herkünfte und Glaubensüberzeugungen, sondern auch unterschiedliche sprachliche Hintergründe haben. Die Wissenschaft ist unsicher, ob es überhaupt jemals eine Einheit Indiens gegeben hat. Tatsächlich ist seine staatliche oder nationale Einheit erst ein Phänomen jüngeren Datums. Kulturelle Einheit war von Epoche zu Epoche unterschiedlich intensiv ausgeprägt. Diejenigen, die Indiens kulturelle Identität trotz aller Unterschiede betonen, erklären diese in der Regel in kulturellen Kategorien, wie: Religion, Verwandtschaftsregeln, Sitten, Feste und Pilgerfahrten.

2.2 Facetten des indischen Humanismus

Jede Diskussion über die traditionelle indische Kultur behandelt auch die zentralen Themen des Humanismus, insofern sie von den allen westlichen und östlichen Kulturen gemeinsamen Punkten handelt. Der zentrale Punkt der Gemeinsamkeit betrifft die grundlegenden Fragen: Was ist der Status des Menschen in Indien? Widmet die traditionelle indische Kultur, auch wenn sie nicht anthropozentrisch im westlichen Sinne ist, der menschlichen Existenz, der Bedeutung des Menschen in der Schöpfung, seinen Hoffnungen und Befürchtungen genügend Aufmerksamkeit? Entwickelt sie Methoden, die Befreiung von Leiden zu thematisieren? Zeigt sie neben der metaphysischen Frage: Wer bin ich? ein gleiches Interesse an den ethischen Fragen nach einem guten Leben? Die Antworten sind positiv, wie im Folgenden gezeigt werden soll.

Ein weiterer gemeinsamer Punkt betrifft die Frage nach der Stellung der ‚Vernunft‘, die auch in Indien eine große Rolle gespielt hat, wie man an den Schulen der hinduistischen Philosophie, wie z.B. *Mimamsa, Nyaya, Vaiseshika,* wie auch an der jainistischen und buddhistischen Philosophie zeigen kann. Jedoch ist die Notwendigkeit betont worden, die Grenzen der Rationalität zu überschreiten, um höhere Bewusstseinsstufen zu erlangen. Die indische Kultur hat eine einzigartige Fähigkeit, die Widersprüche und Polaritäten zu überwinden. Anstelle von Gegensätzen wie religiös-säkular oder materialistisch-spirituell betrachtet sie das Kontinuum des Lebensprozesses, das Kontinuum innerhalb einer großen Reichweite der menschlichen Existenz.

Der traditionelle westliche Humanismus entstand als eine Form des schöpferischen Widerstands gegen die Ungerechtigkeiten und Exzesse in den Händen der Konfessionen und der staatlichen Maschinerien. Er veränderte seine Formen in verschiedenen Epochen: Die Renaissance, der Rationalismus, die Aufklärung und die Moderne bilden verschiedene seiner Varianten. Aber allen Ausprägungen gemeinsam ist die Betonung der menschlichen Würde, der Menschenrechte und der Fähigkeit des Menschen zu einer aktiven Rolle in der Gestaltung seiner Zukunft. Der letztgenannte Aspekt wird besonders betont in dem, was man den „kreativen Humanismus" genannt hat, wie er von Henri Bergson in Frankreich vertreten wurde und auch in der indischen intellektuellen Tradition auftrat. Bekannte indische Humanisten dieser Richtung waren M.N. Roy und N.K. Devaraja (vgl. Jatava 1998: Kap. 4).

Fast alle großen indischen Philosophen-Schulen stimmen in der Idee des schöpferischen Potenzials des Menschen überein. Das klassische indische Erziehungssystem betonte die Notwendigkeit, die Individuen dazu zu ermutigen, ihre Gedanken eigenständig zu entwickeln. Das moderne Erziehungssystem tut genau das Gegenteil: Im Namen der Erziehung hat es das Wachstum der Menschen beschränkt, um sie den herrschenden Machtinteressen und Ideologien anzupassen. Bei der Behandlung der Ideen Vivekanandas werden wir auf diesen Gesichtspunkt zurückkommen.

Der Humanismus als Prozess bezieht sich wesentlich auf die Befreiung von solchen ungünstigen Kräften, die das Leiden der Menschen verursachen. Nach der indischen Tradition macht die Freiheit von allen Fesseln das wesentliche Ziel des Lebens aus. Solche Befreiung ist in verschiedenen Formen konzipiert worden. Gemäß den *Upanishaden* ist Vollendung eines der zentralen

Charakteristika des *Brahman* oder der ‚Letzten Wirklichkeit‘, die auch die Quelle aller Schöpfung einschließlich des Menschen ist. Als Produkt des *Brahman* erstrebt auch der Mensch jenen Zustand der Vollendung durch vollständige Reifung, im Sinne eines allumfassenden Wachstums auf der physisch-materiellen, mental-intellektuellen und spirituellen Ebene. Dies entspricht den Idealen des menschlichen Lebens (*Purushartas*), wie sie in den alten Gesetzbüchern (*Smrtis*) und der epischen und *puranischen* Literatur beschrieben wird. Jedes Ungleichgewicht im Verhältnis der drei Dimensionen zueinander führt zu einer Verkümmerung des Individuums und folglich der menschlichen Gesellschaft. ‚Wachstum‘ meint auch Wachsen des Humankapitals – jenseits des bloß Finanziellen. Während das westliche Konzept der Globalisierung nur dem Finanzkapital im Rahmen des Produktionsprozesses Bedeutung beimisst, erinnern die Ergebnisse der indischen Gedankenwelt immer auch an andere Aspekte: menschliches Vermögen als Kraft zur Befreiung von menschlichen Leiden; d.h. Wissen im Sinne von Gewissen (*Viveka*) und Tugenden, wie Mitleid und Verstehen, die zu einem ganzheitlichen Wachstum des Einzelnen und der Gesellschaft führen.

Im Folgenden sollen der Humanismus und verwandte Konzepte in drei Abschnitten behandelt werden: a) in der vormodernen, b) der kolonialen und c) der post-kolonialen Epoche Indiens.

2.3 Das vormoderne Indien

Die moderne Wissenschaft hat die verschiedenen philosophischen Traditionen Indiens in zwei Kategorien unterteilt: die orthodoxen und die heterodoxen Strömungen, je nachdem, ob sie die Autorität der Veden anerkennen oder nicht. Die *Vedas* sind eine Gruppe von Texten, die zwischen etwa 2000 und 600 v. Chr. entstanden sind. Die Orthodoxen umfassen die folgenden philosophischen Richtungen: den *Samkhya*, den *Nyaya*, den *Vaisesika*, den *Mimamsa*, den *Yoga* und die *Vedanta*-Schule. Die Heterodoxen umfassen die buddhistischen und jainistischen Strömungen, sowie die *Lokayata*-Philosophie, die die spirituelle

Grundlage der Existenz durch eine materielle zu ersetzen versuchte
und die inzwischen als eigenständige Richtung anerkannt wird.
In allen orthodoxen Strömungen und in den buddhistischen und
jainistischen Schulen bilden der Mensch, seine Entwicklung und
Selbstverwirklichung das bleibende Thema. Im Gegensatz zu der
biblischen Auffassung vom Menschen als Sünder, die vielleicht
auch eine Ursache für das Aufkommen des Humanismus als Suche
nach der Würde des Individuums war, werden in der indischen
Tradition die Menschen als *amartasya putrah*, d.h. als Kinder
ewiger Seligkeit, aufgefasst. Im *Srimad Bhagavatam*, einem Text
aus dem ersten Jahrtausend v. Chr., heißt es dazu:

> Als der Göttliche aus seiner eigenen, ihm innewohnenden Kraft
> verschiedene Formen, wie Bäume, Reptilien, Vögel, Insekten und
> Fische geschaffen hatte und von Herzen unzufrieden mit ihnen
> war, entwarf er die menschliche Form, begabte sie mit der
> Fähigkeit, Brahman, das unendliche Göttliche Selbst, zu erfassen,
> und war zutiefst erfreut. (XI: IX. 28*)*

Indien hat eine reiche Erzähltradition, und manche Ideen werden
dort in populärer Weise dargestellt. Hier ist nicht die historische
Wahrheit, sondern die gemeinsame Botschaft wichtig:
a) die Evolution aller Lebensformen,
b) der Mensch als die höchste Form des Lebens und
c) der Mensch in seinem göttlichen Ursprung.
Diese Geschichten fassen die indische Auffassung des Menschen
und seiner Stellung in der Welt zusammen. Ihr Einfluss auf das
indische Bewusstsein war so tief, dass es niemals zu einem ähn-
lichen Schock wie in den westlichen Kulturen kam, als Charles
Darwin seine wissenschaftlich begründeten Thesen über die
Entstehung der Arten aufstellte.

In Indien gab es eine Vielzahl von humanistischen Denkern
mit einer großen Wertschätzung für den Menschen. Für N.L.
Gupta (1999) übertraf Krishna Dvaipayana Vyasa, oder abgekürzt:
Vyasa, der während der so genannten Achsenzeit lebte (vgl. Eisenstadt 1986) und das große Epos *Mahabharata* zusammenstellte,
alle anderen Denker. Er sagte: „Der Mensch ist die Krone aller

Schöpfung, es gibt keine größere Idee als den Menschen." Und Gupta fährt fort: „Vyasa ist der bedeutendste Denker, was die Einschätzung des Wertes des Menschen und die Einheit der Menschheit anbelangt." (Gupta 1999: 2)

Dies schmälert gewiss nicht die Bedeutung Mahaviras und des Buddha, eines der größten Humanisten der Welt und vielleicht eines nahen Zeitgenossen Vyasas. Für Buddha war es nicht genug, gedankenreiche Erzählungen zu erfinden wie Vyasa. Er setzt seine humanitären Überzeugungen in die Praxis um, indem er wie ein selbstloser Arzt wirkte, der Krankheiten diagnozierte und der Menschheit die Medikamente verschrieb, die sie so nötig hatte. Seine Vorschriften kamen aus einem tiefen, mitleidigen Herzen und hatten einen entscheidenden Einfluss auf weite Teile der herrschenden Klassen seiner und späterer Zeiten. Das allein spricht Bände über seine wahren humanen Bestrebungen.

Die buddhistische Philosophie

Es gibt zwei Aspekte im Leben des Buddha: den individuellen und den sozialen. In dem *Theravada* Buddhismus – einer Frühform – ist Buddha zwar erleuchtet, aber ein Mensch und kein Gott: ein Lehrer, aber kein Erlöser. Die andere Seite nimmt Bezug auf seine Fähigkeiten zur Anteilnahme an den Sorgen und Nöten seiner Mitmenschen. Er war immer bemüht, an ihrem Leben teilzuhaben und die Botschaft für die vielen und Guten zu vermitteln: *„bahu-jana-hitaye"*. Die Lehre des Buddha hat zwei Aspekte, die einander ergänzen: den intellektuell-philosophischen und den moralisch-ethischen. Das Grundprinzip des Buddhismus ist die Lehre von der Verursachung (*causation*) und der abhängigen Urheberschaft (*dependent origination*). Für Buddha gab es vier grundlegende Wahrheiten:

a) alle Existenz ist voller Leiden,

b) alles Leiden hat eine Ursache,

c) das Leiden kann beendet werden und

d) es gibt einen Weg, das Leiden zu beenden.

Außerdem muss beachtet werden, dass das der Zeit bzw. der Welt (*samsara*) Unterworfensein für den Menschen das Ergebnis seiner Bewusstlosigkeit (*aviya*) ist. Dies führt zu seiner Verdummung und Verdorbenheit (*asava*). Aus der Bewusstlosigkeit muss die Menschheit sich erheben zur Erleuchtung (*vidya, bodhi*). Der Buddha strebt nach einer neuen Form der Existenz, die nur durch völlige Erleuchtung (*jnana* oder *bodhi*) erreicht werden kann. Er sagt: „Ich erstrebe das höchste Ziel des Menschen, das da lautet: eine Stufe, auf der es weder Krankheit, Alter, noch Angst, weder Geburt noch Tod und auch keine fortwährende Erneuerung der Aktivität mehr gibt." (Radhakrishnana 1956: IX) Für ihn bedeutet eine solche Verwirklichung ein Wachsen von Innen. Der Buddha erhob seine Stimme gegen die Unwissenheit und den Aberglauben, die Furcht und den Schrecken, die die populären Religionen begleiten. Theistische Religionen tendieren dazu, Dogmatismus und Intoleranz zu erzeugen. Während die meisten Traditionen der Moderne versucht haben, die Welt durch Wissenschaft und Technologie zu beherrschen, konnte doch die Zeit niemals beherrscht werden. Sie bleibt eine unaufhörliche Quelle des Leidens. Hier sieht der Buddha seine eigene Lösung vor: „Unser Ziel ist es, die Zeit zu besiegen, *samsara* zu überwinden. Und der Weg dorthin ist der moralische Pfad. Er führt zu Erlösung." (Radhakrishnana 1956: X) Und Radhakrishnan ergänzt:

> Während das Karma auf die Welt der Objekte bezogen bleibt, auf die Existenz in der Zeit, bedeutet Nirvana die Freiheit vom Subjekt, vom Da-Drinnen-Sein. Wir können unsere existentiellen Grenzen überschreiten. Wir erfahren das Nichts, die Leere jenseits der Welt. Der Erleuchtete ist frei, frei von allen Fesseln. Wenn er das Nirvana erreicht hat, ist der Buddha nicht ausgelöscht ins Nicht-Sein, vielmehr sind es seine Leidenschaften und Begierden. (Radhakrishnana 1956: XI)

Das Ergebnis eines solchen Bewusstseinszustandes bedeutet:

> Was auch immer der Buddha verlangt, den Gedanken wird er denken. Was auch immer er nicht zu denken verlangt, den Gedanken wird er nicht denken. (Anguttara Nikaya: iv. 35; Majjhima Nikaya: xx)

Der Mensch ist dem Alter, Krankheiten und dem Tod unter-
worfen. Ironischerweise verachtet er – aus Dummheit und Stolz
– eben die Alten, Kranken und Toten. Wenn wir lernen, was
Schmerz ist, lehrt Buddha, werden wir Brüder der Leidenden.
Das ist der Kern eines mitleidvollen Humanismus, wie ihn der
Buddhismus vertritt.

Der Buddhismus war immer auch ein Versuch, die herrschende
Ordnung zu reformieren. Diese beruhte auf dem Kastensystem und
einem vedischen Ritualismus im Verein mit Tieropfern. Buddha
war Befürworter einer egalitären Gesellschaft und riet dazu, keine
Reichtümer anzuhäufen. Als wirklicher Humanist jedoch verhielt
er sich milde gegenüber den Vertretern aller Gesellschaftsschichten.
So hatte er auch großen Respekt vor jeglichem Lebenswandel,
einschließlich demjenigen der Angehörigen der reichen Han-
delsherren, die sich verpflichtet fühlten, ihren Wohlstand aus
humanitären Gründen zu teilen. So kommt es auch, dass der
Buddhismus für solch international bekannte Machthaber wie
Menander, einen Indo-Griechen, oder Kanishka (Ende des 1. Jh.
n. Chr.) attraktiv war. Sie fühlten sich im Buddhismus als ihrer
geistigen Wahlheimat zuhause. Wenn der Buddhismus heute über
die ganze Welt verbreitet ist, dann ist dies das Ergebnis seiner
Relevanz für die zeitgenössischen Gesellschaften und nicht seiner
Ausbreitung mit dem Schwert.

Die Brahmanischen Traditionen

Das Konzept des Menschen in der brahmanischen Tradition kann
auf zwei Arten dargestellt werden: entweder auf der Grundlage
der *kosas* oder „Hüllen"; oder auf derjenigen der *sariras* oder
„Leiber", wie das folgende Schema zeigt (s. S. 126).

Dementsprechend hat die Konstitution des Menschen eine
außerordentliche Reichweite: von der physischen Dimension bis
zum allmächtigen *Atman*, was dasselbe ist wie *Brahman* oder: die
absolute Wirklichkeit. Das Leben ist ein Entwicklungsprozess,
und der Sinn des Lebens besteht darin, von der äußeren Hülle
des physischen Körpers zum inneren Kern, dem *Anamaya*, zu

Schema 1: 5 Kosas oder Hüllen (von außen nach innen)	Schema 2: 3 Sariras oder Leiber
Annammaya (entspricht dem physischen Leib)	*Sthula* (der ‚grobe' oder: physische Leib)
Pranamaya (die biosphärische Hülle)	*Sukshma* (der ‚feine' Leib)
Manomaya (die seelische Hülle)	
Vijnanamaya (die noosphärische Hülle)	
Anandamaya (der Kernbereich; wörtlich: der „Gesegnete")	*Karana* (der unsterbliche, ewige, unwandel- bare, bewusste und gesegnete Leib; identisch mit dem *Atman*)

gelangen. Da der Mensch letztlich mit dem *Atman* verbunden ist, birgt er in sich ein göttliches Element. Sankara, der große Denker der *Advaita* Schule der *Vedanta* (788-820 n. Chr.), schreibt dazu:

> Es gibt eine Wesenheit, ewig von Natur, Grundlage der Erfahrung allen Selbst-Seins, Zeuge der drei Bewusstseinszustände (des Wachseins, des Traums und des Schlafes), unterschieden von den fünf Hüllen, die alles weiß, was in den Zuständen des Bewusstseins geschieht, die über die Abwesenheit und Anwesenheit des Bewusstseins und dessen Funktionen wacht und die das Fundament allen Selbst-Bewusstseins ist. (Vivekacudamani: 121, 126)

Das ist *Atman*, das wahre Selbst des Menschen, das mit dem Selbst des *Universums* identisch ist, d.h. *Brahman* oder: *Purusa* (wörtlich: Mensch). *Brahman* ist beschrieben worden als das Allmächtige, Allwissende und Allgegenwärtige. Er ist auch das *Satchidananda* (reine Existenz, Intelligenz, Glückseligkeit). Ich werde auf diese Anschauung über die göttliche Natur des Menschen bei der Darstellung der Philosophie Vivekanandas noch zurückkommen.

2.4 Die koloniale Epoche: Die Modernisierung Indiens und der moderne indische Humanismus

Mit der Ankunft der Kolonialmächte in Indien beginnt ein Prozess der Transformation. Das neunzehnte Jahrhundert bedeutete für

Indien das Erwachen aus einer langen Periode des Winterschlafs und markierte den Anfang von Reformen. Raya Ram Mohun Roy (1772-1833), eine Schlüsselfigur jener Periode, bekämpfte beispielsweise die rituelle Witwenopferung (*Sati Pratha*) und gründete den *Brahmo Samaj* (dt. ‚Gesellschaft‘), eine mächtige religiös-soziale Bewegung, die die besten Elemente der indischen und christlichen Traditionen zu integrieren suchte. Die Bedeutung Roys und anderer Sozialreformer bestand auch darin, dass sie sich für das Recht der Witwen auf Wiederheirat einsetzten. Sie kämpften für die verlorene Ehre der Frauen in Bengalen. Andere Schlüsselfiguren dieser Richtung, die der nächsten Generation angehörten, waren Kesab Chandra Sen und Devendra Nath Tagore, der Vater Rabindra Nath Tagores. Eine der wichtigen Errungenschaften der *Brahmo Samaj*-Bewegung bestand in der gemeinsamen Erziehung der Frauen und Männer.

Eine weitere Reformbewegung im Zeitalter des Aufbruchs war der *Arya Samaj* (‚edle Gesellschaft‘), der von Dayananda 1875 gegründet wurde. Als Anhänger der Autorität der *Vedas* verknüpfte Dayananda die Wiederbelebung der alten Traditionen mit modernen sozialen Reformen.

Ramakrishna

Ramakrishna ‚Paramahamsa‘ (1836-1886), der große Mystiker und Heilige, besetzt „in der Entwicklung des indischen Gedankenlebens die gleiche Position wie Sokrates für die Ausformung des griechischen Denkens“ (Narvane 1964: 59). Beider Morgenröte begann jeweils in einem Zeitalter der Krise.

Ramakrishna, dessen wirklicher Name Gadadhar Chattopadhyaya war, wurde in eine Familie von Priestern in Kamarpukur, einem kleinen bengalischen Dorf geboren. Während seiner Kindheit neigte er zu mystischer Schau. Er besaß einen ungewöhnlich ausgeprägten Sinn für Schönheit und liebte es, Lehmbilder zu malen. Seine Kindheitstage waren geprägt von Ekstasen, die seine Schauungen begleiteten. Obwohl er keinerlei Schulbildung genoss, war seine intellektuelle Ausstattung bemerkenswert.

Zu jener Zeit war die indische Gesellschaft in viele Kulte und Religionen zersplittert. Er erkannte die Einheit in allen Religionen, und er selbst praktizierte alle Formen der größeren Religionen des Islam, des Christentums und verschiedener hinduistischer Sekten. Er glaubte, dass alle Religionen letztlich dasselbe lehren. Dazu verfügte er über einen Schatz ausdrucksmächtiger Gleichnisse und Metaphern. So wie beispielsweise ein und dieselbe Substanz ‚Wasser‘ bei verschiedenen Völkern verschieden benannt wird (‚water‘ oder ‚aqua‘ oder ‚eau‘), so wird dasselbe ‚Ewige Vernunftgemäße Entzücken‘ von manchen als ‚Allah‘, von anderen als ‚Gott‘, und wiederum anderen als ‚Brahman‘ erfahren. Er erklärte: *„Jato mata tato patha“*, was auf deutsch etwa heißt: „So viele Ansichten wie Wege – alle führen zu derselben Wahrheit.“ Für ihn sind die Menschen, die darauf bestehen, dass nur ihre Religion die einzig wahre sei, den Blinden in der bekannten Parabel vergleichbar:

> Vier Blinde gingen, einen Elefanten zu erforschen. Einer berührte ein Bein des Elefanten und sagte: ‚Der Elefant ist wie eine Säule.‘ Der zweite fasste an den Rumpf und sagte: ‚Der Elefant ist wie eine Keule.‘ Der dritte berührte den Bauch und sagte: ‚Der Elefant ist wie ein Krug.‘ Der vierte schließlich erfasste die Ohren und sagte: ‚Der Elefant ist wie ein Getreidesieb‘. (Ramakrishna 1957: 23f)

Für ihn war der Streit zwischen den Religionen sektiererisch und gefährlich. Er betonte, dass Gott eine Fülle von Aspekten habe, also vielgestaltig sei: „Er ist Form und formlos zugleich, und von vielen seiner Formen wissen wir nicht.“ Als ‚Formloser‘ ist er das *Sa-chit-ananda*, das „unteilbare Absolute“: zugleich existent, intelligent und segensreich.

Obgleich man Ramakrishna als Anhänger der vedischen Philosophie bezeichnet hat, war seine Gedankenwelt sicherlich sehr verschieden von früheren Formen, wie sie von solchen Denkern wie Samkara (im 8. bis 9. Jh. n. Chr.) vertreten wurden. Ramakrishna konnte die Auffassung des *Advaita* nicht akzeptieren, dass die sichtbare Welt und die individuelle Seele, verstanden als unabhängige Wesenheiten in Bezug auf den menschlichen Körper, nur illusorische Elemente einer phänomenalen Scheinwelt sind. Ramakrishna erkannte die Realität der materiellen Welt an, indem er in ihr eine Manifestation des *Brahman* (des Absoluten) sah. Er glaubte, dass *Brahman* nur in einem über-bewussten Zustand der Versenkung (*Samadhi*) erfahren werden könne, wenn der Fluss der Gedanken aufhöre und absolutes Schweigen die Seele beherrsche. „Wer Brahman erfährt, wird schweigend."

Der humanistische Aspekt seiner Lehren wird anhand seiner eigenen Aussage deutlich. Er rief seine Schüler auf, dem Gott im Menschen zu dienen: Jede individuelle Seele sei unsterblich und potenziell göttlich. Seine Botschaft wurde durch seinen Schüler Swami Vivekananda weiterentwickelt.

Vivekananda

Vivekananda (1863-1901), dessen eigentlicher Name Narendra Nath Dutta war, wurde als Sohn einer gebildeten Familie geboren. Er selbst war ein brillanter Student mit skeptischen Neigungen. Als die englische Erziehung in ihm Zweifel hinsichtlich der indischen Tradition aufkommen ließ, befragte er indische Denker, ob Gott, wie es die indische Tradition lehrte, überhaupt existiere. Ihre Antworten befriedigten ihn nicht, und so wandte er sich an Ramakrishna. Dieser überzeugte ihn nicht nur von der Existenz Gottes, sondern gab seinem Leben eine entscheidende Wende. Vivekananda weihte es fortan dem Dienst an der leidenden Menschheit.

Mit fester Überzeugung wiederholte Vivekananda in Chicago vor dem ‚Ersten Kongress der Religionen' (1893), was er von seinem Lehrer erfahren hatte. Er berichtigte dabei viele der vorherrschenden Missverständnisse in der westlichen Welt über den Hinduismus. Das Besondere an seiner Lehre war jedoch die radikal andere Auffassung von Religion. Von sich sagte er, er sei Atheist, der viele Götter verehre, an die er aber selbst nicht glaube. Der Glaube an sich selbst sei wichtig für alle Individuen, da er allein sie von aller Schwäche befreie: „Stärke bedeutet Glückseligkeit, Schwäche Tod." Das Individuum ist mit allen latenten Begabungen (*amrtaysa putrah*) ausgestattet, die es zunächst durch Glauben an sich selbst und dann durch Wissen zur Entfaltung bringen muss. ,Furchtlosigkeit' ist für ihn jener mächtige Kern, der die explosive Kraft der *Upanishaden* ausmacht. Dies konnte er wahrnehmen, weil er verschiedene Formen der Meditation praktizierte, um so eine weitere, möglichst umfassende Dimension menschlicher Existenz zu erfassen. Ihm war hingebungsvolle Arbeit sehr wichtig. Und er sagte, dass jeder Zweck für sich selbst bestehen könne, wenn nur die Mittel gerecht sind. Hier erkennt man den Einfluss der *Bhagavadgita*, in der der Gott Krishna nachdrücklich den Sinn von Arbeit ohne Hoffnung auf Belohnung (*niskama karma*) betont. Sein Leben, das er seinen Mitmenschen, einschließlich der Armen und Ausgestoßenen, weihte, erfüllte sich innerhalb von fünfzehn Jahren (1886-1901). Als jemand, der so viel in so kurzer Zeit vollendet hat, gehört er zu den ,Gewinnern', wenn man die Zeit als Kapital betrachtet. Der Tod ist für solche Menschen kein Anlass zur Sorge. Von einer solch revolutionären Form der Religion lässt sich sagen, dass sie einem künftigen Humanismus nicht nur nicht im Wege steht, sondern ihn sogar in einer wichtigen Hinsicht fördert und ergänzt.

Wie sein großer Lehrmeister erkannte Vivekananda, dass alle menschlichen Seelen potenziell göttlich sind und infolgedessen ein unendliches Wachstumspotenzial besitzen. Dies führte zu einem radikal anderen Verständnis von Bildung und Erziehung. Er definierte ,Bildung' als Manifestation eines eingeborenen Wissens. Die Rolle des Lehrers sei also mit der eines Gärtners vergleichbar, der lediglich ein Saatbett für die Samen und Setzlinge anlege. Die Anlage ist vorhanden, wachsen müssen sie selbst. Lehrer, die sich in solcher Weise verstehen, strahlen mehr Weisheit aus als Tausende von ihnen, einschließlich der Religionslehrer, die im Namen der Erziehung die Richtung des Wachsens bei jungen Menschen vorgeben und sie auf diese Weise abhängig machen, so dass sie ihr Selbstbewusstsein nicht entwickeln können. Was als Kind ein mächtiger *Banyan*-Baum zu werden versprach, verkrüppelt so zu einem zierlichen und hübschen *Bonsai*-Bäumchen, das niemanden einschüchtert. Frühere Lehrer wie Buddha und Sankara haben schon betont, dass es für einen Schüler notwendig ist, Können und Wissen zu erwerben, damit er sich aus den bedingenden Verhältnissen seiner Herkunft freimachen kann. Für Vivekananda ist ‚Erfüllung durch Wachstum' unser Recht von Geburt an. Denn mit dem Wachsen des Einzelnen wächst die Gesellschaft. So fasst der Humanismus im Sinne Vivekanandas die Voraussetzungen für ein umfassendes Wachstum der Menschheit ins Auge.

Aurobindo

Aurobindo Gosh (1872-1950), auch bekannt als Sri Aurobindo oder einfach Aurobindo, war Gelehrter und Dichter, sowie Philosoph und Yogi. Er wurde in Indien und Cambridge (England) ausgebildet und hatte eine kurze, aber intensive Laufbahn als Politiker und Befreiungskämpfer. Er war der Kopf einer mächtigen politischen Bewegung bald nach der Teilung Bengalens durch die englische Besatzung (1905). Während seiner Gefangenschaft machte er auch gewaltige Schritte in der Selbsterziehung. Er entwickelte die Praxis eines neuen spirituellen Weges, der als ‚Integraler Yoga' bekannt geworden ist. Das Ziel seines Strebens war, ein spirituelles Bewusstsein (‚Überbewusstsein') zu entwickeln, das die Todesfurcht überwindet und zu einem göttlichen Leben führt.

Der Kernbegriff seiner philosophischen Lehre, die er in seinem Hauptwerk *Das Göttliche Leben* entwickelte, lautet: ‚Evolution'. Er versteht darunter einen Prozess bewusster Existenz, der sich aus dem Unbewussten herausbildet. ‚Humanität' bedeutet also einen Entwicklungszustand des Bewusstseins auf der Grundlage komplexer materiellen Lebensformen. ‚Evolution' ist ein fortdauernder Prozess, der nicht mit der Herausbildung des Intellektes beendet ist. Jenseits des Mentalen existieren höhere Bewusstseinsformen, die sich im Laufe der Evolution herausbilden werden. Die Erde wird dann das Erscheinen einer neuen Spezies erleben, die in ihrem Bewusstsein wieder mit dem *Sachchidananda* vereinigt sein wird:

Über das Leben in Unwissenheit wird sich ein all-beherrschendes
Prinzip der Harmonie legen. Die Mächte der Zwietracht, des blin-
den Strebens, des Zusammenpralls der Kämpfe, der scheußlichen
Laster der Übertreibung, der Depression und der Unausgeglichen-
heit, die miteinander im Kampf liegen, werden den heilsamen
Einfluss spüren und Schritte zu einer harmonischen Entwicklung
des Seins einleiten: ein entschlossenes Fortschreiten des lebendigen
Bewusstseins zu neuen Lebensordnungen. Ein freieres Spiel der
Intuition, der Sympathie und des Verstehens, sowie ein klarerer
Sinn für die Wahrheit des Selbst und der Dinge und schließlich
eine aufgeklärte Umgangsweise mit den Gefahren und Chancen
der Welt, werden das menschliche Leben bestimmen.
(Aurobindo 1977: 969)

Für Aurobindo ist das spirituelle Ziel nicht auf das Individuum
begrenzt. Der Geist der Erlösung soll allen Menschen zugänglich
werden. In diesem Sinne versteht er das vedische Ideal des *loka
kalyana*, der „Wohlfahrt aller". Wir sehen also, dass Aurobindos
Konzept von Religion und Spiritualität nicht weit von den
Überlegungen des Humanismus entfernt ist. Vielmehr ist es
durchaus mit dessen Ideen vereinbar. Seine Sicht des Lebens und
alles Lebendigen kann daher wegweisende Bedeutung für einen
künftigen Humanismus haben.

Rabindranath Tagore

Tagore (1861-1941), ein Dichter, Künstler und Denker der
Brahmo Samaj-Tradition, wurde stärker von der Natur und den
mittelalterlichen indischen Heiligen wie Dadu und Kabir geprägt
als von dem alten religiös-philosophischen Schrifttum. Auch in
seinem Werk ist das Thema des Humanismus vorherrschend. In
der *Religion des Menschen* (1931) verlässt er den traditionellen
Religionsbegriff. Für ihn sollte Religion weder auf Rituale noch
auf Tempel, Kirchen und Institutionen begrenzt bleiben. Vielmehr ist die Verwirklichung des Göttlichen im Menschen der
wesentliche Aspekt seiner Auffassung. Seine Sicht Gottes und
des Menschen gründet in folgenden, zutiefst humanistischen
Überzeugungen:

- Der Mensch ist verschieden vom Tier, insofern er mit einem Geist begabt ist.
- Der Mensch hat ein endliches und ein unendliches Selbst.
- Sein Geist repräsentiert das unendliche Selbst.
- Wahre Religion strebt nach der Einheit der Menschen und der Verwirklichung des Göttlichen im Individuum.

V.S. Narvane (1964) bezeichnet Tagores Philosophie als „ästhetischen Humanismus". Er zitiert dessen Aussage, wonach Gott und der Mensch übereinstimmen, insofern beide Künstler sind. Während das Ziel des Menschen in der Vereinigung mit dem Göttlichen besteht, findet Gott, der Künstler, seine Erfüllung in der Menschheit. Das primäre Ziel besteht nach Tagore darin, das Göttliche im Menschen als dynamische Kraft zu begreifen, mit deren Hilfe seine Ziele verwirklicht würden und Erleuchtung zu erreichen sei.

Sein Gott ist kein transzendenter, sondern einer, der in den menschlichen Angelegenheiten wirkt. Alles ‚Heilige', das in Theologie üblicherweise vorherrscht, fehlt völlig in Tagores Gedankenwelt.

M.K. Gandhi

Mohandas Karamchand Gandhi (1869-1948) wurde als Theist bezeichnet, da er die Ideen des Vaishnavismus, einer religiösen Sekte innerhalb des Hinduismus, von seiner Familie und als Schüler des Lord Rama aufsaugte.

Aber er schätzte auch die Lehren der *Vedanta*-Schriften sehr. Obgleich er ein Spiritualist war, kann man ihn auch als Humanisten bezeichnen, insofern er im Wesentlichen von der Selbsterziehung des Menschen handelt. Gandhis Konzept des *Sarvodaya* zielt auf die Vervollkommnung aller und legt so einen sehr deutlichen Akzent auf den individuellen Menschen.

Gandhi sieht es als Ziel des Menschen an, den anderen Lebewesen keinen Schaden zuzufügen. Das Grundkonzept der Gewaltlosigkeit (*ahimsa*) liefert eine rationale Basis für das moralische Verhalten des Menschen. Für Gandhi besteht kein

Anlass, aus der Welt zu flüchten oder um der Erlösung willen eine höhere Form von Yoga zu praktizieren. Für ihn ist es von höchstem moralischen Wert, den anderen keinen bewussten Schaden zuzufügen. Solcher Edelmut läutert den Menschen und fördert seine Gotteswahrnehmung, d.h. das Bewusstsein der All-Einheit. *Ahimsa* ist nicht nur eine Waffe im Befreiungskampf, sondern auch Grundprinzip eines besseren Lebens.

Gandhis Versuche, die Diskriminierungen innerhalb der farbigen Bevölkerungen Südafrikas und gegen die Unberührbaren in Indien zu beenden, sind nur einige seiner bemerkenswerten historischen Leistungen, die seine humanistische Grundeinstellung zeigen. Die fünf Grundprinzipien des Lebens waren für ihn: Wahrheitsliebe, Keuschheit, Gewaltlosigkeit, Respekt vor dem Eigentum anderer und Freigiebigkeit. Das Fehlen auch nur einer Tugend verursacht Elend und menschliches Leiden. Kennzeichnend für sein Engagement für die Beseitigung menschlichen Elends ist seine Aussage, dass er wünscht, nicht befreit zu werden, solange nicht alle anderen befreit sind. Er will eine neue Wiedergeburt auf sich nehmen, um für die Abschaffung menschlichen Leidens zu kämpfen. Obligatorisch ist für ihn *satyagraha*, d.h. das Beharren auf der Wahrheit, das zur Selbstreinigung führt. Durch diese Wahrheitsliebe, die zugleich eine Liebeskraft ist, können höchst bedeutsame Entwicklungen im Leben der Menschen eingeleitet werden.

Das Genie Gandhis lag in seiner Fähigkeit, den spirituellen und den rationalen Humanismus miteinander zu versöhnen.

2.5 Das Szenario des post-kolonialen Indiens
Der ‚Radikale Humanismus‘ M.N. Roys

Manavendra Nath Roy (1887-1954) ist einer der bekanntesten lebenslangen Kämpfer für den Humanismus. Er verfolgte einen materialistischen Ansatz und nannte seine Philosophie, in der er den Radikalismus des 19. Jahrhunderts wieder aufzugreifen versuchte, ‚Radikalen Humanismus‘. Roys Ansatz verbindet eine wissenschaftliche Haltung mit demokratischem Geist in dem Sinne, dass für ihn Demokratie nicht nur ein Verfahren, sondern auch ein System von Werten ist. Für den ‚Radikalen Humanismus' sind das Streben nach Freiheit und die Suche nach Wahrheit Grundlage des menschlichen Fortschritts. Auf einer höheren Ebene ist das Streben nach Freiheit – mit den Mitteln der Intelligenz und der Emotion – die Fortsetzung des biologischen Kampfes um das Überleben.

Programm und Methode einer sozialen Revolution müssen daher auf den Basis-Prinzipien allen sozialen Fortschritts beruhen: Freiheit, Vernunft und soziale Harmonie. Der ‚Radikale Humanismus' erfüllt Freiheit mit ethischem und sozialem Inhalt und liefert eine umfassende Theorie des sozialen Fortschritts, die sowohl die Dialektik des ökonomischen Determinismus als auch die Dynamik der Ideen berücksichtigt. Er liefert einen Ansatz für die Rekonstruktion der Welt als echtes *Commonwealth*, als Bruderschaft der Freien, der durch gemeinsame Anstrengungen moralisch und spirituell Emanzipierten (Roy 1955).

Roy war nicht nur ein erklärter Anti-Traditionalist, sondern auch ein Rationalist, der seine eigene Kultur zu überschreiten suchte. Sein Versuch, eine Grundlage für einen transkulturellen Humanismus zu schaffen, führte jedoch zu erheblichen Spannungen. Ashis Nandy hat nicht Unrecht, wenn er vermutet, dass Roy unbeabsichtigt für die Affirmation kultureller Traditionen steht, angesichts der Homogenität der modernen Welt im Namen des Universalismus. Als bedeutsam für Roy erklärt Nandy ferner, dass dieser die Grenzen des traditionellen Konzeptes der Rationalität akzeptiert habe und seiner eigenen Überzeugung treu geblieben sei, dass die menschliche Vernunft und Moralität Ausdruck der Harmonie des Kosmos seien (Nandy 1992: 126).

Roy war ein Gegner der Glorifizierung der so genannten ‚spirituellen Erbschaft' Indiens. Vielmehr forderte er eine kritische Aneignung der alten Philosophie, entsprechend der Wiederentdeckung der griechischen Gedankenwelt in der europäischen Renaissance.

Im Jahre 1948 gründete er das *Radical Humanist Movement*,

eine parteipolitisch ungebundene Gruppierung, deren Ziel es war, Indien zu dem zu machen, was er als wahre Demokratie betrachtete. Außerdem wurde er Vizepräsident der *International Humanist and Ethical Union (IHEU)*, zu deren Gründungsmitgliedern seine indische Organisation gehörte. Zu seinen Ehren wurde auch der *M.N. Roy Development Campus* in Bombay gegründet. Und seine Gedanken beeinflussten auch eine Reihe späterer Humanisten, darunter V.M. Tarkunde.

Die Dalit-Bewegung und Ambedkar

Nach der Unabhängigkeit Indiens entwickelte sich eine weitere humanistische Bewegung, die sich nur wenig um elitäre Philosophie kümmerte. Sie forderte soziale Gerechtigkeit und bürgerliche Rechte für die schwachen und benachteiligten Gruppen der Gesellschaft, die seit Urzeiten Opfer des brahmanischen Kasten-Systems waren. Zwar hat die *Dalit*-Bewegung (wörtlich: Bewegung der Entrechteten) eine sehr lange Tradition, aber ein Verdienst haben hier die britischen Herrscher, die diesen Randgruppen eine gewisse Freiheit brachten. Eine der Schüsselfiguren war Jyoti Ba Phule, der der Mali-Gemeinschaft von *Maharashtra,* einer niederen Kaste, angehörte. Ihnen war der Besuch von Schulen verboten. Phule erkannte, dass eine Emanzipation ohne Erziehung unmöglich sein würde. So begann er eine massive Kampagne für die Errichtung von Schulen. Er entlarvte die Ideologie der brahmanischen Literatur, schrieb Theaterstücke über die Ausbeutung der Bauern und würdigte die uneigennützige Arbeit der christlichen Missionare in ihren Schulen.

B.R. Ambedkar (1891-1956) war die treibende Kraft in der nachfolgenden Generation. Auch er ließ sich von Phule inspirieren und unterstrich die Bedeutung der Erziehung. Für ihn musste diese eine vernünftige Grundlage haben. Während seines ganzen frühen Lebens litt er unter den Vorurteilen der oberen Kasten. Er war ein Bilderstürmer und stellte die Grundsätze der hinduistischen *Shastras* in Frage. In seinen Briefen an Gandhi forderte er deren Korrektur, weil sie das Kastensystem fraglos unterstellen.

Gandhi dagegen äußerte die Ansicht, dass es unmöglich sei, ein Hindu zu sein, wenn man die *Shastras* in Frage stelle. Dies führte zu einem bitteren Zerwürfnis zwischen Gandhi und Ambedkar. Letzterer antwortete, er sei zwar als Hindu geboren, werde aber nicht als Hindu sterben.

Ambedkar war einer der größten Intellektuellen des Landes, ein Gelehrter von außerordentlichem Format, der einen wesentlichen Beitrag zum Entwurf der indischen Verfassung leistete, deren säkulare Grundlagen die Prinzipien der Freiheit, der Gleichheit und der Brüderlichkeit sind (vgl. Kashyap 1994).

3. Zusammenfassung

Dargestellt wurden wesentliche Aspekte des indischen Humanismus aus der vorkolonialen und der kolonialen Epoche sowie der Zeit nach der Befreiung. Wenn wir das Szenario Indiens mit demjenigen des westlichen Humanismus vergleichen, werden große Ähnlichkeiten, aber auch Unterschiede deutlich. Zwar wurden in seiner langen Geschichte von Zeit zu Zeit humanistische Ansätze erkennbar, diese verdichteten sich jedoch nie bis vor wenigen Jahren – nach der Befreiung des Landes – zu einem wirklichen Humanismus. Knapp gestreift wurde das Menschenbild der vormodernen Epoche mit seinen Idealen des allseitigen Wachstums und der Befreiung als Lebensziel. Die Modernisierung während der Kolonialepoche führte lediglich zu einer Intensivierung des humanistischen Gedankengutes früherer Zeiten, verbunden mit einigen Reformgedanken. So drückten die hervorragenden Denker jener Zeit ihren Glauben an das kreative Potenzial des Menschen im Sinne der *Upanishaden* bzw. *Vedas* aus. Dieser wurde insbesondere von Vivekananda kraftvoll und überzeugend bestätigt. Dessen Auffassung, dass der Mensch ein fast unendliches Wachstumspotenzial besitzt, könnte als ‚kreativer Humanismus‘ bezeichnet werden. Diese Auffassung vertritt auch der moderne indische Philosoph N.K. Devaraja (1988).

Der Humanismus als revolutionäre Bewegung trat im post-

kolonialen Indien mit M.N. Roy in Erscheinung, der jedoch
schon lange vorher in diesem Sinne gewirkt hatte. Sein ‚Radikaler
Humanismus' entsprach insgesamt dem westlichen Humanismus,
wenngleich er dessen Konzept des Rationalismus in Frage stellte.
Für ihn sind menschliche Vernunft und Moralität Widerspie-
gelungen der ‚kosmischen Harmonie'. Dies deutet darauf hin,
dass die menschliche Vernunft Teil einer umfassenden kosmischen Intelligenz ist. Tatsächlich ist die Vernunft eine Funktion
der Konzentration des Geistes. Ihre Reichweite kann in einem
Kontext von Neugierde, Krise und Herausforderung so gesteigert
werden, dass das Begreifen einer übersinnlichen Wirklichkeit
möglich wird. Dabei werden verschiedene Stufen der Rationalität unterschieden: diejenige der Wahrheit suchenden Forscher
oder Philosophen und diejenige der gewöhnlichen Menschen.
Nur wenn der gewöhnliche Mensch das echte Bedürfnis hat, das
offensichtlich Unbekannte zu wissen, gerät er nicht in Gefahr,
seine natürliche Gabe des Verstandes zu missbrauchen, dasjenige
abzulehnen, was ihm missfällt.

Ebenso wie die Moderne und der traditionelle Humanismus
der vergangenen Generationen die Vernunft, wie sie im Westen
zu ihrer höchsten Entwicklungsstufe gebracht wurde, als die
kostbarste Gabe der Menschheit betrachteten, betonten auch
indische Intellektuelle aller drei besprochenen Epochen deren
Bedeutung. Basis von mindestens drei wichtigen philosophischen
Systemen, dem *Mimansa,* dem *Nyaya* und dem *Vaisheshika,* die
vor der christlichen Ära entstanden und in der Folgezeit durch
Kommentare verfeinert und fortentwickelt wurden, ist eine
ausgefeilte Logik. Aber auch diese klassischen indischen Denker
erkannten die Grenzen der Vernunft und betonten, dass man,
um höhere Wirklichkeiten zu erfahren, Fähigkeiten mit Hilfe
der Yoga-Meditation erwerben müsse.

Die vorliegende Studie hat versucht deutlich zu machen, dass
die Vernunft in ihrer dynamischen Form betrachtet und mit
der Fähigkeit der Imagination sowie der Bereitschaft verbunden
gesehen werden muss, neue Ideen aufzunehmen, die jenseits der

Verstandesgrenzen liegen. Ein weiterer wichtiger Beitrag des indischen Humanismus ist *Viveka* (Gewissenserziehung), ein Prinzip, das in zukünftigen Erziehungssystemen einen wichtigen Beitrag für die Förderung des Humanismus leisten kann. Wichtigstes Konzept aber, das die Grenzen der Kulturen überwindet, ist die Fähigkeit zur Konzentration, wie sie Vivekananda dargestellt hat: die entscheidende Gabe der Menschheit.

Selbstverständlich gibt es eine grundlegende Gemeinsamkeit der Menschen. Aber das Schöne liegt auch in der Verschiedenheit und Differenz, die verstanden werden müssen, bevor man zu einer Würdigung der Gemeinsamkeiten gelangen kann. Darum mag hier der Hinweis genügen, dass, vergleichbar mit der Vielfalt der Organismen in der Schöpfung, alle Kulturen eine einzigartige Rolle zu spielen haben. Ein Verständnis dieses Aspektes ist zentral für den ‚Neuen Humanismus‘, denn es wird uns befähigen, die fundamentale Einheit der Menschheit als Wert zu schätzen.

Es gehört zu den Paradoxien des traditionellen Indien, dass es einerseits konservativ und exklusiv ist und andererseits Offenheit gegenüber der äußeren Welt gezeigt hat. Hinsichtlich der Ideen der Globalisierung ist Indien niemals feindlich gewesen. Die indische Religion, von der man annahm, sie sei konservativ, wenn nicht gar primitiv, erwies sich gegenüber den revolutionären Weltbildern der Moderne, wie sie durch die Wissenschaften erzeugt wurden, als sehr viel toleranter als ihre westlichen Entsprechungen. (Erinnert sei nur an die Aufnahme der Evolutionslehre Darwins.) Das hat seine Gründe darin, dass auch Indien eine lange Tradition von Wissenschaften hat: Naturwissenschaften, Astronomie, Mathematik, Technologie und Medizin. Die Stärke Indiens lag in mehr als bloßer Toleranz; es war Anerkennung des Anderen (*svikriti*), welche auf innerer Stärke und Furchtlosigkeit beruhte. Seit dem Beginn der Geschichte integrierte man nicht nur fremde Völker, man akzeptierte auch ihre besten Ideen. Während seiner gesamten Geschichte war Indien untrennbar mit dem Internationalismus verbunden. Das wird besonders etwa an seiner Teilhabe an dem achämenidischen Projekt der Globalisierung deutlich, das den

Austausch großer Ideen zwischen Ost und West vom 6. bis zum 4. Jh. v. Chr. ermöglichte. Indisches Ideengut reiste westwärts bis nach Ionien (in der heutigen Türkei), von wo seinerseits dann einige bedeutsame Entwicklungen für die klassische griechische Philosophie ausgingen.

Dieser schöpferische Austausch von Ideen setzte sich in den folgenden Epochen seit Alexander dem Großen fort. Zu Zeiten der Kushanas umfassten die indischen Kultur- und Handels-beziehungen einen Raum, der von Rom im Westen bis nach Zentralasien und China im Norden reichte. Indien spielte eine bedeutende Rolle im Prozess der kulturellen Globalisierung, wo-bei der ökonomische Aspekt zwar wichtig, aber nicht der einzige war. Wir sehen hier durch das Potenzial kreativer Denker, sowie ökonomischer und politischer Körperschaften, eine ,Weltordnung' im Entstehen begriffen, in der jede Kultur von der Weisheit der anderen zu lernen suchte.

Die gegenwärtige Form der Globalisierung wird trotz ihrer gewichtigen Kritik überall auf der Welt für Indien und die ganze Menschheit nur dann akzeptabel sein, wenn sie ihre Versprechen einhält. Das heißt, dass sie ein umfassendes Wachstum aller – jenseits der bloß materiellen Ebene – ermöglicht. Mit ande-ren Worten: Das Konzept des Wachstums sollte intellektuelle und spirituelle Dimensionen einschließen. Das allein kann die Selbstverwirklichung großer Teile der Weltbevölkerung sicher-stellen. Dann wird die Menschheit aus besseren Individuen mit gesunderen Köpfen und Herzen bestehen, die ihrerseits wiederum eine bessere Gesellschaft schaffen werden.

Kann Globalisierung, so bleibt zu fragen, die elementaren Bedürfnisse und Hoffnungen der Menschen befriedigen? Es gibt keinen Grund, daran zu zweifeln. Aber dazu müsste eine grundlegende Reform erfolgen, nicht nur eine solche der Märkte. Das aber würde ein völlig neues Paradigma bedeuten. Hier ist auch der Interventionspunkt für einen ,Neuen Humanismus', der die besten Ideen und Erfahrungen auf der Welt aufzugreifen und fruchtbar zu machen hätte. Er sollte zu allererst einen Plan für einen konstruktiven Dialog zwischen den Befürwortern der Globalisierung und ihren Gegnern entwickeln. Eine Annäherung zwischen beiden Gruppierungen würde dazu führen, dass eben diese Globalisierung zu einer besseren Zukunft für die ganze Menschheit führt. Sollten diese Gruppen nicht an einen Runden Tisch gebracht werden können, sollte der ,Neue Humanismus' nach eigenen Lösungswegen suchen. Denn letztlich ist der Mensch – und nicht die Globalisierung – das Maß aller Dinge.

Dazu ist ein langfristiges Projekt der Befähigung junger Generationen – individuell und kollektiv – durch eine ,Neue Erziehung' erforderlich. Eine solche Erziehung wird eine neue ,Sprache des Humanismus' entwickeln müssen, in der die Regeln der existierenden Sprachspiele, die alle auf der Grundlage des archaischen Jäger-Beute-Schemas beruhen, mit dem Ziel einer Befreiung der leidenden Gruppen der Menschheit geändert werden: der Alten und Waisen, der Frauen und der Entrechteten – ungeachtet ihrer ethnischen, religiösen oder geschlechtlichen Zugehörigkeiten.

Auch wenn die moderne säkularisierte Welt sich von den Bevormundungen durch die Religion befreit hat, sind wir gezwungen, in einer Welt zu leben, die von den Ideen des Kapitalismus beherrscht wird. Die Art seiner Begrenzungen ist bislang nicht hinreichend in Frage gestellt worden. In einem weiten Sinne ist auch der Kapitalismus eine Ideologie, kaum verschieden von den religiösen. Das Gleiche gilt von anderen politischen Auffassungen. Roy Bhaskar (2002) hat davon gesprochen, dass der Kapitalismus für Menschen gemacht sei und nicht umgekehrt. Ähnliche Ansichten werden gelegentlich in Bezug auf die Religion geäußert, aber ironischerweise ist es der Kapitalismus, der die Menschheit beherrscht. Sein Ergebnis ist ein einseitiges mentales und materielles Wachstum, das den Namen kaum verdient. Letzten Endes ist es die Ursache von Leiden: Krankheiten verschiedener Art. Die Moderne, soweit sie auf den Prinzipien des Finanzkapitalismus beruht, der alles ,Vermögen' auf die Dimension monetärer Rechnungseinheiten reduziert hat, hat letztlich nur zur tief greifender

Angst vor Verlusten geführt. Zeit wird nur in ihrem linearen Aspekt begriffen und Lebensspanne als *Countdown* zum Tode. Der westliche Kapitalismus hat die grundlegenden existentiellen Probleme des modernen historischen Bewusstseins des Westens nicht aufgegriffen, die auf den temporalen Ungewissheiten hinsichtlich des Todes beruhen (vgl. Rüsen 2005). Es bleibt für uns letzten Endes die Frage, ob wir das vorherrschende westliche Paradigma in dem Sinne vervollkommnen, dass wir die technologisch bedingten Folgen abzumildern suchen, oder ob wir alternative Visionen entwickeln sollen, auf der Basis der schöpferischen Potenziale der Menschheit, des wahren Humankapitals, das auch einen subtileren Vermögensbegriff einschließt.

Für die Entwicklung eines ‚Neuen Humanismus' müssen wir das Beste aller Kulturen aufgreifen – insbesondere diejenigen Elemente, die sich auf die Bewältigung von Leiden beziehen, vielleicht auf verschiedenen Wegen, und die das langfristige Überleben der Menschheit mit und ohne Technologie sicher stellen. Damit werden weder Wiederbelebungsversuche im Sinne einer rückwärts gewandten Propaganda eines Wiederauflebens der Vergangenheit befürwortet, noch die Anwendung bloß technologischer Korrektivmaßnahmen zur Schadensbeseitigung. Dies gilt auch dann, wenn man einräumt, dass Kontrollmaßnahmen im Sinne einer *Check and balance*-Strategie, wie sie Fritjof Capra (1983) und seine Mitarbeiter vorgeschlagen haben, durchaus hilfreich sind. Letztlich geht es darum, alternative Paradigmen zu entwickeln, eine neue Vision für eine Welt jenseits des Finanzkapitalismus oder seiner rivalisierenden Ideologien, die niemals dessen Grundannahmen in Frage gestellt und nur die Idee des privaten Unternehmertums bekämpft haben.

Gemeinsam ist, wie gesagt, den modernen westlichen Kulturen und anderen, speziell der indischen, das Problem des Leidens. In letzter Instanz bezieht es sich auf die Zeitkonzepte, die in verschiedenen Kulturen differieren. Während die westliche Moderne eine beeindruckend rationale Lösung fand, suchten andere Kulturen eher praktische Lösungen. Man könnte den Gegensatz wie folgt darstellen: In den meisten Gesellschaften wurde Zeit in ihrer periodischen Form erfahren, wie sie mit den kosmischen Rhythmen übereinstimmt. Ihre zyklische Struktur ermöglicht Hoffnung, insofern jede Wiederholung ein neues Beginnen verspricht. Es ist interessant zu bemerken, dass die beiden philosophischen Strömungen in Indien – die vedische und die tantrische Tradition – oft als einander diametral entgegengesetzt betrachtet werden. Aber dies stellt kein Problem dar, insofern sie von traditionellen indischen Gelehrten unter dem Gesichtspunkt der kosmischen Periodizität als Schöpfung aus einer Quelle (tantrische Tradition) bzw. als Rückkehr zu derselben (vedische Tradition) verstanden werden – vergleichbar dem Ein- und Ausatmen in den Praktiken des *Yoga*. In Europa dagegen fand seit der Industriellen Revolution eine Abkehr von diesem periodischen hin zu einem linearen, irreversiblen Zeitkonzept statt.

Zwei Beispiele mögen dies belegen: a) die Erfindung der modernen Uhr, wodurch die einfache harmonische Winkel-Bewegung eines Pendels mit Hilfe spezifischer Mechanismen in eine irreversible Richtung überführt wurde, und b) die Erfindung der Dampfmaschine, die so konzipiert wurde, dass mit Hilfe einer Unwucht an den Rädern die Schubkraft der vibrierenden Kolben so umgelenkt wird, dass eine gerichtete Bewegung der Räder entsteht. Diese Erfindungen bewirkten einen enormen gesellschaftlichen Fortschritt, aber sie führten zugleich dazu, dass der menschliche Geist die Zeit als etwas Lineares erlebt. Das Leben selbst wird als irreversibler und damit ängstigender *Countdown*-Prozess erfahren. Das passiert heute fast überall auf der Welt. Hier besteht die Aufgabe darin, das Bewusstsein der Menschen mit der traditionellen Weisheit zu erfüllen, wie sie in Indien und anderen Teilen Asiens, in Afrika und im vormodernen Europa, in Amerika und auf dem australischen Subkontinent entwickelt wurde.

Letztlich müssen wir wieder ein Bewusstsein unseres gemeinsamen göttlichen Ursprungs und damit der Einheit der Menschheit gewinnen. Andernfalls werden die Menschen tausend

Vernunftgründe finden, um die Überlegenheit einer Gruppe über die andere glaubhaft zu machen und so ihre unmenschlichen Aktivitäten im Tagesgeschehen zu rechtfertigen, die da heißen: Gewalt, Terrorismus und ethnische Säuberung.

Übersetzung: Henner Laass
(Die Übersetzung der indischen Zitate, soweit nicht anders
angegeben, erfolgte nach der englischen Originalfassung
des Textes durch mich. H.L.)

Muhammad Arkoun

Auf den Spuren humanistischer Traditionen im Islam

Im vorliegenden Beitrag soll die Frage des Humanismus in allen gegenwärtig vom Islam bestimmten und beeinflussten Kulturen angesprochen und diskutiert werden. Dies ist meiner Ansicht nach ein entscheidender Anfang, um die Expansion der politischen, sozialen, wirtschaftlichen und ökologischen Gewalt einzudämmen.

Meine Eingangsthese lautet, dass Gewalt eine systemische Kraft ist, die den operierenden Mechanismen der Globalisierung inhärent ist.

Die geopolitische Ordnung der gegenwärtigen Welt ist ein weiterer Beweis der systemischen Macht solcher Gewalt. Dies bedeutet, dass die Frage des Humanismus in erster Linie die westlichen Staaten angehen sollte, in denen der jeweilige Machtwille in zunehmendem Maße das Streben nach Sinn, was den Kern jeglichen Humanismus ausmacht, außer Acht lässt, wenn nicht gar unmöglich macht.

Der Islam mit seiner historischen Mobilisationskraft muss natürlich in allen Gesellschaften, in denen Gewalt zunimmt, zur Entwicklung eines neuen Humanismus in all den Gesellschaften beitragen, die von Gewaltbereitschaft beherrscht werden. Unter dem Gesichtspunkt der Solidarität aller Völker, eine gemeinsame Zukunft zu schaffen, wird auf die folgenden Aspekte des Islams und islamischer Gesellschaften ein kurzer Blick zu werfen sein. Zu fragen ist:

Was verbirgt sich hinter den Bezeichnungen ‚arabisch‘ und ‚islamisch‘? Wann und in welchem sozialen Umfeld verbunden mit der Erscheinung des Islam entwickelt sich eine humanistische Einstellung? Warum und wie konnte dieser Humanismus in den gegenwärtigen Gesellschaften durch einen radikalen militanten Islam verzerrt werden, der völlig losgelöst von, wenn nicht gar im Gegensatz zu allen Denkweisen im Hinblick auf die Gestaltung der Zukunft agiert? Was sind die Bedingungen für eine mögliche Wiederbelebung humanistischer Grundeinstellungen in islamischen Kontexten?

Arabisch oder islamisch?

Jeder, der sich mit der ‚arabischen‘ oder ‚islamischen‘ Welt beschäftigt, begegnet dieser terminologischen Problematik.

Das Wort ‚arabisch‘ bezieht sich auf eine ethnische Gruppe, die sich auf der arabischen Halbinsel bis zur Verkündung des Islam und dem Aufkommen des Einflusses des Koran zwischen 610 und 632 konzentriert hatte. Der Prozess der Eroberungszüge zwischen 632 und 1400 führte zu dem Ergebnis der arabischen Diaspora, aber vor allem zum Aufstieg des Arabischen als der Sprache des Koran, das wiederum die Sprache der Zivilisation wurde. Bis zum frühen 11. Jahrhundert benutzen die arabische Sprache alle Konvertierten, die sich zum Islam bekannten, und jene, die im Herrschaftsgebiet des *Dar al-islâm* lebten, jenem politischen Gebiet, das durch eine muslimische Autorität (Kalifat oder Imâmat) regiert wurde, wann immer sie Wissen in geschriebener Form zu formulieren oder zu verbreiten hatten. Iraner, Türken, Berber, Kurden, Kopten, Andalusier, Inder, Juden, Christen, Manichäer und Anhänger Zarathustras: alle schrieben in arabischer Sprache, um in der wissenschaftlichen Gemeinschaft akzeptiert zu werden. Infolgedessen haben wir eine jüdische und eine christliche Theologie, die in Arabisch geschrieben wurden (ein berühmtes Beispiel ist Maimonides) – und ebenso die islamische Theologie. Auf dem Gebiet der Philosophie und der Wissenschaften herrschte eine noch weitergehende und kaum in Frage gestellte Einheit nicht nur hinsichtlich der Verwendung der arabischen Sprache, sondern auch hinsichtlich deren Funktion als Werkzeug für die Darstellung von gedanklichen Konzepten, theoretischen

Strukturen und Bedeutungsunterschieden. Die Begrifflichkeit des arabischen Humanismus wurde innerhalb dieses sprachlichen und gedanklichen Rahmens in derselben Weise verbreitet, wie die Kultur in der gegenwärtigen Welt im konzeptionellen Rahmen der englischen Sprache.

Was meint die Bezeichnung ‚islamisch‘? Zunächst sollte uns klar sein, dass die Bezeichnung ‚islamisch‘ sich auf den Islam als Doktrin bezieht, als eine Sammlung von Glaubenslehren und -verboten, normativen, ethisch-rechtlichen Codes, die die Grenzen der Gedankenwelten bestimmen und das Verhalten der Gläubigen regulieren. Die Bezeichnung ‚muslimisch‘ bezieht sich auf die Muslime selbst als soziale, politische und kulturelle Akteure und auf die Verhaltensweisen und Handlungen, die von diesen Akteuren ausgehen. Wir sprechen vom *islamischen Humanismus* immer dann, wenn eine Kongruenz im Verhalten seiner Verehrer besteht zwischen dem, was man das Wissen (*al-ilm*), und dem, was man das Verhalten (*al-amal*) nennt, d.h. eine Absicht, das geforderte Wissen über die theologisch-rechtlichen Unterscheidungen (*ahkam*), die aus dem Koran und der prophetischen Tradition (einschließlich der Traditionen der 12 und 7 Imâme unter den Imâmen und ismailitischen Schiiten) abgeleitet werden, mit dem individuellen und Gruppenverhalten in Übereinstimmung zu bringen. Von diesem religiösen Standpunkt aus betrachtet ist es möglich, auch von einem christlichen, jüdischen, buddhistischen und hinduistischen Humanismus zu sprechen.

Aber in seinem Buch über den *Humanismus im klassischen Islam* führt George Makdisi ein interessantes Argument an, das jedoch unter Historikern, die in der mittelalterlichen Scholastik im christlichen Kontext spezialisiert sind, heiß diskutiert wird. Er verweist auf eine seit dem 11. Jahrhundert bestehende direkte Verbindung zwischen den ersten christlichen Universitäten und Hochschulen Europas und den muslimischen Institutionen, die zur Lehre und Verbreitung des religiösen Wissens gegründet worden waren. Das würde bedeuten, dass der islamische Humanismus bereits begonnen hatte, sich in Richtung auf eine Intellektualisierung der wissenschaftlichen Disziplinen (*al-ulum*) im Allgemeinen und der normativen Religionswissenschaft *(al-ilm)* im Besonderen zu verändern. Wenn wir jedoch über eine ‚Säkularisierung' des Wissens sprechen, fallen wir in einen Anachronismus zurück. Aber in dem, was ich den philosophischen *adab* (*paidaia*) des 4. bzw. 10. Jahrhunderts bezeichnet habe, können wir eine Liberalisierung der kognitiven Aktivitäten ähnlich derjenigen in der europäischen Renaissance sehen, die ebenso wenig wie die Aufklärung später frei von theologischen Einflüssen war. Die Debatte ist eröffnet und sollte fortgesetzt werden. Noch einmal: im Anschluss an Makdisi lässt sich feststellen: *munazara*, ein literarisches Genre, das im klassischen Islam seit dem 9. Jahrhundert sehr verbreitet war, findet sich in der *disputatio* der Scholastik wieder, eine Gattung, die sich bis heute (z.B. in den Promotionsverfahren) lebendig gehalten hat.

In meinen Büchern habe ich eine Anzahl von Sachgebieten vorgeschlagen, die für eine andere Ideengeschichte der mediterranen geo-historischen Arena erforscht werden sollten. Ihr Ziel sollte sein, sich sowohl jenseits der theologischen Unterschiede zwischen den drei monotheistischen Traditionen als auch jenseits der Kampfpositionen zu bewegen, von denen eher strittige als erhellende Beiträge zu den theologischen und philosophischen Fragestellungen geliefert werden.

Auf diese Weise wird es möglich sein, kritische Analysen der beiden Gedankengebäude vorzuschlagen, die sich seit dem Mittelalter immer noch konfrontativ gegenüber stehen: eines theozentrischen – in seinen drei Ausprägungen als jüdischer, christlicher und islamischer – Humanismus und eines philosophischen, auf der Tradition der platonischen Ideenlehre und des logozentrischen Konzeptes des Aristotelismus basierenden Humanismus.

Ich werde hier nicht die gegenwärtigen Bewegungen außerhalb des Humanismus behandeln, die in den dogmatischen Grenzen befangen bleiben, wie sie von mittelalterlichen Theologien und traditionellen Metaphysiken vererbt worden sind (siehe: Todorov 1998).

Die Stärke der historischen Umwälzungen im gegenwärtigen
politischen Islam verpflichtet uns, noch einmal kritisch die ge-
nealogischen Pfade zu gehen, die bereits durch das europäische
Denken beschritten wurden, als dieses sich mit dem Druck,
den Widerständen, den Ablehnungen und der Macht ausein-
andersetzte, die die katholische Kirche ausübte, – ein Vorgang,
der sich infolge des protestantischen Fundamentalismus noch
verstärkte.

Meine Erfahrung mit muslimischen Gesellschaften seit den
1960er Jahren hat mich davon überzeugt, dass alles, was veranlasst,
geschrieben oder gelehrt werden mag, um islamisches Gedankengut von seinen dogmatischen Fesseln zu lösen, so lange nicht
erfolgreich sein kann, wie das mythisch-historische Bezugssystem
als die Basis für den Glauben nicht ausgehöhlt ist, ebenso wie
dasjenige des christlichen Glaubens seit dem 18. Jahrhundert.
Ich habe dargestellt, dass diese Subversion keine brutale Zerstörung bedeuten, sondern methodischen Eingang finden muss in
die relevanten literarischen Diskurse und kulturellen Prozesse,
die bis heute immer noch von denjenigen benutzt werden, die
den Glauben in der Gemeinschaft regeln. Dieser Glauben hat
jedoch nie denselben Inhalt, dieselben Funktionen oder dieselben
Ziele gehabt, seitdem ein stark ritualisierter, politischer Islam auf
allen Ebenen der kulturellen Produktion in die gegenwärtigen
Gesellschaften eingedrungen ist, die sich mehr als jemals zuvor
wünschen, als islamische angesehen zu werden.

Es ist behauptet worden, dass die Gesetze des Göttlichen
Rechts (*sharia*) angewendet werden, wobei schon eine ober-
flächliche Analyse zeigt, dass es sich meistens um eine Sache der
Befolgung von Äußerlichkeiten (Bart, Schnurrbart, Schleier,
Körperhaltungen, verbotenem Essen, Gruppengebet, Pilgerreisen
usw.) handelt, die zu einer Gruppenzugehörigkeit und einer Art
sozialen Solidarität beitragen.

Geistliche Reformer (*islâh*) ließen seit dem 19. Jahrhundert bis
etwa 1950 Menschen daran glauben, dass die Wiederbelebung
der ursprünglichen Lehren und Formen des Glaubens notwen-

dig und möglich sei. Heutzutage gibt es nur noch legalistische
Beratungen mit Muftis, die keinerlei Bezug zum klassischen
islamischen Denken haben und den ‚Gläubigen' gegenüber, die
solch populistisch-kulturellen Manipulationen ausgeliefert sind,
aus dem Zusammenhang gerissene *ad hoc*-Meinungen äußern.

Und so sind die Bezeichnungen ‚arabisch' und ‚islamisch',
die zu einer Zeit in Umlauf kamen, als in allen Bereichen der
intellektuellen, wissenschaftlichen und kulturellen Produktion
Ergebnisse in der arabischen Sprache ausgedrückt werden mussten,
heute nicht länger in derselben Bedeutung gültig. Das Denken
und die Kultur im Arabischen kämpfen damit, Modelle, Ideen
und Arbeiten aus dem Westen zu reproduzieren oder plump zu
erklären. Es ist kein kreatives, befreiendes, sondern ein politisches,
wesentlich ideologisches Denken, dessen Hauptziel die ‚Islamisie-
rung' der Moderne ist, was bedeutet, einzelne Bruchstücke her-
auszupicken und massenweise die materiellen Annehmlichkeiten
der Modernisierung in einer solchen Weise einzuführen, dass sie
in das normative Bezugssystem von Verboten und Anweisungen,
wie sie bis ins kleinste Detail im rituellen Islam definiert sind,
integriert werden können.

Diese Prozesse sind nicht einmal unter einer psychosozialen
Perspektive analysiert worden, um die Menschen darauf aufmerksam zu machen, wie in der Gegenwart Denken, Sprache
und Religion verzerrt werden, sowohl im Vergleich mit den
historischen Quellen vergangener Werte und Legitimitäten,
die angeblich wiederbelebt werden, als auch in Bezug auf die
Methoden modernen Denkens, ohne die jede Forschungsarbeit
obsolet bleiben würde.

Arabischer Humanismus im 4. bzw. 10. Jahrhundert

Es sollte dem Leser deutlich geworden sein, dass es historisch
gerechtfertigt ist, über einen Arabischen Humanismus im 4. bzw.
10. Jahrhundert (nach europäischer Zeitrechnung) zu sprechen.
In Bagdad, Isfahân, Shirâz, Damaskus, Kairo, Kairouan, Mahdia,

Fez, Córdoba benutzten alle Denker, Dichter und Wissenschaftler das Arabische, um Gedanken und Wissensbestände zu verbreiten, die die Grenzen dessen überschritten, was im Gegensatz zu den säkularen und rationalen Wissenschaften theologisches Denken genannt werden kann: *al-ʿulûm al-naqliyya-al-dîniyya* vs. *al-ʿulûm al-ʿaqliyya*. Sie wurden von den Traditionalisten ,Eindringlinge' *(dakhîla)* genannt. Die Verbreitung der Literatur und des säkularen Wissens wurde durch verschiedene politische, ökonomische und kulturelle Faktoren begünstigt.

Im Jahre 945 übernahm eine iranische Familie, die *Banû Buwayh* aus Daylam, die politische Macht in Bagdad. Das Kalifat, das nach islamischem Gesetz als legitime Herrschaft galt, wurde wieder eingeführt, um massive soziale Unruhen zu verhindern. Die wirkliche Macht lag jedoch bei den Bûvid Emiren, die von kosmopolitischen Eliten verschiedener Glaubensrichtungen unterstützt wurden. Diese verband der Glaube an das philosophische Ideal einer ewigen Weisheit (*al-Hikma al-Khâlida*), das in verschiedenen Anthologien, Enzyklopädien und Praxishandbüchern zu finden war, aus denen ,der kultivierte Mensch' (*adîb*) die Kenntnisse entnahm, die er zur Ausübung seines Berufs als Verwaltungs- oder Regierungsbeamter, als Berater wohlhabender Herrscher und Grundbesitzer, als Rechtsgelehrter, Dichter, Theologe und nicht zuletzt als Philosoph benötigte. In der Folgezeit verschwand das Kalifat als politische Zentralgewalt, und die drei Bûyid-Brüder: Muʿizz al-Dawla in Bagdad, Rukn al-Dawla in Rayy und Muʿayyid al-Dawla in Shiraz – dezentralisierten die Macht und ermutigten einen kulturellen und weltanschaulichen Pluralismus sowie intellektuelle Konkurrenz in der iranisch-irakischen Arena. Diese Epoche dauerte bis zur Ankunft der Seldchuken im Jahre 1038, die die sunnitische ,Orthodoxie' unterstützten.

Die Fatimidische Dynastie, die im Jahre 909 in Mahdiyya (Tunesien) und später in Kairo (ab 969) errichtet wurde, verfolgte eine politische Richtung in Übereinstimmung mit der sunnitischen Theologie, betonte aber gleichzeitig die pluralistischen kulturellen Strömungen, wie sie auch in der berühmten philosophisch-wissenschaftlichen Enzyklopädie der Gebrüder Sincere (*Ikhwân al-Safâ*) zu finden waren. Die politische und kulturelle Dynamik der Ismaili-Bewegung rief fruchtbare Gegenargumente auf der Seite der Sunniten im Osten hervor, jedoch nicht in den westlichen sunnitisch geprägten Gebieten (Spanien und Marokko), wo das Kalifat von Cordoba (912-1031) das Aufblühen der berühmten andalusischen Kultur unterstützte, deren eindrucksvolle Zeugnisse wir noch heute bewundern.

In ökonomischer Hinsicht folgte im 10. Jahrhundert für die Klasse der Händler eine Periode außerordentlicher Expansion, im 11. Jahrhundert begann der Abstieg: über das Aufkommen der Handelsstädte Brügge, Troyes, Genua und Venedig, dann das Erstarken Spaniens (*Reconquista*), Portugals und Englands bis hin zur Periode der Kolonisierung im 19. Jahrhundert. Die arabischen Händler kontrollierten sowohl die Seewege des Mittelmeers und des Indischen Ozeans als auch die Landwege durch die Sahara, wie wir durch eine reichhaltige geographische Literatur wissen, in der humanistische Reisende genaue Informationen über weit entfernt angesiedelte Völker und Kulturen lieferten. Die arabisch-islamische Kultur blieb das Zentrum, zwangsweise das politische Modell, aber sie verhinderte nicht die Ausweitung der zeitlichen und räumlichen Horizonte. In den urbanen Zentren bildeten wohlhabende Kaufleute die soziale Schicht, die eine überwiegend säkulare und rational geprägte Kultur aufnahm. In jener Zeit verschwammen die Grenzlinien zwischen einem theokratischen Humanismus, der von den *ulamâ* kontrolliert wurde – jenen Kräften, die den Sakralbereich verwalteten, – und einem philosophischen Humanismus, in dessen Zentrum der Mensch als Quelle der schöpferischen Freiheit, der intellektuellen Initiativkraft und des kritischen und verantwortungsvollen Vernunftgebrauchs steht. Hier stellen sich unvermeidlich Vergleiche mit der wesentlich ausgeprägteren Rolle ein, die das Bürgertum in der europäischen Aufklärung des 17. und 18. Jahrhunderts spielen sollte.

In sozialer Hinsicht verstärkte die Klasse der Verwaltungsbeamten (*Kuttâb*) – Intellektuelle, die alle in den Disziplinen des *adab* ausgebildet waren und von reichen und mächtigen Grundbesitzern unterstützt wurden – die Wirkungen eines säkularen Humanismus in urbanen Räumen. Es muss betont werden, dass alle hier diskutierten intellektuellen Strömungen und Initiativen im sozialen Bereich eng mit urbaner Zivilisation verknüpft waren. Außerhalb der städtischen Zentren ist von einer Bauern-, Berg- oder Wüstenbevölkerung auszugehen, deren charakteristische Eigenschaften von den Eliten verachtet wurden. Sie wurden als ignorante und gefährliche Massen (*'awâmm*) bezeichnet. In den Städten selbst gab es eine deutliche soziale Trennung zwischen den kulturell gebildeten Klassen, die die Ideale des Humanismus (*adab*) teilten, und den irredentistisch geprägten Bevölkerungsgruppen, die für das Wohlergehen der Eliten notwendig waren, im Übrigen aber Traditionen ausgesetzt blieben, die wir heute als ‚Volkskultur‘ bezeichnen würden – mit ihren Glaubensüberzeugungen, ihren ‚abergläubischen‘ Riten, Gebräuchen und Praktiken, die von den religiösen und intellektuellen Eliten rundweg abgelehnt wurden. So muss mit Hilfe der Wissens- und Kultursoziologie fast alles, was in der Regel unter bewunderndernden und simplifizierenden Überschriften über ‚Arabische Kultur‘, ‚Klassischen Islam‘ und ‚Islamische Philosophie, Kunst und Architektur‘ gesagt und geschrieben wird, zurechtgerückt werden.

In kultureller Hinsicht war es der Fortschritt der griechischen Philosophie und Wissenschaft, der im 10. Jahrhundert die Säkularisierung des Humanismus förderte. Schon im 3./9. Jahrhundert hatte der sehr einflussreiche Denker Ibn Qutayba (gestorben 888) den übermäßigen Einfluss der griechischen Philosophen Plato und Aristoteles auf das islamische Denken kritisiert. Nach 848 beendete die Rückkehr zu einer sunnitischen Anti-Mu'tazi-Politik unter Kalif Mutawakki nicht die Verbreitung des humanistischen Gedankengutes, bis es schließlich ein größeres Publikum in Schriften der Allgemeinkultur (*adab*) erreichte, nachdem es lange Zeit auf Spezialwerke von Autoren wie Al-Kindî (gest. 873) oder Fârâbî (gest. 950) beschränkt geblieben war.

Innerhalb der Literatur, die ich *ahab* genannt habe, kann man verschiedene frühe Anzeichen für den Aufstieg eines Subjektes erkennen, das mit Fragen der Willensfreiheit in der Ausübung moralischer, ziviler und intellektueller Verantwortung beschäftigt ist. Christen wie Yahyâ Ibn 'Adî (gest. 974) und Ibn Zur'a (gest. 1008), und Juden wie Ishâq Isrâ'îlî (gest. 932), Ibn Gabirol (gest. 1058) und Maimonides (gest. 1204) nahmen Teil an der Entwicklung einer Gesellschaft, die zwar klein an Umfang war, die aber über Sizilien, Andalusien, Südfrankreich und Italien einen beträchtlichen Einfluss auf das europäische Denken ausübte.

Dafür sind die Werke von Tawhîdî (gest. 1023) und Miskawayh (gest. 1029) gute Beispiele. Sie drücken mit Klarheit, kritischer Schärfe und enthusiastischer Überzeugungskraft die Vorurteile, Ideen, Ziele und Aktivitäten einer ganzen Generation aus, die auf Fârâbî folgte und mit Avicenna (gest. 1037) endete.

„Menschen sind ein Problem für Menschen (*al-insân ush-kila 'alayhi-l-insân*)", hatte Tawhîdî deutlich formuliert. Seine intellektuelle Revolte zielte auf die Menschheit, ohne dabei die spirituelle Dimension zu vergessen. Seine Ideen lassen sich wie folgt zusammenfassen: Er ritualisierte die Religion, um sie zu einem Raum spiritueller Vertiefung zu machen; er verknüpfte politische Aktion mit einer Sozialethik konkreter Menschlichkeit; er bereicherte die aristotelische Rhetorik um die Semantik und Grammatik der arabischen Sprache; er benutzte die Historiographpie, um Klarheit in theologischen und philosophischen Debatten zu erreichen; und er strebte an, alle Disziplinen, alles menschliche Wissen zu sammeln, zu ordnen und zu verifizieren, um die Geheimnisse der Menschheit und ihrer Geschichte zu klären. All dies würde zu einer kontinuierlichen Horizonterweiterung des menschlichen Geistes führen: durch den Kult der Kreativität, die Suche nach dem Schönen, dem Wahren, dem Guten und Gerechten und durch die Anerkennung aller lebendigen Kulturen in den kosmopolitischen Städten wie beispielsweise Bagdad, Rayy, Isfahân und Shirâz. Miskawayh ‚antwortete' als sein ‚Gesprächspartner'. Er vertrat eine heiter-gelassene Pädagogik und pflegte eine historisch informierte Vision einer weisheitsvollen Philosophie. Dabei nahm er Bezug auf die älteste iranische Kultur, die offen war für eine ‚Universalgeschichte' aller damals bekannten Völker und Kulturen, und er ließ sich gleichermaßen von der Erklärungskraft der Aristotelischen Physik, Metaphysik und Logik überzeugen.

Diese beiden großen Humanisten standen gewiss nicht allein. Mit seiner kritischen Schärfe und fordernden existentiellen Unbedingtheit hat Tawhîdî uns seine Reihe kurzer, aber treffender Portraits mehrerer seiner Zeitgenossen hinterlassen, die sich regelmäßig in den philosophischen und literarischen Salons trafen, die als *Majâlis al'ilm bekannt* sind. Dort wurde zwischen den Experten verschiedener Disziplinen und Gedankenrichtungen die *disputatio* oder *munâzara* in vorbildlicher Weise gepflegt, so dass sie schließlich eine anerkannte Gattung wurde. Die Großwesire, die die intellektuelle und politische Herrschaft ausübten, wie beispielsweise Abû-l-Fadl und sein Sohn Abû-l-Fath Ibn al-'Amid (gest. 970 bzw. 976) und Al-Sahib Ibn 'Abbâd (gest. 995), verliehen diesen Auseinandersetzungen, diesen intellektuellen Kämpfen um die Zukunft der Menschheit, und ihren Austragungsorten, den Salons, Prestige und politische Unterstützung.

In seinem majestätischen Werk rekapitulierte und erweiterte Ibn Sîna (Avicenna) alles Wissen seiner Vorgänger. Er war auch deutlich offener für die großen Geistesstürme seiner Zeit als sie. Dabei verknüpfte er gedankliche Präzision mit luftiger und kreativer Phantasietätigkeit. Er übernahm vieles aus der reichen iranischen Tradition, die noch lebendig war, obwohl sie lange Zeit nur in arabischer Sprache überliefert und mit islamischem Gedankengut überlagert worden war, das damals seine klassische Reife erlangt hatte, und natürlich mit Überarbeitungen aus dem Syrischen und Arabischen. Die Medizin, die er praktizierte, war untrennbar mit der Philosophie verknüpft, ebenso wie Wissen und Weisheit an die Lebensart in einer urbanen Gesellschaft gebunden blieben. Seine Lehre wurde in kurzer Zeit Kernbestand sogar für die Verteidiger der orthodoxen Theologie, die demütigen Diener der vorgegebenen Offenbarung) wie beispielsweise: Ghazâlî, Mâwardî, Juwaynî, Fakhr al-dîn al-Râzî.

Logik, Ethik, Politik, wie sie aus der Philosophie abgeleitet waren, wurden mit Konzepten verknüpft, wie sie von den Verteidigern der Wissenschaften vorgebracht wurden, die diese in Gegenüberstellung zu den ‚wissenschaftlichen Einmischungs-Wissenschaften' als ‚religiöse' (*dakhîla)* bezeichneten.

In der Metaphysik trieben Ghazâlî und Ibn Rushd (gest. 1198) die Debatte auf eine intellektuelle Höhe, die seitdem im islamischen Denken nicht nur nie wieder übertroffen wurde, sondern auch seit dem 13. Jahrhundert bis heute vollständig vergessen wurde.

Der Humanismus und die Ideologie des Befreiungskampfes

Seit dem 19. Jahrhundert wird beharrlich die berühmte Metapher über das ‚Tor des *ijtihâd*' wiederholt, das es zu schließen und wieder zu öffnen gelte. Damit ist die wissenschaftliche Anstrengung gemeint, einen theologisch fundierten Gesetzestext zu entwickeln, der auf der göttlichen Offenbarung beruht, jenem Kanon heiliger Schriften, die fromm empfangen und niedergelegt wurden in dem, was ich an anderer Stelle die *Geschlossenen Offiziellen Corpora* genannt habe. (Damit sind gemeint: der *Koran*, der *Hâdith* und die Gesetzessammlung der Weisen Schulgründer, *Madâhib* genannt, die als Gründungsurkunden (*Usûl*) angesehen werden.) Wir haben gesehen, dass die Bedingungen für die Ausbildung einer humanistischen Haltung im 9. bis 10. Jahrhundert gleichermaßen politischer, ökonomischer, sozialer und kultureller Art waren. Es ist jedoch ebenfalls ein historisches Faktum, dass eben diese Bedingungen seit dem 11. Jahrhundert ihre Wirksamkeit verloren. Die sunnitische Politik der Orthodoxierung verstärkte sich nach der Eroberung durch die türkischen Seldchuken seit 1038. Sie konsolidierte sich in den folgenden Jahrhunderten nach dem Eindringen der Ottomanen seit 1453 (Eroberung Konstantinopels)

???

bis zum Jahre 1924. Der Imam Shī'ites bestätigte die Spaltung in zwei Islame durch dieselbe Politik der Orthodoxierung, die auch im Iran durch die Safaviden (1501-1732) verfolgt wurde. Im Sommer des Jahres 1501 wurde Safavid Ismā'il zum Schah ausgerufen. Und seine erste Amtshandlung war, den Wortlaut des Aufrufs zum Gebet (*„adhân'*) dahingehend zu ändern, dass er nach der Stelle „Mohammed ist Gottes Prophet" die schiitische Formel „Und Ali ist Gottes *wali*" einfügen ließ. Das war der Beginn des offiziellen imanischen Islam: die Errichtung des Staats-Islam war das Ergebnis der Reduktion eines Nebeneinanders mehrerer theologisch-politischer Schulen zu einer einzigen Doktrin.

Die vielen verschiedenen ethno-linguistischen und religiösen Gruppierungen, die in den riesigen Reichen nebeneinander existierten, hatten auch die Tendenz, sich unter der Anführung der Häupter lokaler Bruderschaften zu verselbständigen. Diese wuchsen vom 12. zum 13. Jahrhundert beträchtlich an und wurden als konfessionelle Gemeinden (*Millet*) durch die ottomanische Verwaltung anerkannt. Glaubensinhalte, rituelle Praktiken, Gebetsformeln und Gebräuche jeder Gruppe sind dabei untrennbar mit den mündlichen Kulturen und kollektiven Überlieferungen verknüpft. Die Ausdehnung der Fremdherrschaft im 19. Jahrhundert beförderte immer häufiger den Prozess wachsender Isolation und Autonomie und infolgedessen verstärkte sie die kulturellen und konfessionellen Unterschiede innerhalb der virtuellen Gemeinschaft des Islam (*Umma*) noch. Dieser wurde durch äußere und innere Kräfte zerstückelt.

Während dieser langen Periode wurde der *djihâd* so überall zur zentralen Ideologie des Kampfes gegen die Ungläubigen, sowohl im Innern, (wo die ,wahre' oder ,orthodoxe' Religion durch die *ulamâ* definiert wurde, die die imperialen Staaten unterstützte, oder wo – auf lokaler Ebene – die Anführer rivalisierender Bruderschaften eifersüchtig ihre geographischen und konfessionellen Grenzen bewachten), und extern (*dâr al-harb*). Wir sollten jedoch nicht vergessen, dass der erste Kreuzzug 1095 stattfand und ihm mehrere andere folgten. Die spanische *Reconquista* endete mit der Vertreibung der Muslime und Juden aus Spanien im Jahre 1492, dem Datum der Entdeckung Amerikas und damit der Eröffnung der Atlantik-Route für die Expansion Europas. Die Spanier und Portugiesen begannen ihre kolonialen Eroberungen im 16. Jahrhundert, und ganz allmählich und irreversibel verkehrte sich die Machtbalance zwischen der Welt des Islam und dem hegemonialen Europa.

Djihâd war der Ausdruck des Widerstandes, einer Haltung, die auf der Seite der islamischen Länder nicht länger offensiv gegenüber Europa war, das nach 1945 zum ,Westen' wurde. Wählt man die große historische Perspektive, ist 9/11 eine Form – in der Nachfolge vieler anderer – des Kampfes um verschiedene Ziele und mit verschiedenen Dimensionen, der von den Historikern bislang noch nicht objektiv analysiert wurde. Auf der Seite der Muslime hat die Ideologie des Kampfes alle Energien der Völker Jahrhunderte lang in einem solchen Maße mobilisiert, dass kritische Beiträge zu dieser wahrhaft kritischen Geschichte unbedeutend geblieben sind.

Wir sehen, alle diese historischen Momente sind für die Ausbildung eines Humanismus hinderlich, der offen ist für andere Kulturen, so wie es in der kurzen Periode der Fall war, die ich soeben beschrieben habe. Ausdrucksformen des heutigen Islam reflektieren die aufeinander folgenden historischen Brüche, die all das dem Vergessen oder der frommen Kritik anheim fallen ließen, was das Humanistische Denken bereits erreicht hat und was so lange nicht nur für den scholastischen, sondern insbesondere auch für den ,volkstümlichen' Islam der Bruderschaften und mündlichen Traditionen unlesbar und undenkbar geblieben ist.

Politische und kulturelle Spannungen zwischen den Vertretern der gebildeten schriftlichen Kultur und jenen der populären Kultur, die ihrerseits seit den 1960er und 1970er Jahren eine populistische geworden ist, haben anthropologische Auswirkungen, die noch nicht in die Erforschung jener langen Periode zwischen 1258 (dem Ende des Kalifats von Bagdad) und dem Beginn des 19. Jahrhunderts eingearbeitet wurden, eines Zeitraums, der

als einer des ‚Niedergangs‘, der ‚Paralyse‘ und des ermüdenden
Scholastizismus und der beständigen Regression auf den Feldern
der Wissenschaften und der Kulturen angesehen wird. Verlorene
Erinnerungen, kulturelle Brüche, Ablehnung der Erträge des
klassischen Zeitalters sind die Gegenstände langer Kapitel der
Ideen- und Kulturgeschichte in islamischen Kontexten, Themen, die bislang nicht zutreffend behandelt worden sind. In
der Tat: überfällig sind historiographische Neufassungen in der
größeren Perspektive der Rivalitäten zwischen der muslimischen
und der christlichen Welt seit dem 11. und 12. Jahrhundert
im Mittelmeerraum, und alle Fragen, die mit der historischen
Anthropologie, Soziologie und Psychologie zusammenhängen,
müssen integriert werden, nicht nur solche der politischen und
militärischen Geschichte, die lange im Mittelpunkt des Interesses
gestanden haben. Es gibt enge und offensichtliche historische
Beziehungen zwischen den Brüchen, die charakteristisch für die
Geschichte der Entwicklung des ganzen islamischen Gebietes seit
dem 13. bis zum 20. Jahrhundert sind, und dem unwiderstehlichen
hegemonialen Aufstieg Europas bis heute. Es gibt in der eindrucksvollen Schrift *Before European Hegemony: The World System
A.D. 1250-1350* von Janet L. Abu-Lughood (1989) Hinweise,
die bestätigt oder differenziert werden sollten. In Ergänzung zu
den Unzulänglichkeiten der historischen Forschung über diese
Themen bleibt anzumerken, dass es in den letzten dreißig Jahren
etwa Verlautbarungen von sehr einflussreichen politischen Gurus
gegeben hat, die nicht selten wesentliche Daten der langfristigen
Entwicklung außer Acht ließen, wenn sie Analysen anfertigten,
die sich überwiegend nur auf die prominenten Akteure und
kurzfristig sichtbaren Ereignisse der Gegenwart bezogen.

Den politischen ‚Eliten‘, die die Führung in den post-kolonialen Ländern monopolisiert haben, konnte es nicht gelingen, eine
humanistische Tradition wiederzubeleben, die völlig von Diskursen der ‚Befreiung‘ überlagert war. Diese waren aus Fragmenten
der Modernisierung und Proklamationen nationaler ‚Identität‘
zusammengestückelt, die ebenso betäubend wie dogmatisch

und voller Obskurantismen waren und die die Zerstörung eben dieser Identitäten ausschließlich den Kolonialmächten anlasteten. Dabei mag eingeräumt sein, dass es niemals genug sein konnte, die Werte eines Humanismus wiederzubeleben, die auf den Gemeinsamkeiten der drei monotheistischen Traditionen und den spezifischen mentalen Grenzen der mittelalterlichen Welt beruhten. Das Christentum, das unmittelbaren Einfluss auf die europäische Geschichte genommen hat, war gezwungen, jeweils nach erheblichem Widerstand und mit Verzögerungen, unbezweifelbare Errungenschaften der Moderne in sich aufzunehmen. Dies gilt nicht in gleichem Maße für das Judentum, den Islam und die orthodoxe christliche Welt, die bis heute alle in Kämpfe der Selbstbehauptung verstrickt sind. Alle wichtigen intellektuellen, kulturellen und institutionellen Umbrüche, mit denen die Welt durch die Moderne konfrontiert worden ist, bleiben außerhalb des zeitgenössischen islamischen Denkens. Es mag wünschenswert sein, dass die kritischen intellektuellen Aktivitäten der bedeutendsten Denker und Gelehrten, die oben erwähnt wurden, in den Focus der Gegenwart gerückt werden. Noch wichtiger jedoch ist es, die intellektuelle Gesinnung wiederzugewinnen, die seit dem Tod von Ibn Rushd (1198) verloren gegangen ist und die noch heute vom islamischen Fundamentalismus bekämpft wird. Jedoch kann eine Rückkehr zu dem, was die Araber das Erbe (*al-turâth*) der klassischen Ideen nennen, nicht genügen, um islamisches Denken von den fundamentalistischen, man möchte sagen halluzinatorischen, Verzerrungen des radikalen Islamismus zu befreien. Die Inhalte, Methoden, Visionen, Gedankensysteme, Kategorien des Urteils und der Interpretation sowie die Glaubensinhalte, die charakteristisch für die geistige Welt des Mittelalters waren, können in unsere intellektuelle, wissenschaftliche, juristische, politische und ökonomische Moderne erst nach erfolgten Anpassungen und Revisionen integriert werden. Dieser Prozess wird allerdings durch die ideologischen Kämpfe in ihren nationalistischen oder religiösen Formen verhindert oder zumindest verzögert.

Manche Aspekte der Moderne haben einen Multiplikations-

effekt auf die Ausbreitung des Anti-Humanismus und den damit
einhergehenden Hohn, der nicht nur die Diskurse zu Beförderung
der Humanität begleitet, sondern auch konkrete Manifestationen
humanistischer Gesinnung. Wir müssen erkennen, dass die so
genannte ‚Anthropologie der Moderne' nicht in der Lage war,
die negativen Nebenfolgen zu identifizieren, die der zunehmend
bedrohliche unkontrollierte Gebrauch insbesondere moderner
Technologien zeitigt.

In dieser Hinsicht ist das Werk Pierre Bourdieus eine glückliche
Ausnahme. Es verdient, besonders hervorgehoben werden, weil
es einen konzeptionellen Apparat und Interventionsstrategien
bereitstellt für eine Kritik der Moderne, wo immer sie im Westen
und den Satellitenstaaten ausgehöhlt wird.

In diesem Zusammenhang sind zwei kürzlich erschienene
Beiträge von besonderem Interesse: Zygmunt Baumann, *Mo-
dernité et Holocauste* (2001) und: Mark Roseman, *Ordre du
jour: Génocide le 20 janvier 1942* (2002). Der erstgenannte
Autor unterstreicht kraftvoll die intellektuelle und moralische
Notwendigkeit sowie die zivile Vordringlichkeit einer kritischen
Überprüfung der Beziehungen zwischen dem ‚Moralkodex der
Moderne', der als oberste Autorität – beispielsweise zur Beurteilung und Anleitung von historischen ‚Spätentwicklern' - instrumentalisiert wird, und solchen Ereignissen, die die menschliche
Vernunft pervertieren, indem sie seine Überschreitungen als das
entlarven, was sie sind: von Systemen der Doppelmoral kaum
maskierte Menschenrechtsverletzungen. Der Soziologe Baumann
demaskiert dabei die Mechanismen „zur sozialen Erzeugung von
moralischer Indifferenz" einschließlich der Art und Weise, wie
bei den Ingenieuren der Endlösung moralische durch technische
Verantwortung ersetzt wurde, im Sinne einer hierarchischen und
funktionalen Arbeitsteilung mit der Maßgabe, Ergebnisse zu erzielen. Er versäumt es allerdings, die „spirituelle Verantwortung"
hinzuzufügen, denn Spiritualität ist eine Kategorie, die in der
techno-wissenschaftlichen Moderne fast völlig zerstört worden
ist. In ähnlicher Weise sind Begriffe wie ‚Emotion', ‚Mitgefühl',

‚Mitleid', ‚Passion' außer Kurs gesetzt, nachdem wir sogar so weit gehen, uns der technischen Mitarbeit der Opfer zu versichern, indem wir sie in einer Welt ohne Kameraden, ohne Genossen und ohne Solidarität isolieren. Im gegenwärtigen Terrorismus erleben wir die gleiche technische Verantwortung bei den Ingenieuren, die sich heimlich treffen, um kaltblütig die Logistik für Unternehmen wie das des 11. Septembers 2001 zu organisieren mit dem erschreckenden Gedanken in ihren Köpfen, dass daraus eine Weltordnung entstehen würde, die endlich gerecht wäre. Dies sind Enthüllungen, die uns veranlassen unseren Kampf gegen den zeitgenössischen Anti-Humanismus auszuweiten und zu vertiefen, von dem es verfehlt wäre zu behaupten, er werde nur in islamischen Zusammenhängen vertreten.

Humanismus und Globalisierung – Vom klassischen Humanismus zum Anti-Humanismus der Gegenwart

Geht man davon aus, dass heute mehr denn je in allen Kulturen eine humanistische Gesinnung vonnöten ist, sollten wir uns fragen, welche Bedingungen für die Entwicklung einer solchen Haltung in ‚muslimischen' Gesellschaften geschaffen werden müssen, deren Aufmerksamkeit stark durch die einigermaßen chaotische Wiederbelebung der Religion gefesselt werden.

Viele der zahlreichen zeitgenössischen Beobachter und ‚Islam-Experten' haben nicht hinreichend beachtet, dass die neuen sozialen Akteure, die ihre Treue zum Islam behaupten, durchaus sagen, er habe kontingente, ideologische und sogar perverse Funktionen hinsichtlich der Gegenwart, sehr verschieden von den langfristigen, transkulturellen und metahistorischen Zielen, die dem religiösen Phänomen zuzurechnen sind. In verschiedenen Aufsätzen habe ich dargelegt, dass der heutige Islam einerseits ein Fluchtraum ist angesichts der gestörten Identität vieler entwurzelter Individuen und Völker, andererseits für viele Aufständische in Gebieten, in denen die Bürgerrechte zerstört wurden, eine geistige Heimat darstellt und nicht zuletzt auch ein Sprungbrett für die Ambitionen sozialer, politischer und klerikaler Aufsteiger. Es gibt allerdings auch in der Nachfolge der großen Vertreter religiöser Spiritualität solche Gläubige, die sich aufrichtig und ernsthaft der Vertiefung der menschlichen Erfahrung des Göttlichen widmen. Sie enthalten sich aller lärmenden Aktivitäten und praktizieren einen gelebten Humanismus auf der Grundlage ethischer und spiritueller Normen. Soziologisch gesehen, bilden sie jedoch Minderheiten, die von den herrschenden Gruppierungen, militanten Aktivisten und säkularisierten Kräften marginalisiert werden, die – wie überall in der Welt – sehr mächtig sind. Dennoch: keine soziale Gruppe kann sich dem unaufhaltsamen Prozess der Wiederherstellung überlieferter Glaubenssätze entziehen. Auf allen Ebenen der Gesellschaft werden Identitäten dadurch zusammengestoppelt, dass ihre Träger die eine kanonische Vorschrift statt der anderen beachten, dass sie Wein trinken, aber kein Schweinefleisch essen, oder umgekehrt; dass sie sich der Autorität der *surates* Medinas versagen, nicht aber derjenigen Mekkas, dass sie die Authentizität des *Hadith* bezweifeln, nicht aber den heiligen Status des ungeschaffenen Wortes Gottes, wie er in der Vulgata des Korans niedergelegt ist, usw. In gleicher Weise bedienen sich die Menschen an der reichhaltigen Speisekarte der Moderne. Sie fragen nicht nach den soziokulturellen Voraussetzungen der Glaubenssätze, nach den Veränderungen, die sie im Prozess der Geschichte durchlaufen haben. Sie lehren und wiederholen fromm die Lebensgeschichte (*Sira*) des Propheten Alî, die der Weggenossen (*Sahâba*), mit gleichem Inhalt und in genau der Form, wie sie in den ersten drei oder vier Jahrhunderten der Hegira überliefert worden sind, ohne jemals die textkritischen Lesarten zur Kenntnis zu nehmen, wie sie besonders im letzten Jahrzehnt – von westlichen Forschern – vorgeschlagen worden sind.

In allen Bereichen menschlicher Gestaltung und Selbstverwirklichung herrscht eine Tendenz, die Erfahrungen der jeweiligen Moderne so zusammenzufügen, dass sie in der Gesellschaft ,rational' oder doch zumindest funktional wirken. Für die Art und

Weise der Integration des Selbst in Familie, Gemeinde, Stadt, die
Weltgesellschaft, das kollektive Gedächtnis und die geopolitischen
Räume, den ‚Islam' und den ‚Westen', sind genauere Analysen
notwendig. Sie sollen präzise den Abstand messen zwischen der
Situation jeden Bürgers, jeden Rechtssubjektes und der Verwirk-
lichung der Forderungen einer humanen Ethik.

Die Situation macht deutlich, warum die Wiederkehr des
Religiösen, genauer: seine psycho-sozio-politische Verbreitung, in
seinen zeitgenössischen Erscheinensformen nur als anarchisch zu
bezeichnen ist. Im Falle des Islam geschieht sein Wiederaufleben
in einem engen wissenschaftlichen und intellektuellen Feld, das
beherrscht und kontrolliert wird von zerbrechlichen und um-
kämpften Rechtsansprüchen, von gedanklichen Traditionen, die
längst von Jahrhunderte alten Scholastizismen ausgehöhlt sind. Es
erfolgt an einer historischen Wegscheide angesichts einer Vielfalt
von Herausforderungen, die kaum oder gar nicht bewältigt werden können. Im Einzelnen sind das: autoritär regierte, teilweise
expansionistische Staaten, die ohne Unterstützung ihrer Bevölkerungen, oft sogar gegen deren Willen regiert werden; Staaten
ohne demokratische Legitimation durch eine Zivilgesellschaft;
die Lasten demographischer Entwicklungen mit einer frustrierten
jungen, entwurzelten Generation ohne Aussicht auf eine bessere
Zukunft und einer älteren, entmündigten und vernachlässigten
Bevölkerung; wachsende Arbeitslosigkeit, Armut, Marginalisie-
rung, Exklusion; fragile Ökonomien, die fehlerhaft gemanagt
werden und vollständig von externer ‚Entwicklungshilfe' abhängig sind. Diese Transferleistungen werden ihrer eigentlichen
Bestimmung entzogen, da sie von Akteuren verwaltet werden,
die in Enklaven operieren, die stärker mit weltwirtschaftlichen
Prozessen verknüpft sind als mit den Notwendigkeiten der einheimischen Märkte. Und schließlich: zerfallende Kulturen, von
ideologischen Grabenkämpfen verwüstet, deren Träger ebenso
wie die ökonomischen Eliten von einer hegemonialen Kultur
abhängig sind.

Wie sollen wir, so bleibt zu fragen, unter solch wenig versprechenden Bedingungen und mit solch vielen negativen Parametern, die alle in demselben historischen Moment zusammentreffen, die Tatsache erklären, dass dennoch ein ursprünglicher Humanismus überlebt hat, der hinreichend kräftig ist, um unter den am stärksten Entrechteten Hoffnung zu nähren?

Richtig ist: die wieder erstarkten Religionen erfüllen überall eine doppelte Funktion: sie mildern die Hoffnungslosigkeit und die psychischen und sozialen Verzerrungen; und sie beschwören neue Formen der Solidarität, indem sie Einsamkeit, Armut und Ausgeschlossensein erträglicher machen. Aber diesen unzweifelhaft positiven Wirkungen stehen auf individueller und kollektiver Ebene außerordentlich große intellektuelle, kulturelle und politische Kosten gegenüber. Nur eine ernsthafte Soziologie der Hoffnung – ein Problembereich, der völlig von den politischen Kommentatoren bei der Beurteilung dessen, was sie ‚Islam‘ nennen, vernachlässigt wurde – wird eine angemessene Bewertung der positiven und negativen Auswirkungen solch komplexer Wandlungsprozesse herbeiführen können, ohne die Menschen verkürzt mit Etiketten wie ‚Fundamentalismus‘, ‚religiöse Gewaltanwendung‘ usw. zu versehen. Hier haben wir es mit einer der großen epistemologischen Schwächen der Sozialwissenschaften zu tun, soweit sie die Religionen im Allgemeinen und den Islam im Besonderen behandelt haben – in der kurzen Phase zwischen dem ‚Tod Gottes‘ und dem ‚Tod des Menschen‘. Die der europäischen Aufklärung zugrunde liegende Annahme eines Kampfes der Vernunft gegen jegliche Form von Klerikalismus bestimmt noch heute unmittelbar alle Deutung des Wiederauflebens von Gewalt. Das hat dazu geführt, dass diese dann schnell und einmütig als ‚religiöse‘ bezeichnet wird. So lieferten sich im Falle des Islam christliche und islamische Theologen seit dem Mittelalter wechselseitig die Argumente für die Exklusion des jeweils Anderen. Die Vernunft der Aufklärung glaubte, diese Argumente unwiderlegbar auf wissenschaftliche Grundlagen stellen zu können, so dass die einfache Feststellung von Vorbehalten gegen die Gültigkeit der epistemologischen Grundannahmen der Aufklärung in Bezug auf die Religion bei vielen zeitgenössischen Lesern polemische Reaktionen hervorruft, weil sie noch nicht das Konzept der Religion im Allgemeinen von dem einer besonderen Religion zu unterscheiden wissen. Vielmehr gilt: *Religion als solche stellt ein Problem dar, dessen anthropologische Auswirkungen dem jeder spezifischen Religion vorausgehen.*

Demokratischer Humanismus als integraler Humanismus

Heute zwingt der menschliche und politische Einfluss der Religionen die Wissenschaftler und Politiker dazu, die Zusammenhänge zwischen Religion, Politik und Philosophie neu zu durchdenken. Obwohl die Human- und Sozialwissenschaften eine Fülle aufschlussreichen Materials über zahlreiche Religionen zusammengetragen haben, sind die Philosophen und Theologen jedoch genausowenig in der Lage, die alten Grenzlinien zu überwinden wie in der ersten Hälfte des zwanzigsten Jahrhunderts. Wir fragen uns: Wie ist denn beispielsweise die Situation im Hinblick auf den Islam heute?

Eine knappe Soziologie der sozialen Kontexte des Wissens und Verhaltens erlaubt uns, vier Grundrichtungen zu unterscheiden:

• Die staatliche Verwaltung der Religion (Ministerium für religiöse Angelegenheiten, Politik der ideologischen Kontrolle) ist weiterhin stärker als die Politik der Hoffnung. Was bedeutet eine Politik der Hoffnung in islamischen Kontexten? Eine Opposition, die sich auf ‚Religion' gründet und die ihre militanten Anhänger unter jungen Leuten rekrutiert, die in den 60er und 70er Jahren geboren wurden und mit den Klassenkampfparolen gegen eine Allianz zwischen ‚den herrschenden Klassen' und dem ‚westlichem Imperialismus' aufwuchsen. Die Vorstellungen dieser sozialen Gruppen beruhen auf einem manichäischen Weltbild, wonach das alte islamische Ideal von den so genannten nationalen Eliten vergessen, unterdrückt und schließlich verraten wurde, als sie dann schließlich das sozialistische und

– nach dem Zusammenbruch der Sowjetunion – das liberale Model importierten. Solche Phänomene lassen sich sowohl in absteigenden sozialen Schichten (Akademikern, Arbeitslosen, Mittelschichten, Arbeitern ohne Gewerkschaft oder politische Führung) als auch bei den Entwurzelten (Bauern, Bergvölker, Nomaden, Dorfbewohner) jenseits der urbanen Zentren aufzeigen. Dort findet ein beständiger Anpassungsprozess hinsichtlich Status, Rollen, Allianzen und Loyalitäten statt, während gleichzeitig die Auflösung der kulturellen Werte und Gebräuche voranschreitet und so genannte Dialekte und lokale Erinnerungen zugunsten einer offiziellen nationalen Gedächtniskultur ausgelöscht werden.

• Daneben bilden sich soziale, kulturelle und ökonomische Enklaven, deren Lebensstile und -standards mehr denjenigen der fortgeschrittensten westlichen Gesellschaften ähneln als den für die eigenen Gesellschaften repräsentativen. Innerhalb dieser Länder bilden diejenigen, die Zugang zu diesen Enklaven finden, untereinander ein dichtes und zuverlässiges Netzwerk, mit dessen Hilfe sie ihre geschäftlichen Kontakte und Ambitionen pflegen und politische Protektion in Anspruch nehmen können. Im Ausland tätigen sie ihre Investitionen vorzüglich im Hinblick auf einen möglichen Rückzug in demokratisch legitimierte Staaten. Auf diese Weise gelingt es ihnen, nützliche Posten zu besetzen und lukrative Geschäfte zu machen, ohne selbst Teil der politischen und ökonomischen Strukturen ihrer Länder zu sein und ihren Gesetzen zu unterliegen. Die nicht exportierten Gewinne ermöglichen ihnen ein luxuriöses Leben; sie wählen für ihre Kinder die besten Schulen und Universitäten im Lande, sofern sie dort existieren, oder sonst vorzugsweise im westlichen Ausland. Sie nehmen die besten Ärzte und Kliniken in Anspruch, um auf diese Weise den Unzulänglichkeiten des Gesundheitswesens in ihren Ländern zu entkommen. Vor Ausländern brüsten sie sich mit ihrer nationalen Identität; sie nehmen an Festen, Gruppenritualen und offiziösen Glaubensbezeugungen für den Islam teil, die sich in Wahrheit auf das Tragen von Ansteckplaketten reduzieren. Aber sie würden niemals daran denken, eine private Bibliothek aufzubauen für die Dokumentation der großen Debatten über die großen kulturellen und gesellschaftlichen Fragen der zukünftigen islamischen Gesellschaften. Diese bleiben vielmehr nicht analysiert und werden kaum verknüpft mit deren Vergangenheit, Gegenwart und Zukunft. Darin gleichen diese Enklaven ihren Gesellschaften: Kenntnisse über den Islam sind hier nicht größer als in anderen sozialen Schichten.

- Bleiben die Kleriker. Sie haben die weitreichendsten Kenntnisse. Entweder auf religiösem Feld (dann heißen sie *ulama*), oder auf säkularen Gebieten, wo Experten, Ingenieure, Forscher, Lehrer, Schriftsteller und Künstler sich betätigen. Die Intellektuellen unter ihnen können in allen Spezialberufen auftreten, aber ihr eigentliches Charakteristikum ist, dass sie an allen Debatten über die neuesten Forschungsergebnisse und das heiligste Erbe des Glaubens teilnehmen. Und was die islamische Tradition angeht, so hat es immer nur wenige Vertreter gegeben, die eine solche Fragehaltung einnahmen. In der gegenwärtigen historischen Konstellation, die stark vom politischen Islam und nationalistischen Forderungen geprägt ist, ziehen es viele Intellektuelle vor, ihren kritischen Standpunkt in Frage zu stellen oder – um des ideologischen Kampfes willen – ganz aufzugeben.

- In dieser Situation eines notwendigen und dringenden Kampfes für einen Humanismus für alle Menschen entstand das komplexe Problem im Gefolge der Interventionen der NATO-Mächte im Golfkrieg und in den Bosnien- und Kosovo-Kriegen. Die Debatten im Umfeld dieser Ereignisse betrafen weder die Suche nach einem neuen Humanismus noch die notwendigen Bedingungen zu seiner Erreichung an der Schwelle des dritten Jahrtausends.

Ich werde im Folgenden kurz auf einige häufig geäußerte Einwände eingehen.

Wenn ich in meiner Konzeption eines künftigen, alle Menschen

umfassenden Humanismus, der bislang noch niemals verwirklicht wurde, für den kritischen Intellektuellen eine spezifische
Rolle fordere, so befürworte ich damit nicht eine Rückkehr zu
jener überholten, arroganten und verächtlichen Ablehnung der
ungebildeten, gefährlichen und rohen Massen (*a'wamm*) im
Namen der so genannten gebildeten und verfeinerten (*al-zarf
wal-zurafâ*) Eliten (*al-khâwâss*), die Teil eines individualistischen,
ästhetisierenden und zerbrechlichen Gelehrten-Humanismus
sind. Der Humanismus, der mir vorschwebt, ist untrennbar
mit den Kämpfen für die Einrichtung und Konsolidierung einer
Demokratie verknüpft, die bislang niemals beendet wurden. Es
gibt keine Demokratie ohne einen humanistischen Auftrag, und
es kann keinen tragfähigen Humanismus ohne eine Demokratie
geben, die anerkannt wird im Namen der Würde des Menschen,
ohne einen internationalen Gerichtshof und ein Parlament, die
die Rechte und die Pflichten der Menschen respektieren in allen
politischen Räumen, in die sie implementiert sind. Die Verknüpfung von Humanismus und Demokratie impliziert auch, dass alle
Bürger gleichermaßen Akteure sind, die auf den Feldern ihrer
jeweiligen Kompetenzen dazu beitragen, eine humane Demokratie aufzubauen und zu verteidigen. Dazu ist es notwendig,
die Widersprüche aufzulösen, die bislang immer und unter allen
Regimes zwischen den Anhängern eines religiös begründeten und
eines säkularen Humanismus bestanden haben.

   Zunächst einmal muss festgehalten werden, dass solche Kon-
frontationen zu Bürgerkriegen und Terroranschlägen führen,
zumindest aber zu Debatten, die in jeder Hinsicht in den meisten
Gesellschaften der Gegenwart überholt sind. Wieder einmal zeigt
sich etwa im politischen Rahmen einer zukünftigen Europäischen
Gemeinschaft, dass sich intellektuelle Haltungen, kognitive Praktiken, legislative Initiativen und Gesetzesvorhaben abzeichnen,
die darauf angelegt sind, die traditionellen Grenzlinien zwischen
den beiden genannten Formen des Humanismus zu überwinden.
Es geschieht in diesem Europa, genauer: in Frankreich, dass ein
militanter und triumphierender säkularer Humanismus wis-

senschaftliche Überzeugungen generiert hat, wonach religiöse Glaubensinhalte für archaisch, primitiv und schädlich zu halten sind. Das hat sogar soweit geführt, dass es zu politischen Verfolgungen der traditionellen Religionen durch das Establishment eines offiziellen Atheismus gekommen ist. Solche Verirrung des philosophischen und wissenschaftlichen Geistes hat die heutigen Bewegungen im Gefolge, die eine Wiederkunft des Religiösen und sogar die ‚Rache Gottes' beschwören. Die tragische Erfahrung des Holocausts, mit dem intellektuellen und politischen Fehlschlag des Kolonisierungsunternehmens der Nazis, macht es im heutigen Europa möglich, diese zu reflektieren und zu überwinden. Und dies geschieht auch. Wir sind jedoch noch weit von den Zielen entfernt, weil die Widerstände einer anti-humanistischen Philosophie, die jeder Bildung eines Nationalstaates inhärent sind, sich auf alle post-kolonialen Staaten in der Welt ausgebreitet haben. Dieser Gesichtspunkt ist entscheidend, um neue Wege zu erkunden, die anti-humanistischen Aspekte des Nationalstaates zu überwinden: die Expansion durch gewaltsame Eroberungen, die Ausbeutung der prekären Lebenslagen von Völkern und sozialen Gruppen, und schließlich die Etablierung einer offiziellen Ideologie, mit deren Hilfe religiöse Gruppierungen ihre Machtansprüche durch heilige Kriege rechtfertigen.

Indem ich diese Vorschläge unterbreite, nehme ich das Risiko auf mich, jene sterilen Argumente und Kompromissformeln wiederzubeleben, die darin bestehen, Gedankensysteme zu *dekonstruieren*. Ich erkunde dabei Wege zu einem demokratischen Humanismus, der die Verantwortung für das Los der Menschen übernimmt – allerdings diesmal ohne Vorbehalte, ohne Ausnahmen, ohne Massaker – in eine Welt, in der die Menschen sich unabhängig entwickeln können und die nach den Prinzipien einer ökologischen Zivilisation geschützt wird. Darum wird es notwendig sein, die theologischen und philosophischen Debatten über die Geltung von Wahrheitsansprüchen erneut in Augenschein zu nehmen und so den ethisch, spirituell oder humanitär maskierten Machtansprüchen aller Ideologien den

Boden zu entziehen. Denn auf dieser Ebene geschieht es, dass sich alle alten und modernen Konfusionen über das fortsetzen, was man ‚wahre Religion‘ zu nennen pflegte, und heute in den Debatten über das ‚Recht auf Differenz‘, ‚Identität‘, ‚nationale Unabhängigkeit‘, das ‚Recht der Völker auf Selbstbestimmung‘ auftreten. (Was erst kürzlich dahingehend umgemünzt wurde, dass man behauptete, es gebe ein „Recht der Intervention, wenn die Gefahr besteht, dass keiner hilft“.)

Es ist kaum möglich, in wenigen Abschnitten die so weit verzweigte Frage nach der Wahrheit unter den Gesichtspunkten, die uns hier bewegen, abzuhandeln. Und nach den Wahrheiten, derer man sich entledigen kann in unseren Gesellschaften voller Spektakel und Inszenierungen, die von allen möglichen Autoritäten auf den Spielplan gesetzt werden, voller Verschleiß von Gütern und Kapitalien, die man nicht einmal länger als ‚symbolische‘ bezeichnen kann. Jedoch möchte ich betonen, dass es für den Islam wie für alle heute lebendigen Religionen notwendig ist, wenn möglich, die spezifisch spirituelle Dimension der Erfahrung des Göttlichen zurückzugewinnen. Dabei müssen die moralisierenden Illusionen eines spekulativen Gegensatzes von Materie und Geist vermieden werden. Diese Auffassung über die humane Bestimmung des Subjektes bricht mit allen bisherigen reformistischen Haltungen und Praktiken innerhalb des Islam, die unter dem Namen *islah* befürwortet worden sind.

In der Perspektive des Humanismus hat eine genaue und vorurteilsfreie Feststellung der besonderen Merkmale des Religiösen im Allgemeinen und der Funktionen stattzufinden, die ihm in allen historischen Religionen beigemessen wurde. All dies wird zu einer Neubestimmung des kognitiven Status der so genannten Gründungs- oder ‚heiligen‘ Texte führen, deren Sanktionsmacht im Verlaufe der Zeit unter den jeweiligen und wechselvollen Forderungen der Gläubigen, die natürlich immer auch soziale Akteure waren, immer mehr zugenommen hat. Prophetische Diskurse behalten ihre enthüllende Kraft über Zeiten und Räume, Kulturen und Zivilisationen, revolutionäre Bewegungen und ihre Gegenkräfte, aber die kanonischen Texte selbst, eingefroren durch statische Theologien der Offenbarung, wirken eher als Räume retrospektiver Projektion des geglaubten Imaginären denn als unerschöpfliche Quellen bleibenden Sinns. Dabei sind unter Gesichtspunkten des Humanismus die Bedeutungsnuancen zwischen ‚Enthüllung' und ‚Offenbarung' für eine Interpretation der Gründungstexte von Belang: die enthüllende Funktion einer prophetischen Schrift im Sinne eines poetischen Textes entstammt dem suggestiven Reichtum, den inspirierenden Kräften, die in seinen Ausdrucksweisen begründet liegen; während ‚Offenbarung' entweder den ‚Geist der Offenbarung' eines besonderen Typus von Diskursen meint oder den einzigartigen Akt, in dem ein Wort, das eine unerhörte Bedeutung hervorruft, plötzlich zu einem Verstehen durchbricht, das sich auf die unvordenkliche Initiative eines Produzenten gegenüber einem Empfänger gründet. Es sei darauf hingewiesen, dass diese Definition bewusst das restriktive Vokabular dogmatischer Theologien vermeidet, wie sie in jeder Gemeinde gängige Praxis ist, sondern vielmehr einen begrifflichen Rahmen bereit stellt, innerhalb dessen unter Gesichtspunkten des Humanismus die Initiativen aller möglichen Produzenten und Rezipienten interpretiert und anerkannt werden können. Solche Produzenten mögen sein: Propheten in wechselnder Abfolge, bedeutende Gründer von Religionen und von Schulen der Weisheit, Stifter heiliger Traditionen (*hadîth qudsî*), Dichter und große Künstler, während die Rezipienten verschiedener und notwendig wechselnder Art sind. Das Konzept des *revelatory flow* ermöglicht es uns, auf konkreter und darum verallgemeinerungsfähiger Basis auf das Konzept spiritueller Kontinuität zurückzukommen, wie sie seit Jahrhunderten für die drei großen kanonischen Textsammlungen gefordert wird: die jüdische Bibel, die christlichen Evangelien und den Koran.

Hinsichtlich der kognitiven Entwicklung geht damit eine Bewegung einher, die von einem alten konzeptionellen Apparat hin zu neuen Verständniskategorien führt, mit deren Hilfe Interpretationen durch die Ergebnisse wissenschaftlicher Forschung angereichert werden, die sich ihrerseits rasch entwickeln, hin zu einer Wiederbelebung religiöser Inhalte und ihrer Funktionen im Alltagsleben unter dem Einfluss unkontrollierter Kräfte auf der politischen Ebene. Es bleibt die große Aufgabe, in allen islamischen Kontexten – aufklärend und verständlich für alle – diese Lektionen des Humanismus zu verbreiten und wirksam werden zu lassen. Ein wirklich lohnendes Ziel eines solch subversiven Projektes, das auf einer langen und reichen gedanklichen Tradition beruht, besteht darin, den Westen jener Dialektik zu berauben, mit deren Hilfe er einerseits den Islam zur Untermauerung seiner Ansprüche auf (ökonomische) Weltherrschaft und andererseits als billige Ablenkung von seinen eigenen Verfehlungen im Sinne der Menschenrechtsverletzungen benutzt. Darüber hinaus ist damit zu rechnen, dass sich die eben in Bezug auf den Islam genannten Ziele auf alle religiösen, philosophischen und politischen Traditionen ausweiten lassen, die in der Idee von Kreuzzügen gegen andere Glaubensgemeinschaften ein absolutes Übel sehen, das allgegenwärtig aber kaum zu fassen ist. Überall werden mit den Kämpfen der zornigen Massen dieselben klangvollen Slogans verknüpft: ‚Heiliger Krieg‘, ‚Gerechtigkeit und Entwicklung‘, ‚Befreiungsfront‘, ‚Gotteskrieger‘ – und dieselben ehrenwerten Ziele erklärt: ‚Emanzipation‘, ‚nationaler Aufbau‘, ‚grenzenlose Freiheit‘ usw. In den westlichen Demokratien verbieten es die Verfassungen den politischen Parteien ausdrücklich, ihre konfessionellen Verflechtungen offen zu Schau zu stellen. Dies freilich hindert die Lobbyisten nicht an ihren Einflussnahmen, wobei deren religiöse oder politische Programme von humanen Wertvorstellungen ebenso weit entfernt sind wie in solch primitiven sozialen Kontexten, in denen die Religion immer noch wirkt wie eh und je: als Opium für das Volk.

Diskursive Unternehmungen wie die hier vorgelegte entkommen nicht den sprachlichen Zwängen jeder Erzählung, dass nämlich das komplexe und verzwickte Leben nicht auf die Dimensionen von Textanfang und -ende reduziert werden kann. Der Humanismus beweist vielmehr seinen Wert einzig in den gelebten Manifestationen dessen, was die utopische Vision von den Menschen auf der Suche nach ihrer Vervollkommnung fordert. Darum ist eine der Bedingungen für die Verwirklichung der humanistischen Ideen, Träume und Wünsche der unablässige Vergleich zwischen dem, was gedacht, erträumt und ersehnt wurde, mit den wirklichen Erfahrungen der Menschen. Das humanistische Kriterium ist entscheidender als alle religiösen Maßstäbe für die Beurteilung der ideologischen Unterschiede zwischen den politischen Bewegungen der Gegenwart und ihren Handlungsweisen. Statt uns auf dem trügerischen Feld eines kruden Gegensatzes zwischen dem Islam und dem Westen zu bewegen – wie dies die Theoretiker des Kampfes der Kulturen tun – verfolgen wir die sich ändernden – und notwendig unübersichtlichen – Grenzlinien zwischen den Kämpfern für einen demokratischen Humanismus und den Vertretern militanter Bewegungen, die mit Systemen verschwistert sind, die eine doppelte Moral auszeichnet und die auf zynische Weise von Staaten missbraucht werden, die in jedem Fall – wie auch immer – eine große historische Verantwortung tragen.

Eine der Funktionen des Humanismus ist es immer gewesen, durch die Bereitstellung von Beurteilungskriterien, Wertvorstellungen und Legitimitätsmerkmalen die chaotischen Transformationen, die der Menschheit jeweils durch eine Politik des *fait accompli* auferlegt wurden, zu beurteilen. Dieser Prozess der reflektierenden Konfrontation der tatsächlichen Ereignisse der Geschichte mit den Forderungen eines kritischen Humanismus wurde, wie wir gesehen haben, in der Zeit des klassischen Islam in erheblichem Maße geleistet. In den langen Perioden, in denen sich das Prinzip der Gesetzlosigkeit mit dem offiziellen politischen Diskurs die sozialen Räume der Intervention teilte, waren seine Wirkungen sehr begrenzt und immer gefährdet.

Die Konzeption eines demokratischen Humanismus, wie er hier entwickelt wurde, kommt nicht umhin, sich in kritischem und konstruktivem Rückblick auch der Gedankentraditionen zu vergewissern, die im Zeitalter der Globalisierung weiterhin einen entscheidenden Einfluss auf den Verlauf der Geschichte haben werden.

Übersetzung: Henner Laass
(Für wertvolle Hinweise danke ich Aladdin Sarhan, der das Manuskript auch im Hinblick auf die Schreibung der arabischen Namen sehr sorgfältig durchgesehen hat. H.L.)

Teil II
Sachgebiete

Marcus Llanque

Humanismus und Politik

1. Das Spannungsverhältnis zwischen Humanismus und Politik

Humanismus und Politik stehen in einem grundsätzlichen Spannungsverhältnis zueinander. Es gehört zu den Begleiterscheinungen der Politik, den Menschen als Mittel und als Objekt zu begreifen: sei es als Soldat, sei es als Wählermasse, die es beide zur Verfolgung anderer Ziele zu mobilisieren gilt und dessen Meinung man beeinflusst oder gar manipuliert, dessen Wahlverhalten man kalkuliert. Der Mensch ist hier als Quantum einer statistisch in den Blick genommenen Population erfasst, deren Durchschnitt errechnet wird. Der Ausdruck Statistik leitet sich nicht zufällig von der gleichen Wurzel ab wie der Begriff des Staates, da die moderne Staatlichkeit mit der Kalkulierung der personellen wie materiellen Ressourcen einsetzt, die die politische Elite vornehmen muss, um ihre Macht einzuschätzen und zu steigern. Der Humanismus dagegen definiert den Menschen als Ziel und Endzweck allen Verhaltens und betont die unverwechselbare Individualität jedes Einzelnen. Da nicht nur böse Absichten, sondern meist die Handlungszwänge allen politischen Akteuren auferlegen, den Menschen als Mittel zu sehen, um die politischen Ziele zu erreichen, und zwar auch dann, wenn humanitäre Ziele verfolgt werden, stellt sich Politik immer in einen gewissen Gegensatz zum Humanismus. In der humanitären Intervention werden Menschen gebraucht, um Menschenrechte zu schützen, in der Biopolitik steht das Innerste des Menschen zu seiner technischen Verfügung und in beiden Fällen muss die Politik abwägen und entscheiden, ob die Ziele die Mittel rechtfertigen.

Der Humanismus kann Politik begrenzen wollen, sie aber

auch legitimieren. Am Begriff der Humanität arbeitete sich die politische Philosophie immer wieder ab. Hannah Arendt interpretierte Cicero als den Entdecker der Humanität in dem Sinne, dass es gelte, sich nicht von abstrakten Moralvorstellungen tyrannisieren zu lassen. Die Humanität müsse bewahrt werden vor theoretischen Spekulationen und dogmatischem Denken, die in Ethik und Politik fürchterliche Folgen haben können. Im Anschluss an Cicero bedeutet Humanität für Arendt die Ausbildung von Urteilskraft und dies erfordert jene breite, umfassende Bildung, die für den Humanismus so kennzeichnend ist. Das würde zugleich bedeuten, dass Humanismus keine Denkbewegung sein darf, die zu dogmatischen Schlüssen kommt, sondern die Antwort auf die Frage nach dem Humanum offen lässt. Dies ist um so bedeutender, als der Humanismus der Politik auch als Legitimationsquelle dienen kann.

Denn die Erwartung auf die ‚Humanisierung‘ des Lebens verlangt eine aktive Gestaltung der menschlichen Umwelt, um Strukturen eines menschenwürdigen Lebens zu schaffen. Humanität dient der Rechtfertigung dieser Veränderung, die immer auf Kosten der Güter und Werte einzelner Menschen gehen kann, die sich einer solchen Veränderung widersetzen. Die Humanisierung der Arbeitswelt macht Vorschriften, wie ökonomische Prozesse zu gestalten sind, und sanktioniert dies auch, die humanitäre Intervention verwendet militärische Gewalt und in diesem Zusammenhang Menschen als Mittel, nämlich als Soldaten, um Menschenrechte zu schützen oder ihre Beachtung dauerhaft sicherzustellen.

Schon diese kurze Skizze zeigt, in welchem komplexen Spannungsverhältnis Humanismus und Politik zueinander stehen. Hier liegt es nahe, ideengeschichtlichen Aufschluss zu verlangen. Gerade der Humanismus lebte von der Antikenrezeption (Cancik 2003: 23-42; vgl. Canciks Beitrag in diesem Band), fand dort Motivation und Maßstab seines Denkens. Doch bereits die antiken Philologen sahen in der *humanitas* verschiedene Bedeutungsschichten miteinander konkurrieren. Aulus Gellius (2. Jh.

n. Chr.) fragte, ob *humanitas* die Übertragung von *philantropia* oder von *paideia* sei.[1] Beides beinhaltet politische Bezüge, die Gellius nicht thematisierte. Im Sinne der *philantropia* konnten siegreiche Feldherrn beispielsweise ihren Soldaten sagen, dass sie um der Menschenliebe willen das traditionelle Recht des Eroberers, Leben und Gut der Eroberten in Besitz zu nehmen, nicht in Anspruch nehmen sollten.[2] Die Antike besaß ein aus moderner Sicht barbarisches Kriegsrecht, was viele Humanisten gerne bei ihrer Suche nach klassischen Vorbildern ausgeblendet haben. Und wenn von einem anderen antiken Politiker gesagt wurde, seine Menschenliebe habe ihm so manches Stadttor geöffnet, das er mit militärischer Gewalt nicht zu öffnen imstande war,[3] so offenbart sich hier ein geradezu machiavellistischer Umgang mit der Philanthropie als einem klugen Mittel zur Erreichung politischer Zwecke, modern gesprochen als umsichtige Ergänzung von *hard power* durch *soft power* (Nye 2004).

Gellius legte die *humanitas* auf den Strang der *paideia* fest. Aber auch hier ist nicht eindeutig feststellbar, was dies für das Verhältnis von Humanismus und Politik bedeutet. Man ist geneigt, die *paideia* mit dem deutschen Bildungsbegriff der Klassik zu identifizieren, und die Klassiker und Neuhumanisten wie Werner Jaeger sowie viele kritiklose Anhänger des humanistischen Gymnasiums waren sehr bestrebt, dies zu erreichen (Jaeger 1970: 18-32). Aber die Frage bleibt, wofür antike Erziehung gedacht war, und es lässt sich zeigen, dass Isokrates (436-338 v. Chr.) oder Cicero damit die Ausbildung zum Redner meinten, der seinen eigentlichen Wirkkreis in der Politik fand. Politik war hier die Krone menschlichen Agierens und Bildung der Weg, diesen Gipfel zu erreichen. Die Klassiker sahen dies aber anders und Politik war auch kein Schulfach an den humanistischen Gymnasien. Das war ein schwerer Fehler für ein Volk, das – wie Max Weber einmal sagte – eher auf Bismarck vertraute, als sich selbst politisch zu erziehen.

Antikenrezeption kann also zu sehr unterschiedlichen Ergebnissen führen. Alle Rezeption erfolgt stets selektiv und gelangt aufgrund des die Rezeption begleitenden Problembewusstseins

zu sehr unterschiedlichen Ergebnissen:[4] Während im Platonismus (nicht aber Platon) die Weltabgewandtheit und damit
auch die Apolitizität des Humanum betont wurde, erkannte die
Cicero-Rezeption gerade umgekehrt in der Politik den Gipfel
des Menschentums in Begriffen der *vita activa* und der Tugend.
Die Epikur-Rezeption schließlich ging einen völlig anderen Weg
und fand über basale Überlegungen zum Glücksstreben und
der Furcht des Menschen als die allen Menschen gemeinsame
Grundhaltung einen völlig neuen Zugang zur Politik. Auch der
Antikenbezug erlaubt es daher nicht, von dem einen Humanismus
zu sprechen.[5] So lassen sich vielmehr drei Varianten humanistischen Denkens unterscheiden, die in Hinblick auf die Politik
sehr verschiedene Verknüpfungen vornehmen: der klassische
Humanismus, der aufgeklärte und dann der naturalistische Humanismus. Das Verhältnis von Humanismus und Politik lässt sich
ideengeschichtlich daher nur als Geschichte dreier verschieden
verlaufender Diskurse erfassen.

2. Drei Konzepte des Humanismus

‚Humanismus‘ als eine Reflexionsform politischen Denkens ist
der abendländischen Kultur zuzuordnen und entbehrt daher nicht
des Einwandes des Eurozentrismus (Stölting 2003: 95-110). Diese
Kultur ist aber geprägt durch die Konkurrenz unterschiedlicher
Diskurse, in welchen das Verhältnis von Humanismus und Politik
sehr unterschiedlich gedeutet wird. Insoweit haben wir es mit
einer permanenten, miteinander verflochtenen Debatte zwischen
unterschiedlichen Varianten des Humanismus zu tun, einer Art
interkultureller Kommunikation innerhalb der europäischen Kul-
turfamilie humanistischen Denkens. Man kann folgende Diskurse
voneinander unterscheiden: den *antiken Bildungshumanismus*, der
dann in der Klassik neu aufgegriffen wurde, den *aufklärerischen
Humanismus* sowie den *naturalistischen Humanismus.* Die Unterschiede bestehen hauptsächlich in der Frage, worin der Kern
des *Humanum* gesehen wird, und hieraus folgen dann auch sehr

unterschiedliche Folgerungen für das Politikverständnis. Versteht man unter Humanismus die Natur des Menschen als eines Gattungswesens, welches durch Absehen von allen sozialen und politischen Besonderungen erkannt werden kann (naturalistischer Humanismus), dann hat sich die Politik der Sicherung dieser Lebensgrundlagen zu widmen. Im aufklärerischen Humanismus sind es dagegen gerade die politischen und sozialen Fähigkeiten des Menschen, die ihn als Lebewesen auszeichnen, weshalb hier der Politik die Aufgabe gestellt ist, diese Fähigkeiten in der Politik und nicht gegen die Politik zur Geltung zu bringen (der Staat der Bürger- und Menschenrechte). Der antike bzw. klassische Humanismus schließlich betont ein normativ anspruchsvolles Persönlichkeitsbild des Menschen, das potenziell jedem Menschen eignet, aber erst in einem Bildungsprozess vollständig errungen werden kann, so dass der Staat letztlich nur als Kulturstaat, das heißt, als Ermöglichung und Unterstützung dieses Entwicklungsprozesses Geltung erlangt.

2.1 Bildungshumanismus und Klassik

Die ,Humanismus' genannte Epoche der Ideengeschichte und die Renaissance standen im Zeichen der Debatte über die Frage des Verhältnisses und über den Vorrang von *vita activa* und *vita contemplativa*, die in der Antike ihren Ausgang nimmt.[6] Ethik wie politische Philosophie der Renaissance knüpften an Aristoteles Einschätzung an,[7] wonach die Vernunfttätigkeit des Menschen die höchste seiner Vermögen sei, mit der Folgerung, der *vita contemplativa* den Vorzug vor der *vita activa* zu geben. Die stärker dem Platonismus zugehörigen Autoren steigerten die weltabgewandte Quelle menschlicher Vernünftigkeit zu einer Brücke ins Göttliche, mit welcher der Mensch letztendlich verschmelzen könne.

In seinem berühmten Anklagebrief[8] spricht Petrarca zu Cicero wie zu einem Freund, dessen Fehltritt erörtert werden muss. „Wie konntest Du Dich nur auf die Politik einlassen? Wie konntest Du nur die Philosophie fahren lassen für die

schmutzige Politik, an deren Ende Deine Ermordung stand?"
Petrarca interpretierte Ciceros Lebensweg als Exempel für den
Vorzug der philosophischen Einsamkeit, für die *solitudo gloriosa*
(Baron 1966: 121f). Das war die *vita solitaria*,[9] die uns als *vita
contemplativa* bekannt ist. Die mit Petrarca wesentlich initiierte
Vorstellung der *studia humanitatis* nahm als eine Art Weltflucht
hier ihren Ausgangspunkt. Die Beschäftigung mit antiken Texten versetzte die Interpreten in eine andere Welt. Während der
hochpolitischen Auseinandersetzungen auf Konzilen wie dem von
Konstanz suchten die Humanisten nach antiken Schriftrollen in
den Klöstern, deren Bewohner den Wert dieser Texte offenkundig
nicht mehr zu schätzen wussten.

Das Loblied auf die Menschengattung und die Hervorhebung
der Würde des Menschen, das Bartolomeo Fazio (*De excellentia
ac praestantia hominis*, um 1450) oder Giannozzi Manetti (*De
dignitate et excellentia hominis* 1452, gedruckt Basel 1532) und
schließlich Pico della Mirandola (*De dignitate hominis* 1487) in
der Renaissance anstimmten, diente auch der Befreiung aus der
Umklammerung, welche die augustinisch inspirierte Anthropologie mit der Lehre von der Erbsünde des Menschen errichtet
hatte. Unabhängig von der Versicherung der göttlichen Liebe
kann jetzt der Mensch als Teil der Menschheit betrachtet werden,
was zugleich ein Solidaritätsgefühl für den anderen Mensch als
Teil derselben Gattung mit sich bringt, zu deren Gedeihen jeder
seinen Beitrag leistet.[10]

Die Würde, die in der Renaissance dem Menschen als solchem
zugesprochen und die nicht mehr aus seiner Gottesgeschöpflich-
keit abgeleitet wird (Pöschl 1989: 42-49; Hilpert 2007: 39-54),
beruht immer auf einer gewissen normativen Erwartung seiner
Exzellenz: der Mensch muss seine Würde auch beweisen, indem
er sich zum vollen Menschsein bildet. Daraus folgt sogar, dass
man denjenigen Menschen, die dieser Exzellenz in ihrem Wesen
widersprechen, das Menschsein absprechen kann. In einem Brief an
Tommaso Minerbetti sagt Marsilio Ficino, dass solche Menschen,
die „unmenschlich" handeln, also grausam sind oder dumm, in

gewisser Hinsicht „weniger Mensch sind als die anderen". Nero
war Ficino zufolge „kein Mensch, sondern ein Ungeheuer, einem
Menschen nur durch seine Haut ähnlich".[11]

Diese Haltung, in welcher auf der Suche nach dem Wesen
der Humanität Menschen ihre Menschlichkeit abgesprochen
wurde, hatte ihren politischen Sinn in der Bekämpfung von
Tyrannen (Turchetti 2001: 291-365). Den Tyrannenmord zu
rechfertigen gab es viele Versuche und der Humanismus bot
hier auch seinen Betrag. Die deutsche Klassik orientierte sich
dagegen an einem idealisierten griechischen Vorbild des Menschentums, interpretierte die *paideia* als ‚Bildung', jedoch unter
Nichtbeachtung ihrer politischen Komponenten. Das war den
politischen Rahmenbedingungen der deutschsprachigen Welt,
ihrem Duodezfürsten-Provinzialismus und den mehr oder weniger
absolut regierenden Monarchen geschuldet, gepaart mit einem
skeptischen Blick auf die französischen Revolutionäre und das
von ihnen angerichtete Chaos.

Für Wilhelm von Humboldt gab die Französische Revolution
das Problem auf, die dort unter politischen Vorzeichen errichtete
staatliche Erziehung auf ihr Verhältnis zur Bildung zu befragen
(Humboldt 1792a und 1792b). Der höchste und letzte Zweck
des Menschen ist für ihn die höchste Ausbildung seiner Kräfte in
schönsten Proportionen und unter Beibehaltung seiner Individualität (Humboldt 1960a [1792]: 56-233; 2. Kap.). Grundsätzlich
besteht die eigentliche Aufgabe des Staates darin, diese Ausbildung
der individuellen Kräfte zu fördern. Humboldt unterscheidet
aber zwischen der „Sorgfalt des Staates" für das positive und das
negative Wohl. Der Staat soll sich nur um das negative Wohl
kümmern, das heißt um die Sicherheit des Menschen. Wo sich
der Staat positiv, das heißt planerisch und gestaltend in das Wohl
des Menschen einmischt, fällt dies zum Nachteil aus, da dies
nur Einförmigkeit bringt, wo doch die individuelle Vielfalt das
entscheidende ist. Anfänglich hat Humboldt sogar die öffentliche Erziehung abgelehnt und auf die private Erziehung gesetzt
(Humboldt 1960a [1792]: 6. Kap.), sicherlich beeinflusst von

den Experimenten der französischen Revolution. Später wurde Humboldt zu einem Mitbegründer der nach ihm benannten Universitäts-Idee, die zwar als öffentliche Anstalt geplant war, aber der staatlichen Führung entwunden, zweckfrei forschen sollte und auch finanziell auf eigenen Beinen zu stehen hatte. Dies brächte letztlich auch dem Staat den größten Nutzen, aber dieser Nutzen war für Humboldt nicht die Legitimation der Erziehung. (Vgl. auch die Ausführungen von Steenblock in diesem Band.)

Friedrich Schiller interpretierte die Bildung als Erziehung zu einer Art ästhetischer Lebensform, und zwar in einer gewissen resignativen Abwendung von der Politik. Im 9. Brief seiner „Ästhetische Erziehung" beschreibt er den folgenden Zirkel: „Alle Verbesserung im Politischen soll von Veredlung des Charakters ausgehen – aber wie kann sich unter den Einflüssen einer barbarischen Staatsverfassung der Charakter veredlen" (Schiller 1993: Bd. 5, 570-669, hier: 592f). Das schließt zwar die Forderung nach einer Verfassung der politischen Freiheit implizit ein, aber der Zirkel wird von Schiller nicht durch die Politik zerschlagen, sondern durch die Kunst.

Herders Konzept von Humanität offenbart einen Blick für die globale Fragestellung. Die Erörterung, was der Mensch ist, setzt bei ihm ein mit der Frage, was seine Stellung im Kosmos sei, und daher setzen seine „Ideen" mit dem solaren Planetensystem ein, gehen über zum allgemeinsten Leben von den Pflanzen bis zu den Tieren und bestimmen dann erst die Eigentümlichkeit der Gattung Mensch (Herder 1784-1791). Herder entwickelt aus dieser Gesamtschau ein Gespür für die Bedeutung der Vielfalt menschlicher Lebensformen, was für den heutigen Kosmopolitismus sehr anregend wirkt, sofern er den Pluralismus der Kulturen betont (Muthu 2003: 7). Sein deskriptiver Blick geht jedoch übergangslos in eine normative Gesamtbetrachtung über, da er alle beobachtbaren menschlichen Erscheinungsformen als Aspekte der teleologischen Selbstentfaltung der Humanität des Menschengeschlechts im Ganzen auffasst. So erfüllen auch alle Regierungsformen ihren Teil in dieser Entwicklung der menschlichen

Anlagen (Muthu 2003: II 9, 4). Dieser Fortschrittsoptimismus wird bei ihm zusammengehalten durch das Wirken Gottes, so wie auch die Religion der Gipfel der Humanität ist und die europäische Kultur den Vorrang vor allen anderen Kulturen einnimmt, da sie ihm in diesem Entwicklungsgang am fortgeschrittensten gilt. So sehr also die Vielfalt gepriesen wird und so sehr einzelne Ausdrucksformen der Humanität vor der vorschnellen Wertschätzung oder Verurteilung geschützt werden, so sehr ist dieser Relativismus eingebettet in eine Einheitsvorstellung, die durch die Annahme Gottes als des Weltschöpfers stabilisiert ist.

2.2 Naturalistischer Humanismus

Der Bildungshumanismus und die sein Erbe antretende Klassik suchten die Exzellenz des Menschen und fanden sie in der Bildung. Doch dies war nicht der einzige Weg, im Anschluss an antike Texte das Wesen des Menschen zu erforschen. Wer nicht ein normatives *telos*, sondern die empirische Befindlichkeit als Indikator des Menschseins identifizierte, stellte das Glück oder die Furcht und somit die materiellen Bedürfnisse in den Vordergrund. Dies war im weitesten Sinne in einer Rezeption Epikurs möglich. Inwieweit die in der Frühneuzeit neu einsetzende Rezeption des Epikureismus (Mulsow/Schmitz 2004: 47-85) zu einer naturalistischen Perspektive auf Recht, Moral und Politik beigetragen hat, ist noch wenig erforscht. Es ist noch nicht einmal ganz klar, was man sich unter einer Theorie des Rechts und der Politik im antiken Epikureismus vorzustellen hat, ob etwa die Charakterisierung als ‚unpolitisch‘ nur die bereits zeitgenössische Kritik hieran aufgreift (Salem 2004: 23-43), oder ob sich dahinter ein damals neuartiges Politikverständnis verbirgt, das von den meisten Zeitgenossen unverstanden blieb (Scholz 1998).

Jedenfalls erwachte in der Spätrenaissance das Interesse am Menschen, dessen Natur weder christlich noch antikisierend idealisiert modelliert wurde, sondern in seinem Verhalten in praktischer Konstellation erkundet wurde. Das Paradigma schuf Niccolo Machiavelli. Er wollte seine Erkundungen zu den Bedingungen der Möglichkeit freiheitlicher Politik – ein Motiv, für das die *Discorsi* ein eindeutiges Zeugnis ablegen – auf die Basis der praktisch relevanten Natur des Menschen stellen, wie sie ungeschönt in der Politik zu Tage tritt. Hier halfen keine normativen Postulate, sondern nur Schlussfolgerungen praktischer Politik, wie er sie aus den Geschichtsbüchern zusammenstellte und nach bleibenden Mustern befragte. Man kann nicht soweit gehen, zu sagen, Machiavelli sei von der Schlechtigkeit des Menschen ausgegangen. Aber er war Realist genug, um zu erkennen, dass so klare Ziele wie die Selbsterhaltung von politischen Akteuren, mögen sie Tyrannen oder Bürger sein, nicht erreicht wurden, wenn man nicht den Umstand in Rechnung stellte, dass die Appelle an die Würde des Menschen nicht immer die Herzen der Menschen erreichen, vor allen dann nicht, wenn die politische Handlungskonstellation dies nicht erlaubte.

Eine für das Politikverständnis nachhaltige Rezeption Epikurs ist bei Thomas Hobbes erkennbar, wenn er das Glücksstreben zum Angelpunkt des Verständnisses des Humanum erklärte. Er interpretierte dies politisch als fundamentales Sicherheitsbedürfnis und errichtete in diesem Rahmen seine politische Theorie des Leviathan (Wilson 2008: 180). Der Mensch wird von dem Streben nach Glück und dem Vermeiden von Schmerz in seinem Verhalten determiniert. Seine Vernunftbegabung erlaubt es dem Menschen, Gefahren weit vorauszusehen, bevor sie sich realisieren. Erst die Konkurrenzsituation in einer Gesellschaft, die mangels eines staatlichen Gewaltmonopols sich selbst überlassen ist und in welcher Sicherheit ein knappes Gut ist, zwingt den Menschen dazu, in einem permanenten Kriegszustand zu leben, nicht seine moralische Schlechtigkeit oder die Erblast des Sündenfalls.

Alle naturalistischen Theorien sahen sich massiven Atheismus-Vorwürfen ausgesetzt. Wer alleine im Menschen nach dem Anker gesellschaftlicher Ordnung suchte und wie Hobbes einen Staat als sterblichen Gott kreierte, der nur aus den ihn bevölkernden Menschen besteht, verzichtete auf Gott und damit auf den großen Bürgen der Moralität des Menschen. Insoweit ist der naturalistische Humanismus auch des 19. Jahrhunderts eine Emanzipationsbewegung gewesen, in welcher neben den in der Aufklärung kritisierten Normen von Tradition und Konvention nun auch noch die letzten Reste transzendenter Normgebung in Gestalt der Religion unter Beschuss gerieten. Nicht Gott hat den Menschen nach seinem Ebenbilde geschaffen, sondern umgekehrt der Mensch Gott nach seinem. Die Gottesidee aus der menschlichen Anthropologie heraus zu erklären, war das Anliegen der David Friedrich Strauss-Schule. In deren Bahnen befeuerte Ludwig Feuerbach die Linkshegelianer, die Antwort nach dem wahren Wesen des Menschen in der praktischen Lebenswelt zu suchen.

Karl Marx nahm die Grundidee der Linkshegelianer auf und definierte den Menschen über seine Tätigkeit, seine Interaktion mit der Natur, und das hieß: seine verarbeitende Produktivität. Dieser Ansatz verfolgt ein letztlich humanistisches Ziel, nämlich den „menschlichen Menschen" aufzufinden und die Entfremdung rückgängig zu machen, in welcher sich der moderne Mensch laut Marx befindet, wobei das Menschliche in seiner asozialen Lebenswelt gesehen wird (Marx 1968 [1844]: 536).[12] Die Emanzipation des Menschen von seiner Naturabhängigkeit besteht hier nicht in der geistigen Befreiung von den leiblichen Bedürfnissen, sondern in der rationalen Organisation ihrer Befriedigung, und das heißt für Marx: in der rationalen Organisation der gesellschaftlichen Produktion. Die Humanität ist das Zu-sich-selbst-Kommen des Menschen als eines gesellschaftlichen Wesens, auf dessen Wege die Gesellschaft zunächst als das Fremde, Bedrohende und Unterdrückende wirkt, bevor Mensch und Gesellschaft in ein vollendet vermitteltes, organisiertes und zugleich freies Verhältnis treten können. In diesem Stadium der Gesellschaftsentwicklung werden die natürlichen Bedürfnisse des Menschen in freier Assoziation befriedigt werden können. „Historischer Materialismus" war der marxistische Ausdruck für eine objektive, auf wissenschaftlichem Erkenntniswege gewonnene Einsicht in die Natur des Menschen. Wo die Natur des Menschen naturwissenschaftlich erkundet

wird, kann man von einem *naturalistic* oder *secular humanism*
sprechen, wobei Marxens politik-ökonomischer Naturalismus
von Naturwissenschaftlern, Charles Darwin und T.H. Huxley
zum Beispiel (Kurtz 2001: 240), noch überboten wurde. (Zum
Wiederaufleben naturalistischer Strömungen in den zeitgenössischen Wirtschaftswissenschaften vgl. Herrmann-Pillath in
diesem Band).

Auch wenn dies der naturalistische Humanismus nicht in-
tendierte, so waren doch ihm verwandte Spielarten der Sozialdarwinismus und der Rassismus, die mit sehr kurzschlüssigen
Argumenten aus der Naturwissenschaft Gesellschaftslehren zogen
und die wissenschaftliche Selbstkritik und das Methodenbewusst-
sein durch Ideologie und Dogmatik ersetzten. In dem durch den
Nationalsozialismus zur Politik erhobenen Sozialdarwinismus war
man wieder an die in der Renaissance diskutierte Möglichkeit der
Bestialität des unmenschlich gewordenen Menschen erinnert.

2.3 Bürgerhumanismus und aufklärerischer Humanismus

Hinter der Kontroverse um den Vorrang von *vita activa* oder *vita
contemplativa* in der Renaissance standen auch konkrete soziale
und politische Ordnungsentwürfe. Die *vita contemplativa* wurde
oft mit dem mönchischen Lebensideal des Klosters gleichgesetzt
(Kristeller 1976: 68-70). Dieses Ideal ersetzten die Humanisten
durch das private Leben, welches erfüllt ist durch humanistische Studien; nicht selten gleicht die Selbstbeschreibung dieser
Humanisten in ihrer Studienzelle der entsprechenden Tätigkeit
in einem Kloster. Die stadtstaatliche Lebenswelt jedoch und die
drängenden Aufgaben der bürgerschaftlichen Selbstregierung
ließen im Bürgerhumanismus stärker das Ideal der *vita activa*
emporkommen, verstanden als politische Partizipation. Bür-
gerhumanisten waren enger mit der stadtstaatlichen Lebenswelt
der oberitalienischen Städte verbunden. Sie kritisierten an der
Auffassung vom Vorrang der *vita contemplativa*, dass ein solches
Leben nur einer sehr kleinen Elite von Menschen möglich ist
und dass für ein gelungenes Menschenleben letztlich beide

Komponenten von Bedeutung sind (Baron 1966: 94-133). Die wichtigste antike Referenz für die Theorie vom Vorrang der *vita activa* waren römische Autoren, allen voran Marcus Tullius Cicero, der aber nun nicht mehr wie Petrarca als Vorbild der lobenswerten *vita contemplativa* rezipiert wurde, sondern als Befürworter der *vita activa*.[13] Zwar folgt Cicero Überlegungen der Stoiker, wonach die Güter der Erde den Menschen insgesamt zunutze sein sollten, und zwar als eine natürliche Konstante. Er geht aber darüber hinaus, indem er hervorhebt, dass der Mensch nicht nur für sich selbst geboren ist, sondern gesellschaftliche Bande eingeht, von denen noch vor denen der Familie und der Freundschaft die Bande des Gemeinwesens von Bedeutung sind. In diesem Sinne schuldet der Bürger der Heimatstadt mehr als den Eltern.[14] Das steht in einem unmittelbaren Zusammenhang mit dem Wesen der moralischen Verpflichtung. Der Naturauftrag der Menschen, ihren gemeinsamen Nutzen in den Mittelpunkt zu stellen, wird im Modus der Gegenseitigkeit der Leistungen ausgeübt. Das Geben und Nehmen des Wirtschaftsverkehrs, die persönlich erworbenen Fachkenntnisse und nicht zuletzt auch die Opferbereitschaft festigen das Band zwischenmenschlicher Zusammengehörigkeit.[15] Dieses Band wird aber maßgeblich in und durch die Bürgerschaft geknüpft. Die Pflichten erwachsen aus dem gegenseitigen Nutzen und vor ihrem Hintergrund klärt sich die Frage nach den konkreten Tugenden. Die Anforderung der Pflicht ergibt sich nämlich nur aus der jeweiligen Situation.[16] Und die politische Wertschätzung des Redens und Handelns als den konstitutiven Bausteinen der politischen Gemeinschaft begründet den Vorrang der Praxis vor der Theorie. Das hat Cicero in die Formel von *„ratio et oratio"* gebracht.[17] Statt Petrarcas Betonung des *otium* steht hier das *negotium* im Zentrum und bildet den Maßstab, ob ein Mensch tugendhaft ist oder nicht.

Mit der Besinnung auf die politische Gemeinschaft, welcher das Individuum zugehört, geht allerdings auch ein Aspekt verloren, der im stärker christlich geprägten Humanismus eine große Rolle spielt: die Organisation zwischenmenschlicher Kooperation nach dem Vorbild der Liebe und Brüderlichkeit im Bewusstsein der Zugehörigkeit zu einer über politische Grenzen hinweggehenden Glaubensgemeinschaft. Christliche Brüderlichkeit und humanistische Freundschaft als Leitmodelle haben allerdings sehr unterschiedliche Anknüpfungsmöglichkeiten an politische Organisationsprinzipien (Rüegg 1979: 9-30). Erasmus von Rotterdam setzte traditionell auf die Herrscherethik des christlichen Fürsten, Thomas Morus formulierte ein Utopia, in welchem platonische Überlegungen, vor allem das Gemeineigentum institutionell umgesetzt waren. Beiden gemeinsam ist eine klare Vorstellung vom ‚guten Leben', das zu ermöglichen die politische Ordnung zur Aufgabe macht. Zu diesem guten Leben gehörte aber nicht die politische Freiheit (Llanque 2008b: 149-152).

Der Bürgerhumanismus ging in den Republikanismus über, der von Machiavelli aufgegriffen, durch James Harrington im englischsprachigen Raum verbreitet bis in die Gründung der Republiken diesseits und jenseits des Nordatlantik am Ende des 18. Jahrhunderts nachhaltig das politische Denken wie die politische Praxis prägte. Hier wird die Freiheit nicht negativ formuliert, wie es später der Liberalismus tat: als Freiheit vor dem Zugriff des Staates, sondern positiv: wonach die natürliche Ausdrucks- und Betätigungsweise des Menschen als eines *animal politicum* die politische Partizipation ist. Den Menschen von der Teilnahme an der Politik und damit an der Mitentscheidung über sein Schicksal fernzuhalten, ist die größte Freiheitsberaubung (Pocock 1985: 37-51, hier: 40f).

Hand in Hand gingen auf beiden Seiten des Atlantiks die Gründung politischer Ordnung und die Erklärung von Menschenrechten vor sich. Nicht nur wurden auf einer zuvor seit vielen Jahrhunderten unbekannten breiten Basis der Partizipation Republiken gegründet, sie verständigten sich über und verpflichteten sich auf gesetzte Normenprogramme, in deren Mittelpunkt individuelle Rechte standen, und zwar Bürger- und Menschenrechte zugleich. Dieser Vorgang war auf das Engste verbunden mit bestimmten Visionen des Kosmopolitismus, denn sowohl in Nordamerika wie in Frankreich sahen sich die Akteure nicht nur vor die Aufgabe gestellt, ein politisches Vakuum mit einer neuen Definition von Macht zu füllen oder die Unabhängigkeit von einem Imperium zu erreichen, sie sahen sich als Speerspitze einer Menschheitsbewegung, die sie mit ihren regionalen Republikgründungen auf den Weg bringen wollten. Nicht zuletzt dieser Optimismus, dieser Horizont der Zielsetzung und auch die dabei mitschwingende Naivität, die dann rasch von den Realitäten eingeholt, aber nicht überholt wurde, lassen den Einfluss humanistischen Denkens erkennen. Das war aber nicht nur das Resultat eines Rezeptionsprozesses, der bürgerhumanistisches und republikanisches Denken aufnahm, es war auch die Reaktion auf ein drängendes Problem – die Sklaverei.

3.   Der Humanismus der Moderne

3.1 Sklaverei, Menschenrechtserklärungen und Würde

Im unmittelbaren Vorfeld der Menschenrechtserklärungen am Ausgang des 18. Jahrhunderts standen sehr unmittelbar praktische Probleme Pate, allen voran die Knechtschaft im Allgemeinen und die Sklaverei im Besonderen (Davis 1966; Garnsey 1996; Bush 2000). In einem sehr scharfen Bruch mit allen antiken Vorbildern war die mit der Plantagenwirtschaft der Neuzeit wieder rasant zunehmende Verbreitung der Sklaverei ein für viele unerträgliches und mit ihren elementaren Menschenbildern unvereinbares Phänomen geworden. Christliche Sekten genauso wie Philosophen beteiligten sich an Gesellschaften zur Befreiung von Sklaven und zur Abschaffung der Sklaverei, und viele Autoren etwa der französischen Menschen- und Bürgerrechtserklärung hatten in der Anti-Sklaverei-Bewegung ihre Agitation begonnen.

Den meisten Akteuren war klar, dass sich die anspruchsvollen menschenrechtlichen Ziele nicht alleine durch ihre Erklärung und auch nicht durch den zunächst rein negativen Akt der Befreiung von Sklaven erreichen ließen. Bürger zu sein hieß nicht nur ein befreiter Sklave zu sein und nominell als freier Mensch zu gelten, sondern auch politisch unabhängig zu sein. Die Semantik der Sklaverei behielt daher ihre besondere politische Brisanz und es ist kein Wunder, dass sich bei weitem nicht nur die *chattel-slaves*, die schwarzen Plantagensklaven, die wie Vieh-Besitz aufgefasst wurden, dieser Semantik bedienten. Die Amerikaner selbst rechtfertigten ihre Erhebung gegen die britische Krone mit dem Argument, dass sie nicht länger Sklaven sein wollten, die Frauenbewegung verglich ihre politische Rechtlosigkeit und ihre häusliche Abhängigkeit mit dem Status von Sklaven, und Karl Marx verglich die politische und soziale Lage des Proletariats mit derjenigen von Sklaven, beide hätten nur ihre Ketten zu verlieren.

Auch die Allgemeine Erklärung von 1948 verbietet die Sklaverei und ähnliche Abhängigkeitsverhältnisse, kann sie aber mit der bloßen Verbotserklärung nicht aus der Welt schaffen. Das Problem blieb bestehen, die Welt so einzurichten, dass diese Zustände unmöglich wurden, und das ist eine politische Aufgabe und keine Frage der angemessenen Beschreibung der menschlichen Natur als eines Trägers ‚angeborener' Rechte.

Die Erfahrung des Nationalsozialismus und der von ihm rezipierten Traditionsbestände des 19. Jahrhunderts wie Rassismus und Hyper-Nationalismus hatten Hannah Arendt sensibilisiert für den Missbrauch der Politik, den der Naturalismus des Denkens betrieben hatte. Dem Menschen Rechte nur aufgrund seines Menschseins zu gewähren positionierte den Begriff der Menschheit an die Stelle, die zuvor Natur oder Geschichte eingenommen hatten (Arendt 1986 [1951]: 465ff). Arendt stellte das nicht in Abrede, fragte aber nach den Bedingungen der Möglichkeit der Umsetzung. Nur die Schaffung eines politischen Raumes, in welchem das Handeln der Menschen aufeinander bezogen ist und man sich Rechte wie die Menschenrechte gegenseitig verspricht, werden Menschenrechte wirklich.

Für Arendt ist die Ausdrucksweise, der Mensch habe ‚angeborene' Rechte, schon ein zu weit gehender Naturalismus, da sie unterstellt, der Mensch könne Rechte vor und unabhängig von der

Politik haben; Arendt vertritt demgegenüber die Meinung, dass die Natur des Menschen etwas ‚Präpolitisches‘ ist, die Politik aber dem Menschen eine ‚Person‘ verleiht, die erst Rechte zuspricht und ihre Ausübung erlaubt (Arendt 1965: 151f). Hannah Arendt bezeichnet den staatenlosen Menschen als den modernen Sklaven, er sei vielleicht noch endgültiger aus der Menschheit ausgestoßen als dieser (Arendt 1986 [1951: 463). Der Sklave ist ebenso wie der Staatenlose auf das Wohlwollen und den Paternalismus seiner Mitmenschen angewiesen, der Bürger dagegen lebt in einer politischen Ordnung und kann an dessen Gestaltung partizipieren und damit an seinem persönlichen Schicksal mitwirken. Aus dieser Sicht ist mit der Akzeptanz der Menschenrechte durch Regierungen der entscheidende Schritt aus der Sklaverei noch nicht gemacht: er erfolgt erst mit dem Status als Bürger.

Kein Mensch kann auf Rechte Anspruch erheben unabhängig von der Gemeinschaft, der er zugehört, sondern nur im Kontext solcher Gemeinschaften. Das erste und entscheidende Menschenrecht ist daher das Recht, Rechte zu haben, womit Arendt die Möglichkeit meint, als Glied einer Gemeinschaft an der Zuerkennung und Verteilung von Rechten aktiven Anteil zu haben. Eine Folge dieser Überlegung ist es, die sozialen Rechte des Menschen im Wohlfahrtsstaat für sekundär oder sogar störend zu erachten, da sie verkennen, dass nur die politischen Partizipationsrechte die primären Rechte sind. Hier hilft es auch nicht, soziale Rechte „auf Nahrung, Kleidung und Fortpflanzung" als quasi-natürliche Grundrechte zu formulieren und den Staat zu verpflichten, dieses Minimum eines menschenwürdigen Lebens zu garantieren, denn die Folge einer solchen Einstellung ist die Gegenüberstellung von Mensch und Staat, in welchem sich der Mensch zu einem Adressat von Distributionsleistungen macht, auf die er Ansprüche erhebt, ohne sich selbst als Distributor zu verstehen. So verliert der Mensch den Sinn für die politische Freiheit und fügt sich einer Tyrannei, die Tyrannei bleibt, auch wenn sie Wohlfahrt verspricht. Arendt steht hier in einer langen Reihe von Kritikern der menschlichen Natur (von La Boetie bis zu Tocqueville), die beobachteten, dass der Mensch dazu neigt, die Versorgung für die Freiheit einzutauschen und so der Tyrannei den Weg bahnt, deren unmenschlichstes Antlitz Arendt am Beispiel des Nazi-Regimes sehr deutlich vor Augen hatte.

Das Humanum sucht Arendt daher nicht im *homo naturaliter*, der auch rassisch definiert werden kann, sondern in der *vita activa* und damit den Eigenschaften des Menschen, die ihn dazu in die Lage versetzen, mit anderen zu kommunizieren und zu kooperieren und den Raum zu schaffen, in dem ihre Versprechen wirklich werden (Arendt 1967 [1958]), darunter dasjenige auf gegenseitige Anerkennung von Rechten. Die so charakterisierte *vita activa* nimmt Arendt gegen alle Technologisierung, Sozialisierung und Psychologisierung des gesellschaftlichen Selbstverständnisses in Schutz und kann insoweit als ein energischer Gegner des naturalistischen Humanismus gesehen werden (Boll 1997: 17). Arendt hat damit ein klares Rangverhältnis innerhalb der Menschenrechte aufgestellt und den politischen Rechten den Vorrang vor den sozialen zugesprochen.

Ohne politische Räume keine Menschenrechte. Alle Ausrufungen eines *„ius humanitatis“* (Ward 2003: 87ff) zeigen die Tendenz, die politisch errungenen Räume für die Verwirklichung humanistischer Ideale für selbstverständlich zu erachten und die politischen Erfordernisse zu schätzen, die nötig sind, um diese Räume weiterhin aufrechtzuerhalten. Hieran ändert auch der mittlerweile im Zentrum des Humanismus stehenden Begriff der Würde nichts (Tiedemann 2007).[18] Das moderne Verständnis der Würde ist wesentlich von Kant geprägt worden. Kant radikalisierte den stoischen Ansatz (Nussbaum 1997: 1-25), wonach das Wesen des Menschen in seiner Vernunft zu sehen sei, und formte diesen Ansatz zu absoluten Normen um. Dazu zählt bei Kant der Begriff der Würde. Würde spricht Kant dem Seienden zu, das keinen Preis hat (Kant 1983 [1785]: 68). Daraus folgt das Gebot der Achtung und des Respekts gegenüber allen Menschen. Der kategorische Imperativ gebietet daher (in einer der von Kant vorgelegten Varianten), der Mensch solle niemals

als Mittel und überall nur als Zweck behandelt werden (Kant 1983 [1785]: 61).

Kants Würdebegriff greift Aspekte des humanistischen Bildungsstranges auf, vernachlässigt aber alternative Deutungen wie die römische *dignitas*, die stets soziale und politische Komponenten in sich trug. Cäsar führte den Bürgerkrieg um seiner *dignitas* willen, ein Grund, der selbst von seinen Gegnern grundsätzlich anerkannt wurde, auch wenn sie von ihm mehr Mäßigung verlangten (Raaflaub 1974). Der Grad an *dignitas* bemisst sich am Herkommen, den Ämtern, die man innehat und an der individuellen politischen Leistung (Pöschl 1989: 13). Sie kommt ferner ins Spiel, wenn es darum geht, unabhängig vom geltenden Recht die rechte, weil würdige Handlungsweise zu wählen: Der junge Cäsar erinnerte in seiner Senatsrede, in welcher er von der Todesstrafe für die catilinarischen Verschwörer abriet, dass die römischen Väter in den Punischen Kriegen bei der Wahl ihrer Mittel nicht danach gefragt hätten, wozu sie ein Recht gehabt hätten, etwa in Fragen der Vergeltung gegen die von den Puniern benutzten Mittel, sondern was ihrer würdig sei.[19]

Zwischen dem römischen Sprachgebrauch und der Moderne liegen Vorstellungen wie die christliche Demut und die demokratische *egalité*, die es dem modernen Menschen erschweren, die römische *dignitas* zu verstehen (Pöschl 1989: 8f). Rom kannte keine absolute Gleichheit, sondern Ränge. Laut Cicero hat die Forderung nach Gleichheit ungleiche Wirkungen, wenn sie keine Abstufungen der Würde kennt.[20] Die Frage ist immer nur, ob diese Ränge als natürliche behauptet werden oder kulturell definiert und damit disponibel oder sogar politisch kreiert sind; denn die magistratische Ämterverfassung einer Republik ist nichts anderes als die Schaffung von flexibler Ungleichheit mit guten Gründen in Hinblick auf Kompetenzen und Privilegien. Aus diesen sozial wie politisch bedingten Relationen ergeben sich dann auch unterschiedliche Pflichten, die nicht einfach zwischen dem abstrakten Menschen und einem anderen abstrakten Menschen liegen, sondern zwischen sozial wie politisch situierten Menschen.

Deutlich ist aber, dass die Würde nicht ohne den sozialen und politischen Kontext, ohne den kulturellen Sinnhorizont der Auslegungsgemeinschaft zu verstehen ist, in welcher der Begriff gebraucht wird. Das Spannungsverhältnis von Humanismus und Politik wird nicht dadurch aufgehoben, dass man das Humanum mit Hilfe des Würdebegriffs konzeptionell absolut setzt, es wird nur verdunkelt. Humanismus ohne Rücksicht auf den kulturellen Kontext gerät in Gefahr, ins Leere zu laufen.

Was sind die Grundlagen eines würdigen Menschseins und wie soll dies politisch organisiert werden? Von jeher haben die Menschen- und Bürgerrechtserklärungen die doppelte Verankerung des Menschen in individuellen sowie kollektiven Bezügen berücksichtigt. Freiheit, Gleichheit, Unverletzbarkeit des leiblichen und seelischen Wohls waren die Devise. Das seelische Wohl wurde anfangs weitestgehend mit der Freiheit des religiösen Bekenntnisses und ihrer Praxis identifiziert, bevor eine Gruppe von Dichtern in England in der ersten Hälfte des 19. Jahrhunderts versuchte, eine *religion of humanity* zu postulieren (darunter Wordsworth, Coleridge, George Eliot. Siehe: Ward 2003: 25-31). All diese individuellen Ansprüche waren in den Erklärungen mit dem Bürgerstatus verknüpft, so dass neben den individuellen Rechten auch die Forderung nach Repräsentation und Gewaltenteilung in diese Erklärungen aufgenommen wurde (Llanque 2008a: 311-333).

Das ist auch in der Allgemeinen Erklärung der Menschenrechte von 1948 der Fall. Weit davon entfernt, ein in sich geschlossenes, homogenes System von Normen zu formulieren, stoßen teilweise sehr verschiedene, zum Teil sogar divergierende Konzepte des Menschlichen aufeinander. So finden wir Rechte, die eindeutig den Menschen als Individuum deuten und eine Sphäre abstecken, in welcher er vor staatlichem Zugriff geschützt sein soll, andere sprechen ihm die politische Partizipation zu (Art. 20-21). Einige Rechte sprechen den Menschen als sozial integriertes Wesen an (Art. 22). Schließlich finden wir Rechte, die Aspekte der Kultur und der Bildung behandeln (Art. 26-27). Neben die Rechte treten ausdrückliche Pflichten, die das Individuum der Gemeinschaft schuldet, wobei die tragenden moralischen Prinzipien der demokratischen Ordnungen, welchen Individuen zugehören, ausdrücklich anerkannt werden (Art. 29). Individuelle und politisch kollektivierte Autonomie stehen in der Allgemeinen Erklärung von 1948 genauso nebeneinander wie in den klassischen Erklärungen der Menschen- und Bürgerrechte ausgangs des 18. Jahrhunderts, ihr Spannungsverhältnis ist weder thematisiert noch gelöst, sie hat dieses Verhältnisses auf ein neues Niveau gebracht und vor allem in einem normativen Dokument fokussiert, das wie kein anderes in der Geschichte der Menschheit Einfluss auf die reale Politik genommen hat und weiterhin nimmt, auch wenn es in einer bestimmten Auslegung auf die individuellen Rechtsansprüche reduziert und damit seines Bezuges zur Politik beraubt wird.

3.2 Die Humanisierung der Politik

Sklaverei ist der deutlichste Fall, in welchem der einzelne Mensch der Macht anderer Menschen ausgeliefert ist, sie ist jedoch nicht der einzige. Krieg als eine der typischen Handlungskonstellation in der Politik bedroht nicht nur die beteiligten Soldaten, die besonders dann als schutzwürdig gelten, wenn sie verwundet oder gefangen wurden, sondern in zunehmender Weise auch Zivilisten in den Kampfgebieten, die der konzentrierten Waffengewalt organisierter Armeen ausgeliefert sind. Die Humanisierung der Politik und ihrer Mittel ist so vor allem eine Geschichte der Humanisierung des Krieges (Best 1980). Wie Grotius eingangs seines *De iure belli ac pacis* von 1625 schreibt, dem Meilenstein des modernen Völkerrechts, sah er sich durch die barbarischen Umstände der Kriegführung seiner Zeit zur Abfassung seines Werks motiviert (Grotius 1625, Prolegomena). Rousseau löste das Dilemma von menschlichen Soldaten als Mitteln und Soldaten als Menschen dadurch auf, dass er den Krieg als bloße Auseinandersetzung zwischen Staaten definierte, in der Soldaten die bewaffneten Instrumente der Staaten waren. Daher war es erlaubt, sie militärisch zu besiegen, waren sie aber entwaffnet, wurden Soldaten wieder

zu einfachen Menschen, die zu töten niemand mehr ein Recht
besitzt (Rousseau 1762: I 4). Die humanitäre Intervention steht
am Ende der langen Geschichte der Idee des gerechten Krieges
und der zivilisierten Kriegführung, an dessen antikem Beginn
die Konvention stand, dass besiegte Soldaten und die Bewohner
eroberter Städte als Sklaven verkauft werden durften.

Bereits im 19. Jahrhundert gehörte die Idee einer „Humani-
tätsintervention" zu den Instrumenten der internationalen Politik
(Grewe 1988: 575-583), auch wenn ihr politischer, moralischer
wie völkerrechtlicher Status ungeklärt blieb. Da man sich nicht
auf existierende, völkerrechtlich bindende Abkommen berufen
konnte, blieb nur entweder die Möglichkeit des Verweises auf
‚höheres‘ Recht, wobei klassisch das Naturrecht oder die Gepflo-
genheiten der ‚Zivilisation‘ genannt wurden. Die Humanität
war die Legitimationsquelle einer Außenpolitik, ob unilateral
oder multilateral. Das galt gerade in solchen Fällen, in welchen
ansonsten für gültig und auch wertvoll befundene politische
wie völkerrechtliche Prinzipien verletzt werden mussten (zumal
das Nichtinterventionsgebot oder die staatliche Souveränität),
um das konkrete politische Ziel, beispielsweise den Schutz von
Minoritäten, zu erreichen.

Die Haager Konferenzen 1899 und 1907 transformierten die
Idee humanitärer internationaler Politik in ein völkerrechtliches
System, allen voran in der Haager Landkriegsordnung (Dülffer
1981). Der Weltfriede war das erklärte Ziel des Initiators, Zar
Alexander II. Geregelt wurden Fragen der Rüstungsbeschränkung,
der Beschränkung der im Kriege erlaubten Waffen sowie der
Umgang mit Nichtkombattanten und mit nicht mehr kampffä-
higen Kombattanten. Im Zentrum der Regeln standen der Schutz
gefangener oder verwundeter Soldaten, für die zuvor die Genfer
Konvention von 1864 ein Regelwerk errichtet hatte. Das Interesse
an einer gegenseitigen Beachtung des Regelwerks auch und gerade zum Schutze eigener Bürger bot eine erhebliche Motivation,
dem Vertragswerk beizutreten. Der weit blickende Gedanke, den
Luftkrieg zu verbieten wegen der damit verbundenen Risiken für

die Zivilbevölkerung, konnte sich nicht durchsetzen. Wie stets war die Frage der Durchsetzung des Abkommens eine Frage ihrer organisatorischen Umsetzung und der Schaffung adäquater Institutionen. Die Haager Gerichtshöfe, vom Internationalen Gerichtshof bis zum Internationalen Strafgerichtshof, erweisen ihre Effizienz freilich immer nur im Zusammenspiel der sie tragenden Staaten.

Die humanitäre Intervention, also die Konstellation einer gezielten Verletzung der Menschenwürde bestimmter Personen zum Schutze anderer, ist schließlich die letzte Variante des humanitären Völkerrechts, in dem wieder Staaten mit den für sie typischen Mitteln, der militärischen Macht, intervenieren. Sie reicht von der singulären und temporären Intervention bis zur dauerhaften Präsenz militärischer Macht zum Zwecke der Schaffung von Strukturen, die erst die Anerkennung humanitärer Normen erlaubt (Fox 2008).

In vielen Fällen ist die mediale Präsenz von Menschenrechts-verletzungen für demokratische Öffentlichkeiten so unerträglich, dass der moralische Druck auf die dortigen Regierungen wächst, zu agieren, auch wenn nationale Interessen ebenso wenig betroffen sind wie Mitbürger. Die Auswahl der Operationsgebiete einer humanitären Intervention und die Intensität und Effizienz der dabei zur Anwendung gelangenden Mittel unterliegen dabei keiner allgemeinen Regel und sind auch nicht mit der Art und Intensität der Menschenrechtsverletzung gekoppelt.

Die Dilemmata der humanitären Intervention sind im Bereich der bildungshumanistischen Tradition unlösbar. Da hier das humanistische Denken aus dem Humanum Normen ableitet, die der Politik als Maßstab entgegengestellt werden, können die Kontexte nicht angemessen berücksichtigt werden. Das führt aber zu unauflösbaren Problemen ethischer Argumentation (Kersting 2000: 187-231). Oder aber es führt gar zur Desavouierung jegli-cher humanitären Legitimation der Politik, da die argumentativen Inkonsistenzen von der Politik ausgenutzt werden können, weshalb Chomsky ironisch seit der Kosovo-Intervention der NATO von

einem „*military humanism*" spricht (Chomsky 1999: 38-80).
Gleichwohl hat sich der Gedanke durchgesetzt, die humanitäre
Intervention als ein ‚Recht' auszuformulieren und in den Bereich
der Menschenrechte aufzunehmen. Die Lösung kann dann nur
darin bestehen, die politische Verantwortung für solche Rechte,
deren Umsetzungen nicht beabsichtigte Konsequenzen mit sich
bringen können, institutionell zu organisieren. Daher wird hier
nur der aufklärerisch-republikanische Humanismus eine Lösung
parat halten können. Solche Lösungen wurden im Rahmen des
Kosmopolitismus gesucht.

3.3 Kosmopolitismus

Man muss den kynischen vom stoischen Kosmopolitismus unterscheiden; der kynische ist die weltabgewandte Lebensform der
Bedürfnislosigkeit; der stoische dagegen eine zur konkreten Politik alternative Lebensweise (Schofield 1991: 141-145). Auch im
stoischen Fall ist allerdings das leitende Erkenntnisinteresse nicht
politisch, denn die Vorstellungen des politischen Aufbaus einer
solchen Kosmopolis reichen an utopisches Denken heran. Von
Zenon (ca. 490-430 v. Chr.) ist uns das Bild von der Menschheit
als einer friedlich grasenden Herde überliefert, gepflegt durch das
gemeinsame Gesetz.[21] Das Hirtenmotiv führt dann aber wiederum
zur Rechtfertigung einer monarchischen Herrschaftsstruktur, da es
nahe liegt, den König als Hirten aufzufassen.[22] Die eher metapho-
rische Idee einer Polis der Gelehrten bei Zenon (Schofield 1991:
94-101) trägt auch nicht zur Präzision des Gedankens bei. Der
Kosmopolitismus ist in dieser Phase anti-militaristisch, die Megapolis
ist weltumspannend, kennt keine Feinde und bedarf daher auch
keiner Waffen zu ihrer Verteidigung (Scholz 1998: 336).

Immerhin erschließt sich im antiken Kosmopolitismus allmählich der Gedanke, dass trotz der kulturellen und politischen
Differenzen menschlicher Lebensräume über alle Grenzen hinweg
der Mensch einer Gattung zugehört und hieraus Konsequenzen
gezogen werden können für Ethik und Politik. Nicht zufällig
setzten stoisch Erzogene im römischen Kaiserreich diese Linie

fort, allen voran Marcus Aurelius (121-180 n. Chr.). Er folgerte aus der Gemeinsamkeit des menschlichen Vernunftvermögens, dass die Menschen als Bürger eines obersten Gemeinwesens zu gelten haben, zu dem die übrigen Gemeinwesen gleichsam wie Häuser gehören. Damit stellte er auch die Frage, zu welchem Gemeinwesen die Menschheit als Ganze gehört, wenn nicht eben zu einem Weltstaat.[23] Dessen Aufbau blieb aber politisch unbeantwortet. Von Interesse ist jedoch der bei Marc Aurel anklingende Aspekt der doppelten Bürgerschaft, in welcher man Bürger der römischen politischen Ordnung und zugleich, als Mensch, Bürger des Universums ist (Morford 1999: 147-164).

Der stoische Gedanke einer mit Geltung für die Menschheit zu ergründenden Normenordnung ist am intensivsten im frühneuzeitlichen Naturrecht erkundet worden, dessen wichtigster Ertrag das moderne Völkerrecht ist (Reibstein 1957; 1963). Von Hugo Grotius bis zu Samuel Pufendorf erschließt sich eine auf dem Wesen des Menschen begründete Normenordnung aus der Vernunft wie aus der von allen Menschen geteilten politischen Praxis. Daher spielt hier nun der Vergleich der politischen Praxis in unterschiedlichen Völkern und damit auch unterschiedlichen Kulturen eine erhebliche Rolle. Gewohnheiten und Konventionen bieten eine neue Grundlage, über bloße anthropologische Spekulationen hinausgehende Analysen vorzunehmen, um die politischen Grundlagen zwischenmenschlichen Agierens zu diskutieren, und zwar vom privaten Vertrag zwischen Individuen bis zu internationalen Verhaltensweisen in Hinblick etwa auf den Respekt gegenüber Gesandten und den Umgang mit Gefangenen. Es existiert kein Weltstaat, aber ein Weltrecht, das zu verletzen nicht nur einem Selbstwiderspruch gleichkommt, sondern auch politisch-praktisch negative Konsequenzen haben kann, da der Missetäter unglaubwürdig wird und Verbündete verliert.

Von hier ist es kein weiter Weg, das zwischen den Völkern geltende Gewohnheitsrecht zu einer Normenordnung der ‚Völkergemeinschaft' umzudeuten. Maßgeblich hierzu beigetragen hat Emer de Vattel in seinen *Le loi des gens* von 1758, der die

Idee der Völkegemeinschaft im menschlichen Wesen selbst verankerte (Vattel 1758: I, ch. 12 § 135). So gehört auch der politische Feind immer noch zu dieser Gemeinschaft. Man möge nie vergessen, dass auch unsere Feinde Menschen sind, sagt Vattel. Daher sollte die beherzte Verteidigung des Vaterlandes nie die gebotene Humanität gegenüber dem Feind vergessen lassen. Generosität und Mäßigung sind stets geboten und würden sich sogar oft auszahlen, da solche Taten mit Gleichem vergolten werden, wofür Vattel historische Beispiele aufzählt (Vattel 1758: III ch. 8 § 158). Andererseits thematisiert Vattel auch Grenzfälle, in welchen sich Menschen durch ihr eigenes Verhalten aus dieser Gemeinschaft ausschließen. Zumal tyrannische Herrscher, deren Handeln sich gegen die menschliche Rasse richtet, verlieren alle Anerkennung ihrer Souveränität und müssen wie ‚Monster‘ aus der Welt geschafft werden (Vattel 1758: II ch. 4 § 56).

Wie wird die Völkergemeinschaft zur politischen Organisation? Hier erweist sich der Gedanke des Weltbundes gegenüber dem des Weltstaates bislang als ertragreicher, die weiterhin wichtigste Referenz ist Immanuel Kant. Im internationalen (Kant sagt: „kosmopolitischen") Bereich vertraut Kant nicht nur auf die Kraft des Sollens, sondern wenigstens ergänzend auf die „Natur der Dinge", die gegen Widerstreben dazu zwingt, was im Resultat die Vernunft vorschreibt (Kant 1968a [1793]: 125-172, hier: 172). Die Natur sieht laut Kant keinen Weltstaat vor, denn die Natur zieht die Vielfalt der Einheit vor, um die menschlichen Anlagen möglichst in ihrer ganzen Breite zu befördern. Dazu kommt die Überlegung, dass der institutionelle Aufbau der Politik so erfolgen soll, dass selbst ein Volk von Teufeln, das nicht aus innerlicher Veranlagung den Vernunftgeboten Folge leistet, ihnen doch gehorcht, wenn diese Teufel wenigstens ‚Verstand‘ haben und den eigenen Vorteil zu erkennen vermögen. Die Verfolgung des Eigennutzes ist wiederum ein Motor für den Handelsgeist, der die Menschen dazu bringt, sich über die angestammten Grenzen hinweg zu vereinigen und kriegerische Auseinandersetzungen zu beenden, da sie nicht profitabel sind, so wenigstens Kants Meinung.

„Auf die Art garantiert die Natur, durch den Mechanismus in den menschlichen Neigungen selbst, den ewigen Frieden" (Kant 1968b [1796]: 195-251, hier: 227).

Auf relative Dauer kann der Frieden aber nur durch die Schaffung eines Friedensbundes gestellt werden. Dieser ist keine Vorstufe zu einem Weltstaat, sondern die Endstufe eines Prozesses der gegenseitigen Annäherung von Staaten, eine Endstufe, die wesentlich die gewaltenteilige Verfassung der Mitgliedstaaten im Innern voraussetzt und die Einigung darauf, auf bestimmte Mittel im Krieg zu verzichten, welche jeden Friedensschluss erschweren. Kant zählt hierzu vor allen Dingen Aspekte, die zum Bereich der humanitären Kriegführung zählen, und nennt als pars pro toto die Brunnenvergiftung. Kriege sind also nicht ausgeschlossen, aber werden nur noch gegen diejenigen geführt, die die Leitgedanken des Bundes verletzen und gegen diejenigen, die sich außerhalb des Bundes befinden. Eine wesentliche Leistung dieses Bundes ist die Schaffung eines Weltbürgerrechts, worin die stoische Idee einer Doppelbürgerschaft wieder auflebt: politisch und völkerrechtlich zwar nur einem Staat als Mitglied zuzugehören, aber als Individuum überall von allen Staaten als ein Weltbürger behandelt zu werden, was vor allem Fragen des Handels und des Gastrechts betrifft.

Der Völkerbund als Reaktion auf den Ersten Weltkrieg war dann ein erster supranational staatlicher Versuch der Umsetzung des Kosmopolitismus. Er scheiterte bekanntlich. Seinem Grundgedanken nach folgte er den kantischen Leitlinien stärker als es später die UNO tat. Der Völkerbund von 1919 verstand sich als Zusammenschluss demokratischer Staaten. Das Prinzip der Selbstbestimmung nach außen war mit dem demokratischen Prinzip nach innen im Sinne von ‚Selbstregierung' verknüpft (Art. 1 III Völkerbundsatzung). Doch schon die Aufnahme Abessiniens 1923 und der Sowjetunion 1934 (unter Protest der Schweiz) verletzte dieses Prinzip. Die UNO verlangt als Verhaltensmerkmal von den Mitgliedstaaten nur, dass sie „friedliebend" sind. Mit der Aufnahme Franco-Spaniens 1950 war klar geworden, dass die demokratische Staatsordnung kein Aufnahmekriterium ist (Cassese 1990: 158-160).

Verwirklichung der Humanität gehörte zu den vorrangigen Motiven bei der Gründung der UNO. Sie ist in der Präambel aufgeführt, und die Menschenrechte sind das normative Programm, das sich am eindeutigsten in diese Legitimationslinie stellt. Auch das UNO-Prinzip der kollektiven Sicherheit trägt zur Kosmopolitisierung der Politik bei: Die Bedrohung der Sicherheit an einer Stelle kann mittlerweile immer auch als Bedrohung der Weltsicherheit im Ganzen angesehen werden, partikulare Konflikte berühren also letztendlich alle Staaten, die sich daher diesen Problemen gemeinsam widmen müssen. Auf diese Weise ist die Menschheit als globale Größe längst in den Blickkreis der Politik getreten.

Freilich erwiesen sich die innerhalb der UNO eingerichteten institutionellen Vorkehrungen zum Schutze der individuellen Menschenrechte lange Zeit als begrenzt einsatzfähig und dann auch noch als wenig effizient. Immer deutlicher zeichnete sich ab, dass in der Konfrontation der Menschenrechte mit den anderen Prinzipien der UNO, der staatlichen Souveränität und dem Nichteinmischungsgebot, die letzteren die politisch vorrangigen waren: die unter Umständen nationalstaatlichen Interessen gehorchende Verfolgung der Verletzung der Humanität an einer Stelle sollte nicht die machtpolitische und völkerrechtliche Balance der Staaten insgesamt und damit die kollektive Sicherheit gefährden. Nichtregierungsorganisationen versuchten diese Lücke auszufüllen, da ihnen am wenigsten nationalstaatliche Interessenverfolgung unterstellt wird. Für die Arbeit von Organisationen wie Amnesty International (Hopgood 2006) ist die Berufung auf die Humanität als Ziel ihrer Arbeit die entscheidende Legitimation. Doch auch bei solchen NGOs zeigt sich das Spannungsverhältnis von Humanismus und Politik: Die früheren Debatten um die Frage, ob AI zum Beispiel die Apartheid in Südafrika als solche verurteilen oder sich immer nur auf individuelle Einzelfälle konzentrieren sollte, demonstrierten das anhaltende Dilemma: die Distanz zur

Politik scheint geboten, um den humanistischen Idealismus unter
Beweis zu stellen, aber die Verwirklichung humanistischer Ideale
ist nicht ohne Politik zu erreichen.

Es ist daher nicht zu erwarten, dass ein künftiger Weltstaat
aus sich heraus und unproblematisch das politische Äquivalent
zum humanistischen Begriff der Menschheit sein könnte. Die
Probleme liegen nicht zwischen partikular verfasster Politik
einerseits und universaler Menschheit andererseits, sie liegen
in der Vermittlung. Humanistische Normen, Ideale und Ziele
bedürfen der Institutionalisierung, um konkret zu werden. Die
Errichtung und die Aufrechterhaltung von Institutionen verlangen
wiederum die Beachtung politischer Bezüge, die sich von den
humanistischen Idealen verselbständigen müssen, um nicht zu
zerfallen. Das Spannungsverhältnis zwischen Humanismus und
Politik ein für alle Mal aufheben zu wollen, gehört zu jenen spekulativen Erwartungen, vor denen Hannah Arendt warnte. Als
Utopie gedacht, muss es jedoch nicht sinnlos sein. Wie schon
Max Weber wusste, ist in der Politik das Mögliche oft nur deshalb
erreicht worden, weil man das Utopische erstrebte.

Anmerkungen

1 Aulus Gellius, Attische Nächte 13, 17, 1.
2 Xenophon, Kyropaideia 7, 5, 73.
3 Xenophon, Agesilaios 1, 21. Dieses und das vorherige Beispiel bei Snell 1970: 239-258, hier: 245f.
4 Die Grammatik der Rezeption in der Ideengeschichte in Hinblick auf die politische Theoriebildung: Llanque 2008b.
5 Anders dagegen die Tradition, vgl. Buck 1987.
6 Für die Antike: Vogl 2002. Für den Humanismus: Buck 1987: 66-70. Für die Renaissance: Kraye 1988: 303-386, insbesondere 334-338; Matzner 1994.
7 Aristoteles, Nikomachische Ethik X, 7-8 und Politik VII 13: 1333a16-1333b3.
8 Petrarca 1942: Bd. 4, 226f.
9 Petrarca 1943: 131.
10 Pomponazzi 1938: 43, dt.: Kristeller 1974: 192.
11 Opera omnia, Basel 1572, 635, dt. Kristeller 1974: Bd 1, 188.
12 Zu Marx Einordnung in den humanistischen Diskurs des frühen 19. Jahrhunderts vgl. Cancik 1998: 317-332. Vgl. Fleischer 1972: 1-25.

13 Zur verwickelten Rezeptionsgeschichte Ciceros vgl. Llanque 2007: 223-242.
14 Cicero, De Officiis I, 57.
15 Cicero, De Officiis I, 22. Der Sinnspruch *non nobis solum nati sumus ortusque nostri partem patria vindicat* führt Cicero auf Platon zurück, ep. IX 358a; vgl. De finibus II, 45.
16 Cicero, De Officiis I, 30.
17 Cicero, De Inventione 1, 1, 2; De Officiis 1, 50; De Oratore 3, 56ff.
18 Mit einer reichen, aber selektiven Ideengeschichte: 109-172. Zur juristischen Deutung: Kretzmer/Klein 2002.
19 Sallust 51, 6; vgl. Pöschl 1989: 25f.
20 Cicero, De re publica I, 43.
21 Plutarch, Über das Glück oder die Tugend Alexanders des Großen 329a-b.
22 Xenophon Kyrop. I 1,2; Platon, Politicus 265-268; 274-276; vgl. Schofield 1991: 107.
23 Aurel 1998: III, 11 und IV, 4.

Carsten Herrmann-Pillath

Humanismus, Naturalismus und gerechtes Wirtschaften: Grundsätzliches am Beispiel der Entlohnung von Managern

Das Problem: Der Kapitalismus ist das erfolgreichste Wirtschaftssystem – aber ungeliebt, weil ungerecht?

Nach dem „Ende der Geschichte" durch den Zusammenbruch der meisten sozialistischen Systeme beobachten wir heute ein erneutes Aufleben der Frage, was ein gerechtes Wirtschaftssystem eigentlich ausmache. Weltweit verbreitet sich ein Unbehagen, ja eine ausgesprochene Unzufriedenheit mit den Verteilungsergebnissen des real existierenden Kapitalismus (und, im Falle Chinas, des weiterhin real existierenden Sozialismus, der in einen Staatskapitalismus mutiert scheint). Ein konkretes Beispiel ist die aktuelle deutsche Debatte über die Höhe der Managergehälter und den Mindestlohn, angeheizt durch Korruptionsfälle und Steuerbetrug. Diese Bedenken sind durch die weltweite Finanzkrise weiter verschärft worden, als deren Ergebnis die katastrophalen Folgen hochbezahlter, organisierter Verantwortungslosigkeit der Bankmanager von den Regierungen und damit den Steuerzahlern sozialisiert werden.

Eine klassische Antwort auf diese Fragen an die Marktwirtschaft besteht darin, dass zum einen die effizienten Marktergebnisse neutral hinsichtlich der Verteilung seien, und dass es zum anderen also kein ökonomisches Argument gebe, eine bestimmte Verteilung zu bevorzugen. Vielmehr müsse ein Werturteil gefällt werden: Dieses begründe dann Eingriffe in die Primärverteilung durch den Staat, typischerweise durch die Einkommensteuer.

Nach staatlichen Eingriffen wird dann auch gerufen, wenn es um Korrekturen der zunehmenden Spreizung zwischen Löhnen und Managergehältern geht.

Der moderne Kapitalismus hat also ein Problem: Er ist zwar das erfolgreichste Wirtschaftssystem der menschlichen Geschichte, aber er ist nach wie vor ungeliebt. Denn viele Menschen empfinden seine Ergebnisse als ungerecht – und zwar auch dann, wenn sich (wie etwa in China) die Lage *aller* Menschen absolut verbessert. Genau formuliert: Auch ein allgemeines Wachstum des Wohlstandes wird als ungerecht empfunden, wenn es gleichzeitig mit einer zunehmenden Spreizung der Verteilung einhergeht. Dieses Gefühl spitzt sich zu, wenn einmal wieder ein typisches Phänomen des Kapitalismus greift, nämlich seine Neigung, von Zeit zu Zeit Krisen größeren Ausmaßes zu generieren. Zuletzt war es die Weltwirtschaftskrise der dreißiger Jahre, die vor allem auch in den USA den Übergang zum Wohlfahrtsstaat anstieß. Dessen Probleme hatten Anfang der achtziger Jahre die globale Wende zum so genannten Neoliberalismus der Ära Thatcher und Reagan verursacht, die nun, angesichts der Finanzkrise, ein Ende zu finden scheint.

Ist es wirklich sinnvoll und möglich, den Marktprozess zu neutralisieren und die ethische Beurteilung auf das Ergebnis zu beschränken? Die Ökonomen sind in der Regel durchaus bereit, in umgekehrter Richtung diese Trennung aufzuheben: Zuviel Umverteilung dämpfe die Anreize für Unternehmertum. Ich möchte im Folgenden zeigen, dass wir die Trennung auch bei der Betrachtung des Marktprozesses aufheben können. Aus dieser Perspektive setzt eine Lösung des Verteilungsproblems bereits im Marktprozess selbst an und erfordert dezentrale Handlungen aller Akteure, die sich an ethischen Normen orientieren (also intrinsisch, nicht extrinsisch motiviert sind). Der Unterschied ergibt sich durch eine fundamental andere Verhaltenstheorie, die sich aus den neuen Ergebnissen der *Behavioral Economics* und der *Neuroeconomics* ableitet. Sie ersetzen den *Homo oeconomicus* durch einen Menschen aus Fleisch und Blut, sozusagen wörtlich

genommen. In der Wirtschaftswissenschaft entsteht ein humanistisches Bild der Wirtschaft aus eine Wende zum Realismus bei
der wissenschaftlichen Betrachtung des Menschen.

Überraschenderweise ist dieser Gedanke keineswegs neu:
Vielmehr findet er sich bereits beim Vater der Wirtschaftswissenschaft, Adam Smith. Er steht dem grundlegenden Konzept der
so genannten neoklassischen Wirtschaftswissenschaft entgegen,
nämlich der Figur des *Homo oeconomicus*. Der *Homo oeconomicus*
ist eine abstrakte Konstruktion, durch deren Hilfe ökonomische
Phänomene mit einem theoretischen Anspruch auf Universalität
erklärt werden. Damit fallen kulturelle Differenzen zwischen
Menschen ebenso unter den Tisch wie auch Bezüge auf eine,
wie auch immer konkretisierte, menschliche Natur. Ich möchte
im Folgenden zeigen, wie die neueren Entwicklungen der Wirtschaftswissenschaft eine Tür öffnen zur Neubegründung eines
Humanismus auch in der Wirtschaft, der sich an die kultur- und
geisteswissenschaftlichen Interpretationen anfügt.

Die naturalistische Wende der Wirtschaftswissenschaft – zurück zum Moralphilosophen Adam Smith?

Die neue ökonomische Sicht auf den Menschen ergibt sich aus
einem fundamentalen Wandel wirtschaftswissenschaftlicher
Forschung weg von einem axiomatischen Ansatz hin zu einem
‚naturalistischen‘. Damit ist zunächst gemeint, dass die Wirtschaftswissenschaft sich zunehmend naturwissenschaftlicher
Methoden bedient (zum Beispiel der Neurowissenschaft). Zum
anderen impliziert das aber auch, dass bezüglich fundamentaler
Fragen wie zur Natur des menschlichen Geistes eine naturwissenschaftliche Haltung eingenommen wird, also beispielsweise
die abstrakte Kategorie des subjektiven Nutzens gehirnwissen-
schaftlich untersucht wird. Das hört sich zunächst nach schnödem
Materialismus an. Ich möchte die vielleicht überraschende These
vertreten, dass diese Forschungsrichtung tatsächlich geeignet ist,
eine humanistische Tradition in der Wirtschaftswissenschaft neu

zu begründen, und dies am Problem der Verteilungsgerechtigkeit konkretisieren. In allen menschlichen Gesellschaften spielt die Frage der Gerechtigkeit von Wohlstandsunterschieden zwischen Menschen eine wichtige Rolle. Insofern erscheint diese Frage ein geeigneter Prüfstein für die Leistungsfähigkeit einer humanistisch orientierten Wirtschaftswissenschaft.

Eine solche konzeptionelle Wende ist möglich, wenn wir unter ‚Naturalismus‘ auch das allgemeine Bestreben verstehen, bestimmte Wertaussagen auf Aussagen über die menschliche Natur zu gründen. Das heißt nichts anderes, als dass sich unsere bewusste Gestaltung der Systeme, in denen wir leben, an der menschlichen Natur orientieren solle, in dem Sinne, dass nicht sein soll, was nicht sein kann. ‚Naturalismus‘ impliziert Restriktionen für unsere Gestaltungsfreiheit, was die institutionellen und organisatorischen Formen des menschlichen Zusammenlebens anbetrifft, aber er schreibt nicht positiv vor, was wir glauben und meinen sollten. In diesem Sinne war beispielsweise die klassische Kritik der sozialistischen Planwirtschaft auch eine ‚naturalistische‘: Gegeben die beobachtbaren Restriktionen für die menschliche Motivationsfähigkeit und Kapazität der Informationsverarbeitung, ist die Planwirtschaft eine unrealistische institutionelle Konstruktion. Dasselbe gilt für die allgemeine mathematische Theorie des wirtschaftlichen Gleichgewichts, die letzten Endes der oben skizzierten Trennung zwischen Marktprozess und Marktergebnis zugrunde liegt. Diese Fundierung allgemeiner Aussagen über mögliche und wünschenswerte ökonomische Systeme lässt gleichzeitig größten Spielraum für kulturelle und gesellschaftliche Vielfalt in deren konkreten Ausprägungen. Mir scheint diese Beziehung sehr eng dem kulturwissenschaftlichen Gedanken zu entsprechen, allgemeine Bestimmungsgründe des Menschseins zu identifizieren, die dann die Basis dafür bieten, zwischen der konkreten Vielfalt individueller und gesellschaftlicher Identitäten zu vermitteln.

Ich behaupte also: Das Bindeglied zwischen einem so ver-standenen Naturalismus und der Idee der Gerechtigkeit ist eine humanistische Position. Dieser Gedanke ist keineswegs neu. Vielmehr lässt sie sich bei Adam Smith (1759) bereits in voll ausgearbeiteter Form finden. Smith war in erster Linie Moralphilosoph und erst in zweiter Linie Ökonom. Seine Moralphilosophie war eine naturalistische und setzt damit eigentlich eine große Linie der europäischen (aber etwa auch chinesischen) humanistischen Tradition fort, die in Aristoteles ihre erste systematische Ausprägung gefunden hat. Die Ethik wurzelt in der Beobachtung und Analyse der menschlichen Natur. Die moderne ökonomische Verhaltenstheorie hat dies wiederentdeckt, wenn sie beispielsweise konstatiert, dass in Situationen strategischer Konkurrenz Fairnessnormen eine irreduzible Rolle für die Erklärung des beobachteten Verhaltens besitzen. Bei Smith finden wir bereits eine voll entwickelte naturalistische Konzeption der Moral, die eine Schlüsselrolle für seine Sicht der Wirtschaft spielt. Erst in jüngster Zeit wird diese Dimension seines Werkes auch in der Ökonomie wiederentdeckt, und zwar gerade auch im Kontext der *Behavioral Economics.*

Smiths Argument ist relativ leicht auf den Punkt zu bringen. Er sieht den Menschen als einen Komplex von *passions* an, die durch das soziale Miteinander einer Gestaltung unterliegen, im Sinne einer moralischen Entwicklung. Eine fundamentale Rolle spielt hier die *sympathy,* die Smith als die Freude daran versteht, sich in andere hinein versetzen zu können. Damit ist aber keine altruistische Neigung gemeint, die Smith als eine eigenständige emotionale Kompetenz betrachtet, vielmehr geht es um eine neutrale Befähigung zum gegenseitigen Verstehen. Aus dieser Eigenschaft bildet sich dann die weitergehende Fähigkeit heraus, die Position eines *spectator* einnehmen zu können, also diejenige eines außen stehenden Dritten. Im Zusammenspiel mit der institutionellen Entwicklung der menschlichen Gesellschaft reift diese dann zur Figur des *impartial spectator,* der die Grundlage bietet für die Entfaltung menschlicher Tugenden, wie vor allem der Gerechtigkeit. Der *impartial spectator* ist eine kognitive Konstruktion, aus der sich Maximen ableiten, wie die in vielen

Kulturen vorfindliche, dass man nicht anderen antun dürfe, was man selbst nicht erleiden möchte.

Interessanterweise hat Smith in den verschiedenen Ausgaben der *Theory of Moral Sentiments* zunehmend eine marktpessimistische Sicht eingenommen, die sich aus seiner Analyse der in der Wirtschaft wirksamen Motive ergibt. Smith war der Auffassung, dass die Triebkraft des wettbewerblichen Handelns nicht das Streben nach Nützlichkeit sei, sondern nach Prestige und Status. Insofern ist der Marktplatz auch der Raum für Intrigen, Täuschungen und Ungerechtigkeit. Die unsichtbare Hand des Wettbewerbs ist nur zureichend für die erwünschte Erreichung des allgemeinen Wohls, wenn sie institutionell eingebettet ist. Insbesondere sah Smith aber eine herausragende Rolle der gesellschaftlichen und politischen Eliten, nämlich als Vorbilder und als diejenigen, auf denen die Last der Umsetzung institutioneller Standards ruht.

Ganz offensichtlich hat die Smithsche Position größte Relevanz für unser Thema der humanistischen Rekonstruktion des Kapitalismus. Über Jahrzehnte haben Ökonomen explizit versucht, die *invisible hand* in der Theorie Smiths zu beweisen und sich hier ausschließlich auf die Annahme des rationalen Eigennutzes gestützt. Smith selbst stand dieser Position offensichtlich fern. Die heutige Entwicklung in der ökonomischen Verhaltenswissenschaft gibt aber der Smithschen Position Recht. Damit scheint sich eine Wende weg von der neoklassischen Theorie des Marktes zurück zu einer klassischen Sicht anzudeuten. Gerade für die Klassiker war aber auch das Verteilungsproblem von zentralem Interesse: Immerhin, Karl Marx war der letzte bedeutende Ökonom der Klassik. Eine humanistisch verstandene Wirtschaft ist eine gerechte Wirtschaft. Was kann das aber im Lichte der modernen Wirtschaftswissenschaft bedeuten?

Tausch und Markt als Grundformen menschlicher Kooperation: Warum Tauschen ohne Teilen nicht funktioniert

Ich möchte im Folgenden die These entwickeln, dass die moderne verhaltenswissenschaftliche Ökonomik zur Konsequenz hat, dass wir jeden wirtschaftlichen Austausch als eine Form der Kooperation begreifen müssen, und nicht primär oder gar ausschließlich als Ausdruck von Konkurrenz. Alles Weitere ergibt sich dann zwanglos aus dieser Annahme. Ich begründe sie naturalistisch.

Ausgangspunkt eines solchen Ansatzes ist die besonders von der Evolutionären Psychologie entfaltete Hypothese, dass wesentliche Elemente unseres heutigen Verhaltens durch kognitive und affektive Mechanismen zu erklären sind, die sich im Laufe der menschlichen Phylogenese als Ergebnis natürlicher Selektion ausgebildet haben. Dabei ist der Begriff ‚Mechanismen‘ sehr zentral, denn die Evolutionäre Psychologie lehnt explizit eine bislang grundlegende Annahme der Wirtschaftswissenschaft ab, nämlich die Existenz einer ‚universellen Rationalität‘. Stattdessen sieht sie den menschlichen Akteur als ein komplexes System von Entscheidungsmodulen an, die situations- und kontextspezifisch sind und nicht in ein kohärentes und logisch konsistentes Kalkül integriert. Die Koordination dieser Mechanismen wird durch Emotionen bewerkstelligt, die bestimmte Mechanismen in Abhängigkeit von bestimmten Definitionen der (vor allem sozialen) Situation aktivieren. Das bedeutet, die Evolutionäre Psychologie öffnet den Blick auf sozial-kognitive Mechanismen, die Interaktionen durch Interpretationen steuern, eine zunächst überraschend Verbindung zu einer verstehenden Soziologie Weberscher Prägung. In der ökonomischen Verhaltenswissenschaft wird dies als ‚*frame*‘ bezeichnet.

Schon dieser Ausgangspunkt ist sehr wichtig für unser Exempel: Wie interpretiert ein Topmanager die Situation, in der er sich als Beschäftigter jenes Unternehmens befindet, das er leitet? Es macht einen grundlegenden Unterschied, ob diese Situation in dem Sinne gedeutet wird,

- dass der Topmanager im Kontext eines Kapitalmarktes arbeitet, auf dem die Anteilseigner auf eine Maximierung ihres Vermögens drängen, und zudem sich selbst als Humankapital betrachtet, das auf einem Markt für Manager bewertet wird, auf dessen Nachfrageseite eben die Anteilseigner auftreten – das ist die Sichtweise, die sich mit dem Leitbild des *shareholder value* durchgesetzt hat;
- dass sie stark mit der Perspektive des ihm untergeordneten Arbeitnehmers kontrastiert, der sich zuvorderst als ein Mitglied des Unternehmens auffasst und den Arbeitsmarkt eher mit dem Zustand der Beschäftigungslosigkeit gleichsetzt, denn als allgegenwärtige Möglichkeit, seinen Wert als Humankapital durch Arbeitsplatzwechsel zu maximieren.

Nun sind aber beide, Manager und Arbeitnehmer, Beschäftigte ihres Unternehmens, ist doch der Manager kein Unternehmer-Eigentümer. Gleichwohl handeln sie unter völlig unterschiedlichen *frames*, mit denen diese an sich gleiche soziale Konstellation interpretiert wird. Dass *unterschiedliche frames* ganz unterschiedliche emotionale Zustände auch bei der ethischen Bewertung von prinzipiell logisch identischen Entscheidungssituationen generieren, ist ein gesichertes Ergebnis der verhaltensökonomischen Forschung.

Ein Beispiel ist das berühmte ‚Waggon-Dilemma‘, wo es darum geht, moralische Urteile über die legitime Tötung von Menschen zu bilden. Das Szenario besteht darin, dass eine Person das Leben anderer retten kann, wenn es einen Menschen opfert. Menschen bewerten rational identische Handlungsfolgen moralisch sehr unterschiedlich: Geschieht das Opfer durch eine eigene Handlung, die direkt zur Tötung führt, wird es normalerweise als moralisch inakzeptabel erachtet, während im Falle indirekt wirkender Mechanismen in der Regel eine moralische Befürwortung erfolgt. Die Basis für solche Entscheidungen sind eben genau das, was Adam Smith als *sentiments* bezeichnet hat, die ‚Emotionen‘ im Sinne der Evolutionären Psychologie.

Der Mensch tauscht ...

Die Forschung hat nun zeigen können, dass solche *framing*-Effekte von grundlegender Bedeutung für die Beschreibung der Funktionsweise menschlicher Vernunft sind und insbesondere auch im wirtschaftlichen Zusammenhang eine bedeutende Rolle spielen. Mehr noch, es erscheint inzwischen plausibel, dass gerade wirtschaftliche Interaktionen auch eine evolutionär entscheidende Rolle für die Entstehung solcher *frames* gespielt haben. Die Evolutionäre Psychologie hat nämlich die Hypothese durch vielfältige empirische Ergebnisse abstützen können, dass die Gattung Mensch sich durch die Eigenschaft auszeichnet, Tauschhandlungen in offener Weise durchführen und dabei besonders auf mögliche Täuschungen in Tauschhandlungen achten zu können. Anders gesagt: Der Mensch zeichnet sich gegenüber allen anderen Spezies dadurch aus, einen *instinct to trade* zu besitzen, und gleichzeitig dadurch, diesen Austausch unter dem Gesichtspunkt eines *social contract* zu betrachten.

Warum letzteres? Das hängt im Wesentlichen damit zusammen, dass viele Tauschhandlungen Täuschung ermöglichen, entweder hinsichtlich der Qualität der getauschten Objekte oder durch eine zeitliche Verschiebung zwischen den Teiltransaktionen. In der Tat ist es ein weiteres, ausgezeichnetes Merkmal der Spezies Mensch, lügen zu können, d.h. die Sprache zur Signalisierung falscher Sachverhalte einsetzen zu können.

Jeder Tausch setzt daher Vertrauen voraus. Die Evolutionäre Psychologie geht davon aus, dass diese Möglichkeit der Täuschung Anlass für ein so genanntes *evolutionary arm's race* war, das entscheidend zur Ausbildung der menschlichen Intelligenz beigetragen hat. Denn Menschen müssen in der Lage sein, die wahren Intentionen von Tauschpartnern nachvollziehen zu können – exakt das, was Smith als *sympathy* identifiziert hatte. Entsprechend lohnt es sich aber auch, immer bessere Fähigkeiten zur Täuschung auszubilden. Das Ergebnis ist eine spiralförmige Explosion kognitiver Fähigkeiten zur Antizipation und strategischen Entzifferung der Absichten des anderen, ohne freilich zur Lösung des Grundproblems wirklich beizutragen: Das Dilemma des sozialen Austauschs bleibt bestehen, *plus ça change, plus c'est la même chose.*

Können wir Aussagen darüber treffen, wie diese Austauschsituationen in der menschlichen Evolution typischerweise ausgesehen haben? Eine grundlegende Situation ist der Austausch von so genannten *contrived goods.* Ein solches Gut ist ein partiell öffentliches Gut, und zwar im Sinne, dass grundsätzlich ein Ausschluss möglich ist, aber gleichzeitig der Konsum nicht konkurriert. Ein einfaches Beispiel ist erlegtes Großwild. Grundsätzlich ist es möglich, andere vom Konsum des Großwildes auszuschließen. Gleichzeitig aber macht es eigentlich keinen Sinn, alleine auf ihm sitzen zu bleiben, denn mehr als essen kann der Mensch nicht, und der größte Teil des Großwildes wird verderben. Warum also nicht einfach teilen? Nun, hier treffen wir eben auf jenes Anreizproblem, das in der Wirtschaftswissenschaft eine Schlüsselrolle spielt. Denn wenn geteilt wird, warum sollten sich diejenigen, die am erlegten Gut nutznießen, überhaupt anstrengen, es zu erlegen? Großwildjagd setzt in der Regel Kooperation in einer Gruppe voraus, auch wenn der eigentliche Akt der Tötung durch ein einzelnes Individuum vollzogen werden mag. Kooperation eröffnet aber immer die Möglichkeit, auf der Anstrengung anderer ,freizufahren'. Ein an sich vernünftiger Akt, nämlich die freie Verteilung eines durch individuelle Anstrengung erlangten Überschusses, kann also unter Umständen zur Folge haben, dass sich alle weniger anstrengen.

Das grundlegende analytische Modell für die menschliche Gesellschaft ist also Rousseaus „Hirschjagd", die dieser bereits als eine solche Grundkonstellation begriffen hatte. Wenn eine Gruppe Jäger beschließt, einen Hirsch zu erlegen, warum sollten sie nicht, wenn sie dann einzeln in der Deckung liegen, lieber vorbeilaufende Hasen erlegen, um so die individuelle Ernährung zu sichern? Wie kann ich sicher sein, dass die anderen zu Gunsten des Hirschs verzichten, wenn ich das auch tue? Dieses Koopera-

tionsproblem ist in der Tat fundamental, und eine Weise, es zu
lösen, besteht darin, später diejenigen auszuschließen, die nichts
beigetragen haben. Doch woher weiß man das? Selbst wenn sie
einen Hasen gefangen haben, bedeutet das ja nicht notwendig,
dass sie den Hirsch nicht aktiv in die Falle gehetzt haben.

Viele weitere idealtypische Konstellationen ließen sich skizzie-
ren. Ihnen ist allen gemein, dass es um Formen des Austauschs
geht, die kompetitiv im Sinne der Anreize für Täuschung sind,
aber gleichzeitig kooperativ, was die optimale Lösung für alle
Beteiligten anbetrifft.

Ich gehe also im Weiteren von der These aus, dass die Grund-
form des menschlichen Tausches in der Kooperation begründet
liegt, denn Tausch setzt immer Vertrauen voraus, da die Gefahr
der Täuschung nie völlig auszuschließen ist. Er ist in diesem Sinne
sogar Ausdruck eines begrenzten Altruismus, nämlich der häufig
erforderlichen Bereitschaft, einseitig Vertrauen vorzuschießen.

Dieses Bild mag auf den ersten Blick schwer auf die modernen Börsen übertragbar sein, aber tatsächlich beobachten wir in
der Finanzkrise genau dieses Dilemma: Die Banken misstrauen
einander, Liquidität trocknet auf dem Interbanken-Geldmarkt
ein, denn niemand wagt es, selbst kurzfristig Geld an eine andere
Bank zu verleihen, könnte diese doch binnen weniger Tage in den
Konkurs gehen. Würden sich alle allerdings vertrauen, könnte
genau diese Gefahr von Konkursen stark verringert werden. In
der Krise zeigt sich also, dass selbst die Apotheose des modernen
Kapitalismus, der Kapitalmarkt, an der Wurzel auf Kooperation
aufbaut. Erst wenn das System läuft, können sich die Marktteil-
nehmer auf ihren Eigennutz konzentrieren. Aber das dahinter
stehende Vertrauen setzt die Möglichkeit von Kooperation voraus:
In der Krise kann nur die Kooperation zwischen den Banken das
System wieder in Gang bringen.

Kooperation ist in jedem Fall für den Bereich relevant, der
uns hier interessiert, nämlich den Arbeitsmarkt und die Tätigkeit in einer Unternehmung. Eine moderne Unternehmung ist
vergleichbar mit der Rousseau'schen Hirschjagd. Wie wir gleich

noch genauer betrachten werden, ist eine Unternehmung vor allem ein kooperatives Gebilde, das von einem endemischen Vertrauens- und Anreizproblem gekennzeichnet ist. Es ist aber auch ein Tauschsystem, denn die verschiedenen Beteiligten tauschen Geld gegen Leistung. Daher resultiert die oben skizzierte Oszillation zwischen den *frames* des Top-Managers und der Mitarbeiter.

Ein Ansatz, diese Oszillation aufzuheben, ist von einem der wenigen interdisziplinär arbeitenden Nobelpreisträger der Ökonomie, George Akerlof, als *gift exchange* bezeichnet worden. Akerlof fragte sich, warum in vielen Unternehmen Arbeitnehmer eigentlich zu gut bezahlt werden, wenn man einen strengen Marktlohnsatz als Bezug nimmt. (Hier haben wir natürlich gleich das Mindestlohnproblem!) Seine Antwort war: Arbeitnehmer und Arbeitgeber tauschen ‚Geschenke‘ aus, nämlich höherer Lohn gegen Loyalität und besonders hohen Arbeitseinsatz. Im Endeffekt rentiert sich also der höhere Lohn für beide Seiten, nur gehorcht er nicht der Marktlogik im strengen Sinne – was sich darin niederschlägt, dass manche Arbeitnehmer arbeitslos bleiben, da der Marktlohn über dem so genannten ‚Gleichgewichtslohn‘ liegt, bei dem sich die angebotenen und nachgefragten Mengen an Arbeitsleistung gesamtwirtschaftlich ausgleichen.

Wir treffen also genau auf den kritischen Punkt: Der Markt mag die Gehälter der Arbeitnehmer und Manager immer weiter auseinander treiben, aber für das kooperative Gefüge der Unternehmung kann das gerade dysfunktional sein. Die Marktlogik des Tausches unterscheidet sich grundsätzlich von der Reziprozität in der Unternehmung, die normativ gesteuert ist. Im Lohn treffen beide *frames* aufeinander, und zwar im Sinne der Komplementarität: Die Unternehmung kann ohne die Reziprozität nicht wirklich funktionieren, weil die fundamentalen Probleme des Vertrauens und der Motivation nicht über die Marktlogik lösbar sind (eben deshalb gibt es Unternehmen), und genauso wenig sind die Effizienzgewinne der modernen Wirtschaft möglich, wenn nicht der Marktwettbewerb optimale Allokationsentscheidungen erzwingt. Der Lohn hat immer die Doppelfunktion, eine Leistung zu entgelten, aber gleichzeitig sie überhaupt erst zu motivieren. Im Lohn treffen Kooperations- und Wettbewerbsprinzip aufeinander. Das gesamtgesellschaftliche Verteilungsproblem ist lediglich ein statistischer Reflex auf der Ebene der aggregierten Phänomene.

... und der Mensch teilt

Eine wesentliche Konsequenz dieses evolutionsgeschichtlichen Szenarios ist, dass Menschen ausgeprägte Vorstellungen über das Teilen internalisiert haben. Zu den am besten gesicherten Ergebnissen der jüngeren experimentellen Spieltheorie gehört es, dass Menschen beim Teilen Fairnessnormen anwenden, selbst wenn ihnen dies zum eigenen Nachteil gereicht, nämlich wenn sie entrüstet auf ‚unanständige‘ Angebote reagieren. Der Musterfall sind die so genannten Ultimatum- und Diktator-Spiele: Zwei Tauschparteien müssen sich über die Teilung eines Geldbetrages einigen, wobei eine Seite das Erstvorschlagsrecht hat, und – in einer Version dieser Spiele – die andere Seite entweder akzeptiert oder verwirft, wobei letzterer Entscheid den gesamten Betrag verfallen lässt. Hier folgt aus der ökonomischen Theorie, dass jede Teilungsform akzeptiert wird, weil sie ja, wenn auch noch so geringe, Vorteile gegenüber dem Nullpunkt generiert (das sog. Pareto-Kriterium). Aber tatsächlich verwerfen Menschen Angebote, die sozusagen ‚unanständig‘ sind. Allerdings hängt das interessanterweise in vielerlei Hinsicht vom Kontext ab. Das zeigt, dass solche Spiele interpretiert werden, und zwar zum einen vor dem Hintergrund des kulturellen Kontextes: ‚Großwildjäger‘ wie die Eskimo teilen bis zu 50 Prozent freiwillig; zum anderen aber auch im Kontext des Spieles selbst: Findet es nach einem anderen Spiel statt, in dem z.B. derjenige, der die Teilung vorschlägt, den Betrag „verdient" hat, werden auch sehr ungleiche Verteilungen akzeptiert.

Betrachtet man diese ‚Spiele‘ mit der evolutionstheoretischen Brille, ist noch ein weiterer Aspekt wichtig: Das Verhalten wird wesentlich dadurch bestimmt, ob sich die kooperierenden Individuen gegenseitig als Personen erkennen, die gemeinsame Eigenschaften besitzen, also nicht nur als anonyme Akteure (wie sie typischerweise in der Markttheorie oft unterstellt werden). Das führt erneut zu Smith zurück: Erkennbare Ähnlichkeit zwischen den Akteuren erleichtert es, sich in den anderen hineinzuversetzen, und vor allem auch „von sich auf andere" zu schließen. Dieser Effekt muss gar nicht stark sein, denn es geht im Wesentlichen um eine gegenseitige Verstärkung von Rationalität *und* Vertrauen. Die Rationalität steht vor allem dem „Vertrauensvorschuss" entgegen, der aber entscheidend ist, um den Strom reziproker Leistungen überhaupt erst in Gang zu setzen. Dieses Primärvertrauen wird durch persönliche Gemeinsamkeiten der Akteure erheblich erleichtert. Für die weitere Kooperation ist dann durchaus auch die Annahme individueller Rationalität hinreichend. Das ist genau das oben angesprochene Phänomen in der Finanzkrise.

Ein dem Teilungsproblem verwandtes Problem ist der so genannte ‚Tausendfüßler' (*centipede game*), wo zwei Tauschpartner daran arbeiten können, einen gemeinsamen Topf zu maximieren, aber ständig der Anreiz für den Einzelnen besteht, den Topf an sich zu ziehen, also nicht weiter hinein zu investieren. Wer der Vorletzte ist, hat natürlich den stärksten Anreiz. Das bedeutet rationalerweise, dass die Individuen das Spiel gleich zu Beginn abbrechen sollten, nach dem Prinzip der *backward induction*. Das ist aber in der Tat sehr oft nicht zu beobachten – die Spieler setzen Vertrauen ineinander. Warum?

Der britische Philosoph Hollis hat dieses Problem des Tausendfüßlers in den Mittelpunkt eines ganzen Buches über das Vertrauen gestellt. Er kommt zu dem Schluss, dass es nur lösbar ist, wenn die Menschen sich als Team begreifen, d.h. als Teil einer Gruppe, die auch ihre persönliche Identität mit definiert. Indem Handlungen im Extrem einem kollektiven Akteur zugeschrieben werden (dem ‚Team'), kann auch die Kluft zwischen der individuellen Rationalität und der Kooperation überwunden werden, die einen Vertrauensvorschuss voraussetzt. Der Mensch definiert sich selbst nicht nur durch das ‚Ich', sondern auch durch das ‚Wir', insofern er ohne ‚Wir' keine persönliche Identität besitzt. Es war erneut der oben genannte George Akerlof, der in einer neueren Arbeit die so genannte *identity economics* begründet hat und zeigte, dass diese gerade auch für die Analyse des Unternehmens sehr bedeutsam ist. Mit dieser Entdeckung der Identität öffnet sich das Tor weit von der Wirtschaftswissenschaft zur kulturwissenschaftlichen Analyse des Humanismus.

Im Zusammenhang unseres Exempels gelangen wir genau zu dem bereits aufgeworfenen Punkt zurück: Was ist eigentlich die Identität eines Managers? Welcher Gruppe ordnet er sich zu? Den Mitarbeitern oder den Anteilseignern? Was bedeutet das für die Frage, wie Managergehälter zu regulieren sind? Können wir aus der naturalistischen Neudeutung des *homo oeconomicus* als ‚*homo socio-oeconomicus*‘ Erkenntnisse für die praktische Gestaltung des Wirtschaftslebens ableiten?

Die moderne Unternehmung:
Ein dichtes Geflecht komplementärer Leistungen
im Team und in der Gesellschaft

Die Schlussfolgerung aus dem bisher Gesagten ist relativ klar. Wenn wir auf der einen Seite die Manager haben, auf der anderen die Arbeitnehmer des von ihnen geführten Unternehmens, so tritt uns eine Tauschbeziehung vor Augen, in deren Mittelpunkt eine Ambivalenz steht: Denn die Manager sind nicht Eigentümer des Unternehmens, sondern selbst nur leitende Angestellte. Gleichwohl vertreten sie gegenüber dem Arbeitsnehmer das Unternehmen, mit dem diese in einer Austauschbeziehung stehen. Diese Beziehung ist ambivalent, insofern für beide Gruppen unklar ist, ob sie sich als ‚Wir‘ begreifen. Begreifen sie sich nämlich als ‚Wir‘, gelten alle bislang notierten Beobachtungen zur menschlichen Natur. Das heißt, es bestehen Anforderungen an ein gerechtes Maß des Teilens der Erträge der gemeinsamen Arbeit, es bestehen hohe Anforderungen an das gegenseitige Vertrauen und es gibt starke Reaktionen gegen Täuschungen.

Die Frage ist also: Ist das moderne Unternehmen ein Team? Und: Ist die Marktwirtschaft ein kooperatives Unterfangen?

Die Antwort auf die erste Frage hängt eindeutig von der Natur des Produktionsprozesses ab. Die Wirtschaftstheorie unterscheidet hier so genannte sub- und supermodulare Produktionsfunktionen, die, einfach gesagt, unterschiedliche Grade der Komplementarität der Produktionsfaktoren abbilden. Je dichter verwoben die Komplementarität der Arbeitsleistungen im Unternehmen, desto abhängiger wird der gesamte Unternehmenserfolg von der Arbeitsleistung jedes Einzelnen, nach dem Motto, die Kette ist so schwach wie das schwächste Glied. Ökonomisch ergibt sich dann das fundamentale Problem, dass eine eindeutige Zurechnung der Gesamtleistung auf Einzelleistungen nicht mehr möglich ist: Das moderne Unternehmen ist ein Team. Dementsprechend sieht eine hochproduktive Unternehmung auch gerade nicht so aus, dass einige wenige astronomische Gehälter beziehen, und viele andere niedrige. Vielmehr muss eine angemessene Formel des Teilens gefunden werden, die sich, wie gesagt, nicht einfach aus dem Beitrag zur Gesamtleistung berechnen lässt. Das vom Managementwissenschaftler John Roberts identifizierte Modell des *high commitment – high performance*-Unternehmens zeigt entsprechende organisatorische Arrangements, wie etwa Beschäftigungsgarantien, egalitäre Werte, Teamkultur und Partizipation, kollektive Leistungsprämien (aber weniger individuelle), offene Kommunikation und generell eine starke Identifikation der Beschäftigten mit dem Unternehmen.

Wie kann dann aber das Standard-Argument für die hohen Managergehälter gelten, das da lautet: Der Manager nimmt an der Wertzunahme teil, die er für die Anteilseigner erwirtschaftet, und dieser Anteil ergibt sich wieder auf dem Managermarkt, auf dem seine knappen Fähigkeiten entsprechende Werte erzielen.

Man sieht sogleich, dass in diesem Argument der Manager eindeutig der Seite der Unternehmenseigner zugeordnet wird, d.h. dass er beauftragt ist, deren Dividenden und Vermögenswerte zu maximieren, und dass er somit nicht direkt als Teil des Unternehmensteams betrachtet wird. Diese Interpretation ist aber lediglich eine Zuschreibung seitens der Anteilseigner: Sie impliziert keineswegs eine rechnerische Auflösung der Komplementarität der Leistungen im Unternehmen, die den Unterschied zwischen Managern und Arbeitnehmern begründen könnte.

Nun besteht dieses Problem der ‚Supermodularität‘, also der dichten Komplementarität im wirtschaftlichen Leistungsgefüge, nicht nur für die Unternehmung, sondern *mutatis mutandis* auch für die gesamte Volkswirtschaft. Die Leistung eines Unternehmens hängt in hohem Maße von seinem Umfeld ab, also von seiner Einbettung in Unternehmensnetzwerke, von einer guten Forschungsinfrastruktur oder vom Bildungssystem. So ist aber dann auch die Managerleistung in vielfältiger Weise durch Umfeldbedingungen bestimmt.

Das sind alles komplexe Faktoren, und ich kann diese Punkte hier nicht weiter detaillieren. Der Manager erlangt in diesem Bild die Rolle einer Person an der Schnittfläche zwischen Gesellschaft und Team: Er ist also in hohem Maße eine öffentliche Persönlichkeit und nur zum Teil eine private. Der Schweizer Ökonom Bruno Frey hatte provokativ vorgeschlagen, dass Manager eher wie Beamte bezahlt werden sollten, um deren intrinsische Motivation zu stärken. Die bisherige Argumentation untermauert diese Empfehlung, denn der Manager stützt sich zu einem großen Teil auf kollektiv bereitgestellte Leistungen, sei es durch das Team der Unternehmung, sei es durch die ihn umgebende Gesellschaft.

Das hört sich an wie ein sozialistischer Betrieb in einer sozialistischen Wirtschaft? Weit gefehlt. Ich spreche über Kausalzusammenhänge in einem strikt privatwirtschaftlichen und wettbewerblichen System, in dem allerdings die Faktorentgelte so bestimmt werden, dass sie auch die tatsächlichen Kausalzusammenhänge zwischen Leistung und Ergebnis abbilden. Ein real existierendes System, das solche Entlohnungsformen hauptsächlich genutzt hat, ist das japanische, aber auch die deutsche Wirtschaftsordnung in der Nachkriegszeit: Der deutsche Bankmanager war einmal ein ‚Bankbeamter‘. Aber auch viele traditionelle Familienunternehmer in Deutschland haben bei genauer Betrachtung solche Organisationsformen umgesetzt.

Ergebnis:
Einige Thesen zur Gestaltung von Managergehältern

Wir können also aus den neueren Erkenntnissen der Wirtschaftswissenschaft einen konkreten Ansatz zur Gestaltung von Managergehältern ableiten. In der Summe bedeutet er eine erhebliche
Korrektur der zunehmenden Disparitäten der Verteilung in den
freiheitlichen Marktgesellschaften, die zunehmend als ungerecht
empfunden werden. Der Ansatz ist ein humanistischer, insofern
er sowohl auf Einsichten in die menschliche Natur beruht als
auch den Gedanken der Kooperation und der Vergemeinschaf-
tung als Basis auch für die Analyse des marktwirtschaftlichen
Wettbewerbs betrachtet. Einige weitere Konkretisierungen sind
wie folgt vorstellbar.

Erstens, Spitzenmanager sind öffentliche Personen, im Sinne der
Unternehmensöffentlichkeit und der gesellschaftlichen Öffent-
lichkeit. Es ist also nicht nur eine Frage der Beziehung zwischen
Anteilseignern und Managern, wie die Gehälter gestaltet werden.
Allerdings sind konkrete Vorgaben schwer zu treffen. Unternehmen müssen eine Unternehmenskultur entwickeln, in der diese
Frage normativ reguliert ist und allgemeinen Konsens findet, auch
im Sinne eines Wettbewerbs um gesellschaftliche Akzeptanz und
Anerkennung. Manager wählen dann auf dem Managermarkt
zwischen Gehaltsregelungen und Unternehmenskulturen *uno
actu.* Der Ausgang einer solchen Entscheidung ist keineswegs
prädeterminiert, denn die Unternehmenskultur ist auch ein Element der intrinsischen Motivation und der Arbeitszufriedenheit
des Managers. Der Manager als unternehmens-öffentliche Person
ist gleichzeitig eine gesellschaftlich-öffentliche Person. Insofern
ist es berechtigt, wenn eine Offenlegung von Managergehältern
erfolgt und auch eine öffentliche Debatte.

Zweitens, das leistungsabhängige Managergehalt ist gleichermaßen ein Anreiz wie auch ein Messverfahren, d.h. beispielsweise,
dass Aktienoptionen auch dazu dienen, über die Kapitalmarkt-
bewertung die Managerleistung überhaupt erst zu bestimmen.

Diese Messverfahren sind aber ungenau und sollten daher stets mindestens auch dem unternehmensöffentlichen Diskurs unterliegen. Das kann zum Beispiel bedeuten, dass Manager einer ethischen Bindung unterliegen, einen Anteil ihres Gehaltes an das Unternehmen zurückzugeben. Dabei sind durchaus steuerlich begünstigte Formen denkbar, beispielsweise über unternehmenseigene Stiftungen.

Drittens, es stellt sich die Frage der Steuerprogression. Die Wirtschaftswissenschaft sieht hier gewöhnlich erhebliche negative Auswirkungen auf die Motivation. In der Tat ist die schlichte Überführung von Einkommen an den Fiskus wenig motivierend, im Sinne dass die unmittelbaren persönlichen Vorteile einer hohen Steuerlast kaum erkennbar sind. Das spricht zusätzlich für die zuvor dargelegte steuerliche Begünstigung von Beiträgen des Managers an die Gemeinschaft des Unternehmens, aber auch an lokale Gemeinschaften, wie etwa die Gemeinde, in der das Unternehmen seinen Sitz hat. Der Vorteil solcher Regelung wäre, dass unter Umständen die Managementkompetenz des Managers sich dann auch in den Entscheidungen über die konkrete Verwendung des abgegebenen Einkommens niederschlägt. Das ist ein interessanter Trend, der jüngst unter dem Eindruck der Entscheidung von Bill Gates (und Warren Buffet, also den reichsten Männern der Welt) diskutiert wird, sich dem Management einer Stiftung zu widmen.

Viertens, Lohnmodelle mit Arbeitnehmerbeteiligungen sind erwägenswert, wie auch derzeit intensiv in Deutschland diskutiert. Allerdings sind diese oft problematisch, denn Beteiligungen implizieren Risikoübernahme, und dies verlangt wiederum echte Partizipation. Es kann nicht davon ausgegangen werden, dass jeder Arbeitnehmer dies wünscht. Insofern könnten sich solche Beteiligungen in der Regel nur als Zusatzleistungen zu den Gehältern darstellen. Das heißt, das wichtigere Problem ist die angemessene Gestaltung der Managergehälter, weniger der Gehälter der anderen Arbeitnehmer.

Fünftens, der gesellschaftliche Entscheidungsprozess, der zu bestimmten Formen der Managerentlohnung führt, ist komplex und vielschichtig. Es sollte stets ein Analog zum Subsidiaritätsprinzip gelten, d.h. der primäre Ort der Entscheidungsfindung ist das Unternehmen. Direkte staatliche Regulierungen von Managergehältern sind ein schlechter Ersatz. Wie gesehen, können und sollten Normen aber auch in breiteren gesellschaftlichen Zusammenhänge entwickelt werden. Ein solcher möglicher Zusammenhang sind die Branchen und Industrien, die sich ohne Zweifel im Grad der Modularität unterscheiden, auch je nach Entwicklungsstand. Daher sollten sich zum Beispiel Branchen- und Industrieverbände systematisch mit der öffentlichen Diskussion der Managergehälter befassen und ‚ethische Industriestandards‘ entwickeln.

Alles in allem würde eine Wirtschaft, die solche Modelle der Managerentlohnung realisiert, den Gedanken der Kooperation zwischen Managern und Arbeitnehmern stärker gewichten als den Gedanken der Maximierung des *shareholder value*. Im Sinne der Komplementaritätsthese ist das aber gerade kein Widerspruch, weil die erfolgreiche Kooperation als Nebenwirkung auch eine Optimierung der Interessen der Anteilseigner nach sich zieht.

Schluss: Humanismus und Naturalismus

Dieser Aufsatz versuchte zu zeigen, dass die jüngsten Entwicklungen der Wirtschaftswissenschaft ein neues Bild des Marktprozesses konturieren, und dass sich daraus unmittelbar Schlussfolgerungen für eine humanistische Konzeption der Wirtschaft ergeben. ‚Humanismus‘ bedeutet zweierlei. Zum einen werden normative Aussagen auf Einsichten in die menschliche Natur gestützt, zum anderen bleiben diese aber auch normativ im Sinne externer Bindungen des Wirtschaftens, d.h. wir gelangen durchaus zur Idee der ethischen Bindung und Einbettung der Wirtschaft.

Genau in diesem Sinne zeichnet sich ein humanistisches Verständnis der Wirtschaft ab, und zwar in der konkreten Form, dass sich Menschen auf bestimmte grundlegende organisatorische Regelungen verständigen müssen, ohne dabei einfach auf das Walten anonymer Marktkräfte verweisen zu können. Das Problem der Managergehälter zeigt, dass gerade die Komplexität der Marktwirtschaft und der modernen Unternehmen das Erfordernis nach sich zieht, dass die Menschen grundlegende ethische Bindungen definieren müssen. Damit werden gleichzeitig auch ökonomische Probleme gelöst.

Darüber hinaus lassen sich schwer universelle Leitlinien definieren. Ein humanistischer Ansatz zur Verteilungsgerechtigkeit thematisiert vor allem auch den ‚lokalen‘ Charakter von gefundenen Regelungen. Damit fügt er sich zur jüngeren Literatur zur *diversity of capitalisms.* Institutionelle und normative Regelungen der Marktwirtschaft sind in hohem Maße kulturell eingebettet. Sie sind nicht nur Rahmenbedingungen effizienten Handels, sondern machen auch die Identität der gesellschaftlichen Akteure aus, die wiederum den Nährboden für jene Grundformen der Kooperation bietet, ohne die eine Marktwirtschaft nicht funktionieren kann. Insofern ist die Idee, dass die Weltwirtschaft zu einer gemeinsamen institutionellen Form der ‚Globalisierung‘ konvergiert, in einer wesentlichen Hinsicht falsch.

Das lässt sich in einem *Paradox der Globalisierung* formulieren: Gerade weil die Leistungsfähigkeit der Volkswirtschaften in Kooperation wurzelt, ist es der globale Standortwettbewerb, der ihre besonderen, kulturell verwurzelten Merkmale zum Tragen bringt. Globalisierung fördert nicht institutionelle Konvergenz, sondern produktive Divergenz. Unterschiedliche Gesellschaften finden unterschiedliche Lösungen zum Problem der Beziehung zwischen Effizienz und Gerechtigkeit, die in einem globalen Wettbewerb stehen. Gerade der Kollaps des internationalen Finanzsystems zeigt, wie schädlich eine institutionelle Angleichung unter dem Vorzeichen des anglo-amerikanischen Modells des Kapitalismus war, die unter der Fahne der universellen ökonomischen Rationalität propagiert wurde. Im wirtschaftswissenschaftlichen Kontext bedeutet Humanismus in der Globalisierung: gegenseitige Anerkennung von institutioneller Pluralität und wechselseitiges

Lernen. Eine Schlüsselrolle spielen dabei die global operierenden Unternehmen, die Wurzeln in einem Wirtschaftssystem haben, und in vielen anderen ihre Geschäfte betreiben. Sie können Vorbilder humanistischen Wirtschaftens sein, die kulturübergreifend Anerkennung finden. Humanismus in der Globalisierung bedeutet dann auch das Ende alter ideologischer Konflikte, die gerade am Verteilungsproblem sich entzündet hatten: Das Gerechtigkeitsproblem lässt sich nicht durch abstrakte Systeme lösen, heißen sie Sozialismus oder Kapitalismus. Das Ende der Geschichte ist noch lange nicht gekommen.

Heinrich Spanier

Humanismus und Umwelt

> *Things are because we see them.*
> Oscar Wilde, The Decay of Lying

Einleitung[1]

Im Rahmen einer umfassenden Darstellung des interkulturellen Humanismus das Thema ‚Umwelt' abzuhandeln, liegt auf der Hand. Stellt ‚Umwelt' – was immer wir darunter verstehen wollen – nicht eine Völker verbindende Gemeinsamkeit dar? Bildet ‚Umwelt' als Lebensgrundlage aller Menschen nicht jenen Orientierungspunkt, welcher die Wohlfahrt der Nationen anspricht? Kommt man nicht zwangsläufig dazu, die Umwelt gemeinsam zu schützen, weil es kaum ein Politikfeld gibt, das besser geeignet erscheint, das zu verkörpern, was gemeinhin als ‚*win-win*-Situation' bezeichnet wird? Beim Schutz der Umwelt kann es nur Gewinner geben, dessen sind sich die Menschen bewusst.

Und trotzdem beobachten wir, dass auf dem Gebiet, das durch die Umweltpolitik repräsentiert wird, so schwer wie in kaum einem anderen Bereich Konsens herzustellen ist. Wir erleben internationale Konferenzen mit besonders intensiver Vorbereitung, mit Tausenden von Teilnehmern, mit allumfassender medialer Begleitmusik – und die Botschaften, die wortreich vermittelt werden, besagen lediglich, dass es als Erfolg zu werten sei, dass weiterverhandelt werde. Eine solche Konferenzbewertung wird abgegeben, obwohl im Vorfeld, beispielsweise der Klimakonferenz im Dezember 2007 auf der indonesischen Insel Bali, von deutschen Politikern verlautbart worden war, bei dieser Konferenz stehe die Zukunft des Planeten Erde auf dem Spiel. Es handelt sich um Ausdrucksweisen, welche die große Besorgnis der (ver-)handelnden Politiker zum Ausdruck bringen sollen und welche doch andererseits in fast schon grotesker Manier den allwöchentlichen Bekanntmachungen von Fußballtrainern ähneln, die nächste Begegnung sei ein Schicksalsspiel, das unbedingt gewonnen werden müsse.

In diesem Aufsatz soll der Frage nach den Mechanismen solcher Kommunikation nachgegangen werden, um die Möglichkeiten, Chancen und Risiken eines interkulturellen Humanismus auf dem Gebiet der Umwelt aufzuzeigen. Wenn es darum geht, den Hintergrund auszuleuchten, dann ist es erforderlich, sich zu vergewissern, ob man überlieferte Vorstellungen benutzt, ohne deren Sinnhaftigkeit geprüft zu haben. Deshalb sind einige Klarstellungen vorweg erforderlich.

Umweltschutz und Naturschutz: Huhn oder Ei?

‚Umwelt' meint hier einen eher umgangssprachlich zu nennenden Sammelbegriff. Das schließt die Fragen der Naturwahrnehmung oder des Naturverständnisses ebenso ein wie die Erfassung des Bündels umweltpolitischer Maßnahmen, die streng genommen nicht zur Natur bzw. dessen politischer Teildisziplin ‚Naturschutz' gerechnet werden. Diese Unterscheidung von Umwelt(schutz) und Natur(schutz) ist wichtig, weil es einen dem Grunde nach nicht entscheidbaren Streit darum gibt, welche Disziplin Teil von welcher ist. Die einen sehen den Naturschutz als die Mutter des Umweltschutzes an, weil ohne Natur erst recht keine Umwelt zu erkennen sei und eine rein technische Umwelt erst recht nicht schützenswert, weil lebensfeindlich wäre. Die anderen behaupten, das sei unerheblich, weil das Politikfeld, um welches es gehe, eben jenes der Umweltpolitik sei und darin sei Naturschutz eine selbstverständliche Teilmenge. Mit dieser Argumentation wird eine Wunde des Naturschutzes berührt. Aus diesem Disput, der für die allgemeine Bevölkerung in jeder Hinsicht belanglos erscheint, wird jedoch die Vielschichtigkeit des Naturbegriffes spürbar. Für den Zweck der hier anzustellenden Überlegungen spielt der Naturbegriff die zentrale Rolle. Umwelt, bzw. Umwelten sind hingegen vornehmlich funktional zu verstehen, weil jedes

Lebewesen seine eigene Umwelt besitzt. Ein Sachverhalt, auf den übrigens bereits der Schöpfer des Umweltbegriffes, Jakob von Uexküll, hingewiesen hatte.

Zum Naturbegriff

Natur wird letztlich nur durch sein Gegenteil, durch das, was Nicht-Natur ist, beschreibbar. Entweder im Gegensatzpaar natürlich/gekünstelt oder in jenem von ursprünglich/zivilisiert oder dem von Natur und Technik. Immer spielen bestimmte Sichtweisen eine dominierende Rolle, die zumindest die Erkenntnis reifen lassen, dass das, was Natur ist, in ganz erheblichem Umfang etwas mit dem betrachtenden Menschen zu tun hat. So dass es nicht verwegen erscheint festzustellen, dass Natur und Wildnis ohne den Menschen, der sie betrachtet, nutzt, erkundet oder sich daran erfreut, gar nicht existieren können. Die Lebenssphäre des modernen Menschen ist zwangsläufig die Kultur. Es ist dem Menschen unmöglich, sich anders als kulturell über Natur (und andere Sachverhalte) auszutauschen. Im Wahrnehmen der Natur wird sie zu einem Kulturprodukt. Insbesondere wird dieser Prozess dann bemerkbar, wenn Naturbeschreibungen, seien sie literarischer oder bildnerischer Art, die wahrgenommene Natur bewusst überhöhen und mit Inhalten auf- und beladen, die in dem dargestellten Motiv nicht sichtbar sind.

Wir haben es hier mit dem Phänomen der subjektiven Betrachtung zu tun. Zwei Menschen, die das gleiche gesehen haben, müssen nicht zwangsläufig das gleiche als bemerkenswert darüber berichten oder verstehen. Eltern erleben es immer wieder, dass Kinder von dem sonntäglichen Spaziergang oder der Ferienfreizeit nicht über den wundervollen Ausblick, die himmlische Ruhe oder die Vielfalt an Pflanzen und Tieren erzählen, sondern dass das vorbeigefahrene Feuerwehrauto, die zerrissene Hose oder andere – für die Eltern, Onkel und Tanten scheinbar nebensächliche – Eindrücke die Erinnerung dominieren. Das gleiche Schema dürfte auch in der Wahrnehmung von Natur, Landschaft und Wildnis zum Tragen kommen. Im Kern handelt es sich um eine Variation des aus der Atomphysik bekannten Phänomens, nach dem die Beobachtung selbst schon das Messergebnis beeinflusst und dass die Hypothese bereits Einfluss auf das Ergebnis hat: diejenigen, welche die Wellennatur des Lichts beweisen wollen, finden schlüssige Beweise dafür, ebenso diejenigen, die Licht als Korpuskel darstellen wollen. Es hat in der Physik sehr lange gedauert, bis man einzusehen lernte, dass eine eindeutig wissenschaftliche Frage zwei gültige Antworten erzeugen kann. In den gesellschaftspolitischen Aufgaben ‚Naturschutz‘ und ‚Umweltschutz‘ haben wir es mit einem vergleichbaren Systemverhalten zu tun, nämlich, dass es für ein und dieselbe Angelegenheit mehrere gültige ‚Lösungen‘ gibt. Letztlich, weil eben keine naturwissenschaftlich beweisbaren, ableitbaren und kausalen Beziehungen bestehen, sondern solche zwischen Menschen und Gesellschaften zu ihren jeweiligen lebendigen Umwelten. Naturschutz ist demzufolge überwiegend eine gesellschaftswissenschaftliche Anwendung, die sich mehr oder minder regelmäßig naturwissenschaftlicher Erkenntnisse und Methoden bedient, dabei allerdings häufig in den naturalistischen Fehlschluss verfällt, der darin besteht, Ethik durch Naturwissenschaft zu ersetzen. Eine Auenlandschaft kann eben nicht ‚gut‘ (= Werturteil) sein, *weil* sie von einem frei fließenden Fluss geprägt wird (= Deskription).

Es ist hierzulande beispielsweise kaum vorstellbar, Wale nicht als schutzwürdig anzusehen und die Walfangnationen Japan und Norwegen nicht als unmoralisch zu verdammen. Ein in Norwegen lebender Bekannter berichtete jedoch, dass es für die Norweger umgekehrt unvorstellbar sei, Wale nicht zu jagen. Ganz Norwegen sei gewissermaßen ein Felsen, auf dem nichts wachsen und gedeihen könne. Das kollektive norwegische Bewusstsein sei seit eh und je so geprägt, dass man alles, was essbar sei, auch essen dürfe – und damit auch Wale. Das Beispiel verdeutlicht, dass verschiedene Auffassungen darüber bestehen, die von den jeweiligen Gesellschaften mit voller Überzeugung als die einzig Denkbaren gelten. Ein Teil der Umweltdiskussionen leidet darunter, dass

die Frage eben nicht nur danach gestellt wird, wie gutes Leben
aussehe, sondern, dass diejenigen, die eine (von verschiedenen
möglichen) Antwort(en) anbieten, dieses auch stets in dem
Bewusstsein propagieren, es handele sich dabei um die einzige,
weil richtige Lebensweise. So beispielsweise der Philosoph und
Theologe Franz Theo Gottwald, der behauptet:

> Schuld entsteht allerdings dann, wenn Lebensmittel genossen
> werden, die aus Herstellungsprozessen stammen, welche die
> Pflanzen wie die Tiere nicht in ihrem naturgeschichtlichen
> Gewordensein respektieren. Also immer dann (…) entsteht ein
> Schuldigwerden des Menschen durch seine Ernährungsgewohn-
> heit. (Gottwald 2002: 139)

In vollem Bewusstsein der theologischen Tragweite des Schuld-
bzw. Sündebegriffs postuliert er eine religiös motivierte Ernäh-
rungslehre des ‚öko-kosheren‘ Speisens.

Natur und Mensch

Natur ist ein Produkt menschlichen Wahrnehmens, denn Natur
ortet sich nicht. Sie gibt sich keinen Namen. Dinge zu benennen,
heißt sie in Besitz zu nehmen. Aus jeder Naturlandschaft wird
Kulturlandschaft, weil die subjektive Wahrnehmung und das
Kommunizieren darüber kulturelle Produkte sind.

Es drängt sich in diesem Zusammenhang ein Vergleich mit der
aristotelischen Naturauffassung auf. *Physis*, das griechische Wort
für Natur, bezeichnet ‚das Aufgehende‘, das, was – im Gegensatz
zur Kunst (griechisch: *téchne*) – von alleine da ist, weil es seine
Bewegung in sich hat. Vergräbt man ein aus Weidenruten ge-
flochtenes Bett, so wächst daraus eben kein neues Bett, sondern
ein Weidenbaum, denn nur dieser hat die Bewegung in sich. Die
aktuelle Umweltkrise, der Rückgang von Arten und Lebensräu-
men, die Inanspruchnahme der Ressourcen mit weit reichenden
Folgen für Klima und Arten machen den Schutz der Natur zu einer
weltumspannenden Aufgabe, denn ohne unseren Schutz werde
es keine Natur mehr geben. So lautet in extremer Kurzfassung

die Begründung für unsere Schutzanstrengungen. Damit wird jedoch behauptet, dass die Natur ihre Bewegung nicht mehr in sich hat, sondern des menschlichen Zutuns bedarf, um (weiter) existieren zu können. Naturschutz macht aus Natur und Wildnis in letzter Konsequenz Artefakte, Natur wird Kultur.

Wem der sophistisch anmutende Gedankengang über den Umweg der aristotelischen Naturauffassung zu unbequem ist, der vergegenwärtige sich, dass das Schützen selbst eine zutiefst kulturelle Leistung ist. Das besorgte Aufnehmen des Schutz-befohlenen und das Erkennen seiner Schutzbedürftigkeit setzt kulturelle Entwicklung voraus. Nicht die technische Raffinesse, mit der Naturgüter erschlossen und ausgebeutet werden, sondern die bewusste Zurückhaltung ist ein Maßstab für kulturelle Reife und Kultiviertheit von Gesellschaften.

Mythos Natur

Die längste Zeit ihres Daseins haben Menschen Natur als ein mystisches Gegenüber erlebt. Steinzeitliche Höhlenmalereien, die Kultzwecken dienten, oder antike Göttervielfalten belegen, dass Eigenschaften der Natur bzw. in der Natur, in einen religiösen oder quasireligiösen Zusammenhang gestellt wurden. Ein solches Naturverständnis wird als magisch-mystisch bezeichnet. Es ist ein Irrtum, dieses Naturverständnis nur in der Antike zu vermuten oder es Gesellschaften mit animistischer Religion zuzuordnen (Voodoo ist im westafrikanischen Staat Benin Staatsreligion). Auch in unserer Zeit ist es weiterhin verbreitet: Offensichtlich in verschiedenen esoterischen Lebensformen und subtil auch im Alltagsleben.

Seitdem sich Menschen Natur und Landschaft bewusst zuwenden (wofür wir im 19. Jahrhundert einen markanten Hö-hepunkt feststellen können) ist Landschaft auch überhöht und für ethische, religiöse und politische, nämlich nationalistische Zwecke instrumentalisiert worden. Es können hier nur einige Hinweise gegeben werden:

- In Deutschland spielt die Ablehnung der französisch inspirierten (und dominierten) Aufklärung mit der damit verbundenen Fortschrittsgläubigkeit eine wesentliche Rolle bei der Entwicklung des mystischen und spirituellen Naturverständnisses der Romantik. Nicht das klare helle Licht griechisch-römisch-arkadischer Pastorallandschaften dominiert mehr, sondern nebelverhangene, düstere Dämmerung, nicht Sonnen-, sondern Mondlicht. Nicht die antiken Sagen liefern die Folien für die Bilder, sondern die dunklen, schwermütigen, nordischen Sagen: von der schottischen Ossian-Sage über die Edda bis zum Nibelungenlied oder den König Artus-Sagen. Caspar David Friedrichs Gemälde sind allegorisch zu lesen und entwickeln ein typisches Gespür für die Suche der Menschen nach einem festen – spirituell bis religiösen – Orientierungspunkt in einer Zeit, in der nach der Französischen Revolution und der geistigen Umwälzung alles aus den Fugen zu geraten sein schien.
- In den USA beginnt man fast gleichzeitig die Suche nach der nationalen Identität. Die (weiße) Vielvölker-Bevölkerung, die Anfang des 19. Jahrhunderts erst noch eine Nation werden wollte, begann, durch die Malerei der Hudson River School angeregt, sich der Naturschönheiten ihres Landes bewusst zu werden. Sie entdeckten, dass Mammutbäume, Geysire, große Canyons und vieles mehr geeignete Kompensate für fehlende Burgen und Schlösser und fehlende Dichter und Denker sein konnten. Rang und Würde ihrer Nation definierten sich, anders als in Europa, nicht über die Kultur, sondern über die landschaftliche Großartigkeit des Landes. Die ersten amerikanischen Nationalparks sind Ausdruck dieses Gefühls.
- Das ‚Wilde' bekommt mit den Entdeckungsreisen in die neuen Welten eine besondere Bedeutung. Berichte der Reisenden über Südseeinseln von paradiesischer Schönheit treffen im 18. Jahrhundert eben nicht nur auf Leser, die sich an landschaftlicher Schönheit berauschen können, sondern vielmehr auf Leser, die in dem freien und ungebundenem Leben in der Ferne ihre Wünsche von einem selbst bestimmten Leben suchen, das sie

in absolutistischen deutschen Landen nicht führen können. Sie erblicken dort ihre Sehnsuchtslandschaft. Hölderlin ist der erste, der 1803 der ,Wildnis' das Attribut ,heilig' zuspricht. Sein Gedichtfragment „Tinian" beginnt mit diesem furiosen Auftakt: „Süß ist's zu irren / In heiliger Wildniß." Das Gedicht ist nach einer Insel der südseeischen Marianengruppe benannt, von welcher der Dichter aus verschiedenen Reiseberichten Kenntnis hatte. Hölderlin erwog sogar, nach Tahiti auszuwandern, um auf diese Weise den als kerkerhaft empfundenen Zwängen seiner Gegenwart zu entfliehen.

Der hölderlinsche Auswanderungsimpuls ist einhundert Jahre später immer noch bedeutsam. Paul Gauguin (1848-1903) wanderte 1891 bzw. 1895 nach Tahiti aus, um dort abseits des überformten europäischen Kulturbetriebes zu leben und zu arbeiten. Allerdings gibt es am Ende des 19. Jahrhunderts nach vehementer Christianisierung und Einbeziehung in die Handelsnetzwerke ,die Südsee' als Ideal der Ursprünglichkeit nicht mehr. Etwas später (1913/14) unternehmen die expressionistischen Maler Max Pechstein (1881-1955) und Emil Nolde (1867-1956) Reisen in die Südsee (Neu-Guinea, Palau) und lassen sich von den ,Primitiven' (das ist der Jargon und die Denkweise der damaligen Zeit) inspirieren. Die Künstler suchen aus der Künstlichkeit und Dekadenz ihrer mitteleuropäischen Welt Auswege und finden sie in den strukturell einfachen künstlerischen Äußerungen der dortigen Bevölkerungen.

• Heiligkeit der ,Wildnis' wird zum Programm: Hundert Jahre nach Hölderlin – zur Zeit der umfassenden Reformbewegung des Wechsels zum 20. Jahrhunderts – wird wiederum eine neue Freiheit mit und in der Natur gesucht. Das atemberaubende Tempo der Industrialisierung in Deutschland führt zu den gesellschaftlichen Verunsicherungen, die für bestimmte Schichten eine Zuflucht im Natürlichen fast schon zwangsläufig machen. Reformhäuser entstehen und bieten ökologische Produkte an (die damals aber noch nicht so genannt wurden), die Freikörperkultur wird populär, nicht aus voyeuristischer

Lüsternheit, sondern aus dem Gedanken der Verschmelzung der unverfälschten menschlichen Natur mit der Landschaft, in welcher man sich aufhält. Deutsche Intellektuelle fühlen sich am Tessiner Monte Veritá in ihrer Nacktheit wohl. Dazu kommt ein wiederum spiritueller Kult, der betont areligiös ist, nämlich die Sonnenanbetung.

1913 predigt der Philosoph Ludwig Klages auf dem Hohen Meißner bei der Versammlung der Freideutschen Jugend. Mit seiner Rede peitscht er die Jugendbewegten, die „aus grauer Städte Mauern" hinausgezogen waren, wie es in einem ihrer Lieder heißt, auf und schwört sie auf alternative Lebensformen und den Kampf gegen das Establishment ein. Seine pathetische Rede würde heute noch vielen gefallen, wie etwa auch Bernhard Grzimek im Vorwort zu einer Neuausgabe von Klages Rede (1980).

Ähnliches findet sich in den USA. Einer der Gründerväter des amerikanischen Naturschutzes, John Muir (1838-1914), beschreibt in seinen Erinnerungen *„My First Summer in the Sierra"* die intensiven Gefühle, die ihn beim Anblick der wunderschönen Szenerie im Yosemite Tal überwältigen, so dass er sich „demütig vor dem gewaltigen Beweis von Gottes Macht" niederwirft und „eifrig Selbstverleugnung und Entsagung mit ewiger Plage" entbietet, um „alle Lektionen in dem göttlichen Manuskript zu lernen" (Muir 1911: 175, eigene Übersetzung).

Am Ende des 20. Jahrhunderts spricht der ehemalige Vorsitzende des Bund Naturschutz Bayern und jetzige Präsident des Deutschen Naturschutzrings, Hubert Weinzierl, im Predigtstil von einem spirituellen, mystischen Aufbruch als Befreiungstat für unsere Seelen und davon, dass das Vorhandensein eines Luchses die Wälder heilige (Weinzierl 1999: 64).

All das ist Überzeichnung, Aufladung und Sehnsucht. ‚Natur' wird für die Zwecke der Autoren instrumentalisiert. In das Kleid der Naturbeschreibung sind Werturteile integriert, die den o.g. naturalistischen Fehlschluss praktizieren.

Die in diesen Beispielen deutlich zu Tage tretende Leidenschaft, Natur zu vergöttlichen, geht auf Baruch de Spinoza (1632-1677) zurück. Dieser Gelehrte sah in allen Erscheinungen Gottes Wirken und Wollen, so dass die Natur zur wirklichen Kathedrale Gottes wird. Tatsächlich wird auch heutzutage kaum jemand großartige Wälder anders beschreiben können und wollen, als mit (kirchen-) architektonischem Vokabular: Weil es unmöglich ist, die Natur in Begriffen zu visualisieren oder zu verbalisieren, die keine kulturelle Assoziationen hervorrufen, hat man das Innere des Waldes gewöhnlich als lebenden Raum, als Gewölbe aufgefasst. ‚Überwölbte Portale‘, ‚Gewölbehalle‘ und sogar ‚Schlusssteine‘ und ‚Kreuzblumen‘ kommen in Beschreibungen der Naturschriftsteller vor. Spinozas Lehre wird zum Pantheismus. In der Romantik gehört Pantheismus gewissermaßen zum guten Ton in intellektuellen Kreisen. Auch heutzutage, in Zeiten fortschreitender und fortgeschrittener Entfremdung von den Kirchen, kann für viele Menschen, die spirituell auf der Suche sind, der Aufenthalt in der Natur geistige Erfrischung bedeuten. Sie begeben sich dann – ohne es zu wissen – auf eine Zeitreise zurück ins frühe 19. Jahrhundert und durchleben das urromantische Lebensgefühl erneut. New Age und Esoterik sind lediglich Spielarten dieser Grundbewegung (Gloy 1995: 61).

Das irdische Paradies wird zum literarischen Topos und ergänzt das von den Kirchen gepredigte himmlische Paradies. „Wir wollen hier auf Erden schon / Das Himmelreich errichten“, dichtet Heinrich Heine in „Deutschland – Ein Wintermärchen“ im Caput 1. In frühsozialistischer Manier plant der englische Fabrikant und Sozialreformer Robert Owen im amerikanischen Bundesstaat Indiana 1838 die Stadt *New Harmony* als das verheißene Neue Jerusalem. Das irdische Paradies wird aber auch zum mythischen Sinnbild. Weil die Menschen an der Natur sündig geworden sind, sind sie – durchaus zu recht – aus ihrem Paradies vertrieben worden. Die Rückkehr in dieses Paradies setzt Umkehr voraus, die Wendung zum Besseren.

Seit geraumer Zeit erscheinen umwelt- und naturschutzpo-

litische Programme im Kontext von Reue, Buße und Umkehr.
Georg Menting und Gerhard Hard haben die Klagen über
Naturverluste mit Verlusten des Kindheitsparadies erklärt. Es
überrascht vor diesem Hintergrund nicht, dass – passend zur
wörtlich genommenen Umkehr – Variationen des biblischen
Gleichnisses vom verlorenen Sohn bemüht werden. Unabhängig
von der theologischen Deutung der Erlösung durch Gottvater,
wird das Heimkommen, das Nach-Hause-Finden als literarische
Figur durch die Jahrhunderte gegenwärtig und stets in intensivem
Zusammenhang zur Naturbeziehung gesetzt. In dem Roman
Heinrich von Ofterdingen von Novalis heißt es:

> Die Wunderblume stand vor ihm, und er sah nach Thüringen,
> welches er jetzt hinter sich ließ mit der seltsamen Ahndung hin-
> über, als werde er nach langen Wanderungen von der Weltgegend
> her, nach welcher sie jetzt reisten, in sein Vaterland zurückkom-
> men, und als reise er daher diesem eigentlich zu (Novalis 1960-
> 1970: 205).

1901 schreibt der bereits erwähnte John Muir:

> (…) *thousands of tired, nerve-shaken, over-civilized people are*
> *beginning to find out that going to the mountains is going home;*
> *that wildness is a necessity; and that mountain parks and reservations*
> *are useful not only as fountains of timber and irrigating rivers, but as*
> *fountains of life.* (Muir 1901: 8, Hervorhebung H.S.)

Auch hier also das Motiv des Nach-Hause-Kommens, das natürlich
wesentlich mehr verspricht, als ein Besuch in den Bergen halten
kann. Insbesondere in der romantischen Malerei Amerikas, in
welcher die Besiedlung des Westens, des Kampfes mit den Natur-
gewalten und Indianerstämmen und die Entstehung (christlicher)
Urgemeinschaften (Kommunitarismus) dargestellt werden, sind
bezeichnenderweise oft Heimkommensszenen abgebildet.

Schließlich findet sich in dem Kultroman der frühen Ökolo-
giebewegung ,Ökotopia' von Ernest Callenbach, das Heimkehr-
motiv. In diesem Mitte der 1970er Jahre als Zukunftsgeschichte
konzipierten Roman sind in den von den Vereinigten Staaten
abgespaltenen pazifischen Bundesstaaten Kalifornien, Oregon

und Washington alle erdenklichen ökologischen Ziele verwirk-licht. Die Hauptfigur, der Ostküstenjournalist William Weston, besucht diesen neuen Staat und beschließt, sich in Ökotopia niederzulassen. In seinem letzten Brief an seinen Chefredakteur dankt er ihm, dass er ihm die Reise ermöglicht habe, „von der weder Du noch ich wussten, wohin sie führen würde. Sie hat mich nach Hause geführt" (Callenbach 1978: 222).

Eine Variation des Verlorenen-Sohn-Motivs ist der ‚Edle Wilde', der als abstrakte Figur auf Jean Jacques Rousseau zurückgeht. Auch in seiner Entstehung war der ‚Edle Wilde' Spiegel der dekadenten, höfischen europäischen Gesellschaften. Edel kann der ‚Wilde' jedoch nur sein, weil und solange es unedle ‚Wilde' gibt. Daniel Defoes Robinson (1719) wird als schiffbrüchiger Europäer notge-drungen selbst zum Wilden, durchlebt die kulturelle Entwicklung der Menschheit und sein Edelmut beweist sich im Kontakt zu dem Kannibalen. Freitag setzt sich von den Menschenfressern ab und wird durch die Missionierung ‚veredelt'. James Fenimore Coopers „letzte Mohikaner" (1826) Chingachgook und Unkas finden im Eintreten für die weiße Cora den Tod und sind edel im Gegensatz zu den hässlichen und brutalen Irokesen. John Clayton III, Lord Greystoke, ist Edgar Rice Burroghs Tarzan (1912), der im Urwald von Affen – als quasi Wilder – aufgezogen wird, Janes wegen nach England geht, dort das heuchlerische Leben in der Zivilisation verachtet und in den Dschungel zurückkehrt. Und schließlich der edelste aller edlen Wilden: Karl Mays Winnetou (1893). Er ist edel, weil es stets grausam wilde Komanchen gibt und – Gipfel des Edelseins – weil er sich auf dem Sterbelager, tödlich von der Kugel der habgierigen, weißen Verbrecher ge-troffen, zum Christentum bekennt.

Vor diesem Hintergrund wird auch die besondere Popularität deutlich, die indigene Völker in der amerikanisch-europäischen Natur- und Umweltschutzbewegung genießen. Diese werden von der Naturschutzszene als natürliche Verbündete in ihrem Kampf um die Erhaltung der biologischen Vielfalt eingenommen und – solange sie es sind und bleiben wollen – geachtet. Das ist jedoch

nicht selbstverständlich. In Australien bestehen Aborigines auf ihrem
Selbstbestimmungsrecht und misstrauen der Politik der Weißen, das
Gebiet der Cape York Halbinsel als riesiges Weltnaturerbe-Gebiet
(von der Größe Englands) auszuweisen. Die aktuell geführte Wild-
nisdebatte, die darauf setzt, möglichst große Areale vollkommen frei
von menschlichem Einfluss zu halten, basiert in letzter Konsequenz
auf dem in den USA entwickelten Verständnis von Wildnis und
der dort praktizierten skrupellosen Vernichtung der indianischen
Bevölkerung (Cronon 1996b: 79ff, 87; vgl. Suchanek 2001). Die
ersten Naturreservate entstanden bezeichnenderweise entlang der
großen Eisenbahnlinien. Die Vorsitzenden dieser Gesellschaften
machten sich für den Naturschutz stark und die Ostküstenbevöl-
kerung konnte ihre Wildnissehnsucht in ironischerweise ‚Camps‘
genannten Lodges garantiert unbehelligt von ‚Wilden‘ ausleben.

Diese Auseinandersetzung der Zivilisation mit der Wildnis
wurde für die Vereinigten Staaten von so großer Bedeutung,
dass sie sich dadurch erst als Nation definierten – allerdings nur
im Hinblick auf ihre weiße Bevölkerung. Diese als ‚Frontier‘
bezeichneten Grenzerfahrungen machten die ‚Wildnis‘ zum Ort
nationaler Selbstfindung, um zu erleben, was es bedeutet, Amerikaner zu sein. Im Gegensatz zu der europäischen Sympathie für
die Indianer dominiert in den USA die kollektive Erinnerung
an die Cowboys bzw. *‚rough riders‘*. Umwelthistoriker, wie der
amerikanische Wissenschaftler William Cronon, konstatieren
denn auch Konflikte zwischen Umwelt- und Entwicklungspolitik,
die aus dem Wildnismissverständnis erwachsen.

> Die Länder der Dritten Welt stehen gewaltigen Umweltproblemen
> und tief greifenden sozialen Konflikten gegenüber, aber diese werden
> wohl kaum durch einen kulturellen Mythos gelöst, der uns ermun-
> tert, menschenleere Landschaften zu ‚bewahren‘, die es dort seit Jahr-
> tausenden nicht gegeben hat. Umweltschützer beginnen zu erken-
> nen, dass auf ihrem Höhepunkt ein Exportieren der amerikanischen
> Vorstellungen von Wildnis in dieser Art zu einer gedankenlosen und
> genau das Gegenteil bewirkenden Form des kulturellen Imperialis-
> mus werden kann. (Cronon 1996b: 82, eigene Übersetzung; siehe
> auch in diesem Sinne mit weiteren Nachweisen Chapin 2004)

Die auf Natur- und Grenzerfahrungen bauende mentale Stärke der Amerikaner beeindruckte die Menschen in Europa und insbesondere in Deutschland und wurde so zum Vorbild für die 'alte Welt'. Über Wildwestfilme (es gab in Heidelberg bereits vor dem Ersten Weltkrieg eine deutsche Wildwestfilm-Produktion) und die einschlägige Abenteuer- und Reiseliteratur wurde der Grundstock dazu gelegt, Amerika hinsichtlich der 'nationalen Natur' als vorbildlich anzusehen. Bekannt ist, dass bereits im frühen 19. Jahrhundert ein Austausch auf künstlerischer Ebene insbesondere mit den Kunstakademien in Düsseldorf und Dresden (Novak 1980: 255) stattgefunden hatte. Die Show *Buffalo Bill's Wild West* startete im April 1890 eine große Deutschlandtournee, die sie in 23 deutsche Städte führte (Kort/Hollein 2006: 230ff).

Der Serengeti Nationalpark steht als Beispiel für die Übernahme dieses Konzeptes von Wildnis als menschenleerer Ort in die europäische Naturschutzpraxis. Der Dokumentarfilm „Serengeti darf nicht sterben" erhielt 1959 den Oscar als bester Dokumentarfilm des Jahres. Der amerikanischen Jury war die in dem Film präsentierte Denkart bekannt und eingängig. Das Wildniskonzept der menschenleeren Räume erforderte es, die dort seit eh und je lebenden Massai-Stämme umzusiedeln (um den Sachverhalt der Vertreibung euphemistisch zu verklären), weil selbst eingeborene Menschen in einem Nationalpark nicht leben sollten (Suchanek 2001: 45f; Grzimek 1980: 7). Das für den amerikanischen Markt produzierte Filmplakat stellt die männlichen Eingeborenen als grausam und die weiblichen mit ihren exotisch-erotischen Reizen dar. Ein Bildausschnitt wird mit dem Hinweis versehen: „See: Hand-to-hand combat with poison-arrow warriors!" Zu badenden Massaifrauen, die tagsüber von einem (bekanntermaßen nachtaktiven!) Leoparden bedroht werden, heißt es: „See: The naked jungle paradise of primitive women!" Diese – inhumanen – Entgleisungen belegen, dass Natur und Wildnis Produkte sozialer Aufladungen sind.

Die 'Natur als Racheengel' ist neben der Paradiesvorstellung eines der starken Motive, Natur zu sehen (Cronon 1996a: 48).

Damit wird übrigens Natur wiederum religiös überhöht. Im Choral „Herr, stärke mich, dein Leiden zu bedenken" von Christian Fürchtegott Gellert (1757) wird in der vierten Strophe gesungen: „Gott ist gerecht, ein Rächer alles Bösen." Man ersetze ‚Gott' durch ‚Natur', was bei einem pantheistischen Ansatz ohnehin leicht fällt, und man erhält eine zeitgenössische und kulturpessimistische Variante der Naturschutzbegründung. Diese wird von verschiedenen staatlichen und nicht-staatlichen Akteuren nach dem Schema „Die Natur braucht uns nicht, aber wir brauchen die Natur" verbreitet. Zwischen diesen Zeilen schwebt das Racheengel-Motiv.

Unter großem Protest von Naturschützern wurde vor einigen Jahren (2001) eine Fachdiskussion darüber geführt, ob Naturschutz Natur oder Symbole schütze (Menting/Hard 2001: 27; dies. 2002: 219). Diese Symbole sind vielfältig. Sie vermitteln jedoch – wie sollte es auch anders sein – Trauer über Verlorenes, Vergangenes und Vermisstes. Ein Politikfeld jedoch, das sich aus dem Rückblick auf das Gewesene nährt, schwebt in der permanenten Gefahr des Kulturpessimismus. Diesen hatte bereits Fritz Stern als ‚politische Gefahr' herausgearbeitet. Der Unterschied zwischen historischem Pessimismus und Kulturpessimismus ist jener, dass der historische Pessimist befürchtet, die Menschheit sei dabei, sich selbst zu zerstören. Kulturpessimisten sind darüber hinaus der Auffassung, dass sie es auch verdient habe.

Umweltkrise als Motivator

Die bisherige Darstellung des Hintergründigen im Naturschutzdiskurs soll keineswegs davon ablenken, dass es bedrohliche Entwicklungen gibt, die durch Nutzung natürlicher Ressourcen entstanden sind. Wie die aktuelle Diskussion zum sog. ‚Biosprit' zeigt, gehen selbst von Maßnahmen, die aus Umweltsicht gut gemeint sind, erhebliche Auswirkungen aus, welche den Verlust von Regenwäldern beschleunigen (samt ihres tierischen Inventars), welche den Verbrauch von Trinkwasser für die Treibstofferzeugung erhöhen und welche geeignet sind, Hunger und Armut in der Dritten Welt zu vergrößern. Insofern fällt es nicht schwer, selbst

Umwelt- und Naturschutz als ressourcennutzend und ressourcenverbrauchend anzusprechen.

Die wesentlichen Einflüsse auf die Natur, die auf menschlicher (Über-)Nutzung basieren, sind hinlänglich bekannt. Seit der Verleihung des Oscar an den ehemaligen amerikanischen Vizepräsidenten Al Gore für seinen Dokumentarfilm *An Inconvienient Truth* hat das Thema eine neue Dimension der medialen Aufmerksamkeit erreicht. Nicht nur Dokumentarfilme auf allerhöchstem technischen Niveau, sondern auch spannende Spielfilme wie *The Day after Tomorrow*, der die Überflutung New Yorks aufgrund des Anstiegs der Meeresspiegel thematisiert, finden ein großes Publikum. Sowohl Information als auch Unterhaltung haben sich des Themas angenommen. Ein Informationsdefizit dürfte in den amerikanisch-europäischen Gesellschaften schwerlich auszumachen sein. Beklagt wird allerdings, dass mit diesen Informationen einerseits und emotionalen Aufrüttelungen andererseits die gewünschten Verhaltensänderungen in der breiten Bevölkerung nicht erzielt werden. Zuviel Pathos schadet dem Anliegen, wenn es nicht mit der erforderlichen Glaubwürdigkeit gepaart ist und zudem durch unkonkrete Begrifflichkeiten ein ‚semantischer Nebel' erzeugt wird. (Gesellschaftlicher Konsens herrscht beispielsweise bei den Begriffen ‚Nachhaltigkeit' und ‚nachhaltige Entwicklung' lediglich auf abstrakter Ebene. Sobald die einzelnen dazugehörigen Schritte konkret werden, regt sich aus verschiedenen Richtungen regelmäßig Widerstand.)

Die entscheidende Frage wird sein, ob die zu überzeugenden Menschen das Bombardement von Fakten, Emotionen und Ängsten überhaupt aushalten wollen und können. Erzeugt ein Zuviel an Dramatik und Angst am Ende gar das Gegenteil?

Angst und Furcht und ihre umweltpolitische Instrumentierung

Da Angst ein zutiefst menschliches Gefühl ist, wird damit auch eine der Brücken bezeichnet, welche Natur und das Humane verbinden. Allerdings bedarf es dazu einiger Erläuterungen, um den Grat zu erkennen, der zwischen lebensnotwendiger Angst und politisch instrumentalisierter Angst besteht.

Wichtig ist die Unterscheidung von Angst und Furcht. Während die Angst ein diffuses, ungenaues und unbehagliches Gefühl bezeichnet, ist die Furcht auf ein konkretes Objekt gerichtet und setzt Energien frei. Furcht ist in letzter Konsequenz ein Fortschrittsmotor. Angst und Furcht sind menschlich und nur in ihren Extremen pathologisch. Eine in diesem Sinne gesunde Reaktion zeigen diejenigen Menschen, die ihre Angst in konkrete Furcht transformieren und auf diese Weise konstruktiv gestalten.

Man kann seit einiger Zeit unter dem Stichwort ‚Globalisierung‘ das bemerkenswerte Phänomen einer politischen Angstauslösung beobachten. Die mit der Globalisierung verbundene Undurchschaubarkeit des eigenen und gesellschaftlichen Lebens entzieht sich seiner Sperrigkeit wegen einer Konkretisierung durch Furcht. Das diffuse Angstgefühl muss notfalls auch motorisch abgearbeitet werden, um die so erlebte und wörtlich zu nehmende Ohnmacht zu kompensieren. Demonstrationen von Globalisierungsgegnern, die teilweise auch schon mit erheblichem Gewaltpotenzial verbunden waren, stehen stellvertretend für diesen Sachverhalt. Paradoxerweise ist es gerade die Fülle an Informationen, welche die Orientierung in der komplexen Welt erschwert. Je mehr die Menschen über Globalisierung erfahren, desto mehr entwickeln sich Angst und Ohnmacht. Ohnmacht ist letztlich die Unfähigkeit, die Angst in konkrete Furcht wandeln zu können.

Angst und Furchtfähigkeit sind für das menschliche Dasein und Zusammenleben von größter Bedeutung. Beides gehört zur menschlichen Instinktausstattung. Ein vollständig bzw. weitgehend angstfreies Umfeld kann es deshalb nicht geben. Menschen werden immer wieder Angstsituationen für sich identifizieren. Symptomatisch für die Transformation von Angst in Furcht und die Entstehung neuer Angst ist die Geschichte der Kernenergienutzung. Nach dem Einsatz der Atombomben in Hiroshima und Nagasaki war die Menschheit geschockt. Das Ausmaß der Schäden, die Gewalt der Explosion und die Unüberschaubarkeit der Langzeitschäden machten und machen Angst. Hingegen war die – zudem mit dem Sehnsuchtswort ‚Frieden‘ bezeichnete – friedliche Nutzung der Kernkraft die positive, in Furcht gewendete Antwort auf die Angst vor dem Atomkrieg. Auch mit dieser eher psychologischen Deutung ist die an Euphorie grenzende Kritiklosigkeit zu erklären, mit welcher die Kernenergienutzung in den ersten Jahrzehnten nach dem Zweiten Weltkrieg in den westlichen Gesellschaften akzeptiert worden war. In dem Maße, in dem die unmittelbare Kriegsgefahr reduziert oder weniger bedrohlich erlebt wurde, weil der Kalte Krieg stabile Verhältnisse geschaffen hatte, entstand – eine Generation später – eine gesellschaftlich breit angelegte und getragene – wiederum angstdominierte – Bewegung gegen die Kernenergienutzung. Sie wurde zwischenzeitlich überlagert von Ängsten im Zusammenhang mit der atomaren Nachrüstung. Das Bemerkenswerte ist, dass Angst sich ein neues Ausbreitungsfeld sucht und letztlich als Gefühl nicht beseitigt werden kann (und darf). Der Wirtschaftsethiker Guy Kirsch stellt dazu fest:

> Dass die Furchtobjekte zum Teil schneller wechseln als die Mode, mag verschiedene Gründe haben. Einer dürfte darin bestehen, dass wir auch dann, wenn wir dies oder jenes fürchten, immer noch Angst haben. (...) *Unsere Angstbesessenheit leben wir als Sucht nach Furchtobjekten aus.* (Kirsch 2006: 104, kursiv im Original)

Im politischen Kontext von Angst und Furcht sind vier Akteure von Bedeutung:

- die (Er-)Finder von Furchtobjekten (z.B. Politiker, Wissenschaftler)
- die Verbreiter von Furchtobjekten (z.B. Journalisten)
- die Verharmloser von Furchtobjekten und
- die Anbieter von Techniken und Mitteln der Gefahrenabwehr.

Folglich

> weckt (man) als Politiker, Unternehmer, Wissenschaftler, Journalist, Geistlicher usw. bei Menschen am ehesten *Interesse*, wenn man sie bei ihren *Ängsten* anspricht und ihnen Furchtobjekte anbietet;

und: Man *motiviert* diese Menschen um so eher *zu einem bestimmten Verhalten* als Wähler, Käufer usw., wenn man ihnen *Instrumente
aufzeigt, mittels derer die konkrete Bedrohung und Gefahr abgewendet
werden kann.* (Kirsch 2006: 107, kursiv im Original)

Die umweltpolitische Debatte ist für den oben abstrakt dargestellten Sachverhalt ein Musterbeispiel. Neben dem bereits erwähnten Stichwort ‚Globalisierung' sind die Themen Klimawandel,
Artensterben bzw. Verlust der biologischen Vielfalt, Häufung
von Leukämieerkrankungen im Umkreis von Atomkraftwerken
oder gentechnische Experimente häufig angstbesetzte Themen.
Es wird zu fragen sein, ob bei diesen Themen die durch Angst
ausgelöste Verunsicherung selbst schon politischer Zweck ist.
Auf alle Fälle funktioniert bei befürchteten ‚apokalyptischen
Katastrophen', mit denen umweltpolitisch argumentiert wird,
das Schema nicht mehr, nach dem aus Angst vor der ‚Sintflut'
das Bauen von Deichen geholfen hat.

Es ist ein besonderer Vorzug liberaler Gesellschaften, Angst
haben zu dürfen.

> Weil in einer liberalen Gesellschaft die Möglichkeit besteht, die
> Angst wenigstens zum Teil als Furcht bewältigen zu können, ihr
> also nicht in ihrer im Zweifel überwältigenden Gewalt begegnet
> werden muss, besteht wenigstens die Möglichkeit ihrer *Enttabuisie-
> rung.* Sie kann ein Thema des gesellschaftlichen Austausches sein;
> der Einzelne ist also nicht gezwungen, sich ihr allein zu stellen. In
> einer liberalen Gesellschaft hat der Einzelne nicht nur Angst; er
> darf auch Angst haben. (Kirsch 2006: 109)

Wem es gelingt, die Klaviatur von Angst und Furcht virtuos zu
bedienen, hält den Schlüssel zur massenhaften Beeinflussung
in der Hand. Aus gutem Grund verbietet das Gesetz gegen den
Unlauteren Wettbewerb (UWG vom 3. Juli 2004) in seinem
§ 4 Nr. 2 ausdrücklich Angstwerbung. Für den Bereich der
Werbung für politische Ideen (= Propaganda) bzw. Religionen
(= Mission) gilt dieses nicht. Auch die Umweltpolitik sollte sich
dieser Gefahren, die letztlich und insbesondere in einer politischen Entmündigung der Bevölkerung und einer Abschottung

von politisch Handelnden und Behandelten bestehen, bewusst werden. Ob es erforderlich und möglich ist, politische Ideen mit einer Angstkommunikation dauerhaft erfolgreich durchzusetzen, verlangt auch mit Blick auf den in diesem Band diskutierten Humanismus sorgfältig abgewogen zu werden.

Die Suche nach dem Humanum:
Humanismus und Umwelt

Herder hat den Menschen als ersten „Freigelassene(n) der Schöpfung" (Herder 1965: 143) bezeichnet, weil er das einzige Lebewesen sei, das von den Zwängen der Natur befreit leben könne. Wilde Tiere sind von Natur aus grausam, der Mensch dagegen kann von Kultur aus menschlich sein.

Die Suche nach einem humanistischen Ansatz des Naturschutzes hat Tradition. Im Bundesnaturschutzgesetz von 1976, welches das bis dahin als Länderrecht fortgeltende Reichsnaturschutzgesetz von 1935 ablöste, wurde die Formel von der „Lebensgrundlage des Menschen" verwendet. Damit wurde erstmalig in einem Gesetz die menschliche Existenz auf die im wohlverstandenen Sinne gut funktionierende Natur bezogen. Mit dem ergänzenden Verweis „... und als Voraussetzung für seine Erholung" wurde nicht nur die physische Existenz, sondern im erweiterten Sinne sogar sein Menschsein in den Blick genommen. Die Weitsichtigkeit und Weisheit dieses Ansatzes wurde insbesondere durch die oben erwähnte, ausufernde Eigenwertdebatte daran gehindert, sich voll entfalten zu können. Dies hätte darin bestehen können, Naturschutz als Element menschlicher Kultur zu begreifen.

Humanismus bezeichnet bekanntlich eine Weltanschauung, deren Kernfrage die Frage nach dem wahren Wesen des Menschen ist. Humanität ist das Ziel des Mensch-Seins, oder, wie Herder es ausdrückt:

> Humanität ist der Schatz und die Ausbeute aller menschlichen Bemühungen, gleichsam die *Kunst unseres Geschlechts*. Die Bildung zu ihr ist ein Werk, daß unablässig fortgesetzt werden muß, oder

wir sinken, höhere und niedere Stände, zur rohen Tierheit, zur *Brutalität* zurück. (Herder 1965: 140, kursiv im Original)

Im Mittelpunkt des Humanismus steht deshalb auch die Personalität der Menschen. Diese galt und gilt es durch die Erziehung zum wahren Menschentum zu entwickeln, wobei letztere insbesondere durch die Auseinandersetzung mit den antiken griechischen Philosophen befördert werden konnte. Dieses als ‚humanistische Bildung' bezeichnete Unterrichtskonzept zum Schönen, Wahren und Guten prägte seit dem späten 17. Jahrhundert ganze Generationen von Intellektuellen in Deutschland.

Humanismus besaß aber von Beginn an in Deutschland auch eine kulturkritische bzw. kulturpessimistische Note.

> Seit dem frühen 19. Jahrhundert wird vom ‚Humanismus' vor allem dann geredet, wenn man die eigene Gegenwart durch einen elementaren Mangel an Orientierung, durch Wertverfall, Sittenerosion, Materialismus und Perversion ‚wahren Menschseins' zu bloßen ‚Fachmenschentum' oder zu hedonistischer Selbstzerstreuung geprägt sieht. ‚Humanismus' ist gleichsam ein Reaktionsbegriff auf erlittene Kulturkrise. Die Formel konnte – und kann – mit ganz unterschiedlichen Gehalten gefüllt werden, je nach den eigenen politischen Hoffnungen und kulturellen Erwartungen, die dann als Bild des wahren, idealen Menschen in die normativ aufgeladene gute Vergangenheit, in die Antike rückprojiziert wurden. (…) Immer ging es in der Beschwörung des ‚Humanismus' aber um ein bestimmtes, als normativ verbindlich gedachtes Konzept der heroischen, edlen, wagemutigen, sittenstrengen, wahrhaft freien ‚Person' oder ‚Persönlichkeit', um ein bestimmtes ‚Bild des Menschen' oder ‚Menschenbild'. (Graf 2006: 3f)

Die Umweltdebatte, die fälschlicherweise stets als ‚ökologische' apostrophiert wird, verwendet immer wieder Metaphern, die auf den kulturkritischen Anteil des Humanismus verweisen. Fast schon zum Schlachtruf der Ökoaktivisten der ersten Generation avancierte 1974 Ernst Fritz Schumachers Buch *Small is Beautiful.* Das wirtschaftliche Wachstum wurde als verursachendes Übel der (Um-)Weltprobleme gegeißelt. Das Prinzip *Small is Beautiful,* so wurde gesagt, führe unmittelbar zum ‚menschlichen Maß'. Damit wird unterstellt, es habe bereits ein menschliches Maß gegeben, das lediglich wiedergefunden werden müsse. Und zweitens, es gebe ein solches Maß nicht nur theoretisch, sondern auch tatsächlich, denn sonst könne man nicht zum ihm zurückkehren. Dies ist jedoch nichts anderes als eine (Selbst-)Täuschung, weil es genau dieses Maß, dieses ‚Urmeter‘ der Humanität weder gibt noch geben kann. Die insofern erhobene Forderung ist in wörtlicher und übertragener Bedeutung maß-los. Fehlender Maßstab bedeutet letztlich auch, keine Vergleichsmöglichkeiten zu haben, bzw. diese lediglich subjektiv vermitteln zu können. Deshalb geraten die Befürworter des ‚menschlichen Maßes‘ leicht in die Nähe des Populismus oder des Ökofaschismus. Dabei besteht die totalitäre Gefahr eines sich auf das ‚menschliche Maß‘ beziehenden Humanismus vor allem in der damit verheißenen Vision einer eher biedermeierlichen, mehr „Wärme und Geborgenheit vermittelnden Gesellschaft“ und dem eines „Übergang(s) vom individualistischen Gesellschafts- zum universalistischen Gemeinschaftsgedanken“ (Mayer-Tasch 2001: 157).

Der ökologische Humanismus verbindet sich auf diese Weise mit gesellschaftspolitischen Umbauvisionen, die einem an der Freiheit bzw. an der menschlichen Selbstbefreiung orientierten Humanismus entgegen stehen.

Mit dem süßen Gift, das ‚menschliche Maß‘ restituieren zu wollen, kann potenziell jede Gesellschaftsform kritisiert, bekämpft oder abgeschafft werden. Derart sich konstituierende ‚Wohlfahrtsausschüsse‘ stellten sich über Recht und Gesetz (vor allem dann, wenn sie sich auf apokalyptische und messianische Szenarien berufen) und fühlten sich des edlen Zieles wegen frei von der Notwendigkeit, ihr Tun zu rechtfertigen und zu begründen, um Mehrheiten zu überzeugen.

Die Beiträge in diesem Band sind unter der Klammer der Interkulturalität und des Humanismus vereint. Für den Umweltbereich kann davon ausgegangen werden, dass die so genannte ‚ökologische Krise‘ selbst schon interkulturell ist, bzw. interkulturell wahrgenommen wird.

Die Weltstaatengemeinschaft hat sich das politische Leitbild der nachhaltigen Entwicklung gegeben, welches 1987 die von der früheren norwegischen Ministerpräsidentin Gro Harlem Brundtland geleitete Nord-Süd-Kommission entwickelt hatte. Nachhaltige Entwicklung ist danach die Dreieinigkeit von wirtschaftlicher Prosperität bei gleichzeitiger ökologischer Verträglichkeit und sozialer Gerechtigkeit. Diese an die Quadratur des Kreises bzw. das auf Erden errichtete Himmelreich (s.o.) erinnernde Vision ist zur politischen Formel geworden, auf welche sich verschiedenste politische Richtungen einigen können. Ihre die politischen Lager überragende Kraft besteht bislang nur, solange Ziele und einzusetzende Methoden hinreichend abstrakt bleiben.

Das Leitbild der nachhaltigen Entwicklung bietet gleichwohl die Chance, Basis eines interkulturellen Humanismus zu sein. Einerseits basiert es auf einem interkulturellen Konsens, und andererseits stellt es ein vom Menschen her gedachtes, kulturelles Koordinatensystem dar. Allerdings ist zu berücksichtigen, dass es nur als solches wirksam ist und gerade nicht als Größe oder Maß. Als solche wäre es dimensionslos und skaleninvariant, d.h. unabhängig von jeder räumlichen oder zeitlichen Bezugsgröße. Aus der Dimensionslosigkeit würde aber im Prinzip das gleiche Grundproblem herzuleiten sein, das oben im Zusammenhang mit dem ‚menschlichen Maß‘ diskutiert wurde. Wenn nachhaltige Entwicklung also als Maß ohne Maßeinheit gedacht und verwendet würde – und die politische Diskussion ist in diesem Punkt keineswegs eindeutig, weil es eine Reihe von Bestrebungen gibt, ‚Nachhaltigkeit‘ zu messen – dann entfernt sie sich wiederum vom humanistischen Gedanken. Wenn das Ziel der Kultur Humanität ist, dann verbindet sich das Thema ‚Humanismus und Umwelt‘ als Frage nach der Beziehung von Kultur und Natur, bzw. genauer: als Frage nach der Beziehung von Kulturen und Naturen.

Dieses Verhältnis kann jedoch nur dann tragfähige Grundlage für interkulturellen Humanismus sein, wenn es sich nicht kulturpessimistisch definiert, denn nicht selten ist eine solche Einstellung auch mit Aversionen gegenüber anderen Kulturen gepaart. Insofern verbinden sich Umwelt und Humanismus nur dann fruchtbar, wenn konsequent vom Menschen her gedacht wird. Nicht der generell ‚böse' (= sündige) Mensch, sondern der Natur und Landschaft selbstverständlich nutzende und reflektierende Mensch ist gefordert, seine Kultur in die Waagschale zu werfen, um Ressourcen schonend zu verwenden. Ganz im Sinne von Herder:

> ... denn die Natur ist allenthalben ein lebendiges Ganzes und will sanft befolgt und *gebessert*, nicht aber gewaltsam beherrscht sein (Herder 1965: 280, Hervorhebung H.S.).

Im Mensch-Natur-Verhältnis ergeben sich die Chancen für einen neu zu definierenden Humanismus, wenn das zu lösende Problem als Kulturverlust und eben nicht als Naturverlust verstanden wird. Das von der Menschheit zu lösende Problem ist in erster Linie ein kulturelles. Dazu ist wohlverstandene humanistische Bildung notwendig, die mit der Formel vom Schönen, Wahren und Guten einprägsam naturwissenschaftliche Bildung (Wahres) mit ethischer (Gutes) und ästhetischer (Schönes) Bildung verbindet. Dabei ist nicht die aus der Romantik bekannte und für den frühen Naturschutz bestimmende Gegnerschaft[2] zu Aufklärung und Wissenschaft nützlich, sondern die aktive Nutzung dieser Kulturformen. Sie sind, wie gezeigt werden konnte, von größter Bedeutung für die Transformation von Angst in Furcht. Naturschutz und Umweltschutz, die sich jedoch aus der Rückschau definieren und dem Gewesenen nachtrauern, werden sich nach vorn orientieren und die zukünftige Landschaft, die sie anstreben, beschreiben müssen. Andererseits müssen Wissenschaftler begreifen, dass nicht alles Machbare wert ist, ausgeführt zu werden. Mit einem erstarkten kulturellen Selbstbewusstsein kann Humanismus seinen Beitrag zum Schutz und zur Schonung von Natur und Ressourcen leisten.

Welche weiteren Bedingungen sind an eine aus der Kultur bestimmte Nachhaltigkeit zu stellen? Die Wahrnehmung der Umweltprobleme bedarf keines religiösen Ballastes. Ebenso wenig bedarf sie einer zur Norm überhöhten Ökologie, die immer wieder naturalistische Fehlschlüsse begeht.

Wenn es gelingt, in der Ökologie weltanschauliche Mäßigung Platz greifen zu lassen, wenn Umweltpolitik weniger Weltanschauung und mehr Problemlösung, weniger Umerziehung der Bevölkerungen versucht und mehr Hilfe gelingt, die sich ökologischer Erkenntnisse und Methoden bedient, dann sind die Weichen richtig gestellt. Das ist jedoch nur mit der für den Humanismus immanenten Toleranz denkbar.

Anmerkungen

1 Dr. Christiane Schell und Dr. Hans-Werner Frohn danke ich von Herzen für wertvolle Anregungen und intensive Diskussionen.
2 Der Leiter der bereits erwähnten Staatlichen Stelle für Naturdenkmalpflege, die das Land Preußen 1906 in Danzig geschaffen hatte, war als Biologe sehr naturwissenschaftlich orientiert. Der Musikprofessor Ernst Rudorff, der Architekt Paul Schultze-Naumburg (beide Begründer des Bundes Heimatschutz) sowie der Schriftsteller Herman Löns gelten als wissenschaftsfeindliche Naturschutzvordenker.

Volker Steenblock

Humboldts Traum –
Humanismus und Bildung

1. Wilhelm von Humboldt

Mit dem Jahre 1819 endete das Wirken des preußischen Adligen Wilhelm von Humboldt in der Politik seines Landes, nicht zuletzt aufgrund seines Widerstandes gegen die antidemokratischen „Karlsbader Beschlüsse". Humboldt zog sich für die letzten 15 Jahre seines Lebens in ein komfortables Privatgelehrtendasein auf den Stammsitz der Familie, ins Schlösschen von Tegel zurück, wo er fürderhin vor allem Studien gemäß seiner ungemeinen Sprachbegabung trieb, die von einer völligen Beherrschung des Altgriechischen bis zu Forschungen „Über die Verschiedenheiten des menschlichen Sprachbaues und ihren Einfluss auf die Entwicklung des Menschengeschlechtes" und „Über die Kawi-Sprache auf der Insel Java" reichte. Humboldt starb im Jahre 1835.

Der Bruder des ähnlich prominent gewordenen Naturforschers, Amerika- und Asienreisenden Alexander von Humboldt war am 22.6.1767 in Potsdam geboren worden, hatte in Jena und Göttingen Rechtswissenschaften, Geschichte, Philologie und Philosophie studiert, war 1790 Referendar am Kammergericht in Berlin gewesen und lebte danach u.a. auf den Gütern seiner Frau Caroline von Dacheröden in Thüringen. Reisen führten ihn in z.T. jahrelangen Aufenthalten durch ganz Europa: von Frankreich bis London und von Spanien bis Rom. Im Jahre 1789 in Paris Augenzeuge der Französischen Revolution, erkennt der Mann, der bei seinen adligen Standesgenossen gelegentlich eine „grässliche Leere des Kopfes und des Herzens" beklagt, deren Bedeutung an, freilich ohne den in Intellektuellenkreisen zeitgenössisch durchaus auftretenden Enthusiasmus. Er selbst steht einem gewissen

Liberalismus nahe („Ideen zu einem Versuch, die Grenzen der
Wirksamkeit des Staates zu bestimmen" 1793).

1809/10 wird der Weimarer Freund Schillers und Goethes kurz-
zeitig ‚Kultusminister', hat in Berlin Umgang mit König und Hof,
ist am Bündnis der alten Monarchien gegen den der Revolution
erwachsenen Napoleon beteiligt und verhandelt auf dem Wiener
Kongress, der dessen Ende regelt – dies alles aber, ohne eigentlich
ein Machtpolitiker zu sein und ohne entscheidenden Einfluss
auf den Gang der Dinge zu nehmen, außer in der preußischen
Bildungspolitik u.a. in der Gründung der mittlerweile nach ihm
benannten Universität und des humanistischen Gymnasiums.
Ähnlich erscheint Humboldt als zutiefst philosophisch geprägt,
aber nicht als Fachphilosoph, als glänzender Autor, aber nicht
als Dichter, als im Höchsten begabter Philologe, aber nicht als
Universitätsgelehrter.

In solcher Vielseitigkeit hat die Gestalt Wilhelm von Humboldts
eine fast beispiellose Reputation gewonnen (so wie der Bruder
für die Naturforschung). Wann immer die deutschen Kulturwissenschaften und das deutsche Bildungswesen repräsentiert sein
wollen, dient er als Ankerpunkt, derzeit etwa bei den Plänen,
Berlins Schloss als ein „Humboldt-Forum" der Wissenschaft
und Kultur wiederzuerrichten. Ältere Darstellungen haben gar
versucht, Humboldt in „klassischer Verklärung" (Clemens Menze)
als Persönlichkeit dasselbe „Evangelium der Lebenstotalität" und
„vollkommener Harmonie mit der Natur und der umgebenden
Welt" anzudichten, das sie seinen Auffassungen von ‚Bildung' und
‚Humanität' entnahmen (Rudolf Haym 1856, Eduard Spranger
1909 und 1910, Albert Leitzmann 1919). Dabei waren Humboldts
Charakter und sein Leben in manchen ihrer Züge genauso bis ins
Kuriose allzumenschlich und zeitgebunden, wie dies bei jedem
anderen auch der Fall sein mag. Die Dissonanzen dieses Lebens,
Sexualität und Genussucht hat Siegfried August Kaehler (1927)
offen dargestellt (Kaehler 1927; Haym 1965 [1856]; Spranger
1909; Spranger 1960 [1910]: bes. 22ff und 44f; Leitzmann
1919; Menze 1965 [vgl. bes. zum „Humboldt-Bild" 9ff und zu

den Hypostasen der Individualität bei Humboldt 105ff]; Kessel 1967; Sweet 2008). Stellte die Persönlichkeit dieses Mannes, wie sie sich im umfangreichen Briefwerk und in den Tagebüchern spiegelt, damit lediglich „ein widerspruchsvolles Bündel heterogener Strebungen" dar, „das historisch den Namen Wilhelm von Humboldt geführt, aber nie zu einer Einheit gefunden hat"?[1]

Diese Frage stellt sich durchaus, hat doch derselbe Humboldt mit dem Projekt einer „Ich-Werdung" und Ausprägung unserer Individualität nichts weniger als das Wesen des Menschen verbunden. Es ist *sein Name*, der mit seinem Gewicht wie kein anderer für den Traum von einer Verbindung von *Humanismus und Bildung* steht,[2] d.h. für die Zielvorstellung, dass jeder Mensch *als Mensch* sich aus einem letzten, verantworteten Prinzip heraus zu steuern suchen müsse, in welchem die Kohärenz aller Interessen- und Verhaltensfelder bzw. ihrer Auftritte auf den verschiedenen Bühnen des Lebens deutlich werden müssen. Diese sollen sich – darum wird es im Folgenden gehen – in letzter Instanz gleichsam als ‚Symphonie' und nicht als ein Konglomerat bloßer Dissonanzen verstehen lassen. Das bedeutet nicht, so lehrt ja schon die Biographie Humboldts selbst, dass es das Widerstrebende, Unintegrierbare nicht gäbe. Wir alle machen die Erfahrung, dass wir in unterschiedlichen Zusammenhängen auch jeweils andere sein mögen. Trotzdem fordert die Bildungsidee uns dazu auf, eine immer qualifiziertere *Arbeit an uns selbst* als Lebensziel anzusehen, selbst wenn wir zugleich unsere Identitätsgewinnung als einen auch von äußeren Einflüssen und Zufällen geprägten und herausgeforderten *Prozess* begreifen müssen. Eine solche Auffassung bedeutet offenbar einen Stachel in einer Zeit, in der ‚Bildung' oft genug auf ihre Verwertbarkeit in der Wirtschaftswelt als dem gegenwärtig alles dominierenden Kultursektor reduziert oder von mancher weltanschaulichen Modeströmung in ihrem eigentlichen Sinne auch schlicht für unmöglich erklärt wird. Es sind nicht zuletzt diese Einwände und Hindernisse, die die Aktualität der Menschheitsidee des Wilhelm von Humboldt nahelegen.

Bedeuten Humboldt und sein Traum vom Menschen eine *höchst*

aktuelle Herausforderung, so wurzeln sie doch zugleich in sehr traditionsreichen Topoi der Geistesgeschichte, aus denen sich bis in die Gegenwart hinein ein prägender Zug des abendländischen Denkens entwickelt hat. Die Frage nach der richtigen Bildung (παιδεια, paideia) des Menschen ist eines der wirklich großen Themen der Philosophie und Pädagogik seit Platon, der sie als περιαγωγη (periagoge) bestimmt, als „Umwendung" der Seele bzw. des ganzen Menschen, so, wie man ja den ganzen Körper drehen muss, um das Auge in eine neue, richtige Perspektive sehen zu lassen.[3] Die Philosophie als Bildung verhilft gleichsam zu einem neuen *Sehen*: „Das in barbarischem Schlamm vergrabene Auge der Seele zieht sie gelinde hervor und führt es aufwärts."[4] Die Konversion, die in letzter Instanz dabei gefragt ist, mag ihr Ziel freilich noch nicht als das Ergebnis historisch werdender und sich entwickelnder menschlicher Arbeit anerkennen. Platon stellt ,Bildung' vielmehr als einen Zugang des Denkens zu einer Welt ideellen Seins von höchster Dignität dar, der gegenüber unsere alltägliche Welt nur kraft „Nachahmung" und „Teilhabe" (μεθεξις, méthexis) existiert. Das eigentliche Telos des Menschen, lässt sich nur in Kategorien bestimmen, die sich gegen alles Endliche profilieren wollen. Hegel hat als Bildungsphilosoph diese objektive Seite zwar nicht mehr als überzeitliche und überweltliche Geltungssphäre, aber – unter Beibehaltung allerhöchster Dignitätsansprüche – als einen Prozess bestimmt, der der historischen Arbeit des Menschen gleichsam entwicklungslogische Garantien zuschreiben kann. Erscheint die individuelle Bildung entsprechend als „Sichhineinbilden der Subjektivität" in die Entwicklung des allgemeinen Geistes in, wie Hegel formuliert, „harte(r) Arbeit" (Hegel 1970: 344f, § 187; vgl. Menze 1970: 134-184, 146f sowie Pöggeler 1980: 241-269; Heydorn 1979/80: 231-268), so gipfelt die Idee einer Selbsterfüllung des ,wahrhaft menschlichen' Menschen, des Menschen, insofern er sozusagen seinen Begriff erfüllt, doch zugleich in der Vorstellung einer ihm zuzuschreibenden gottähnlichen Schöpferkraft. Würde und Glück des Menschen finden darin ihren Ausdruck, dass er in bestimmter Hinsicht zu einem gelingenden Werk seiner selbst zu werden vermag. So erklärt der Renaissance-Philosoph Pico della Mirandola (1463-1594) im Rückgriff auf Platons Protagoras-Mythos, dass der Mensch eigenschaftslos erschaffen sei und somit seine Natur nach eigenem Willen selbst bestimmen könne bzw. müsse. Sein Projekt ist also kultureller, nicht so sehr natürlicher Art: es liegt in der rechten Formung, also ,Bildung' seiner selbst.

Die Gestalt Humboldts können wir gleichsam im Zentrum aller dieser Bezüge sehen, ohne die besonderen metaphysischen Hintergründe seines Denkens näher anzusprechen. Er verschmilzt den Wahrheitsanspruch der Philosophie mit der Vision einer besonderen Rolle des Menschen und bezieht beides auf jeden Einzelnen von uns. Entsprechend bezeichnet er es in dem 1793 entstandenen „Bruchstück über die Theorie der Bildung des Menschen" als „die letzte Aufgabe unseres Daseins",

> dem Begriff der Menschheit in unsrer Person, sowohl während der Zeit unsres Lebens als auch noch über dasselbe hinaus, durch die Spuren des lebendigen Wirkens, die wir zurücklassen, einen so großen Inhalt, als möglich, zu verschaffen. (Humboldt 1960b: I, 235)

In der hierin angesprochenen *Verbindung von Bildung und Humanität* erkennt Humboldt das Wesen des Menschen. Durch eine kulturelle Selbstformung wird er ,menschlicher', als er sich naturhaft vorgegeben findet; es ist sozusagen seine Aufgabe, sich zu ,verbessern'.[5] Die Vorstellung vom Aufstieg des Individuums zu seiner „Idealität" schließt die Auffassung von einem wesensmäßig im Menschen angelegten Selbstverwirklichungs- bzw. Vervollkommnungsstreben ein. „Jedes Individuum ist eine in der Wirklichkeit dargestellte Idee", kann Humboldt sagen. Diese „Idee" ist bei Humboldt keine überzeitliche, universal vorbildliche Entität. Humboldt meint vielmehr ein immanentes Ziel, das eine unverwechselbare Eigenheit ausmacht und diese als Persönlichkeit im Lebensprozess verwirklicht.[6] Es ist nicht egal, was wir aus uns machen. Wir sind vielmehr unsere eigene Aufgabe – Menschen müssen wir erst werden. Die Außenwirkung unserer

Arbeit an uns selbst erzeugt idealerweise die kulturelle Welt. Auf
die dabei implizierte Zielperspektive kommen wir, wenn wir das
Wort ‚Mensch‘ als Vorbild und Aufgabe dessen denken, was wir
als denkende und verantwortliche Wesen erreichen wollen.[7] Im
Folgenden sollen in einem systematischen Überblick zu einem
aktualisierten Begriff ‚humaner Bildung‘ acht zentrale Elemente
dieser Idee genauer ausgeführt werden (2). In weiteren Schritten
werden Einwände genannt, die sich als auf ihren Dreh- und
Angelpunkt auf das ‚Ich‘ beziehen (3), und es wird in deren
Beantwortung eben dieses ‚Ich‘ als Aufgabe, als Projekt seiner
Selbstrealisierung bestimmt (4).

2. Grundelemente kultureller Bildung

Wilhelm von Humboldts Traum gilt einem Status als Vernunftwesen, wie Menschen ihn als Menschen für sich verwirklichen
sollen. Er kann heute in der Realisierung der folgenden acht
grundlegenden Aspekte weiter ausgeführt werden, ohne zu behaupten, dass damit der geistesgeschichtlichen Vieldimensionalität
des Bildungsbegriffs Genüge getan sei:[8]

1. ‚Bildung‘ ist zunächst und grundlegend etwas, das mit dem
Subjekt zu tun hat. Sie ist ein für alle Menschen geltendes Ideal
und hat doch zugleich so viele Gesichter, wie es Menschen gibt
und wie jedes Selbst sich seine eigene Aufgabe ist.

Was aber möchte man eigentlich wissen, wenn man fragt: „Wer
bin ich"? Die Frage nach der eigenen Identität ist in einem ersten
Zugriff eine Frage nach der Identifizierbarkeit und Kontinuität
eines ‚Ich‘. Hierbei fällt sofort auf, dass wir alle in unterschiedlichen Lebenszusammenhängen durchaus verschiedene ‚Gesichter‘
zeigen. Gemäß der Anlage seiner Bewusstseinsstruktur kann der
Mensch offenkundig auch dann subjektiv zufrieden leben, wenn
er sich lediglich in wirtschaftlichen Kontexten betätigt, wenn
der Umgang mit anderen Menschen, Kindern, Freunden ihm
ein fast ausschließlich Wichtiges ist usw.; niemanden beschäftigen im Übrigen solche Faktoren *nicht.* Für manche sind in

der Populärkultur avancierter Gesellschaften Körper und Sport Lebensinhalt. Angesichts der zugleich womöglich auftretenden Tendenzen einer Banalisierung und Zerstreuung des ,Ich' statt seiner Ausprägung und Kultivierung könnte sich freilich, erkundigt man sich gegenwärtig nach dem Ich, eher die Frage stellen: „Wer bin ich – und wenn ja: wie viele?" Scheint nicht, was wir für unser Selbst halten, sich mit wechselndem Umfeld beständig zu verändern? Sind wir nicht Getriebene fremdbestimmter Einflüsse, im Grunde Niemande, die auf der Bühne des Lebens ein gespenstisches Stück aufführen? Was ist an mir, von dem ich wirklich sagen kann: „Das bin ich"? Gibt es Momente im Leben, in denen ich mehr „ich selbst" bin als zu anderen Zeiten? Wie ist das Verhältnis zwischen mir und den anderen? Wie bestimmt dieses Verhältnis meine Selbstkonzeption (und umgekehrt)? Welches Gefühlsspektrum prägt mich, wie erscheint mir die Welt? Verändere ich mich im Laufe der Zeit in allen diesen Aspekten? Was bedeutet es, wenn Züge des Ich ,verblassen', wenn Erinnerungen dem Vergessen anheim fallen?

Solche Fragen muss nicht schon im Vorhinein definitiv beantwortet haben, wer im „Werde, der du bist" gleichwohl die Chance erkennt, mehr aus sich zu machen, als er es als ein lediglich Fremdbestimmter wäre. Wenn eine solche Selbstfindung unserer Ich-Existenz als erstrebenswert und Lebensziel herausgestellt wird, dann gilt dies gegen die angesichts des Leides, das uns zugleich bedroht, gelegentlich ironisch beschworene Erkenntnis, dass wir vielleicht besser nicht da wären. Die Bildung widerspricht auch einer ,Abtötung' des Ich, seiner Nichtigkeitserklärung und seiner (gar nicht selten versuchten) theoretischen – und praktischen(!) – Demontage. Sie verkörpert den Anspruch jedes Einzelnen, an den Errungenschaften der Kulturgeschichte teilzuhaben, sie mitzugestalten, in ihnen ein eigenes zusammenhängendes Profil zu schärfen und so vom Objekt aller ihn prägenden Umstände, des Marktes, der Medien usw. zum Subjekt seiner selbst zu werden. Es gilt, wie der kanadische Philosoph Charles Taylor sagt, „das Ideal der Selbstwahl als moralisches Ideal" (Taylor 1995: 50).

Dabei verschafft sich die Einsicht Raum, dass der Einzelne immer schon in die natürliche genauso wie in die kulturelle Welt in ihrer Komplexität, nicht seltenen Zerrissenheit und zugleich provozierenden Widersprüchlichkeit[9] verwickelt ist. Eine völlige Autonomie des Ich ist sinnvoll gar nicht vorstellbar. Vielmehr erzeugt der Identitätsbildungsprozess eine sozusagen wechselseitige Identität, in der immer schon Andere eine Rolle spielen. Wir Menschen sind aufeinander bezogen; wir sind kontextuell konzipiert. Wir bilden unser Eigenes, indem wir aneinander teilhaben. Wir müssen einen kulturellen Horizont mit anderen erleben, um selbst zu ,werden'. Bereits bei Humboldt gibt es deshalb keinen Primat eines nur zur eigenen Sinnbildung aufgeforderten Individuums; dieses bleibt durchweg bezogen auf Gemeinschaft und Kultur und auf die Menschheit schlechthin. Exemplarisch führt dieser Aspekt in das für Humboldt so wichtige Feld der *Sprache* als Vermittlung zwischen Ich und Welt. Indem die Sprache Kommunikation, also wechselseitige Mitteilung, ist, verweist sie auf eine Vermittlung von Individualitätsbildung und Gemeinschaftlichkeit. In ihrem Medium zeigt sich, dass ,Bildung' eben nicht die bloße Auswickelung und Fortschreibung immanenter Formkräfte darstellt, sondern auf die Traditionen und Gehalte der überlieferten Kultur verwiesen bleibt. Indem Weltaufnahme und Weltbearbeitung Chancen der Selbstverwirklichung implizieren können, wird Kultur zu einem Wechselspiel zwischen dem geprägten Subjekt und den Konfigurationen seiner Umwelt.

2. ,Bildung' bezeichnet in der bisher dargelegten Art und Weise den Modus individueller Identitätsfindung. Neben dieser ihrer Zielsetzung im Bildungssubjekt ist – als ein zweites hier zu nennendes Grundelement der Bildung – ein zugleich auf ein *prahtisches Sich-Bewahren* ausgehendes Moment wichtig. Wahrhaft ,gebildet' ist die Person, die auch über ,Charakter' verfügt, die sich in einem Formungsprozess nicht nur intellektuell, sondern in ihrem gesamten Habitus, so auch sittlich ausprägt. Goethe formuliert eine solche kulturelle Zielbestimmung des Menschen nicht ohne Bezüge zu Pico della Mirandola gar im traditionsreichen

sprachlichen Bild eines zu ahnenden „Göttlichen." Sie wird gegen die „unfühlende" Natur herausgestellt, reicht aber auch über die Kontingenzen der menschlich-geschichtlichen Welt hinaus. In Anspielung auf den biblischen Kulturentstehungsmythos ist ihm eine „heilende" Einrichtung der Verhältnisse nach vielzitierter ethischer Formel („Edel sei der Mensch, / Hilfreich und gut!") aufgegeben: „Nur allein der Mensch / Vermag das Unmögliche: / Er unterscheidet, / Wählet und richtet (...) Er allein darf / Den Guten lohnen, / Den Bösen strafen, / Heilen und retten – / Alles Irrende, Schweifende / Nützlich verbinden."[10]

3. Hiermit zusammen hängt ein Drittes: Bildung muss auch ein Reflexionsbegriff *für unsere jeweilige Gegenwart* sein. Das platonische „Auge der Seele" muss auch die jeweils aktuellen Verhältnisse durchschauen und gestalten lernen. Gerade im Land der ‚Bildung' hat es in den deutschen Desastern hieran gefehlt. ‚Bildung' muss ein Verhältnis zum inneren Projektcharakter der Kultur gewinnen. Sie muss uns die je spezifischen Problemlagen, in denen ein intellektuelles wie sittliches Sich-Bewähren gefragt ist, vor Augen führen können. In unserer sprichwörtlich immer ‚unübersichtlicheren' Gegenwart dürften z.B. die von Naturwissenschaft und Technik herbeigeführten zivilisatorischen Veränderungen dazu drängen, diese nicht dem freien Spiel jeweils wirksamer Kräfte zu überlassen, sondern zu Gegenständen bewusster Aufmerksamkeit zu machen.

4. Hierbei freilich ist – viertens – ‚Bildung' schwerlich als ein in letzter Instanz schlechthinnig erleuchteter Zugriff aufzufassen, wie in der Tradition durchaus erhofft, sondern sie erweist sich als ein *Teil der kulturellen Arbeit,* die auf den Begriff zu bringen, zu begleiten und womöglich zu orientieren und zu steuern sie angetreten ist, Teil auch ihrer Irrtümer wie ihrer Errungenschaften und Fortschritte. Dies bedeutet, dass auch unter dem Signum der Bildung – wie in den menschlichen Angelegenheiten überhaupt – nicht erwartet werden kann, aus den vorgefundenen wie zu gestaltenden kulturellen Verhältnissen heraus die Sicht auf eine überzeitliche Wahrheit eröffnet zu bekommen. Es gilt vielmehr,

dass Bildung – wie die kulturelle Vernunft überhaupt – etwas historisch sich ‚Aufarbeitendes' ist.

5. Fünftens gilt: Das Humboldt-Programm einer ‚Arbeit am Ich' in seiner konstitutiven Verknüpfung mit dem Menschheits-begriff kann in seiner Verbindung mit der Idee des Humanismus nicht elitär gemeint sein; *Bildung zielt vielmehr auf die kulturelle Kompetenz eines jedes Menschen.* (Vgl. den Beitrag von Straub in diesem Band.) Das Programm allgemeiner Menschenbildung darf nicht auf eine Elite oder auf eine spezifische Sparte in der arbeitsteiligen Kultur eingeschränkt werden:

> Denn der gemeinste Tagelöhner und der am feinsten Ausgebildete muss in seinem Gemüt ursprünglich gleichgestimmt werden, wenn jener nicht unter der Menschenwürde roh und dieser nicht unter der Menschenkraft sentimental, schimärisch und verschroben werden soll. (Humboldt 1960: Bd. IV, 189)

Das bedeutet nicht, dass das ausschließliche Ziel des Humanen in bestimmten Formen kultureller Bildung liege; auch der Beruf z.B.[11] bildet die Persönlichkeit (aber völlige berufliche Präokku-pation mag einer Selbstfindung auch im Wege stehen, auch im Erfolgsfalle, auch noch womöglich in der akademischen Disziplin „Philosophie"). „Da unser Geschlecht selbst aus sich machen muss, was aus ihm werden kann und soll", so schreibt auch Herder, „darf keiner, der zu ihm gehört, dabei müßig bleiben" (Herder 1991: 164). Die Bildung als Theorie des Humanen führt – so sehen wir – fast zwangsläufig zu der Aufgabe, das, was Menschen in kulturellen Prozessen erreichen können, individuell und für alle durchzusetzen.

Konkret: Je mehr wir in die alltäglichen Sachzwänge der Arbeits- und Konsumgesellschaft und nicht zuletzt der Unter-haltungsindustrie eingebunden sind, statt dass wir uns aktiv an kultureller Orientierung beteiligen, um so eher sinken die Chancen auf gesamtkulturelle Partizipation, um so ungehemmter kann in den einschlägigen Teilsektoren vorgegangen werden, um so mehr schwinden die Möglichkeiten, auf die Entwicklung Einfluss zu nehmen.

6. Bildung impliziert zwar im Grundsatz eine Qualität zu erringender formaler Kompetenzen bis in höchste Differenzierungen hinein. Sie erreicht nach bekannter Definition aus Humboldts „Königsberger Schulplan" ihr Ziel, wenn einer „für sich selbst zu lernen in Stand ist" (Humboldt 1960: Bd. IV, 169f).[12] Es gibt jedoch – sechstens – *keine Bildung ohne Bildungsgehalte, das heißt ohne eine ,materiale' Seite, Objektseite.* Diese umfasst die Traditionen der Kultur in den ihnen eigenen Dimensionen menschlicher Betätigung. Bildung impliziert demnach Wissensstandards relevanter Kulturfelder von Religion und Kunst bis zu Literatur und Wissenschaft. Ohne persönliche Perspektive kommt zwar – so haben wir gesehen – kein Bildungsprozess zustande, aber ohne Sach- und Weltinformation kommt er nicht weiter. Der Bildungsbegriff bezeichnet den Modus der Identitätsfindung konkreter Subjekte durch Repräsentanz der Welt als kultureller Konstruktion im sich formenden Ich. Er erscheint damit als „Kultur nach der Seite ihrer subjektiven Zueignung" (Theodor W. Adorno), als die „subjektive Seinsweise" der Kultur (Herman Nohl); als die „Grundfähigkeit des Geistes" in der Möglichkeit, „sich von sich selbst lösen zu können, sich gegenüberzutreten wie einem Dritten, gestaltend, erkennend, wertend, und erst in dieser Form das Bewusstsein seiner selbst zu gewinnen" (Georg Simmel – Simmel 1983: 205).

Zur materialen Bildung sind noch zwei Anmerkungen zu machen. Zunächst gilt, dass sie eine sozusagen geronnene Aktualitätsbewältigung ist. Das bedeutet, dass Menschen in verschiedenen kulturellen Ausprägungsformen mit unterschiedlichen Möglichkeiten und Kompetenzen agieren, die zwar an sich ,formaler' Natur sind, als historisch erarbeitete und durchgesetzte und in ihrer Funktion als Voraussetzung weiterer Bildungsprozesse aber eben zugleich in ihrer historischen Materialität betrachtet werden müssen: eine Feststellung, die ein Feld von den Kulturtechniken und Instrumenten des Wissenserwerbs, den jeweils zur Verfügung stehenden Argumentationsweisen, Urteilsformen und auch institutionellen Rahmenbedingungen bis zu den ‚Reflexionsniveaus' von Menschen eröffnet. Als Ergebnis kultureller Arbeit, nicht biologischer oder ökonomischer Prozesse, ist Bildung keine zufällige kulturelle Erscheinung, sondern Ergebnis fortlaufender Lernprozesse. Neben ihren im Laufe der Geschichte aktualisierten religiösen, politischen und expressiven Funktionen ist zum *Beispiel die Kunst* gerade der Moderne „ein zentraler Motor aller Höllenstürze und Himmelfahrten (…) der modernen Zivilisation" (E. Beaucamp).

Klassifizierend ist für diese „materiale Tradition" – zweite Anmerkung – weiterhin festzustellen, dass Menschen sich offenbar in bestimmten anthropologisch verankerten und zugleich historisch ausgeprägten Dimensionen ihnen möglicher Welt- und Selbstverhältnisse betätigen, für die es übliche, begrifflich wie konzeptuell ausgeprägte Performanz- und Reflexionsmodi gibt. Menschsein drückt sich in unmittelbaren kulturellen Vollzugsverhältnissen wie religiösen Riten, Dichtung, künstlerischer und wissenschaftlicher Tätigkeit usw. ebenso aus wie im sozusagen ‚sekundären Modus', in Konzertaufführungen, Lesungen, im Kunstgenuss in Schrift, Ton und Bild oder in der Reflexion. Der Reichtum entsprechender kultureller Sinnbildungen und Gestaltungen formt sich im Verlaufe der Geschichte, in dem er tradiert wird, immer zugleich neu. Neben Religion und Kunst gehören hierzu unsere notwendigen Selbstvergewisserungen in Geschichtsbildern.

7. Die Bildungsperspektive ist in Einlösung der vorgenannten materialen Dimensionen darüber hinaus *interdisziplinär und verbindet die Dimensionen der Kultur*. Der geradezu sprichwörtliche Begriff der *Allgemeinbildung* verdeutlicht den Anspruch einer viel- bzw. – in letzter Konsequenz – allseitig ausgerichteten Interessenrichtung statt bloßer Spezialisierung, für welch letztere es ja auch in der Alltagserfahrung, wie sie sich in der Umgangssprache spiegelt, den drastischen Begriff des ‚Fachidiotentums' gibt. Ziel ist es demgegenüber nach Humboldt, ein gleichsam reicher ausgeprägtes, vielschichtigeres Leben, ja, ein „Glück der Fülle" zu erlangen: „Der wahre Zweck des Menschen ist die

höchste und proportionierlichste Bildung seiner Kräfte zu einem Ganzen" (Humboldt 1960: Bd. I, 64).

Dies bedeutet, dass eine sich realisierende Bildung der Partialisierung der Teilkulturen des Wissens widerstreiten dürfte, die *nur* ökonomisch, *nur* szientifisch etc. denken können (und nicht zuletzt deswegen womöglich oft genug Teile bestimmter jeweils in Rede stehenden Probleme statt Chancen zu deren Lösung sind).

8. Eher als eine Hoffnung bleibt – achtens – am Ende die Frage: Gibt es einen ‚Bildungsprozess' der Gattung? Zweifellos muss die seit Platons Entwurf bestehende Vorstellung, Bildung und Macht zu einen, hier nicht erst als hochgradig spekulativ (und politisch gefährlich) identifiziert werden. Dennoch schließt ‚Bildung' doch die wiewohl eher zu stellende denn zu beantwortende Frage ein, ob gelingende Bildungsprozesse nur noch die höchst subjektiven und fragilen Geistesblüten einiger weniger Gesellschaftsnischen auf einem zunehmend größere Schrecken hervorbringenden Untergrund sozioökonomischer und ökologischer Fehlentwicklungen darstellen, oder ob sie auch für eine Entwicklungsfähigkeit der Gattung Mensch und deren globale Entwicklungs- und Lernfähigkeit stehen könnten. Der Geschichtsoptimismus des 19. Jahrhunderts, für den etwa der Historiker Johann Gustav Droysen (1808-1886) steht, ist offenkundig angesichts der fürchterlichen Verwerfungen des 20. Jahrhunderts sowie der Globalisierungsprobleme unserer Gegenwart nicht zu halten. Freilich ließe sich dieser „nachmetaphysische Verlust" eines idealistischen Sinnvertrauens durchaus in die Menschheitsbildung in eine Ethik übersetzen, „die den prekären Sinn der historischen Erfahrung in die Stärke einer zukunftsgerichteten kulturellen Orientierung aktuellen menschlichen Handelns und Leidens verwandelt" (Jörn Rüsen – Rüsen 2006b: 59). Angesichts der im menschlich-geschichtlichen Feld sich kreuzenden Eigendynamiken, angesichts auch der immer komplexeren wirtschaftlichen und sozialen Verhältnisse, für die Regeln gesellschaftlich allererst gefunden und durchgesetzt werden müssen, wird für die Zukunft Einiges davon abhängen,

wie sich nötige Organe einer verbesserten Selbstwahrnehmung
und dann auch moralisch reflektierten Selbststeuerung kulturell weiter ausbilden werden. Der Bildungstheoretiker Helmut
Peukert, der jenes alle Universalperspektive ablehnende Wort:
„Wer Menschheit sagt, will lügen", zitiert, hofft gleichwohl auf
eine institutionelle Verankerung entsprechend strukturell neuer
„transformatorischer Lernprozesse": „Bildung ist in diesem
Verständnis das geschichtliche Projekt der Menschwerdung des
Menschen im Horizont der einen Menschheit" (Peukert 2003:
9-30, 13, 27).

Die genannten Aspekte machen in ihrer Balance das Spektrum
von *Humanität und Bildung* aus. Der ‚Zauber' des Traumes von
der Bildung besteht weniger in den metaphysischen Garantien,
die noch Humboldt selbst ihr hat geben wollen, als in der Kraft
der Vermittlung ihrer Elemente untereinander: der Ausprägungen
des Subjekts (siehe Punkt 1), der materialen Gehalte, die es sich
aneignen muss (siehe 6), von ethisch-moralischer Praxis (2) und
je aktueller Gegenwartsbewältigung (3), der Notwendigkeit ihrer
Erringung und Erarbeitung in schwierigen kulturellen Kontexten
(4) und dem demokratischen Anspruch aller Bildung (5), der
Präsenz ihres Ganzen im Zusammenhang der Dimensionen des
Menschlichen (7) wie schließlich jener Zukunftshoffnung, die
wir als ‚Menschheit' haben mögen (8). Die Arbeit der Bildung ist
dabei trotz aller Komplexität ihres Gegenstandes nicht die Arbeit
des Sisyphos. Sie ist die Chance eines Wirkzusammenhangs, in
die menschlichen Angelegenheiten einzugreifen und in ihnen
tätig zu werden.

Im Hinblick auf den Zusammenhang von Humanität und
Bildung steht viel auf dem Spiel. Es geht um Zielbestimmungen
für menschliche Lebensformen und damit auch um Kriterien
gelingendes Lebens. Die pädagogisch-philosophischen Theorie-
bildungen um die Figur einer über sich selbst verfügenden Subjektivität und ihre Ausgestaltung in den Elementen der Bildung
sind von der geisteswissenschaftlichen zur kritischen Pädagogik
und in einem Spektrum von Wolfgang Klafki bis Heinz-Joachim

Heydorn so komplex und (selbst-)kritisch wie sie bis heute mit
allem Recht auf Humboldts Traum bestehen (vgl. Steenblock
2008: 189ff, 207ff). Dieser Traum steht für ein erstrebtes und
umkämpftes zweifellos zuhöchst Allgemeines, das zugleich nur
ganz konkret für jeden Einzelnen zu realisieren ist. Bildung beinhaltet ein *Versprechen*. Es lässt sich in den normativen Ansprüchen
der ‚klassischen' Zuschreibungen von ‚Selbstbestimmung' und
‚Menschenwürde' zwar schwierig genug ausbuchstabieren. Es lässt
sich aber nicht einfach in einen vor allem ökonomisch definierten
Kompetenzkatalog kultureller Fertigkeiten einordnen, wie es die
Erziehungswissenschaft derzeit oft genug nur zu gerne möchte.
Humboldts Traum hält Möglichkeitsräume frei und fixiert uns
nicht auf vermeintlich zwingend vorgegebene Wirklichkeiten.
Er steht für unseren Selbstaufbau an der Widerständigkeit der
Welt, nicht für die Zurichtung zur besseren Funktion in einer
quasi-naturalistisch immer bereits vorausgesetzten Welt – aus
der Einsicht heraus, dass diese in Wirklichkeit eben doch immer
auch eine von ökonomischen und Machtinteressen konstruierte
ist. Bildung ist deshalb nur in ihren zwar grundlegenden, aber
auch rudimentären Formen nach den Kriterien empirischer
Massendiagnostik zugunsten genereller gesellschaftlicher Funk-
tionsfähigkeit abzuprüfen (vgl. meine Übersicht: Steenblock
2006a: 11-42 sowie Steenblock 2006b: 41-67). So sinnvoll es ist,
Grundfertigkeiten und Funktionsfähigkeiten für Bildungssubjekte
sicherzustellen; so blind erscheint manche Neudefinition von
‚Bildung' für jenen Punkt, an dem diese in ihr genaues Gegenteil
umzuschlagen droht.

Mit der gegenwärtig auf vielen Ebenen vorangetriebenen ‚Bildungssysteminnovation' geraten die Abwendungen von einer für
überholt angesehenen ‚Humboldt-Rhetorik'[13] in den Blick, mit
denen man sich auseinandersetzen muss. Humboldts Traum ist
in seiner so glänzenden Rezeptionsgeschichte zugleich manches
Mal auch bereits ‚überwunden' worden: er wurde ‚postmodern'
dekonstruiert (die „Postmoderne" freilich scheint mittlerweile
ihrerseits längst vorbei), systemtheoretisch reformuliert (Lenzen

1997: 949-968) und wird sicherlich auch weiterhin ‚überholt‘ werden, je nachdem, wohin gerade die aktuelle Mode treibt. Hierzu trägt nicht zuletzt jenes begrifflich so schwierige ‚Individuum‘ bzw. ‚Ich‘ bei, das in der philosophischen und pädagogischen Gedankenarbeit immer stärker ausgeschärft worden ist, aber das auch immer wieder angegriffene Referenzsubjekt aller Bildung ausmacht und als dessen kennzeichnendes Merkmal im Diskurs der Moderne sich die „Selbstbestimmung des Menschen [...] im Sinne der Einzigartigkeit im Vergleich zu Anderen und Anderem“ (Meyer-Drawe 2004: 458-481) etabliert hat.

3.   Gibt es das ‚Ich‘ denn überhaupt?

Wie bereits signifikant in einschlägigen Debatten des 19. Jahrhunderts[14] geraten überzeitlich-substanzielle bzw. quasimetaphysische Konzeptionen des ‚Ichs‘ bzw. ‚Subjekts‘ gegenwärtig vor allem in den Bereich einer naturwissenschaftlich argumentierenden Kritik; entsprechend wird es nötig sein, eine überzeugende, mit dieser Debatte vermittelte humane Subjektvorstellung nachzuweisen. Dies muss in einer Diskussion mit den naturalistischen Positionen erfolgen, die ebenfalls – wie die kulturalistischen – ‚weltanschauliche‘ Deutungsansprüche erheben. Unter dem Signum ‚Illusion Freiheit‘ treten etwa Forscher wie Gerhard Roth, Wolfgang Prinz und Wolf Singer, Direktor des Frankfurter Max-Planck-Instituts für Hirnforschung, auf. Eine einschlägige Literatur bringt ihre Sichtweise auf den Punkt: „Wir sind determiniert“, „Der Mensch ist nicht frei“, „Verschaltungen legen uns fest. Wir sollten aufhören, von Freiheit zu reden“ (vgl. Geyer 2004). Der Mensch, so die These, angepasst gemäß „evolutionärer Erkenntnistheorie“ an jenen Bereich der Welt, in dem die Gesetze der Physik und Biologie gelten, hat nur in deren Rahmen ein auf neuronalen Prozessen aufbauendes, vor allem aber durch diese als emergente Eigenschaft bedingtes phänomenales (seiner selbst gewahr werdendes) Bewusstsein entwickeln können. Entsprechende Konsequenzen gipfeln in der von Thomas Metzinger publikumswirksam vertretenen Parole eines „Niemand sein" (Metzinger 1993; vgl. Siefer/Weber 2006).

Hierzu gibt es auch in einem engeren Expertenfeld allerdings verschiedene Gegenpositionen: Michael Pauen etwa versteht sich als „Kompatibilist". Er versichert uns, dass der Naturalismus und ein von Autonomie und Willensfreiheit geprägtes Menschenbild vereinbar seien (Pauen 2007). Man müsse keinen Substanzen-dualismus zwischen Naturprozessen und „unsterblicher Seele" vertreten, um zu sagen, dass unser Ich-Erleben und der Blick von außen irreduzible Perspektiven sind. Im Feld dazwischen, wo gleichsam Physik und Biologie in Bewusstsein und Bildung umschlagen, bewegen sich die Fronten. Insbesondere, wenn die traditionsreiche Debatte um die Willensfreiheit bemüht wird, geht es um ein Kompetenzgerangel zweier wissenschaftlicher Formationen, wer sich letztinstanzlich zum Menschen äußern dürfe: die Neurowissenschaften oder die Philosophie. Ein „theo-retischer Humanismus" verteidigt entsprechend unsere subjektive Freiheitsevidenz, eigenverantwortlich initiativ handeln zu können, gegen die „naturwissenschaftliche(n) und philosophische(n) Überspanntheiten" eines weltanschaulichen Determinismus und Naturalismus, also die Auffassung, „dass grundsätzlich alle Phänomene, einschließlich mentaler und speziell intentionaler Zustände und Prozesse, also auch menschliches Handeln, mit naturwissenschaftlichen Methoden vollständig beschrieben und erklärt werden können" (Nida-Rümelin 2005: 35). Ein ‚ethischer' oder ‚normativer Humanismus' besteht dann in einem zweiten Schritt, hierauf aufbauend, auf einer menschlichen Perspektive des Umgangs von „zurechnungsfähigen, erwachsenen, sich wech-selseitig ernst nehmenden Personen", die einander eben nicht als Objekte der Manipulation oder einer bloßen Außensicht begegnen und zugleich der „strukturellen Rationalität" einer ‚Ethik ohne Metaphysik' unterliegen:

Jeder Mensch muss – je individuell – Entscheidungen treffen, die sein Leben prägen. Wenn man nun diese Entscheidungen immer so treffen würde, um an jedem Punkt im Leben das bestmögliche Ergebnis an Nutzen, Wohlbefinden etc. zu erzielen, dann würde das Leben in Einzelteile zerfallen. Man wäre als Persönlichkeit gar nicht mehr erfassbar. Man würde gar nicht wissen, was eigentlich das Individuum, die Persönlichkeit ausmacht. Es würden keine gemeinsamen Strukturen sichtbar. Wir erlegen fast alle unserem eigenen Leben bestimmte Strukturen auf, die wir letztlich selber gestalten. Dies muss uns nicht bewusst sein, wir tun es, und vielen von uns ist dies tatsächlich bewusst. Und das, was sich dann als Lebensform äußert, ist im gewissen Sinn die Form, in der sich die jeweilige Persönlichkeit in der Gesellschaft zeigt, sie zeigt sich anderen in der Form ihres Lebens. Wenn dies für das Individuum gilt, dann ist die Wahl einer individuellen Lebensform nicht pure Beliebigkeit, sondern eine Wahl, bei der es um Wertungsfragen geht. Die Strukturen, die ich meinem Leben auferlege, muss ich wenigstens vor mir selber rechtfertigen können. Und nahezu alle Menschen leben ja in einem sozialen Kontext, was bedeutet, dass sie ihre Lebensform auch gegenüber denen rechtfertigen müssen, die an ihr im Zusammenleben partizipieren (Nida-Rümelin 2001).

Im Sinne der vorstehend benannten Perspektiven geht es gegenwärtig in einem zentralen Diskussionsfeld der Philosophie darum, wo und wie bewusste Reflexivität und menschliche Sinnsetzung in unterstellter Freiheit aus den Kontexten von Naturzusammenhängen hervorgehen können, also die Fähigkeit zu entwickeln vermögen, aus selbst erzeugter Weltkonstruktion heraus ihre Angelegenheiten zu bewerten, kreativ zu sein, Entscheidungen zu treffen und initiativ zu handeln.[15] Demnach ist es keine Frage, dass unser Bewusstsein die Hervorbringung einer evolutionär immer komplexer organisierten Materie ist; wird diese seine materielle Trägersubstanz zerstört, ist es mit uns vorbei. In der Evolution wird neben bestimmten genetischen Vorstrukturierungen unserer Möglichkeiten in hochkomplexen neuronalen Netzwerken jedoch, so eine Antwortrichtung, ein Überschuss von Optionen erzeugt, von Verschaltungs*angeboten.* Die Nutzung – die immer bereits in kulturellen Kontexten erfolgt –

formt die tatsächlichen Strukturen hiernach dann mit aus. Das Gehirn entwickelt sich so, wie wir es im Zuge von Erfahrungen und Problemlösungen gefühlsbewertet nutzen, es wird geradezu modelliert: wir erfinden uns, um jemand zu werden.

Ein explizites Plädoyer für ‚Bildung‘ und ‚Humanismus‘ als lebendige Haltung gerade in der Konsequenz der Auseinandersetzung mit ihrer naturalistischen Infragestellung findet sich bei Peter Bieri (Bieri 2001; Bieri 2007: 26f). Kein theoretischer Determinismus, nicht einmal das vollständige Zugeständnis sämtlicher Ansprüche eines weltanschaulichen Naturalismus dispensieren uns, so seine These, von der Sorge um das eigene Leben und das der Mitmenschen. Vielmehr sind es genuin *kulturelle Orientierungen,* denen wir folgen; die entsprechenden Kernbegriffe lauten, wie Franz Josef Wetz formuliert hat: unüberwindbare Ethik, unverzichtbare Kultur, unvermeidbare Lebensfragen (Wetz 2007: 193-225). Aus unserer Perspektive der ersten Person heraus wissen wir, dass wir leben, fürchten die Bedrohungen und das Ende unseres Lebens, beziehen uns auf andere und deuten, was uns als ‚Welt‘ erscheint. Wir arbeiten an uns selbst und in der kulturellen Welt. Diese bewusste *Arbeit* eines Ich, das über sich selbst reflektieren kann, macht aus, was wir als Menschen sind, indem wir unser Menschsein als *Aufgabe* empfinden können. Mag auch seit John Locke darüber gestritten werden, ob personale Identität über Bewusstsein und Vernunft zu definieren oder ersterem vorauszusetzen, ob sie gradualistisch oder substantiell zu bestimmen sei, so gilt doch unter dem Signum der lat. *persona* das philosophische Interesse im Allgemeinem dem, was sich unter Masken und Rollen verbirgt bzw. durch sie durchklingt: der Person als Selbstzweck (Kant), näherhin bestimmt durch die ihr eigene Zukunftsperspektive, durch das Vermögen, andere Personen als solche anerkennen zu können, durch ihre Wertbezogenheit bzw. ihr sittliches Bewusstsein. All dies repräsentiert unsere „Innenseite" (Spaemann 1996: 57[16] – vgl. auch Rehbock 2005; Quante 2007), die sich nicht nur um die eigene Fortexistenz sorgt, sondern auch andere Personen anerkennen, lieben und von sich selbst Treue verlangen kann. Mögen bestimmte Strömungen, so scheint es, noch so aufwendig nachzuweisen versucht haben, dass das unverwechselbare Ich des Menschen nur eine idealistische Illusion sei – auch ihre Vertreter müssen sich lebensweltlich notwendigerweise als *Personen* und *Akteure* verhalten, und so dürfte das ‚humanistisch' zu unterstellende Subjekt alles andere als obsolet, vor allem aber sich selbst eine Aufgabe sein.

4.   Ich-Werdung als Projekt?

Die mit dem Namen Wilhelm von Humboldts verknüpfte Konzeption einer Selbstgewinnung des Menschen in Kulturprozessen, seine konstitutive Verbindung also von ‚Humanität' und ‚Bildung' gilt, wie wir sehen, nicht nur *auch*, sondern erst recht dann, wenn die als Einwände vorgebrachten Ergebnisse der modernen Bewusstseinsforschung wenig Zweifel daran lassen, dass wir unserer biologischen Existenz nach nichts weiter als in die Zeit gesetzte Materieeinheiten sind – höchst fragile, allenthalben abhängige und provozierend vergängliche Erscheinungen vor dem Hintergrund von Naturverhältnissen. Es wäre leichtfertig zu leugnen, dass wir immer schon vielfach bedingt sind und es auch bleiben. Aber gerade angesichts dieser Erfahrung lässt sich unsere Freiheit, die die kulturelle Qualität des Menschseins ausmacht, als das Produkt eines Arbeitens an der eigenen Lebensentwicklung allererst richtig verstehen. Für die Zielvorstellung einer *Kultivierung* statt einer naturhaften Fremdsteuerung der Lebensvollzüge, für *Reflexion und Bewusstwerdung* statt Besinnungs- und Gedankenlosigkeit steht der Begriff humaner Bildung vor allem, weil in ihm aus physikalischen und chemischen Prozessen *Bedeutung* entsteht und aus Natur *Kultur*. Die abstrakte Frage, ob ein reines, nur für sich betrachtetes Subjekt in relevanten Kultursituationen aus ‚eigenem' Antrieb heraus entscheiden könne, tritt damit gegenüber der Aufgabe einer verantworteten Selbstformung zurück: „Die Aneignung des Willens ist nicht etwas, was ein Selbst, das es zuvor schon gibt, in Gang setzt. *Das Selbst ist, umgekehrt, etwas, das sich erst durch Aneignung ausbildet"* (Bieri 2001: 414).

Diese Sicht reproduziert nicht die in der philosophischen Tradition gelegentlich beschworene Annahme eines ineffablen ‚Individualkerns‘, der durch alle äußeren Umstände hindurch monadisch und unablenkbar einem inneren Agens und Telos folgt. Sie konzipiert vielmehr einen von konkreten Lebensverhältnissen ausgehenden Subjektbegriff, dessen Herausbildung in den ‚Wetterlagen‘ der Kultur unter Maßgabe von Humboldts Vorstellung einer bildenden Wechselwirkung zwischen Mensch und Welt sie verfolgt (vgl. Benner 1990: 102ff). Diese Sichtweise trägt der Tatsache Rechnung, dass es für die Persönlichkeitsentwicklung *keine* quasimetaphysischen Garantien gibt, dass das Ich auch gleichsam ‚klein‘ bleiben kann und auch das Problem der ‚negativen‘ – gestörten, zerstörerischen – Persönlichkeit zu bedenken ist, welche – die Weltgeschichte ist voll davon – alle Menschlichkeit verfehlt. Das Subjekt erscheint also nicht als idealistisches Ideologem, sondern als ein ebenso komplexes wie endliches, aber in seinem bewussten und einmaligen Auftritt unhintergehbares Projekt. Dem entspricht die Erkenntnis, „dass es Subjektivierungsschicksale gibt, für die das Subjekt nicht alleine aufkommt, in denen es aber als Differenzierungsereignis einen Ort etabliert, an dem Identität modelliert wird, ohne je eine letzte Gestalt zu erhalten" (Meyer-Drawe 1990: 19). Im Sinne eines andauernden, erst im Tode endenden Weges entwickelt das Subjekt einen „Autonomieanspruch, die Welt sich selbst einzuverwandeln" und kulturelle Gehalte – zweifellos nicht ohne einen gewissen Selbstgenuss, aber aufgerufen, auf die Welt zurückzuwirken – zurückzubinden in eine „persönliche Binnenreflexion" (Koselleck 1990: 11-46, 14f).

‚Bildung‘ ist demnach *die im konkreten historischen Felde statthabende, nichtteleologische, aber darum nicht ‚sinnlose‘ ,Identitätsbildung‘ des sich selbst erweiternden und begreifenden Ich, das mit den Bildungsgehalten der Kultur wachsen, Prägnanz und Form gewinnen kann.* Humboldts Traum steht dabei gerade an jener

Stelle, an der im Projekt der kulturellen Arbeit anzusetzen wäre, das, was Menschen geistig erreichen können, individuell und für alle durchzusetzen. Wie die Kultur überhaupt ist auch sie nicht nur Gegebenes, sondern vor allem auch Aufgegebenes. Der sich bildende Mensch ist keine idealistische Hypostase, als die er naturalistisch ausgehebelt werden könnte – er ist die Aufgabe kultureller Arbeit.

Entsprechend stellt sich die Aufgabe einer ‚Erringung‘ unserer Freiheit. In der ‚Arbeit an uns selbst‘, in ihren Vollzügen, bildet sich allererst, worin der Mensch die ihm nicht verhandelbaren Parameter seiner besonderen Existenz und damit sich selbst gewinnt. Gerade die *Philosophie* ist rückgekoppelt an solche nicht delegierbaren Interessen. Sie vertritt ein selbst verantwortetes und gestaltetes Wissen, bei dem sozusagen die ganze Person mitschwingt (vgl. Scholtz 1999: 247-269).

Es beeinträchtigt die grundlegenden Leistungen Humboldts für den Bildungsbegriff keineswegs, wenn die praktisch-politischen Kompetenzen, der allgemeine, demokratische Anspruch der Bildung und eine Sicht des Bildungssubjekts auch in seinen Widersprüchen und Bedingtheiten inzwischen deutlich stärker akzentuiert worden sind. Seit Humboldt aber heißt ‚Bildung‘: nicht einfach angehäuftes Wissen, sondern sinnvolle Aktualisierung kultureller Gehalte; nicht rücksichtslose Selbstverwirklichung, sondern Gewinnung der spezifischen Identität einer autonomen Persönlichkeit, nicht bloße Sozialisation oder Ausbildung, sondern einen eminent interpretationsfähigen und spannungsreichen Prozess der ‚Charakterbildung‘ des Menschen mit dem Ziel seiner sittlichen und kulturellen Formung.

Anmerkungen

1 So formuliert Tilman Borsche diese Denkmöglichkeit, vgl. Borsche 1990: 33.
2 Den Obertitel „Humboldts Traum" für den vorliegenden Beitrag verdanke ich Franzjörg Baumgart (Bochum).
3 Platon, Republik 518 c., in: Platon 1900-1907: Bd. IV; Platon, Politeia, in: Platon 1958, III, 227.

4 Platon, Republik 533 d., in: Platon 1900-1907; Platon 1958, 239.

5 Auf diesen Anspruch verweisen gleichsam der Komparativ der seit dem 15. Jahrhundert betriebenen studia humaniora sowie von dort aus die Bezeichnung Humaniora für die Kulturwissenschaften.

6 Ähnlich hat es Herder in seinen „Briefen zur Beförderung der Humanität" als das Ziel der kulturellen Arbeit bestimmt, „uns zu humanisieren, d. i. den Unmenschen oder Halbmenschen zum Menschen zu machen" (Herder 1991: 165).

7 Als eine solche menschliche Orientierung ist Bildung übrigens nicht nur ‚kulturell', sondern immer bereits zugleich ‚interkulturell' gemeint, auch wenn sich heute sowohl das Ausmaß realer Kulturbegegnung massiv gesteigert als auch das Bewusstsein für die entstehenden Probleme erheblich differenziert haben dürften.

8 Vgl. die ausführlichere Entwicklung dieser acht Elemente des Bildungsbegriffs in Steenblock 1999, 217ff sowie speziell zu Humboldt die Seiten 44ff und 163ff.

9 Viele Menschen auf der Welt leben unter dem Zwang niederdrückender Arbeit oder unter materiell schwierigsten Lebensumständen. Nicht nur in der eigenen Erfahrungswelt, nein: wenn er nur einen Bildschirm einschaltet, erfährt jeder von uns in den Medien von jener bizarren Unterschiedlichkeit der Bühnen, auf denen derselbe Mensch je nach Kulturbedingungen einmal in bedrängtesten Verhältnissen auftritt, ein anderes Mal in größtem, verschwendungsvollstem Luxus; die Ungeheuerlichkeit dieses Spektrums gehört nicht nur zu einer Zeitdiagnose hinzu, vielmehr macht diese Gleichzeitigkeit des Ungleichartigen geradezu einen ihrer auffallendsten Züge aus. Vgl. Steenblock 2008.

10 „Denn unfühlend / Ist die Natur: / Es leuchtet die Sonne / Über Bös' und Gute / (…) Auch so das Glück / Tappt unter die Menge, / Fasst bald des Knaben / Lockige Unschuld, / Bald auch den kahlen, / Schuldigen Scheitel." Goethe 1982: Bd. 1, 147ff.

11 Für Humboldt muss Bildung kritisch bleiben können gegenüber „Beruf und Ökonomie, Staat und Gesellschaft", weswegen sie von bloßer Ausbildung zu unterscheiden ist; dieser „progressiv-revolutionäre" Vorbehalt des 18./ frühen 19. Jahrhundert hat sich im Zuge der weiteren Entwicklung des 19. Jahrhunderts freilich zu einer bloßen Ausgrenzung der Berufsbildung deformiert. Vgl. Blankertz 1969: 50f und 153; für Hinweise danke ich Henner Laass.

12 Der hierin sich ausdrückende Autonomiegedanke ist nicht zu verwechseln mit der geradezu perfide proklamierten (Pseudo-)Freiheit jenes ‚unternehmerischen Selbst', das einer am Ende in Evaluation und ‚Controlling' gedeckelten Output-Orientierung nachzukommen hat, zu deren Bestehen es am besten die Erzeugnisse des ‚Education'-Marktes erwirbt.

13 So mögen die „durchaus wenigen Fragmente Humboldts" nicht mehr geeignet erscheinen „für die Analyse von Großsystemen, die heute global und flächendeckend Schulwesen verbreiten". „Bildung, gerade eine solche, die sich humanistisch nennt, ist eine persönliche, nicht eine institutionelle Lernhaltung." Entsprechend erscheint die „Pisa-Krise" als „Kontrollkrise" des in einem lang gezogenen Entwicklungsprozess entstandenen Systems Schule. „Bildungsstandards" versprechen

gegenwärtig anzugeben, was im Lernen nirgendwo verfehlt werden darf. Sie verkörpern eine „Umstellung der Kontrolle von Aufsicht auf Datenerhebung." Die
Kernfrage bleibt freilich, „ob die starke Ausrichtung auf Tests und Evaluationen
die Qualität von Schule und Unterricht tatsächlich verbessert". Vgl. Oelkers
2001: 700-707; Oelkers 2004: 195-205.

14 So bestand der bereits erwähnte Droysen gegenüber dem Naturalisten Thomas
   Buckle bekanntlich auf dem „verschwindend kleine(n) x", dem „Werk seines
   freien Willens" (Droysen 1977: Bd. 1, 462). Und Wilhelm Dilthey schrieb in
   derselben Epoche zum von ihm begründeten Status der Geisteswissenschaften
   – offenkundig vor dasselbe Problem gestellt: „(…) solange nicht jemand behauptet, dass er den Inbegriff von Leidenschaft, dichterischem Gestalten, denkendem
   Ersinnen, den wir als Goethes Leben bezeichnen, aus dem Bau seines Gehirns,
   den Eigenschaften seines Körpers abzuleiten und so besser erkennbar zu machen
   imstande ist, wird auch die selbständige Stellung einer solchen Wissenschaft nicht
   bestritten werden". Dilthey 1914: Bd. I, 9; vgl. auch Lessing 2000: 101-112.

15 An der Universität Essen stimmen im Juni 2007 die Kommentatoren Volker
   Gerhardt, Stefan Gosepath, Dieter Sturma und Lutz Wingert der im Vorigen
   angesprochenen Position im Grundsatz zu. – „Freiheit", heißt es auch, sei in der
   Natur „kein Fremdkörper", da in der Pluralität der wirkenden Kräfte der Spielraum der Organismen und des Lebens immer schon groß sei. – Ähnlich traten
   beim „Forum" der „Deutschen Gesellschaft für Philosophie" – also des zentralen
   akademischen Dachverbandes – in Marburg 2006 die Philosophen Herbert
   Schnädelbach und Geert Keil als Anwälte der Freiheit und gegen eine „kausal
   geschlossene Welt" auf. Jürgen Habermas und auch Peter Janich („Methodischer
   Kulturalismus" als aktuelle Variante des „Erlanger Konstruktivismus") argumentieren demgegenüber zwar eher mit dem immer schon kulturell konstituierten
   Status aller naturwissenschaftlichen Erkenntnisse und dem unhintergehbaren Sub-
   jektstatus des Naturwissenschaftlers selbst (vgl. Janich 2008). Wenn etwa Wingert
   auf derselben Veranstaltung darauf besteht, dass im Felde der Kultur gegenüber
   einer naturalistischen, ggfs. sozialtechnologischen Außensicht eine Perspektive
   aus den normativen Erwartungen der Interaktionspartner und gemeinschaftlicher
   Ziele heraus unhintergehbar sei, ist auch hierin eine Variante des vorgenannten
   Grundargumentes zu erkennen. Zu thematisieren bleiben freilich die Übergänge
   aus der „Individual-Perspektive" in die Tradition und Kultur bzw. die aus dem
   gesellschaftlichen und alsbald kulturellen Zusammenwirken der „Einzelhirne"
   resultierenden Phänomene. – Mit einem metaphorischen Begriff, der Brücken
   zwischen Natur und Kultur schlagen soll, operiert Gerald Hüther (Hüther 2004).
   – Von einer „graduellen Entwicklung" des Selbstbewusstseins in der Evolution
   spricht Newen 2005: 883-892, 892. Vgl. auch die Übersicht von Walde 2007:
   27-61. – Vgl. auch den Sammelband: Hermanni/Buchheim 2006.

16 Spaemann vertritt gleichsam das „andere Ende" eines hier einschlägigen Diskus-
   sionsspektrums.

Teil III
Ausblick

Michele Barricelli

Narrativität, Diversität, Humanität –
Vielfalt und Einheit im Prozess des
historischen Lernens

Vielfältige Ungleichheit, produktive Differenz

Die radikale Individualisierung und Pluralisierung der menschlichen Lebenswelten im Zuge von Globalisierung, Digitalisierung und Migration hat für die Ordnung der politischen Gemeinwesen im 21. Jahrhundert unübersehbare Folgen. Längst werden Debatten nicht mehr nur um sozioökonomische Disparitäten und interkulturelle Antagonismen geführt.[1] Es verliert auch die (in Europa) rund zweihundert Jahre alte Vorstellung einer homogenen Staatsnation an Attraktivität und Wirkungsmacht in einem Maße, das vor zwanzig oder dreißig Jahren nicht für möglich gehalten worden wäre. Langsam, aber merklich setzt sich an ihrer statt eine Auffassung durch von der grundsätzlichen Verschiedenheit aller Mitglieder einer Gesellschaft (als Bürger, Angehörige eines Betriebes, Verbraucher, Schüler), von der Divergenz ihrer Wertorientierungen und der uneinholbaren Vielfalt ihrer Lebensformen. In einer solchen Ökumene regelt der Einzelne seine Beziehungen zur Welt und zum Selbst immer stärker in transnationalen, vornehmlich digitalen Netzwerken, denen er sich zwanglos zugesellt und in denen er sich nur so lange aufhält, wie es ihm für die Sicherung seines Status und Erreichung seiner Ziele nützlich erscheint. Dem Bekenntnis, anders zu sein als die (meisten) anderen, kommt somit fast strategische Bedeutung zu: Im unterscheidungswilligen Verweis auf die Verschiedenartigkeit (nicht: Verschiedenwertigkeit) der Menschen wird, nach Ulrich Beck, in einer Risikogesellschaft voller Chancen das Potenzial für die eigene gelingende Identitätsbildung sowie gesellschaftlichen Aufstieg vermutet.

Verbunden mit dieser Entwicklung, ihre Voraussetzung geradezu, ist ein sozialer Kontrollverlust, der sich auf die meisten und wesentlichen Bereiche des öffentlichen Raumes erstreckt. Auch auf die Geschichtsbilder der Bevölkerung können weder Politik noch gesellschaftliche Führungsschichten länger jenen maßgeblichen Einfluss ausüben, wie er noch vor einigen Jahrzehnten durch das institutionalisierte Geschichtslernen in der Schule, die Rituale staatlich-kollektiven Gedenkens und die von der Kanzel herab gemachten Verkündigungen gesichert erschien.

In den vor allem angelsächsischen *Cultural Studies* dient zur Bezeichnung und kategorialen Erschließung einer derart zu umreißenden *unanfechtbaren Verschiedenheit* der Menschen und ihrer Lebenswelten innerhalb, zwischen und außerhalb definierter Kulturen[2] – die wie gezeigt in der Postmoderne selbst schon als Universalie zu gelten hat – der Begriff der *diversity* (der im Gegensatz zum Lamento der deutschen System- und Ungleichheitstheorie positiv konnotiert und dabei dem Ausdruck ‚Multikulturalität' vielfach überlegen ist, da er Selbst- und Fremdzuschreibungen umgreift, flüchtige Alltags- und diachrone Zeiterfahrung zusammenführt, Deuten und Handeln vereint). Unter seinem Dach finden in der Hauptsache drei Dimensionen Beachtung: *race, class* und *gender*. Dabei ist *race*[3] der wertneutrale Ausdruck für ethnische Differenz; *class* kennzeichnet die unterschiedlichen Zugänge zu den Produktions- und Distinktionsmitteln der Gesellschaft; *gender* beschreibt die Zugehörigkeit zu einem sozial konstruierten Geschlecht. Diese ‚Achsen der Ungleichheit' (vgl. grundsätzlich Klinger/Knapp/Sauer 2007) sind in der Realität immer mehrfach verschränkt und treten in mannigfaltigen Konstellationen auf (wofür die mathematische Metapher der ‚Intersektionalität' steht).

Die entscheidende Frage, die durch die Konstituierung eines solchen, nicht politisch-soziologisch-juristischen, sondern kulturell-interaktionistischen Systems der Ungleichheit aufgeworfen wird, nämlich wie trotz Diversität als feststellbarer Größe und gleichzeitig normativer Kategorie dennoch jenem Ideal einer Weltgemeinschaft nachgestrebt werden kann, in der die Einzelnen vernunftgemäß handeln und friedfertig, sprich: human miteinander umgehen, sind, so die hier ausgesprochene Empfehlung, sehr gut (auch) durch historisches Lernen zu beantworten, denn immerhin gehört historisches Denken, wiewohl in sehr unterschiedlichen Ausprägungen, zur anthropologischen Substanz. In diesem Beitrag soll es darum gehen, die produktive Bearbeitung der wesenhaften und kulturellen Unterschiedlichkeit der Individuen, die untrennbar verknüpft ist mit der Gleichheit eines allgemeinen Anspruchs auf Humanität im gelebten Miteinander, durch vornehmlich schulische Lernprozesse aus dem zwar engen, aber aufschlussreichen Blickwinkel einer diskursgesteuerten Geschichtsdidaktik zu betrachten. Denn diese Disziplin untersucht nicht nur die Lehr- und Lernbarkeit der historischen ‚Stoffe‘, der Ereignisse, Prozesse, Begriffe, sondern beschreibt daneben, nach Durchsetzung des konstruktivistischen Paradigmas in den Sozial und Geisteswissenschaften ganz selbstverständlich, die mentale Aneignung der gegenwärtigen Welt durch das historisch erkennende Subjekt. Der Zugriff auf diese Prozesse und deren zielgerichtete Steuerung gelingt ihr durch narrativistische Verfahren, in denen also das Erzählen als Mittel für die „Sinnbildung über Zeiterfahrung“ (Jörn Rüsen) und die produktive Verarbeitung kultureller Differenzen dient. Theoretische Überlegungen und die Diskussion einschlägiger Unterrichtsbeobachtungen sollen hier dazu dienen, ein Plädoyer für eine zeitgemäße historische Bildung unter dem Eindruck der These einer narrativen Vernunft als Voraussetzung für eine vielgestaltig gelebte Humanität zu halten.

Geteilte Erinnerungen:
Die Vielfalt des Geschichtsbewusstseins

Geschichtsdidaktisches Credo ist seit längerem, dass historisches Lernen zur Ausbildung eines reflektierten Geschichtsbewusstseins führen soll. Geschichte als die Vorstellung, die wir uns von der

Vergangenheit machen, beruht auf quellenmäßiger Überlieferung und erzählten Geschichten. Historisches Wissen ist demnach immer narratives Wissen, d.h., es liegt stets in Form einer Erzählung vor, mithin eines sprachlichen Gebildes, das auf bestimmte Weise zuvor zusammenhanglose Sachverhalte (,Ereignisse') bedeutungsvoll miteinander verknüpft. Die jeweiligen Geschichten sind selbstverständlich nicht beliebig gestaltbar, sondern folgen, mit Jörn Rüsen gesprochen, bestimmten Kriterien der Triftigkeit, zumindest wenn sie als rationale Aussagen über die Vergangenheit wissenschaftliche Geltung erlangen wollen (Rüsen nennt dies die empirische, normative und narrative Triftigkeit, was verkürzt mit ,Quellentreue', ,Transparenz der Darstellungsabsichten' und ,Einhaltung eines überkommenen Geschichtsschemas' wiedergegeben werden kann). Erst durch Erzählen wird vergangene Wirklichkeit vergegenwärtigt. Geschichtsbewusstsein ist dann der textförmige, in sich stimmige Vorrat an erzählbaren Deutungsleistungen und den damit zusammengeschlossenen inneren Bildern über die Vergangenheit, den ein Mensch aktiv besitzt. Die Geschichtswissenschaft prüft zwar das Vernunftpotenzial der in diesem Bestand enthaltenen Geschichtsgeschichten, ist jedoch in ihrem Wirkungsradius sehr eingeschränkt. Denn wie jede Art von Bewusstsein ist auch das geschichtliche an einen – und nur einen –, Träger' gebunden, meint es etwas zutiefst Persönliches und Subjektives (und kann, nebenbei gesagt, von außen nicht erkannt werden, weswegen sich ihm ja auch die eigentliche Wissenschaft vom Bewusstsein, die Psychologie, mit ihren geheimnisvollen *Blackbox*-Verfahren zu nähern versucht).

In der subjekttheoretischen Hinsicht muss die Anerkennung von authentischer Verschiedenheit zunächst einmal unweigerlich zu einem innergesellschaftlich und interkulturell gespaltenen, sozusagen vereinzelten Geschichtsbewusstsein führen, das auf je und je eigentümlichen Erinnerungen beruht, die nicht alle seine Inhaber zur selben Zeit teilen (*divided memories*). Wie ist es nun trotzdem denkbar, historisches Erinnern für weltgemeinschaftsbildende Zwecke nutzbar zu machen (wohl wissend, dass die Erinnerung die widersinnigste aller Operationen ist; denn sie schafft etwas Neues, wo einmal etwas Altes war)? Dies ist möglich, weil narrative Sinnbildung wie bereits erwähnt eine Universalie ist, d.h. eine soziale Praxis, die in allen Kulturen in den Vordergrund gerückt wird, um den eigenen Fortbestand zu sichern. Im Folgenden soll erläutert werden, inwiefern die Geschichtsdidaktik mit ihrer erkenntnisleitenden Kategorie der Narrativität (von Geschichte) bzw. der handlungsrelevanten Kategorie der narrativen Kompetenz (der Lernsubjekte) Schlüsselbegriffe für das Humanitäts- und Identitätsproblem zur Verfügung hat.

Von der Arbeit der narrativen Kompetenz

Menschliche Zeitlichkeit ist narrative Zeitlichkeit. Daher ist universale Humanität, wie sie hier verstanden wird, in erster Linie als Produkt einer moralisierenden *Erzählung* anzusehen („*Could we ever narrativize without moralizing?*", fragte schon rhetorisch Hayden White [White 1987: 1-25, hier 25]). Aber dieses humanistische Gesamtnarrativ ist nicht einfach zu haben und kann sich oft gegen ganz andersartige, konkurrierende Erzählungen nicht durchsetzen. Das ist so, weil mit realen Diskursen immer auch Machtfragen und Dominanzansprüche verbunden sind. Überall wo gesellschaftliche Gruppen, sei es in Marktwirtschaften, postkolonialen Staaten, föderativen Gebilden, politische Vorrechte (die in der Regel mit geldwerten Vorteilen einhergehen) durchsetzen wollen, wird man auf die dazugehörenden historischen Einzelerzählungen mit Legitimationsfunktion stoßen. Aus einem „opportunistischen Gedächtnis" (Harald Welzer) gespeist, sind dies stark wertende *Geschichtsgeschichten* nach dem Muster: Wie wir Westler die Menschenrechte in die Welt brachten (an die sich nun gefälligst alle Völker der Erde zu halten haben)[4] – wie wir Männer die Demokratie zu unserem Ding machten (bei dem wir Frauen erst spät und gezwungenermaßen mitmachen ließen) – wie wir Manager den Kapitalismus durchgesetzt und den *homo oeconomicus* zu einem freien Menschen gemacht haben (so dass nur die kapitalistische Lehre annehmen muss, wer erfolgreich im *pursuit of happiness* abschneiden will). Aber auch die Konstruktion kultureller Gruppen, von denen behauptet wird, dass sie durch unüberwindbare Gegensätze voneinander getrennt seien und daher nur nebeneinander bestehen könnten – neudeutsch: Parallelgesellschaften –, beruht, mit den Augen des Historikers betrachtet, auf solchen exklusiven, Meister- oder Meta-Erzählungen, die, wie zu sehen ist, zweifellos viel komplexere gesellschaftliche Konzepte etablieren als lediglich nationale Herkunftsmythen. Sie bewirken letztlich Antithesen zur Weltgemeinschaft auf der Basis von *divided histories*.

Ziel einer integrativen historischen und politischen Bildung muss es dagegen sein, inmitten unwiderstehlicher zentrifugaler gesellschaftlicher Kräfte den Grund für ein universales Erzählkollektiv zu legen, das *gemeinsame* Erinnerungsbestände und Geschichten teilt (*shared memories*). Zu denken ist hierbei an die Völker und Kulturen umarmenden *big stories* der Globalhistorie, die weltumspannenden Zivilisationstheorien und technologischen Fortschrittsideologien (thematisch konkret: die Berichte über Kulturkontakt und Kulturdurchdringung, Menschenrechte und Völkerverständigung, Mobilität und Migration, Emanzipation, bürgerliche Partizipation), die als Ausdruck einer einzigen Menschheitserfahrung gewertet werden und allesamt auch einen pädagogischen Charakter tragen (vgl. dazu Popp 2005: 491-507 u.ö.). Aufgabe des Geschichtsunterrichts, sein Beitrag zur Weltgemeinschaftserziehung in humanistischer Absicht ist es dann, die *divided memories*, auf denen Geschichtsbewusstsein zwangsläufig basiert, ans Licht zu heben, kritisch zu thematisieren und verantwortungsvoll zu respektieren, aber zugleich in Richtung einer interkulturellen Identitätskonstruktion zunächst in definierten und bald weltumspannenden Räumen vorzustoßen (*shared history*[5]). Die Erfüllung dieses Auftrags ist – darin besteht in der Geschichtsdidaktik immerhin Einigkeit – vor allem eine Frage der (auszubildenden) narrativen Kompetenz der Schülerinnen und Schüler.

Während narrative Strukturen, nach Auskunft der Babyfor-
schung, bereits beim primären Spracherwerb eine bedeutende
Rolle spielen, wird narrative Kompetenz als Fähigkeit, Geschichten
verstehen, bilden sowie selbst erzählen zu können und damit
sowohl den adäquaten Umgang mit fertig erzählten Geschichten
durch Analyse und ‚Dekonstruktion' als auch die selbständige
Syntheseleistung zu beherrschen (vgl. Barricelli 2005 und Barricelli 2008: 140-153), erstmals in einem Alter von 7 bis 10 Jahren
erworben in Form eines (zunächst simplen, aber dem Prinzip nach
bereits vollständigen) Geschichtenschemas, das freilich wie jedes
kognitive Schema ziemlich abstrakt ist. Zwar wächst das Ausmaß
der Verfügung über narrative Fähigkeiten mit zunehmendem Alter.
Wahrscheinlich jedoch können überhaupt nur Ältere, die bereits
selbst Höhepunkte und Krisen erfahren und diese biografisch
reflektiert haben, ein rechtes Verständnis für ‚Geschichte' mit
ihren ‚Umbrüchen', ‚Aufstiegen' und ‚Niedergängen' entwickeln.
Anders als narrativ, d.h. als eine erzählte Geschichte, können wir
unser Leben jedenfalls nicht verstehen: Denn Identität bedeutet
nichts anderes als die diachron gefasste (und natürlich immer
auch willkürlich konstruierte) Kohärenz unseres menschlichen
Daseins. Insofern durch das (nicht nur biografische) Erzählen
das je Eigene und Fremde dialektisch zu einem neuen, höheren
Dritten verschmelzen, ist die Beziehung zwischen Narrativität
und Interkulturalität eine enge, was verlockende Aussichten für
die effektive Nutzbarmachung von *diversity* bietet.

diversity im Geschichtsunterricht – *diversity* in der didaktischen Forschung: zwei Studien

Die den Jugendlichen (und allen Geschichtslernenden) im Zuge
des Aufbaus ihrer praktischen Identität abverlangten Erzählungen
sollen Authentizität besitzen und zugleich interpersonelle Gültigkeit beanspruchen. Was die dafür notwendigen unterschiedlichen
Sinnentwürfe betrifft, so sind heute mehr denn je an deutschen
Schulen die Voraussetzungen für echte Aushandlungsprozesse

in Form der zunehmend multikulturellen Hintergründe der Schülerschaft gegeben. Unser Bildungssystem wäre also gut beraten, die Heterogenität seiner Lernsubjekte im Stile eines *diversity managements*, wie es sich gegenwärtig bereits jedes mittelständische Unternehmen auf die Fahne geschrieben hat, fruchtbar zu machen. Doch scheint eine solche Forderung – die inspiriert ist von Vorbildern aus dem angelsächsischen Raum[6] und den Niederlanden sowie von Erziehungswissenschaftlern wie Annedore Prengel und ihrer „Pädagogik der Vielfalt" (Prengel 1993[7]) – gewiss noch einigermaßen abstrakt. Tatsächlich bleibt die Umsetzung dieses Anspruchs etwa in konkrete Hilfen für die tägliche Unterrichtspraxis zumindest in Deutschland hinter den Erwartungen zurück. Die Annahme, dass historische Sinnbildung (unter vielem anderen) von Ethnizität, Klassenzugehörigkeit und Geschlecht abhängt, ist aber auch für gute Unterrichtsforschung eine wichtige Bedingung, denn unzweifelhaft wirken *race, class* und *gender* als sozialisatorische Instanzen, die als besondere Faktoren und (kontrollierbare?) Variablen von allgemeinen wie fachlichen Lernprozessen bei der Konzeption einer diesbezüglichen Empirie unbedingt in Anschlag zu bringen sind.

Zum Kontext der diversitätssensiblen Forschung vorab ein paar Zahlen als Erinnerung, zunächst zum Faktor *race*: Laut der aktuellen Auswertung des Mikrozensus von 2005 ist es nunmehr in Deutschland soweit, dass ein Drittel aller Eingeschulten einen sog. ‚Migrationshintergrund' besitzt. Dies besagt, dass die Betreffenden selbst nach Deutschland eingewandert sind oder Eltern haben, die nach 1950 nach Deutschland kamen. Ein Elternteil genügt bereits. Nun ist diese Klassifizierung gewiss problematisch, denn sie verrät ja nichts über die tatsächliche Staatsbürgerschaft der betroffenen Jugendlichen, nichts über ihre Sprachkenntnisse, und sie besitzt vor allem einen Drang zur Essentialität: „einmal Migrationshintergrund, immer Migrationshintergrund", und zwar über Generationen hinweg. Überdies findet sich der Ausdruck nicht in amtlichen Schulstatistiken – sondern eben nur im Mikrozensus (sowie den Massenmedien), und er ist außerdem sehr jung: Erst

seit 2005 hat er seinen kometenhaften Aufstieg im öffentlichen
Diskurs erlebt. In Bildungszusammenhängen wird dagegen eher
von Schülern ‚nichtdeutscher Herkunftssprache‘ gesprochen (in
Berlin wird deren Anteil an der Gesamtschülerzahl im Augenblick mit rund einem Viertel bei steigender Tendenz angegeben).
Unmittelbar einsichtig ist, dass die Konkurrenz ethnisch unter-
schiedlicher Gruppen auf dem globalen Ausbildungs-, Arbeits-
und Dienstleistungsmarkt normativ wie praktisch gravierende
Konsequenzen für institutionelles Lernen allgemein haben muss.
Folgerichtig gibt ein kaum mehr zu überblickendes pädagogisches
Schrifttum über die damit verbundenen Herausforderungen
im Kontext der Allgemeinbildenden Schule perspektiven- und
facettenreich Auskunft (wobei allerdings die bemerkenswerte
Beobachtung, dass kaum mehr eine erziehungswissenschaftliche
Studie ohne spezielle Berücksichtigung des ‚Migrationshinter-
grundes‘ auskommt, auch als Zeichen misslingender Integration
gedeutet werden könnte) (vgl. lediglich Auernheimer 2007 [erstm.
1990]; Gogolin/Nauck 2000; Leiprecht/Kerber 2005; Fischer
2006). Obwohl auch die Geschichtsdidaktiker das Feld der
fachspezifischen interkulturellen Theoriebildung seit Anfang der
1980er Jahre (Rolf Schörken) und dann besonders seit der zweiten
Hälfte der 1990er Jahre (Bettina Alavi, Bodo v. Borries, Andreas
Körber) (vgl. lediglich Alavi 2001: 97-104) mit gutem Willen
beackern, können sie indessen nicht immer auf Augenhöhe mit
der Allgemeinen Pädagogik oder anderen Fachdidaktiken über
die in den Sog des Globalisierungs- und Migrations-Diskurses
geratenen Erziehungsziele von Schule und Unterricht diskutieren.[8]
Disziplinäre Einigkeit besteht allerdings in der Erwartung, dass,
ähnlich wie den Zuwanderern die selbstverständliche Pflicht auferlegt ist, im Bereich der historischen Deutungen ein gewisses Maß
an Vertrautheit mit und Akzeptanz von den großen Narrativen
der Dominanzkultur zu erwerben, die nationalstaatliche Mehrheit
ihre oft liebgewonnenen geschichtlichen Mythen und tradierten
Sinnbildungsmuster gegenüber fremd-alternativen Handlungs-
potenzialen, Attributionsmustern und Erklärungskonstruktionen

auf den Prüfstand eines „interkulturellen Geschichtsbewusstseins" zu stellen hat. Dieser Begriff, aus der Pädagogischen Psychologie kommend (Jürgen Straub, Carlos Kölbl[9]), ist in die Fachdidaktik zwar schon eingeführt, dort aber bisher wenig entfaltet worden. Im Interesse humanistischen Geschichtslernens, so wird hier gesagt, ist jedenfalls die Ausformulierung einer pädagogisierten historischen Migrationserzählung anzustreben, in welcher die Zielgesellschaft als multiethnisch inklusiv und dynamisch re-interpretiert wird. In dieser fachspezifischen Konkretion liegt dann der Schlüssel zu einer wirklichen Verbesserung, gar Erneuerung unterrichtlicher Praxis.

Leider verhält es sich in Deutschland einstweilen so, dass die ‚geteilten Erinnerungen' der frisch, vor einiger oder längerer Zeit Eingewanderten (man nennt letztere ziemlich ungenau auch ‚Autochthone' oder ‚Einheimische') bisher i.a.R. *divided memories* waren – nicht *shared memories*, wie sie die soeben eingeforderte Erzählgemeinschaft ausmachen würden. Nur langsam beginnt das interkulturelle Projekt sich im deutschen Geschichtsunterricht zu etablieren und praktisch zu werden, also jenem Ort, wo über das Mittel der Erinnerungspolitik das Selbstverständnis einer Staatsnation zu allererst diskursiv verhandelt wird (obgleich am tatsächlichen oder metaphorischen familiären Abendbrottisch nebenher eine möglicherweise konkurrierende Traditionsbildung stattfinden kann, die zwar Gesamtdeutungen der Geschichte enthält, sich aber nur ausnahmsweise aus den subkulturellen Schichten herauswagt). Gleichwohl verspricht der empirische Blick auf die stark formalisierten Lernverläufe in der Schule und ihre Effekte auf das subjektive Geschichtsbewusstsein gehaltvolle Antworten. In geeigneten Studien, die den Zweck einer programmatischen Intervention verfolgen, wäre zu fragen, wie, unter der fürsorglichen Aufsicht neuerer geschichtsdidaktischer Theorien, ein Geschichtslernen erprobt oder durchgeführt werden kann, das die Perspektive der Weltgemeinschaft einnimmt. Da die Aneignung der großen Narrative durch das einzelne Mitglied des adressierten Kollektivs nur im Rahmen von kulturellem Lernen denkbar ist und aus einer Haltung heraus erfolgt, die andere, fremde Personen als intentionale Akteure zu verstehen und zu respektieren vermag, müssen für die Untersuchung solchermaßen voraussetzungsreicher Prozesse spezielle *settings* gewählt werden.

Als Beispiel sei im Folgenden ein knapper Bericht über ein Projekt gegeben, das im Jahr 2006 als Kooperation des Deutschen Historischen Museums und der Berliner Schulverwaltung entwickelt (und von der Freien Universität Berlin evaluiert) wurde.[10] Beteiligt war ein Dutzend Berliner Realschulklassen – also Klassen mit einem tendenziell noch erhöhten Anteil von Schülern nicht-deutscher Herkunftssprache. Die Jugendlichen trugen in einer komplexen, kreativen Gestaltungsaktion zusätzlich zur damals gerade laufenden Sonderausstellung „Migrationen 1500-2005" eine eigene Ausstellung aus Objekten zusammen, die sie in ihren Familien recherchiert hatten und die an stattgefundene familiäre Wanderungen erinnern sollten. Zu den Objekten verfassten die Schüler erläuternde Geschichten, also genuin historische Narrationen – denn selbstverständlich kann die Erfahrung von Migration (als Diskontinuität, Herausforderung, Krise) nur vermittels einer autobiografischen und damit historischen Erzählung erfolgreich in die individual-psychologische Struktur des Einzelnen integriert werden. Geschichtsbewusstsein wird in einem solchen Versuchsaufbau als Geschicht*en*bewusstsein empirisch fassbar und den erprobten Verfahren der interpretativen Unterrichtsforschung zugänglich. Wenige exemplarische Analysen – anhand jener aus dem Jargon der Rekonstruktiven Sozialwissenschaft bekannten *key incidents* oder *rich, inricate cases* – sollen nun wichtige Befunde illustrieren.

Die Verwicklung in die familiäre Migrationsgeschichte wird sehr häufig durch die Wanderung eines Erinnerungsstückes von Hand zu Hand symbolisiert:

> Die Gebetskette gehörte ursprünglich meinem Urgroßvater. Er schenkte sie meinem Opa und auf dem Weg nach Deutschland gab er sie meinem Vater mit. Sie sollte ihm in der Fremde Glück bringen. Mein Vater benutzt sie noch heute und wird sie später mal mir schenken.

Fast regelmäßig werden mit diesen Memorabilien (im Projekt waren es schon Musealien) kultische Handlungen vollzogen:

> Der älteste Sohn meiner Urgroßmutter ist im November 1942 gefallen und hatte bei seinem letzten Heimaturlaub von diesem Teller Napfkuchen gegessen. Bei ihrer Vertreibung aus Swinemünde war meiner Urgroßmutter dieser Teller so wichtig, dass er unter den wenigen Gegenständen war, die im Handgepäck mitgenommen werden konnten. (...) Bei einem Gespräch über unsere Familie im Jahr 2003 übergab meine Großmutter den Teller an meinen Vater, und seitdem ist er in unserer Familie im Gebrauch (indem nämlich von ihm hin und wieder Napfkuchen gegessen wird, M.B. nach mündlicher Auskunft des Schülers).

Auf eine merkwürdige Weise beschreiben viele Geschichten junger Deutsch-Türken türkische Migranten als *role models*. Hier finden sich differenzierte Angaben zu Beweggründen der Wanderung, seien sie prosaischer Art („Da in dieser Zeit sehr viele Menschen Geldnot hatten, zu denen leider auch meine Familie gehörte, entschloss sich mein Opa, für zwei Jahre ohne seine Familie nach Deutschland zu kommen.") – poetischen Typs („Mein Urgroßvater mütterlicherseits war unter den ersten Türken, die nach Deutschland kamen") – oder mythischer Natur („Die Eltern meines Vaters, also meine Oma und mein Opa, sind 1963 nach Deutschland ausgewandert, weil damals viele Arbeiter aus anderen Ländern gesucht wurden, um Berlin wieder aufzubauen").

Vollzogene Integrationsleistungen werden oft betont:

> Doch meinen Großeltern war es sehr wichtig, dem Staat nicht auf der Tasche zu liegen. Sie wollten ihre damals vier Kinder selbst ernähren und groß ziehen. Meine Großmutter fing wieder an zu arbeiten. Sie teilte sich ihren Alltag so ein, dass sie neben der Arbeit genügend Zeit mit ihren Kindern verbringen konnte. Meine Mama und mein Onkel fingen hier an zur Schule zu gehen, und nach und nach passten sie sich immer mehr an Deutschland an. Den eigentlichen Grund, warum sie in Deutschland waren, vergaßen sie.

Die diskursive Erzeugung einer Kategorie *race* oder eines strukturellen Phänomens ,Migrant' und der erfahrungsbindende Um-

gang damit werden in den Beispielen sehr schön deutlich. Dass
Individuen nicht nur Angehörige einer Kultur, sondern oftmals
mehrerer gleichzeitig und auch nacheinander sein können, findet
augenfällige Bestätigung. Außerdem zeigt gerade das letzte Beispiel, wie sehr historisches Lernen erst in der Orientierung auf die
Zukunft Sinn ,macht'. Die hier durch empirische Anhaltspunkte
gestützte und durch weitere Forschungen zu untersuchende
Hypothese könnte daher lauten, dass der historisch fundierte,
mentale Inklusionsprozess durch gemeinsame Erinnerung jeder
praktischen Integration vorausgeht, denn er bedeutet die symbolische Anerkennung, der die durch Wirtschafts- und Kulturpolitik
ermöglichte Teilhabe an der – durchaus von der Konkurrenz ihrer
Mitglieder geprägten – Gesellschaft immer erst nachfolgt.

Ähnliche didaktische Differenzerfahrungen werden wirksam
im Hinblick auf den zweiten hier diskutierten Komplex *gender*.
Gender als subjektkonstitutives Merkmal verhält sich in vielem
ähnlich zum Aspekt der Ethnizität. Denn es ist eine landläufige
Auffassung von Geschlecht noch nicht ganz ausgestorben, dass
nämlich die Männer, gerade so wie die Einheimischen, das Nor-
male und Allgemeine sind, während die Frauen, gerade so wie
die Zuwanderer, das Abweichende und Begründungsbedürftige
darstellen. Oder anders formuliert: Männer sind Menschen (was
ja etymologisch ohnehin der Fall ist), Frauen haben ein Geschlecht. Das ist nicht nur die Konstruktion einer polarisierenden
Dichotomie, sondern zudem einer keineswegs herrschaftsfreien
Hierarchie, was ja ebenso auf die Rede von In- und Ausländern
zutrifft. Schließlich zeigen sich auch bei der Essentialität Paralle-
len: Frauen bleiben Frauen, so wie Ausländer Ausländer bleiben,
da ist nichts kontingent oder historisch. In den Diskursen der
Erziehungswissenschaft sind solche Einstellungen natürlich nicht
mehr relevant. Dort weiß man seit einiger Zeit, dass Geschlecht
kulturell konstruiert, individuell getan und, fachspezifisch auf
Geschichte und ihr narratives Prinzip gewendet, erzählt wird
(*narrating gender*).

Nun ist Schule in vieler Hinsicht ein Ort asymmetrischer Verteilung der Geschlechter-Rollen. Die Pädagogik betont heute, dass Mädchen in und von institutionellen Bildungsprozessen bevorzugt werden – durch das Überwiegen von Frauen im Lehrkörper (und damit die Dominanz des weiblichen Rollenvorbilds), durch die Honorierung ,weiblicher', ,weicher' Kompetenzen wie Team-, Empathie- und Konsensfähigkeit, Hingabe, Duldsamkeit – was sich in besseren (Abschluss-)Noten und einem überproportionalen Anteil von Schülerinnen mit höherwertigen Bildungszertifikaten niederschlägt. Im Geschichtsunterricht allerdings kommt *gender* immer zweifach vor (womit sich das Fach von den meisten übrigen unterscheidet), nämlich nicht nur in Bezug auf die Lernsubjekte, sondern auch auf die Erkenntnisobjekte. Um das Problem voll zu erfassen, muss man den folgenden Satz zweimal mit unterschiedlicher Betonung lesen:

> *Jungen und Mädchen* befassen sich im Geschichtsunterricht mit Männern und Frauen in der Geschichte.

> Jungen und Mädchen befassen sich im Geschichtsunterricht mit *Männern und Frauen* in der Geschichte.[11]

Genauso wie im Bereich von Ethnizität verfügen Mädchen und Jungen im Hinblick auf *gender* sozialisationsbedingt über umfassende Erfahrungen sowie differenzierte Eindrücke aus ihrem Lebensumfeld. Bereits Bodo v. Borries urteilte demgemäß auf der Grundlage seiner empirischen Forschungen, dass Mädchen und Jungen Geschichte in wichtigen Punkten verschieden verstehen und interpretieren. Folglich ist die Annahme berechtigt – argumentiert wird hier wiederum auf der Grundlage des narrativistischen Paradigmas des historischen Denkens und Geschichtslernens –, dass sich die im Geschichtsbewusstsein der Schülerinnen enthaltenen historischen Erzählungen von jenen der Schüler unterscheiden, dass narrative Kompetenz geschlechtsspezifisch ausgeprägt ist – und dass damit auch im Innenraum eines womöglich sogar ethnisch homogenen Klassenzimmers geschlechterdifferente, mithin interkulturelle Lernprozesse an der Tagesordnung sind.

Eindeutige Anhaltspunkte für die Richtigkeit dieser These fanden sich im Verlaufe einer Untersuchung, von der im Folgen-

den kurz die Rede sein soll.[12] Dort stand wiederum die Arbeit
mit geschlossenen, bedeutungsschweren Schülererzählungen im
Mittelpunkt. Die Schülerinnen und Schüler einer 9. Berliner
Gymnasialklasse wurden im Rahmen einer Unterrichtseinheit
zur Gesellschaft des Deutschen Kaiserreiches gebeten, sich nach
der Rezeption einer Informationsumgebung aus Text- und Bild-
quellen sowie Literatur (Theodor Fontane: „Frau Jenny Treibel")
in die Person eines Dienstmädchens in einem gutbürgerlichen
Haushalt der vorletzten Jahrhundertwende hineinzuversetzen, das
auf einer Dienstbotenversammlung für seine Rechte eintritt.[13]
Hier sollen exemplarisch anhand zweier Arbeiten bezeichnende
genderspezifische Unterschiede illustriert werden, die als typisch
für das Gesamtmaterial stehen können. Begonnen wird mit der
Erzählung eines Mädchens:

> (...) So machte ich mich eines Morgens auf den Weg (...) bis
> ich ein Plakat mit einer Anzeige las, wo es hieß: „Dienstmädchen
> gesucht." Am Abend stand ich vor der Tür der Familie Schnei-
> der. Sie stellten mir ein paar Fragen, z.B. ob ich schon einmal als
> Dienstmädchen gearbeitet hätte, dann stellten sie mich ein. Jedoch
> kam mir Frau Schneider unfreundlich und gemein vor. (...) [folgt:
> Beschreibung des anstrengenden Arbeitsalltags.]
> Ich habe versucht, das alles zu verkraften, doch Frau Schneider
> bereitete mir Schwierigkeiten. Sie schimpfte jeden Tag mit mir.
> Eines Abends schlug sie mit dem Eimer auf mich ein, und das nur,
> weil ich einen Fleck auf dem Teppich übersehen hatte. (...)

In ihrer Absicht, die Unerträglichkeit und Haltlosigkeit ihrer Situation zu schildern, nutzt die Schülerin das geschlechtssoziologische
Motiv der Abhängigkeit von der Hausherrin; dieses impliziert
einen Geschlechterverrat: Die Gebieterin müsste eigentlich zu den
Verbündeten des erzählenden Dienstmädchens gehören, allein
weil sie eine Frau ist. Bedeutungsvoll ist in dem Zusammenhang
die Konstruktion eines dem Individuum entgegen gesetzten Kol-
lektivleibs. Dieser sieht sich einer intra-geschlechtlichen Störung
am genderisierten Ort *par excellence*, dem Heim, ausgesetzt. Fast
nur in Geschichten von Mädchen und so auch in dieser macht
sich eine Amplifikation der Grundstimmung durch die Technik

des *sharpening* bemerkbar: Die in den Vorlagen nur angedeutete körperliche Züchtigung (die dort übrigens eher vom Hausherren ausgeht) wird stark überzeichnet. Markiert wird dadurch weibliche Verletzungsoffenheit und eine deutlich imaginative Verarbeitung der historischen Erfahrung.

In einer repräsentativen ‚Jungen-Erzählung' (die männlichen Schüler hatten übrigens, im Gegensatz zur Befürchtung mancher Geschichtsdidaktikerinnen, keine Schwierigkeiten damit, probehalber die Rolle einer Frau einzunehmen) werden die Probleme tendenziell anders definiert und auch gelöst:

> (…) Ich wurde von einem reichen Ehepaar mit einer großen Villa eingestellt und war überglücklich. Heute bin ich allerdings nicht mehr so glücklich. Ich kann meinen Arbeitsplan kaum noch einhalten. Wenn ich wenigstens einen angemessenen Lohn für meine Schufterei bekommen würde. 40 Thaler sind ja nun wirklich nicht viel. Oder die Herrschaft stellt noch ein Dienstmädchen ein, damit wäre ich auch zufrieden. Schließlich mangelt es der Herrschaft nicht an Geld. Was wären sie denn ohne mich? Doch anstatt mir etwas Respekt zu zeigen, verstauen sie mich wie Gerümpel auf einem winzigen, stickigen Dachboden. (…)

Ins Auge springt sogleich die Einführung eines männlichen Ehrbegriffs („Respekt") – der sich allerdings mit einem charakteristischen Konzept von Migrantenjugendlichen überlappen könnte –, daneben auch das Rationale im Wortsinn, soll sagen das Kühl-Berechnende der Argumentation („40 Thaler..."). Das historische Urteil ist hinterlegt mit einer kräftigen, Norm setzenden Idee des angemessenen Wertes von Arbeit (und eines Menschen: „was wären sie denn ohne mich?"). Beide Erzählungen liefern somit Hinweise darauf, dass und wie Ereignisse und Aktivitäten in der Vergangenheit unter dem Einfluss heutiger Entwürfe von geschlechtlicher Differenz verstanden, neu geordnet, artikuliert und eben auch erzählt werden. Auffällig bleibt, dass im für die Erfüllung der Arbeitsaufgabe wichtigen empathischen Prozess weibliche Ängste gegen männliche Wünsche stehen. Schließlich enthalten die Texte – dafür sorgte schon der experimentelle Aufbau – Anzeichen für den Versuch der Kulturüberschreitung:

Die Herstellung von Geschlecht durch Erzählung wird von den Probanden mindestens erahnt. Insgesamt manifestiert sich auch in diesem Fall historisches als narratives Verstehen, bereitet Narrativität den Boden für die Orientierung der Gegenwart durch Geschichte.

Als Resultat selbst einer derart kursorischen Betrachtung wesentlich umfangreicherer und vielschichtigerer empirischer Studien ließe sich zuerst die Forderung nach einer Interkulturalisierung und Genderisierung von Geschichtsdidaktik und Geschichtsunterricht ableiten – und in der Tat wurde ersteres bereits von Bettina Alavi, letzteres von Bea Lundt (Lundt 2004: 34-55) versuchsweise formuliert. Deutlich wurde jedoch jedes Mal, dass ein solcher Anspruch Schülerorientierung im Fach Geschichte (und keinesfalls nur dort) als Maxime versteht, das nicht nur von Lerndispositionen und schulischen Interessen ausgeht, sondern sich eben auch auf die Möglichkeit auswirkt, eine Diversität inkludierende und damit die zukünftige Welt humanisierende (historische) Erzählung zu stiften.

Ein Fazit: Narrativität als Mittlerin eines vielfältigen Humanismus und der Beitrag der Geschichtsdidaktik

Der Geschichtsunterricht hat im Kanon der Schulfächer jeden Tag aufs Neue seine Lebensdienlichkeit unter Beweis zu stellen. Historisches Lernen kann die an seine Orientierungsfunktion gestellten Ansprüche erfüllen, indem es sich konsequent auf die Wirkung der drei Grundoperationen eines reflektierten Geschichtsbewusstseins – Gegenwartsverständnis, Vergangenheitsdeutung, Zukunftserwartung – verlässt, die zugleich sowohl eine Orientierung in der Zeit als auch in der Vielfalt ermöglichen. Beides nämlich, die Erfahrung von temporalen und kulturellen Differenzen, ist narrativ verfasst, und das heißt, dass in unsere Existenz voller Kontingenz und Verwirrung durch (historisches) Erzählen Ordnung und ‚Sinn' gebracht werden kann.

Narrativität gehört damit fraglos zu den (im Ganzen wohl

nicht sehr zahlreichen) Welterklärungsformeln. Sie vermag die Integration unserer vielen Sichtweisen zur Menschheitsperspektive zu leisten. Auf dieser Grundlage kann die vielstimmige gemeinsame Konstruktion einer zukunftsfähigen Wirklichkeit, zunächst noch mit Entwurfscharakter, gelingen. Narrative Rationalität sichert dabei die Vernunft unseres Handelns – und ist somit „integraler Teil einer wirksamen Daseinsorientierung" (Rüsen 2008: 52).

Bei der dafür notwendigen Vervielfältigung objektiver Perspektiven auf die Geschichte geht es natürlich keineswegs um die bloße Addition nicht-deutscher Nationalgeschichten oder etwa einer *women's history*, also noch weiterer *divided histories* – sondern um die unbeirrte Vermehrung von narrativen Sichtweisen – von oben und unten, links und rechts, arm und reich, alt und jung, fremd oder vertraut –, d.h. im Endeffekt um eine produktive Verkomplizierung der Ungleichheitsverhältnisse. Hier also besitzt die grundsätzliche Nicht-Feststellbarkeit des Menschen für die Fachdidaktik und die historische Bildung systematische Bedeutung und methodisches Potenzial.

Alteritäts- und Fremdheitserfahrungen sind freilich die Grunderfahrungen der grassierenden, globalisierten Turbomoderne, die uns schließlich alle heimatlos und zu Migranten macht (womit wir wieder beim Ausgangspunkt der Betrachtungen angekommen wären). Die Angst vor Multikulturalität bzw. *diversity* gleicht deswegen oft einer Angst vor zusammenhangloser Vielfalt. Aber eine solche Beunruhigung ist, wie vielleicht deutlich gemacht werden konnte, ebenso unzeitgemäß wie grundlos. In der kommunikativen Praxis des *memory talk* nämlich überführt Narrativität die beängstigend dissoziierten historischen wie jetztzeitigen Dinge – das ist ihre vornehmste Bestimmung – immer in eine Ordnung, regelmäßig in eine neue, zuweilen eine höhere, die von den Gesprächsteilnehmern für eine selbst gewählte Zeitspanne sogar verbindlich gemacht werden kann. Schule soll Jugendliche zur Teilhabe an solchen vielgestaltigen Diskursen befähigen, und genau zu diesem Zwecke versetzt narrative Kompetenz, wie sie als Kompetenz der historischen Sinnbildung nur im Geschichtsunterricht erworben werden kann, die jungen Lernenden und uns alle in die Lage, die losen Enden unserer vielen Existenzen in der einen Welt stets neu zu verknüpfen und also eine kosmopolitische Einheit auszuhandeln, die nicht statisch und abgeschlossen, sondern flexibel und entwicklungsoffen ist (vgl. Baumgartner 1997: 157-159, hier 158).

Anmerkungen

1   Es wurde sogar schon verneint, dass es so etwas wie eine ‚Gesellschaft‘ überhaupt (noch) gebe: „There is no such thing as society. There are individual men and women (...)“ (Thatcher 1987).

2   Der Kulturbegriff, der im Diskurs zahlloser Wissenschaften unterschiedlich gefasst oder sogar gänzlich aufgelöst wird, kann hier nicht weiter problematisiert werden.

3   Anders als der im Deutschen problematische, womöglich unhaltbare Begriff der ‚Rasse‘ hat das englische ‚race‘ keinen ausgeprägten negativen Beiklang. Von den drei Dimensionen ist sie jene, die die größten natürlichen Anteile besitzt, denn auch ‚gender‘ wird vorwiegend ‚kultürlich‘ gedeutet. Als deutsche Übersetzung für ‚race‘ wird oft ‚Ethnizität‘ gewählt; das im Englischen ebenso existierende ‚ethnicity‘ findet in der Fachliteratur durchaus Verwendung, wobei die Differenz zu ‚race‘ jedoch stets vage bleibt.

4   Historisch ist diese Argumentation unhaltbar – die Menschenrechtscharta der Vereinten Nationen etwa wurde 1948 nur gegen einigen Widerstand der USA und europäischer Staaten durchgesetzt, während erheblicher positiver Druck aus dem lateinamerikanischen, arabischen und asiatischen Raum kam.

5   Das deutsch-englische Wortspiel der voneinander/gemeinsam geteilten Erinnerungen bei Motte/Ohliger 2004: 17-49, hier 47. Es ist auch ins Französische übertragbar: mémoires partagées.

6   In den USA und Großbritannien hängt der diversity-Ansatz eng mit dem Konzept antirassistischer Erziehung zusammen, vgl. z.B. Epstein 2000: 197-238.

7   Man beachte die im Untertitel „Verschiedenheit und Gleichberechtigung in Interkultureller, Feministischer und Integrativer Pädagogik“ zum Ausdruck gebrachten, bezeichnenden Ursprünge des im Übrigen bis heute viel zu wenig rezipierten Ansatzes. „Integrativ“ bezieht sich hier auf körperlich und geistig behinderte Personen.

8   Manche meinen sogar, „die Beschäftigung der Disziplin mit dem interkulturellen Lernen scheint jedoch inzwischen wieder abzuflauen“. Körber/Meyer-Hamme 2008: 307-334, hier 308.

9   Vgl. Themenschwerpunkt „Geschichtsbewusstsein interkulturell“ der Zeitschrift Handlung, Kultur, Interpretation. Zeitschrift für Sozial- und Kulturwissenschaften 14, 2 (2005).

10 Für eine ausführliche Dokumentation des Projekts vgl. Barricelli 2007: 724-742.

11 Diese Übung bei Dehne 2007.

12 Für eine ausführliche Darstellung vgl. Barricelli 2004: 103-124.

13 Über die realen Hintergründe einer solchen Versammlung vgl. Braun 1911: 305-309.

300

Jürgen Straub

Interkulturelle Kompetenz –
eine humanistische Perspektive?

Kulturelle Unterschiede und soziale Identität in der ,glokalisierten' Welt: lebenspraktische Grundlagen interkultureller Kompetenz

Die Erfahrung kultureller Unterschiede gehört zur alltäglichen Praxis in den Gesellschaften unserer globalisierten Welt. Kaum jemand kann sich ihr noch entziehen. Wie die wissenschaftlichen Debatten über den Begriff der Globalisierung gezeigt haben (zusammenfassend: Beck 1997), bringt die weltweite Verbreitung von Wissen und Dingen, von Handlungsweisen und Lebensstilen keineswegs eine ungebrochene *Homogenisierung* von Weltbildern, Lebensformen und Sprachspielen, symbolischen und materiellen Objekten oder Vorgängen mit sich. Oft vermischen sich die Dinge in einer Weise, die Neues, ein sog. ,Drittes', entstehen lässt – und damit neue Unterschiede! Beobachter reden in diesem Fall oft von Vorgängen der *Hybridisierung*. Oder sie sprechen – wiederum metaphorisch – von ,Kreolisierung' oder ,Synkretismen' (zur Diskussion Castro Varela/Dhawan 2005).

Die globale Verbreitung von Gütern aller Art und die Entstehung hybrider Innovationen ereignet sich in immer höherem Tempo in allen Lebensbereichen. Für zahllose tagtägliche Konsumprodukte ist das ganz offenkundig, es gilt aber für ,Güter' *jeglicher* Art: von elementaren Formen praktischen Wissens über religiöse Glaubens- und andere weltanschauliche Überzeugungssysteme bis hin zu beruflicher Expertise und komplexen wissenschaftlichen Theorien. Eine vollständig einförmige, eintönige Welt ist bislang dennoch nicht entstanden. Das global Zirkulierende wird lokal angeeignet und verwandelt. Man

nennt diesen Vorgang *Glokalisieung.* Manchmal werden lokale
Traditionen durch den Homogenisierungsdruck der Globalisierung erst wieder entdeckt oder erneuert und sodann gegen
die drohenden Fremdbestimmungen näher rückender Anderer
verteidigt und womöglich behauptet. Man kann diesbezüglich
von einer vielerorts betriebenen *Identitätspolitik* sprechen, die der
kollektiven *Unterscheidung* und *Abgrenzung* von Anderen dient.
Auch das trägt dazu bei, dass mit kulturellen Unterschieden auf
unabsehbare Zukunft zu rechnen ist.

Wie die Psychologie des 20. Jahrhunderts gezeigt hat, steht
der Vorgang der *sozialen Differenzierung zwischen Gruppen* im
Zeichen eines quasi ‚natürlichen' Bedürfnisses nach einer *positiven
Identität* (Tajfel 1981). Als Mitglied einer bestimmten Gruppe
möchte sich niemand wertlos fühlen. Die Zugehörigkeit zu einer
Gruppe soll das Selbstgefühl und Selbstbewusstsein von Personen
stärken, nicht schwächen. Dafür sorgen die Betroffenen, indem sie
nach ausgewählten Gesichtspunkten sog. *intergruppale Vergleiche*
anstellen. Das gilt im Wesentlichen für alle denkbaren Arten von
Gruppen, kurz- oder langlebige: von der intimen Kleingruppe
über die Gemeinschaft Gleichgesinnter bis hin zu anonymen
Großgruppen wie einer Generation, Schicht oder Klasse, einem
Milieu oder Geschlecht, der Nation, Gesellschaft oder eben: einer
Kultur. Im Intergruppenvergleich setzt man das eigene soziale
Selbst bzw. die Gruppe, der man sich zugehörig fühlt, kontrastiv
von anderen Gruppen und deren Mitgliedern ab. Das Ergebnis
solcher (oft unmerklichen, unbewussten und quasi automatisch
vorgenommenen) Vergleiche läuft fast immer auf dasselbe hinaus:
Die eigene Bezugsgruppe wird in wichtigen – mitunter sorgsam
ausgewählten und betonten – Hinsichten als ‚überlegen', ‚besser'
oder ‚höherwertig' qualifiziert.

Der soziale Vergleich sichert, schafft oder stabilisiert durch
diese ‚relationale' Aufwertung der eigenen Bezugsgruppe die
positive Identität der Zugehörigen. Das mag mitunter schwierig
sein (und manchmal sogar unmöglich, nämlich im Fall radikal
abgewerteter und ausgeschlossener Gruppen wie z.B. der „Dalit"

in Indien, die von der erdrückenden Mehrheit der Anderen als „Unberührbare" bezeichnet und entsprechend behandelt werden. Wer diesen Umgang und die damit verbundene soziale Position verinnerlicht hat, dem sind jene von Tajfel u.a. unterstellten Möglichkeiten des sozialen Vergleichs verwehrt. In aller Regel gelingt es jedoch allen, das eigene Selbstwertgefühl im skizzierten Sinne zu stärken, auch den randständigen und marginalisierten, diskriminierten und stigmatisierten Gruppen. Es kann sein, dass am Ende solcher Vergleichsprozesse durchaus *prekäre* Gefühle eigener Überlegenheit stehen, Auszeichnungen des Eigenen zumal, die nicht gerade dazu angetan sind, *mit den Anderen* ins Gespräch zu kommen, fruchtbar zu kooperieren und friedlich zusammenzuleben. Jede an soziale Vergleichsprozesse gekoppelte Identitätspolitik läuft Gefahr, Konkurrenz und Animositäten zwischen Gruppen zu schüren.

Unabhängig von diesem oft riskanten, ja gefährlichen Ausgang, ist der Vorgang intergruppaler Differenzierung eine nicht aus der Welt zu schaffende, elementare soziale Tatsache. Das gilt für den Vergleich zwischen Menschen überhaupt. Wer sich Klarheit darüber verschaffen möchte, wer er ist und sein möchte, tut dies zwangsläufig im Rahmen des Vergleichs mit anderen Menschen. Dieser empirisch vielfach untersuchte Vorgang des sozialen Vergleichs *muss nun nicht unbedingt, zwangsläufig* oder *automatisch* in Hierarchien, Aversionen, Aggressionen oder sonstige, Abneigung, Abscheu und Feindschaft forcierende Verhältnisse münden (obwohl dies aus den genannten Gründen tatsächlich häufig der Fall ist). Es kann ‚im Prinzip' auch bei der bloßen, einigermaßen ‚neutralen' Artikulation erlebter Unterschiede bleiben. In dieses möglichst unvoreingenommene Bilden und respektvolle Betrachten kultureller Unterschiede werden wir Zeitgenossen des 21. Jahrhunderts derzeit wohl eingeübt wie kaum Menschen zuvor. *Dazu* dienen jene älteren und neueren Erziehungs- und Bildungsprogramme, welche sich nicht zuletzt *interkulturelle Kompetenz* auf die Fahnen geschrieben haben. Mit den jeweils erlebten, beobachteten und zur Sprache gebrachten

– also stets auch *aktiv konstruierten* – Differenzen kann man eben *so* oder *so* umgehen, wohlwollend und tolerant oder aversiv und aggressiv. Just in diesem Raum alternativer praktischer Möglichkeiten bewegen sich alle wissenschaftlichen Bemühungen, offenkundige Schwierigkeiten interkultureller Kommunikation, Kooperation und Koexistenz zu analysieren sowie – parallel und komplementär dazu – unabgegoltene Potenziale interkultureller Kompetenz auszuloten und zu fördern.

Menschen bestehen gerade auch auf *kulturellen* Differenzen. Wer von solchen Unterschieden absieht, wird Schwierigkeiten bekommen, vielleicht scheitern. Er (oder sie) versperrte sich den Weg ‚gelingender‘ Kommunikation, Kooperation und Koexistenz von vorneherein. Er (oder sie) wiche elementaren praktischen Herausforderungen kulturell differenzierter Gesellschaften aus und träfe deswegen schon bald auf Probleme und Konflikte, die in ihrer Struktur ‚polemogen‘ sind (*polemos*, griech: Krieg, Kampf, Streit). Wer dem Faktum kultureller Pluralität kognitiv, emotional und praktisch nicht Rechnung trägt, wird sich zunehmend in Missverständnisse, Missachtungen und Ablehnungsverhältnisse verstricken und auch eigene Handlungs- und Lebensziele verfehlen. Kulturelle Unterschiede stellen Herausforderungen besonderer Art dar. Ihnen wird nur ein auf diese Besonderheit abgestimmtes Handlungspotenzial gerecht. Genau dafür steht der Begriff *interkulturelle Kompetenz* (Bolten 2001; Straub/Weidemann/Weidemann 2007; Thomas 2003). Was dieser ziemlich modische Begriff genau besagt, ist indes bis heute nicht sehr klar. Bevor auf wichtige Aspekte dieses Konzepts eingegangen werden kann, muss wenigstens kurz angegeben werden, was im vorliegenden Zusammenhang unter *Kultur* verstanden wird.

Kultur: wichtige Bedeutungen eines zeitgemäßen Begriffs

Der hier verwendete Begriff der Kultur bezieht sich keineswegs nur auf *National*kulturen oder andere, zeitlich und räumlich sogar noch weiter ausgreifende Einheiten (wie die abendländische, europäische oder christliche, die arabische oder islamische Kultur, Hochkulturen aller Art etc.). Er meint vielmehr die Einheit von Lebens- und Handlungsweisen bestimmter Leute. Diese Menschen teilen gewisse Sprachspiele und Verhaltensregeln. Sie teilen (einige) gemeinsame Werte und Normen. Sie ,ticken' überhaupt einigermaßen ähnlich, zumindest in manchen wichtigen Hinsichten. Bei allen Unterschieden denken, fühlen und handeln die Angehörigen einer Kultur doch so, dass sie einander vergleichsweise mühelos verstehen oder sich zumindest ohne allzu große Probleme verständigen können. Sie sehen wesentliche Dinge ähnlich und orientieren sich auf der Grundlage gemeinsamen praktischen Wissens. Sie wissen was Ereignisse und Dinge, mit denen man konfrontiert wird in alltäglichen oder außeralltäglichen Situationen, gemeinhin bedeuten und wie man auf sie zu reagieren hat.

Nun, der maßgeblich von Johann Gottfried Herder (1744–1803) geprägte, *moderne Kulturbegriff* wurde leider häufig *so* verwendet, als sei er ausschließlich auf die Lebensform einer Nation, eines Volkes oder eines noch breiter angelegten Kollektivs gemünzt. Das war oft schon bei Herder selbst der Fall. Dieser wider bessere Einsichten etwas einseitige Gebrauch des Kulturbegriffs ist *insofern* einer scharfen Kritik unterzogen, als er die besagten (National-)Kulturen oft über Gebühr *homogenisiert* und *vereinheitlicht.* Man muss solche Begriffsverwendungen skeptisch betrachten, sobald man das Faktum der kulturellen Differenzierung und Pluralisierung moderner Gesellschaften und erst recht transnationaler Räume in Rechnung stellt. Obendrein wurde bemängelt, dass der von Herder kommende Begriff die jeweils betrachteten Kulturen allzu oft als reichlich *statische* Gebilde auffasst und *verdinglicht* – als wären Kulturen einfach vorhandene Phänomene wie andere ,Dinge' auch. Demgegenüber haben wir uns schon daran gewöhnt, genau darauf zu achten, wie Kulturen in ständigen Reflexions- und Aushandlungsprozessen, in teilweise subtilen Diskursen und kaum wahrgenommenen Praktiken gebildet und umgebildet, konstruiert, symbolisiert und

– womöglich gegen alternative, konkurrierende ‚Konstrukte' – zur Geltung gebracht werden. Schließlich wird bis heute ein Begriff attackiert, der Kulturen als in sich ruhende und geschlossene, also nach außen *abgeschottete ‚Inseln'* (Archipele) auffasst, dabei *essentialisiert* oder *substantialisiert* und auch noch *entzeitlicht* oder *enthistorisiert* – als stünden die Eigenschaften einer Kultur ein für allemal fest und wären durch keinerlei äußere Einflüsse antastbar, quasi unvergänglich. Ganz besonders fragwürdig wird diese Sicht dann, wenn kulturelle Zugehörigkeiten als eine Frage der ethnischen Abstammung angesehen, also *naturalisiert* oder *biologisiert* werden.

Diese ganze Reihe an Einwänden hat uns schon vor Jahrzehnten einen flexibleren, den heutigen globalen Lebensverhältnissen angemessenen Kulturbegriff beschert (Straub 2007a). Kulturen gelten demnach als *offene, historisch veränderliche, dynamische Systeme*, die den Zugehörigen ein eben auch kultur*spezifisches* praktisches Orientierungswissen zur Verfügung stellen, welches das Denken und Fühlen, Wünschen und Wollen, Erleben und Handeln aller fundiert und strukturiert, ordnet und leitet. Auf diese Weise wird das Tun und Lassen derjenigen, die ein kulturelles Weltbild, eine kulturelle Lebensform und die mit ihr verwobenen Sprachspiele teilen, aufeinander abgestimmt und koordiniert. Man kann von diesen Mitmenschen bestimmte Dinge erwarten und weiß, dass sie ihrerseits auf der Grundlage ihrer kulturellen ‚Erwartungserwartungen' handeln. Das schafft Verlässlichkeit, Vertrautheit und Routinen, die uns davor bewahren, alles immer neu bedenken und aushandeln zu müssen. Kulturen betten unser Handeln in vertraute *Geschichten* ein, die wir einander erzählen können, warten mit *Zielen und Zwecken* auf, die wir gemeinhin verfolgen, und sie bieten *Regeln* an, nach denen wir im Alltag handeln können. Vielfach müssen wir sogar so verfahren, wenn missliche Folgen, z.B. negative Sanktionen, vermieden werden sollen. In komplexer Weise sind solche Regeln, insbesondere soziale Normen, auf *Werte* bezogen, die die Angehörigen mit einem Bewusstsein darüber versorgen, was attraktiv und richtig, verachtenswert oder hässlich ist. Kulturen schaffen einigermaßen verbindliche Realitäten, eröffnen aber auch Möglichkeitsräume, in denen sich unsere Imagination und Phantasie sowie unsere Tatkraft entfalten können. Sie begrenzen unsere Handlungs-optionen und Chancen ebenso wie sie uns Freiheiten gewähren. Sie trennen das Annehmbar und Sagbare vom Unsäglichen und Unsagbaren. Sie bestimmen unseren Wirklichkeits- und unseren Möglichkeitssinn.

Das geschieht in hohem Maß auf eine kaum wahrgenommene Weise. Das Wissen, mit dem Kulturen die Zugehörigen im Laufe ihrer Sozialisation oder Enkulturation versorgen, ist diesen vielfach nicht bewusst und meist nicht einmal ohne weiteres zugänglich. Überwiegend ist es unbewusstes oder *implizites, praktisches* Wissen, *tacit knowledge*, das wir eher als leibliche Wesen denn als rational denkende, reflektierende und planende Vernunftwesen besitzen. Es ist eher eine Art *know how* als ein *know that*. Es befähigt Menschen, Dinge zu *tun* und *mit*zutun – an Lebensformen und Sprachspielen teilzunehmen –, ohne großes Nachdenken und oft auch ohne sagen zu können, was genau sie eigentlich warum und wie tun. Anderes dagegen lassen wir auf ebenso selbstverständliche Weise einfach sein, ja, wir dächten nicht einmal im Traum daran! Auch das bemerken wir häufig erst dann, wenn wir Anderen be-gegnen, die da *ganz anders ticken* – und uns deswegen seltsam und fremd vorkommen mögen. Erst dieses Fremde und Befremdliche konfrontiert uns mit dem eingespielten und vertrauten Eigenen. Erst diese Konfrontation lehrt uns sehen, wer wir sind und wie wir – aufgrund partikularer kultureller Prägungen – normalerweise so denken, fühlen und handeln.

Es ist offenkundig: die Identität, die Handlungs- und Le-benspraxis aller Menschen ist unweigerlich kulturell bestimmt. Deswegen unterscheidet sie sich zumindest teilweise von der Identität, Handlungs- und Lebenspraxis anderer Leute. Das alles gilt für Kulturen im großen Maßstab *und* für ‚kleinere‘, lokale oder regionale, partikulare und zeitlich flüchtige (Sub- oder Sonder-)Kulturen. Das heißt übrigens nicht zuletzt, dass jeder

Mensch mehreren bzw. verschiedenen Kulturen angehören kann, im Laufe seines Lebens oder zu einem bestimmten Zeitpunkt. Kulturelle Zugehörigkeit ist stets eine multiple Angelegenheit. Es gibt sie nur in der Form der Mehrfachzugehörigkeit.

Wir unterscheiden Kulturen, um *praktisch bedeutsame* Differenzen erfassen und berücksichtigen zu können. Dabei sind wir auch in folgendem Punkt ein gutes Stück von den Verfechtern überlieferter, mittlerweile verworfener Kulturbegriffe entfernt: Kulturen mögen verschieden sein, deswegen ist die eine aber noch nicht gleich wertvoller oder wertloser als die andere! Gegenüber einem normativen Kulturbegriff, der stets die eigene Kultur als bessere, höhere und überlegene, besonders differenzierte und entwickelte auffasst, die anderen Kulturen dagegen als primitiv, unterentwickelt und unterlegen abkanzelt, sind wir Heutigen sensibel und skeptisch geworden. Der seit ein paar Jahrzehnten in verschiedenen Wissenschaften (und auch in öffentlichen Diskursen) geläufige Kulturbegriff ist *distinktiv*, nicht normativ. Er eröffnet Möglichkeiten der Unterscheidung zwischen kulturellen Weltbildern und Lebensformen, Sprachspielen und Handlungsweisen, ohne diese an einem voreingenommenen, unreflektierten Maßstab, der sich der eigenen Kultur verdankt und diese immer schon bevorzugt, zu bewerten (Geertz 1993: 53).

Das heißt keineswegs, dass man sich nicht über Besonderheiten kultureller Denk-, Handlungs- und Lebensformen streiten könnte. Dabei kann es jedoch stets nur um *bestimmte Elemente* einer Kultur gehen – z.B. um das Verhältnis von Männern zu Frauen und deren Rolle in der Gesellschaft, um den Wert von Kindern oder den Umgang mit der Natur – nicht aber um eine Kultur in ihrer Gesamtheit. Solche Aspekte sind häufig strittig und Gegenstand interkultureller Auseinandersetzungen. Beliebigkeit ist hier fehl am Platz. Wer Diskussionen vor allem über praktische – ethische, moralische, ästhetische – Fragen ausweicht und alles gleichermaßen gelten lassen will, demonstriert allenfalls seine Gleichgültigkeit gegenüber den Anderen und ihrem Anspruch, etwas Wichtiges zu sagen zu haben. Ernsthafte Begegnungen finden

weder dort statt, wo Vorurteile und Voreingenommenheiten prekäre Überlegenheitsgefühle und narzisstische Selbstbezogenheit
nähren, noch dort, wo man ,politisch korrekten' Parolen nachgibt
und die *unbedingte* Anerkennung *aller möglichen* kulturellen
Überzeugungssysteme und Praxen für geboten hält. Dialog und
Diapraxis leben davon, dass sich die Beteiligten wechselseitig mit
ihren Überzeugungen und Orientierungen, ihrem Wissen und
Handeln, beschäftigen. Das ist etwas ganz anderes, als unbese-
hen zu allem und jedem ja zu sagen und solche herablassende
Generosität auch noch mit wirklicher Toleranz zu verwechseln.
Kultureller Austausch auf der Basis von wechselseitiger Anerkennung und Toleranz schließt die Möglichkeit gegenseitiger Kritik
ein, nicht aus! Das erfordert freilich ein Bedenken der Kriterien
und Maßstäbe, die die vorgetragenen Einwände und Argumente
jeweils fundieren und leiten.

Nach den bisherigen Überlegungen kann ein distinktiver,
sog. ,bedeutungsorientierter' Kulturbegriff etwa so bestimmt
werden:

> Kultur ist ein universelles, für eine Nation, Gesellschaft, Organi-
> sation und Gruppe aber sehr spezifisches Orientierungssystem.
> Dieses wird aus spezifischen Symbolen gebildet und in der jewei-
> ligen Gesellschaft, Gruppe usw. weitergegeben. Es beeinflusst das
> Wahrnehmen, Denken, Werten und Handeln aller Mitglieder
> und definiert somit deren Zugehörigkeit zur Gesellschaft. Kultur
> als Orientierungssystem strukturiert ein für die sich in der Gesell-
> schaft zugehörig fühlenden Individuen spezifisches Handlungsfeld
> und schafft somit die Voraussetzung zur Entwicklung eigenständi-
> ger Formen der Umweltbewältigung. (Thomas 1993: 380)

> Die Kultur stellt bisweilen auf ganz offenkundige, häufiger auf
> kaum merkliche Weise einer Vielzahl von Personen Ordnungsfor-
> men und Deutungsmuster für die rationale und emotionale Iden-
> tifikation, Evaluation und Strukturierung von Geschehnissen und
> Dingen in der Welt sowie Prinzipien und Paradigmen der Hand-
> lungsorientierung und Lebensführung bereit. (…) Kultur als ein
> handlungsrelevantes, transindividuelles Wissens-, Zeichen- oder
> Symbolsystem besteht aus (1) kollektiven Zielen, die Individuen
> situationsspezifisch konkretisieren und als Akteure übernehmen

und verfolgen können; (2) kulturspezifischen Handlungsregeln, insbesondere bestimmten sozialen Normen (Aufforderungs- bzw. Bewertungsnormen oder Werten); (3) einem kulturspezifischen Reservoir an Geschichten, durch die die Angehörigen einer Kultur ihre Identität, ihr kollektives und individuelles Selbst- und Weltverständnis bilden, artikulieren und tradieren. Diese Ziele, Regeln, Normen und Werte sowie die Geschichten, die in einer Kultur kursieren und das Handeln bestimmen, müssen keineswegs eine sprachsymbolische oder diskursive Gestalt besitzen. Sie sind im Handeln häufig implizit und allenfalls in der Form von Spuren oder Anzeichen präsent. Ebenso können sie in nicht-sprachlichen Symbolen verkörpert sein. Symbole verweisen auf kulturelle Sinn- und Bedeutungssysteme. Auch sie können als Anzeichen von etwas oder als eine Spur, deren Verfolgung zu kulturellen Überlieferungs-, Sinn- und Bedeutungszusammenhängen führt, aufgefasst werden. An den besagten Anzeichen oder Spuren setzt die [wissenschaftliche] Handlungsinterpretation an, wenn sie Handlungen in bestimmter Weise identifiziert, versteht und erklärt, indem sie ‚kulturelle Texte‘ auch über die Schultern der Handelnden hinweg zu lesen versucht und mit deren konkreten Handlungen in Zusammenhang bringt. (Straub 1999: 166 u. 185)

Mit dem skizzierten Verständnis von ‚Kultur‘ kann man sich nun daran machen zu untersuchen, was es denn eigentlich mit der gegenwärtig so viel beschworenen interkulturellen Kompetenz auf sich hat.

Interkulturelle Kompetenz: Kontext, Begriffsgeschichte, Definitionen und Modelle

Interkulturelle Kompetenz gilt vielen als *die* Schlüsselqualifikation des 21. Jahrhunderts. Wie Führungs- oder Teamfähigkeit, Flexibilität oder allgemeine psychische und physische Belastbarkeit, Organisationsfähigkeit oder Medienkompetenz zählt sie zu den sog. *soft skills*, die das Sachwissen und fachliche Können von Personen ergänzen. Ihre wachsende Bedeutung in zahlreichen Berufsfeldern ist offenkundig. Man denke etwa an die internationale Personal- und Organisationsentwicklung (nicht nur in Wirtschaftsunternehmen), an multinationale Teams, internationale Wirtschaftskommunikation und internationales Marketing, an kulturspezifische Technikkommunikation, Tourismus oder Entwicklungszusammenarbeit, Auswärtige Kultur- und Bildungspolitik (oder andere Politikfelder wie die Integrationspolitik), an religiöse bzw. kirchliche Missionen, an den internationalen Jugendaustausch, an Kooperationen in Wissenschaft und Forschung, an verschiedene Ausbildungs- und Bildungseinrichtungen, in denen man ebenfalls alltäglich auf kulturelle Unterschiede trifft, an Ämter und Behörden (wie etwa Ausländerbehörden), von denen man dasselbe sagen kann, an das Rechtssystem einschließlich der gerichtlichen Praxis der Rechtsprechung, an (internationale) Polizei- und Militäreinsätze oder an zahlreiche Einrichtungen in der Gesundheitsversorgung (Medizin, Psychiatrie, Psychotherapie, psychosoziale Beratung etc.) (vgl. ausführlich Straub/Weidemann/Weidemann 2007).

Auch im privaten Alltag häufen sich in vielen Gesellschaften unter dem Einfluss von Migrationen, rasant gestiegener Mobilität und technisch vermittelten Kommunikationsmöglichkeiten Erfahrungen kultureller Differenz, Andersheit und Fremdheit. Auch das lebensweltliche, nicht-professionelle Handlungspotenzial zahlloser Betroffener wird heute nicht zuletzt in dieser Hinsicht erheblich beansprucht. Interkulturelle Kompetenz ist notwendig geworden, um die in interkultureller Kommunikation und Kooperation nachweislich gehäuft auftretenden Missverständnisse möglichst zu vermeiden oder aber konstruktiv bearbeiten zu können, wenn sie sich beim besten Willen nicht haben umgehen lassen. Kulturelle Unterschiede im Denken, Fühlen, Wollen und Handeln müssen *keineswegs zwangsläufig* zu Interaktionskrisen und Konflikten führen. Einen solchen Mechanismus, der unweigerlich in einen Kampf der Kulturen, einen (z.B. religiös motivierten) *Clash of Civilizations* münden würde, gibt es nicht (siehe Rüsen, in diesem Band). Allerdings bergen kulturelle Unterschiede im Verhalten von Menschen erhebliche Konflikt*potenziale*, die es zur Kenntnis zu nehmen und abzubauen gilt.

Genau das tun wir mit unseren aktuellen Bemühungen, interkulturelle Kompetenz theoretisch zu klären und in der Praxis zu fördern. Und genau deswegen gilt interkulturelle Kompetenz heute so unbestritten als wünschenswert, als ein *normativ* (ethisch, moralisch, politisch) besonders hoch stehender Aspekt des menschlichen Handlungspotenzials. Manche sprechen sogar von einem *Wert an sich* oder einem *Ideal* gerade des heutigen Menschen. Das ist nicht zuletzt dann der Fall, wenn interkulturelle Kompetenz in eine der (vielfältigen und sogar widersprüchlichen) Traditionen des europäischen oder des außereuropäischen Humanismus gestellt wird (s.u.). Ganz allgemein findet sie heute bereits die größte Aufmerksamkeit unter den allseits propagierten und vielfach geförderten Erziehungs- und Bildungs*zielen.*

Es ist leicht zu erkennen, dass die einschlägigen Debatten an einer allmählichen Veränderung der kulturellen Semantik des Kompetenzbegriffs mitwirken. Dieser entwickelt sich nämlich mehr und mehr zu einem valorativen (werthaltigen) und normativen Konzept, das mindestens ebenso sehr einen *idealen Zielzustand* bezeichnet wie die tatsächlichen Kenntnisse und Vermögen bzw. die wirklich verfügbaren Fähigkeiten und Fertigkeiten ‚ganz normaler‘ Menschen. Selbstverständlich dient dieser ‚ideale Zielzustand‘ (oder Idealtypus) als *Maßstab*, an dem sich die Wissensbestände und Handlungspotenziale von konkreten Personen messen lassen. Davon zeugen insbesondere die in der Psychologie unternommenen Anstrengungen, möglichst aussagekräftige Tests zur diagnostischen Feststellung des individuell erreichten Ausmaßes interkultureller Kompetenz zu entwickeln (Deller/Albrecht 2007). Nun, dies setzt natürlich erst einmal voraus, dass man einigermaßen genau angeben kann, was man denn unter interkultureller Kompetenz verstehen möchte. Das ist bis heute keineswegs hinreichend geklärt. Dafür gibt es verschiedene Gründe.

Die Verwendung der aus dem Lateinischen übersetzten Ausdrücke ‚Kompetenz‘ und ‚kompetent‘ ist noch gar nicht alt (zum Folgenden s. Straub 2007b). In die deutsche Sprache finden die Wörter erst im 18. Jahrhundert Eingang. Ihre Verbreitung vollzieht sich eher zäh. Sie tauchen zunächst vor allem in juristischen Kontexten, sodann auch in anderen Bereichen auf. Zwei Kernbedeutungen bleiben dabei stets eng mit dem Kompetenzbegriff verbunden, nämlich ‚Zuständigkeit, Befugnis‘ einerseits, ‚Vermögen, Fähigkeit, Fertigkeit‘ andererseits. Interessant ist, dass der Begriff schon bald *sehr unterschiedliche* Vermögen, Fähigkeiten und Fertigkeiten bezeichnen kann. Die Spannbreite reicht von einem Handlungspotenzial, das in wissenschaftlicher Expertise, in spezialistischem Sachverstand oder auch in vielfältigen Erfahrungen und der daraus erwachsenen praktischen Klugheit verwurzelt ist. Mit Kompetenz bezeichnet man bald schon *alle möglichen* Vermögen, Fähigkeiten und Fertigkeiten von Personen, die in dieser oder jener Hinsicht in herausragender Weise in der Lage sind, in der gegebenen Situation das jeweils Erforderliche *wahrzunehmen und zu erkennen, zu denken, zu empfinden, zu fühlen, zu wollen, zu entscheiden und zu tun.*

   Interessant ist weiterhin: In manchen Nachschlagwerken wird im Eintrag ‚kompetent, Kompetenz‘ noch der veraltete Ausdruck für den Mitbewerber, der *Kompetent*, angeführt. Damit klingt das bis heute im Kompetenzbegriff mitschwingende *kompetitive* Moment an. Dadurch gerät die für das Bedeutungsfeld gerade auch des Begriffs ‚interkulturelle Kompetenz‘ wichtige (aber oft ignorierte) *Konkurrenz* von Personen ins Blickfeld, die sich – um z.B. eine berufliche Position oder Funktion, ein Amt oder eine soziale Stellung zu erlangen – *im Wettstreit um den Nachweis höherer Kompetenz* befinden. Man denke daran, dass der Grad interkultureller Kompetenz heute als ein Auswahlkriterium fungiert: Wer bestimmte Jobs erhalten oder Aufgaben übernehmen möchte, muss sich mitunter durch seine im Vergleich mit anderen Mitbewerbern überlegene interkulturelle Kompetenz auszeichnen können. (Im Hinblick auf Kollektive, Kulturen und kulturellen Austausch interpretiert Cancik in seinem Beitrag zum vorliegenden Band den interkulturellen Dialog übrigens in analogem Sinn als eine *agonal* strukturierte Praxis, in der Gruppen im Wettstreit miteinander liegen und als Lernkulturen voneinander zu profitieren suchen, um einander nach Möglichkeit zu übertreffen! Wie einzelnen Personen ging und geht es auch Kulturen im scheinbar so harmlosen ‚interkulturellen Dialog' oft auch darum, „immer der beste zu sein und herauszuragen vor andern" – ein griechisches Handlungs- und Lebensprinzip, von den Römern übernommen und bis heute erhalten, auch wo man es nicht gleich vermutet!)

‚Interkulturelle Kompetenz' bedeutet zunächst einmal ganz grob, dass eine Person mit erwartbaren Erfahrungen kultureller Differenz, Andersheit und Fremdheit zurechtkommt, sie zulässt und produktiv mit ihnen umgehen kann. Diese Person reagiert eben nicht ängstlich und abwehrend, um es sich in den vermeintlich klaren, gehüteten und verteidigten Grenzen des eigenen (kulturellen) Selbst behaglich zu machen. Sie betrachtet Differenz-, Alteritäts- oder Alienitätserfahrungen als eine Herausforderung, auf die sie nicht defensiv reagieren muss. Die an Selbstsicherheit und ‚Ich-Stärke' gebundene Offenheit dieser ‚idealen' Person gewährleistet es, dass Erlebnisse der Selbsttranszendenz – der Überschreitung eigener Identitäts-Grenzen – zugelassen und Selbstveränderungen sogar aktiv betrieben werden können. Diese Offenheit entspringt nicht auferlegten Zwängen, sondern autonomen Wünschen und intrinsischen Motiven der Person selbst. Das alles mag stets nur in bestimmtem Ausmaß gelingen. Aber auch in begrenzter Form ist die besagte Offenheit, die als ein erster, fundamentaler Aspekt interkultureller Kompetenz gelten kann, alles andere als selbstverständlich (wie man etwa Modellen und Studien zum interkulturellen Lernen entnehmen kann; Weidemann 2007).

Die ersten und oft einzigen Reaktionen, die Menschen zeigen, wenn sie in sog. interkulturellen Überschneidungssituationen mit *für sie* ungewöhnlichen Verhaltensweisen konfrontiert werden, sind nämlich, wie Thomas (2000) ausführt,

- auf der emotionalen Ebene: Gefühle der Irritation, Befremdlichkeit, Verunsicherung, Abneigung, Aversion, Ablehnung, Furcht und Angst,

- auf der kognitiven Ebene: personale Attributionen, besonders in der Form der Zuschreibung individueller Defizite, stereotype Wahrnehmungen und die Verfestigung von Vorurteilen und anderen (negativ besetzten) Fremdbildern,
- auf der praktischen Ebene: Abwendung, Vermeidung, Flucht, Ausgrenzung, Spannungen oder Aggressionen und andere Handlungsweisen, die kooperative Beziehungen und Arbeitsbündnisse ebenso verhindern wie friedliche Formen längerfristiger Koexistenz und im Extremfall die sukzessive Eskalation von Gewalt fördern.

Derartige negative Folgen sind Resultate problematischer Interaktionsdynamiken, die künftige Begegnungen erheblich belasten und bisweilen eben regelrechte Eskalationsspiralen in Gang setzen. Das soll alles ganz anders sein im Falle interkulturell kompetenter Akteure! Woran liegt das? Was macht diese Kompetenz nun genauer aus, wie lässt sie sich einigermaßen genau fassen? Leicht zu erkennen ist: Während *fachliche* berufliche Fähigkeiten und Fertigkeiten in der Regel über leistungsbezogene formale Abschlüsse nachgewiesen werden, schließen allgemeine Schlüsselqualifikationen wie ‚interkulturelle Kompetenz' sehr viel mehr ein als professionelles Sachwissen und fachliche Meisterschaft. Es geht hier eben nicht bloß um Vermögen und Eigenschaften, die den Erfolg zweckrational vorgehender Akteure in einem exakt abgezirkelten, mehr oder weniger ‚technischen' Metier sichern helfen.

Sieht man sich gängige Definitionen an, dann erscheint die interkulturell kompetente Praxis zunächst ziemlich abstrakt *„as effective and appropriate interaction between people who identify with particular physical and symbolic environments"* (Chen/Starosta 1996, 358). Damit schließen sich die Autoren allgemeinen Bestimmungen *interpersonaler kommunikativer Kompetenz oder Interaktionskompetenz* an und versetzten diese lediglich in einen besonderen Kontext – inter*kulturelle* Überschneidungssituationen eben. Wichtig an der zitierten Definition ist gleichwohl, dass sie zwei zentrale *Kriterien* interkulturell kompetenten, *zielführenden* oder *erfolgreichen* Handelns hervorhebt, nämlich *Effektivität* und Angemessenheit:

- Kurz gesagt bedeutet ‚Angemessenheit‘: *„the actions of the communicators fit the expectations and demands of the situation. Appropriate communication means that people us the symbols they are expected to use in the given context"* (Lustig/Koester 2003: 64);

- ‚Effektivität‘ dagegen bemisst sich daran, ob/inwieweit „desired personal outcomes" tatsächlich erreicht werden: *„Satisfaction in a relationship or the accomplishment of a specific task-related goal is an example of an outcome people might want to achieve through their communication with others"* (ebd.).

Diese beiden Kriterien tauchen in vielen Definitionen auf, oft ganz ausdrücklich, manchmal ein wenig versteckt. Allerdings ist man noch nicht sehr viel schlauer, was unsere Ausgangsfrage angeht, wenn man weiß, dass interkulturell kompetente Akteure im dargelegten Sinne angemessen und effektiv zu handeln vermögen. Was zeichnet sie weiter aus? Alexander Thomas definiert folgendermaßen:

> Interkulturelle Kompetenz zeigt sich in der Fähigkeit, kulturelle Bedingungen und Einflussfaktoren im Wahrnehmen, Urteilen, Empfinden und Handeln bei sich selbst und bei anderen Personen zu erfassen, zu respektieren, zu würdigen und produktiv zu nutzen im Sinne einer wechselseitigen Anpassung, von Toleranz gegenüber Inkompatibilitäten und einer Entwicklung hin zu synergieträchtigen Formen der Zusammenarbeit, des Zusammenlebens und handlungswirksamer Orientierungsmuster in Bezug auf Weltinterpretation und Weltgestaltung. (Thomas 2003: § 39)

Das klingt ebenso kompakt wie kompliziert. Dieser Vorschlag und ähnliche Definitionen lassen sich besser verstehen, wenn man ihre Bestandteile etwas auseinander dividiert und systematisch ordnet, womöglich etwas erläutert und vielleicht durch weitere ergänzt. Genau das geschieht in sog. *Komponenten-* oder *Konstituentenmodellen* interkultureller Kompetenz. Sie listen im Rahmen variabler systematischer Ordnungen wesentliche Aspekte des offenbar sehr komplexen theoretischen Konstrukts auf, so dass man eine etwas konkretere und noch differenziertere Vorstellung davon bekommt, was denn die so geläufige ,Zauberformel' im Innersten ausmacht und zusammenhält. Abbildung 1 gibt ein solches exemplarisches Modell wieder. Wie man sieht, werden dort die Komponenten anhand verschiedener Dimensionen geordnet. Zöge man alternative Modelle hinzu (s. Straub 2007b), sähe man, dass sich nicht nur diese Dimensionen selbst, sondern auch deren Anzahl unterscheiden können, und dasselbe gilt dann auch für die angeführten Komponenten. Alle derartigen Modelle zeigen jedoch auf einen Blick, dass das theoretische Konstrukt ,interkulturelle Kompetenz' *ein ganzes Bündel* von Merkmalen, Fähigkeiten und Fertigkeiten umfasst und integriert. Diese Kompetenz setzt sich also aus vielerlei Wissensbeständen, psychischen Dispositionen und Vermögen zusammen und lässt sich demzufolge auch nicht kurz und knapp beschreiben.

Modelle wie das wiedergegebene sind eigentlich lediglich geordnete Listen, in denen einige als wichtig erachtete Eigenschaften interkulturell kompetenter Personen zusammengestellt sind. Gewiss gibt es in einigen Fällen gute Gründe dafür, die betreffenden Wissensbestände, Fähigkeiten oder Fertigkeiten als Teilermerkmale interkultureller Kompetenz aufzunehmen. Von einer ausgearbeiteten *Theorie* sollte man in solchen Fällen dennoch nicht sprechen, zumal viele dieser Listen eher nach intuitiven Plausibilitätsgesichtspunkten zusammengestellt werden, als dass sie theoretisch oder empirisch sorgfältig begründet wären. Dies zu sagen ist beim derzeitigen Stand der Forschung noch geboten. Der Wert und Nutzen solcher Modelle wird damit keineswegs verkannt oder auch nur gering geschätzt. Die mit ihnen verfolgte Strategie ist evident: man möchte den interessierenden Begriff klären, indem man angibt, was er nach eigenem Dafürhalten bzw. bislang vorliegenden Erkenntnissen alles enthält und voraussetzt.

Entscheidend für das resultierende Begriffsverständnis sind letztlich die (dimensional geordneten) Teilermerkmale, Konstituenten oder Komponenten. Es hängt in solchen Modellen alles

Abb. 1:   Komponentenmodell interkultureller Kompetenz
          nach Lüsebrink (2005: 77) und vielen ähnlichen Vorbildern

Affektive/emotionale Dimension	Kognitive Dimension	Verhaltensbezogene/ konative Dimension
Ambiguitätstoleranz	Verständnis des Kulturphänomens in Bezug auf Wahrnehmung, Denken, Einstellungen sowie Verhaltens- und Handlungsweisen	Kommunikationswille und -bereitschaft i.S. der initiierenden Praxis der Teilmerkmale der affektiven Dimension
Frustrationstoleranz		
Fähigkeit zur Stressbewältigung und Komplexitätsreduktion		
		Kommunikationsfähigkeit
Selbstvertrauen	Verständnis fremdkultureller Handlungszusammenhänge	Soziale Kompetenz (Beziehungen und Vertrauen zu fremdkulturellen Interaktionspartnern aufbauen können)
Flexibilität		
Empathie, Rollendistanz		
Vorurteilsfreiheit, Offenheit, Toleranz	Verständnis eigenkultureller Handlungszusammenhänge	
Geringer Ethnozentrismus	Verständnis der Kulturunterschiede der Interaktionspartner	Handlungskonsequenz: Bereitschaft, Einstellungen auch konsequent in Handlungen umzusetzen (sprachlich und außersprachlich)
Akzeptanz von/Respekt gegenüber anderen Kulturen		
	Verständnis der Besonderheiten interkultureller Kommunikationsprozesse	
Interkulturelle Lernbereitschaft		
	Metakommunikationsfähigkeit (Fähigkeit, die eigene Kommunikation aus kritischer Distanz zu sehen)	

davon ab, wie genau die im Einzelnen angeführten Komponenten
(und ihre Beziehungen) geklärt sind. Häufig, aber nicht immer
helfen da (psychologische) Fachwörterbücher weiter (auf die ich
an dieser Stelle verweisen muss, da aus Platzgründen hier nicht
alle angeführten Fachbegriffe im Einzelnen erläutert werden
können; zumindest in einigen Fällen dürften sie sich ohnehin
von selbst verstehen). Für eine erste Annäherung an das Konzept
sind solche Modelle also hilfreich. Sie vermitteln in der Tat eine
alles in allem einigermaßen einleuchtende Vorstellung davon, was
es heißt und speziell auf Seiten der tätigen Person voraussetzt,
interkulturell kompetent handeln zu können.

Dabei ist klar, dass interkulturelle Kompetenz nicht in der Beherrschung von Fremdsprachen aufgeht, obwohl die Beherrschung von Fremdsprachen eng mit der Möglichkeit verwoben ist, an einer fremden Praxis oder Lebensform teilzuhaben. Wer eine bestimmte Sprache zu sprechen vermag, sieht die Welt in besonderer Weise und hat auch praktisch einen besonderen Zugang zu ihr – einen Zugang, den er mit den Angehörigen eben dieser Sprachgemeinschaft teilt. Diese Gemeinsamkeit fördert Austausch und soziale Integration ebenso wie sie die Chance erhöht, persönliche Nähe zu schaffen, Bindungen einzugehen und aufrechtzuerhalten – gerade auch zu Angehörigen anderer, vom eigenen Standpunkt betrachtet relativ fremder Kulturen.

Weitere Aspekte des Handlungspotenzials einer Person sind natürlich genauso elementar und wichtig, sobald es um die punktuelle Verständigung und zeitweise Zusammenarbeit oder das langfristige Zusammenleben von Menschen verschiedener kultureller Zugehörigkeit geht. Die oben wiedergegebenen Modelle legen offenbar auf affektive und emotionale Teilmerkmale großen Wert. Interkulturelle Kommunikation, Kooperation und Koexistenz ist keineswegs bloß eine Sache der Vernunft und des Verstandes, des angehäuften Wissens oder gar der Fähigkeit, logisch denken zu können. Man mag gebildet sein und stets die besten Argumente im Streitgespräch parat haben – und dennoch kläglich scheitern, sobald es darum geht, Andere und Fremde *als solche* wahrzunehmen, anzuerkennen und *sie entsprechend zu behandeln.* Offen zu sein für *deren* Erfahrungen und Erwartungen, Denkformen, Erlebnis- und Handlungsweisen, Gewohnheiten und Wünsche, verlangt eine affektive Färbung und emotional-motivationale Bereitschaft des eigenen Selbst, die sich keineswegs per Knopfdruck herstellen lässt. Sie ist auch nicht einfach deswegen vorhanden, nur weil Menschen in der Lage sind, noble Gesinnungen, sozial erwünschte Meinungen oder politisch korrekte Einstellungen zum Besten zu geben. Das ist der Grund dafür, warum man viel über interkulturelle Kompetenz reden kann und dennoch nicht in der Lage ist, *so* zu handeln, wie es dieses

Konzept nahe legt. Bewusste Absichten oder Intentionen fallen eben oft nicht mit den unbewussten Motiven und dem faktischem Können eines Menschen zusammen. Kaum jemand bekennt sich zu Ethnozentrismus, Intoleranz oder Fremdenfeindlichkeit – und doch verhalten sich viele ethnozentrisch, intolerant oder fremdenfeindlich, diskriminierend und stigmatisierend. Nicht weil sie dies wissentlich wollten, sondern weil sie im entscheidenden Moment nicht anders können.

Interkulturelle Kompetenz ist kein Begriff, der sich auf der kognitiven Ebene des Wissens und Verstehens abhandeln ließe – obwohl die kritische Auseinandersetzung mit anderen, mitunter fremden Weltbildern, Lebensformen und Sprachspielen, Denk- und Handlungsweisen auf der Grundlage des Vernunftvermögens gewiss zu dieser Fähigkeit und Fertigkeit gehört. Der interessierende Begriff schließt Wissen und Denken, Reflexion und Urteilskraft mit ein, erschöpft sich aber nicht darin. Er beinhaltet die argumentative Praxis gegenseitiger Kritik (s.o.), meint aber weit mehr als intellektuellen Scharfsinn und die Orientierung an allgemein wertvollen Gütern und verbindlichen Normen im Sinne einer universalistisch ausgerichteten Vernunft. Er berührt tiefere Schichten einer Person. Er bezieht sich auf deren dem Bewusstsein teilweise entzogenen ‚Gefühlshaushalt', ihre nicht so imponierenden Ängste und Befürchtungen sowie ihre nicht ganz so edlen Wünsche und Sehnsüchte. Genau diese Tatsache, die in allen ernst zu nehmenden Modellen interkultureller Kompetenz gebührend zum Ausdruck kommt, macht interkulturelles Lernen so kompliziert, einigermaßen anstrengend und mitunter sehr langwierig (Weidemann 2007). Viele in der affektiven, emotionalen und konativen Dimension angesiedelte Lernprozesse berühren Tiefenschichten der psychosozialen Identität eines Menschen. Deswegen sind sie so mühsam. Oft sind wir nicht gewillt, uns darauf einzulassen. Schon gar nicht, solange wir nicht *gute Gründe* haben anzunehmen, dass uns solche Lernprozesse am Ende belohnen und bereichern. Solche Gründe entnehmen wir am ehesten eigener Erfahrung. Lernbereitschaft hängt nicht zuletzt von der bereits gemachten oder zumindest vorstellbaren Erfahrung ab, dass sich interkulturelles Lernen irgendwann lohnt, also über kurz oder lang zu einer willkommenen Erweiterung des eigenen Erlebnis- und Handlungspotenzials führt. Die Grenzen des Selbst zu überschreiten und so die eigene Identität ein wenig zu verwandeln, ist häufig riskant und mitunter schmerzhaft – auch wenn man im Nachhinein sagen mag, dass man diese Erfahrungen nicht missen möchte, weil man ihnen wichtige Einsichten und neue Möglichkeiten verdankt. Das gilt für alle Beteiligten, die im kulturellen Austausch gleichermaßen bereit und fähig sein müssen, sich selbst *und* die Anderen, also auch deren Denken und Fühlen, Tun und Lassen in Frage zu stellen. Diese Fähigkeit und Fertigkeit verlangt danach, sich selbst und die Anderen ernst zu nehmen. Dies bedeutet nicht zuletzt, sich selbst und die Anderen hinterfragen zu können, und zwar kognitiv, emotional und praktisch.

Nun, das alles machen uns Modelle wie die oben dargestellten einigermaßen klar. Sie verdeutlichen im Übrigen, warum ‚interkulturelle Kompetenz‘ als ein normatives, valoratives Konzept bezeichnet werden muss. Es geht hier offenbar um Zielvorgaben und ideale Zustände, die kein Mensch in der Vollständigkeit und Vollkommenheit theoretischer Modellvorgaben je wird erlangen können. Vielleicht ist es da nicht bloß beruhigend, sich zu vergegenwärtigen, dass niemand das perfektionistische Ideal des interkulturell kompetenten Menschen erreicht haben muss, um bereichernde Begegnungen und befriedigende Beziehungen mit Menschen dieser oder jener kulturellen Herkunft erleben zu können. Es mag überdies tröstlich sein zu wissen, dass alle bis heute verfügbaren Modelle interkultureller Kompetenz selbst alles andere als ‚perfekt‘ sind. Sie lassen viele Fragen offen. Ein paar davon seien hier wenigstens erwähnt. Sie markieren allesamt erhebliche Wissenslücken und fordern uns vielleicht auch dazu auf, die prinzipiellen Grenzen von Modellen wie den dargestellten zu bedenken:

1. Die besagten Modelle wurden oben einmal etwas despektier-
lich als bloße Listen bezeichnet. Damit ist u.a. gemeint, dass
keineswegs klar ist, welche exakte theoretische und praktische
Bedeutung, welches *Gewicht* denn eigentlich den angeführten
Teilmerkmalen interkultureller Kompetenz zukommt? Sind
diese jeweils notwendig, und zwar prinzipiell und generell
(also in allen denkbaren interkulturellen Situationen)? Sind
sie in ihrer Gesamtheit oder in bestimmten Kombinationen
– in welchen? – notwendig und hinreichend, um in interkulturellen Situationen angemessen und erfolgreich handeln
zu können? Und wie spielen die aufgelisteten Teilmerkmale
eigentlich zusammen, wie ‚interagieren‘ sie, wie beeinflussen,
verstärken oder hemmen sie sich womöglich wechselseitig?
All diese Fragen sind offen, manche noch kaum gestellt.

2. Erheben solche Modelle *allgemeine* Geltungsansprüche,
sind sie also auf alle denkbaren Situationen gleichermaßen
zugeschnitten? Oder sind nicht in verschiedenen Lebens-
und Handlungsbereichen bestimmte Teilmerkmale eher
gefordert als andere? Dann würde sich ändern, was wir *hier
oder dort* mit ‚interkultureller Kompetenz‘ meinen. Für diese
Annahme gibt es gute Gründe. Man frage sich nur einmal,
ob denn interkulturelle Kompetenz in strategisch geführten
Verhandlungen zwischen Managern in internationalen Wirt-
schaftskooperationen exakt dasselbe ist und sein kann wie jenes
Bündel an Wissensbeständen, Fähigkeiten und Fertigkeiten,
die aus einer bikulturellen Ehe ein gelingendes, einigermaßen
glückliches Abenteuer menschlichen Zusammenlebens machen? Analoges gilt für Polizeieinsätze und Freundschaften, die
Entwicklungszusammenarbeit und religiöse Missionen oder für
interkulturelle psychosoziale Beratungen oder Psychotherapien
– *ad infinitum.* Ist interkulturelle Kompetenz, mit anderen
Worten, nicht eher ein *domänenspezifisches* Vermögen als eine
allgemeine wissensbasierte Fähigkeit und Fertigkeit, die stets
in genau der gleichen Weise in Anspruch genommen wird?
Das müsste man in vergleichenden Untersuchungen klären,

die es bislang erst in Ansätzen gibt. Erst danach könnte man womöglich über tatsächlich allgemeine Aspekte interkultureller Kompetenz stichhaltige Auskünfte geben.

3. Sind verfügbare Modelle interkultureller Kompetenz wirklich allgemein gültige, *universale* Modelle, wo sie doch ganz offenkundig von einem kleinen Häufchen westlicher, also vor allem US-amerikanischer und europäischer Wissenschaftler(innen) entworfen, entwickelt und unter die Leute gebracht wurden? (Leute aus nicht-westlichen Kulturen waren zwar hie und da beteiligt, dann aber doch fast immer als in westlichen wissenschaftlichen Institutionen sozialisierte Kolleginnen und Kollegen.) Das ist schon eine etwas paradoxe Lage, fast schon eine Art ,Ironie der Geschichte': ,wir' sprechen bislang in hohem Maße über Definitionen, Modelle und Theorien interkultureller Kompetenz, ohne mit den viel beschworenen ,Anderen' oder ,Fremden' gesprochen zu haben oder zu reden. Das ist nur ein ganz klein wenig übertrieben: Ein wirkliches Gespräch im Sinne eines *interkulturellen* Dialoges über das, was wir in verschiedenen Wissenschaften tun und weiterhin zu tun vorhaben, um das fragliche Konzept zu analysieren und zu reflektieren (auch in seinen politischen Dimensionen), ist allenfalls in ersten Ansätzen zustande gekommen. Indigenes Wissen auch sog. nicht-westlicher Kulturen liegt auch in diesem Feld weitgehend brach (vgl. Chakkarath 2007). Das merkt man den Modellen stark an. Man denke etwa an die stillschweigenden Bezugnahmen auf psychologische Begriffe und Unterscheidungen, die offenkundig der westlich-europäischen Tradition entstammen. Ein westlicher Einschlag lässt sich im Übrigen bereits an der Selbstverständlichkeit ablesen, in der ,wir' die Frage nach ,interkultureller Kompetenz' als ein heute weltweit gleichermaßen interessierendes, vermeintlich ziemlich ,neues' Thema auffassen und verbreiten. Ob das alles wirklich so ist, fragen nur wenige.

Ungeachtet ihrer Defizite und weiterer offener Fragen lässt sich von den oben wiedergegebenen Definitionen und Modellen einiges lernen. Wie dargelegt geht es dabei vor allem um *persönliche* Voraussetzungen, um Aspekte des Handlungspotenzials von Personen, die in interkulturellen Konstellationen eben wichtig sind. Unbestritten ist freilich, dass das Gelingen interkultureller Kommunikation, Kooperation und Koexistenz nicht allein von personalen Faktoren abhängt, sondern auch von den jeweils gegebenen Situationsbedingungen. Damit sind auch institutionelle und politische Rahmenbedingungen gemeint. Im Übrigen ist interkulturell kompetentes Handeln wie alles soziale Handeln keine ‚Solovorstellung‘. Es ist eingebettet in ein Kommunikations- und Interaktionsgefüge, in dem anwesende oder imaginierte Andere stets ein Wörtchen mitreden. Was Ego tut und vollbringen *kann*, ist auch in interkulturellen Überschneidungssituationen von Alter, also vom Wohlwollen und Können, vom Tun und Lassen des Gegenübers abhängig. Auch das mag zur ‚Situation‘ gezählt werden.

Wenn wir die bisherigen Ausführungen noch einmal Revue passieren lassen, lässt sich festhalten: Interkulturelle Kompetenz gilt uns Heutigen als *Wert an sich* und als *Maßstäbe setzende Norm.* Wir sehen darin ein Ideal und Regulativ, von dem wir hoffen, dass es unsere Maximen zu begründen vermag und unser Handeln orientiert und leitet. Davon versprechen wir uns eine erfolgreiche, befriedigende und einigermaßen friedliche Praxis, die den Gewohnheiten, Wünschen und Bedürfnissen aller Beteiligten gerecht wird – so gut das eben gelingen mag im Einzelfall. Interkulturelle Kompetenz betrifft unsere heutigen Vorstellungen einer legitimen Moral und Politik und einer wünschenswerten sozialen Praxis. Sie bildet einen wichtigen Aspekt unseres *ethisch-moralischen Selbstverständnisses.*

Jede Person sollte – und zwar als Exemplar der menschlichen Gattung, also gewissermaßen *pars pro toto* – interkulturell kompetent sein bzw. *werden* (wollen). Sie sollte sich selbst in dieser Perspektive auffassen und entwerfen. Das angestrebte ‚Werden‘ vollzieht sich in einem lebenslangen, unabschließbaren Bildungsprozess, den die Erziehung – vom Kindergarten für die ganz

Kleinen bis zur Erwachsenenbildung für Senioren – nach Kräften zu befördern hat. Das ist eine Art Imperativ der glokalisierten Welt unserer Tage, der kaum mehr zu überhören ist. Ihn ganz zu ignorieren wäre wohl nicht ratsam. Das wird man als einen weit reichenden Konsens auffassen dürfen – ohne unterschlagen zu wollen, dass man diesen Imperativ gewiss auch kritisch prüfen sollte (z.B. im Hinblick auf implizite Disziplinierungsmaßnahmen, denen moderne Subjekte dadurch unterworfen werden).

Wichtig ist: Interkulturelle Kompetenz ist durchaus mehr und anderes als lediglich ein quasi ‚technisches‘ Handlungspotenzial, das es Menschen ermöglicht, zweckrational zu handeln und die angestrebten Ziele auch zu erreichen, also im ausgeführten Sinn zu angemessenen und effektiven interkulturellen Beziehungen beizutragen. Es geht mit diesem Konzept nicht ausschließlich um die Gestaltung oder ‚Optimierung‘ einer Praxis, die sonst zu scheitern und vielleicht sogar schwere Konflikte heraufzubeschwören drohte. Wer heute ‚interkulturelle Kompetenz‘ sagt, formuliert in aller Regel einen darüber hinausgehenden Anspruch: nämlich den Anderen und Fremden *als solchen* und damit auch als *Zweck an sich* zu betrachten, also nicht nur als einen notwendigen Bestandteil im Bemühen um die Stabilisierung und Verbesserung interkultureller Kommunikation, Kooperation und Koexistenz. Die allseits eingeforderte Rücksicht auf den Anderen und Fremden ist nicht bloß einem strategischen Kalkül geschuldet: Sie führt uns über das instrumentalistische Denken überhaupt hinaus. Der (oder die) Andere und Fremde verdient als Gegenüber mit menschlichem Antlitz ‚mehr‘ als strategisch kalkulierende Rücksichten auf seine (oder ihre) kulturellen Prägungen und Praktiken.

Das schwingt in vielen öffentlichen Debatten und wissenschaftlichen Diskursen über interkulturelle Kompetenz mit, manchmal eher untergründig, oft deutlich vernehmbar. Diese Debatten und Diskurse richten sich nicht zuletzt gegen ein instrumentalistisches Verständnis des (Mit-)Menschen. Die Anderen und Fremden sind eben nicht nur mehr oder weniger geeignete Mittel für die Erreichung eigener oder gemeinsamer Zwecke. Sie werfen vielmehr

,radikalere' Fragen nach Achtung, Toleranz und Anerkennung auf, und zwar gerade *als Andere* und insbesondere *als Fremde*, deren Denken, Fühlen, Wollen und Handeln einem trotz gelingender Übersetzungs- und Verstehensleistungen teilweise immer auch *entzogen* bleiben wird. Diese sozial- und kulturpsychologisch sowie praktisch folgenreiche Einsicht steht nicht zuletzt im Raum des hier interessierenden Diskurses. Unsere heutigen Vorstellungen von ,interkultureller Kompetenz' *verknüpfen* Immanuel Kants kategorischen Imperativ – in der Variante der sog. ,Zweckformel', die eben besagt, dass man Menschen niemals als bloßes Mittel betrachten, behandeln und benutzen dürfe, sondern stets auch als Zweck an sich ansehen und erfahren solle – auf neuartige Weise mit dem ebenso kategorischen Gebot, Andere und Fremde *als solche* wahrzunehmen, zu achten und anzuerkennen. Diese Devise bezieht sich gerade auch auf jene Dimensionen des Anderen und Fremden, welche selbst nach sensiblen und sorgfältigen Bemühungen um Empathie, Perspektivenübernahme und Verstehen unzugänglich bleiben – und als Phänomene *radikaler* Anderheit und Fremdheit, die wir von Phänomenen relativer, bloß gradueller Verschiedenheit unterscheiden können, sogar verschlossen bleiben *müssen* (Waldenfels 2006).

In diesem Sinne ist der Begriff ,interkulturelle Kompetenz' Bestandteil eines weit verbreiteten zeitgenössischen Selbst- und Weltverständnisses, in dem Andere und Fremde eine durchaus neue Rolle spielen. Sie werden – wie ,das' Andere und Fremde überhaupt – erheblich aufgewertet und als Widersacher instrumenteller Vernunft bedacht und in Ehren gehalten. In der zeitgenössischen Philosophie gibt es zahlreiche Zeugen jenes Denkens, welches alles Verfügungswissen in seine Schranken verweist und dabei auch die Figur des Anderen und Fremden zu einem zentralen Bezugspunkt unseres ethisch-moralischen Selbst- und Weltverhältnisses macht. Mit diesem Denken werden längst universalistische Geltungsansprüche verknüpft. Es soll nach dem Dafürhalten vieler ein für die gesamte Menschheit verbindliches Denken werden – ohne dass die Emphase (radikaler) kultureller

Differenz unsere Suche nach Gemeinsamkeit schaffenden Universalien oder allgemeinen Gütern im menschlichen Leben belasten oder gar beenden müsste. Das wäre nicht bloß kontraproduktiv, also wenig hilfreich, sondern eine in der allzu überschwänglichen Hingabe an das Andere und Fremde geborene Absurdität.

Die letzten Ausführungen resümierend, könnte man – zu analytischen Zwecken – *zwei* Begriffe interkultureller Kompetenz unterscheiden. In den wissenschaftlichen und öffentlichen Debatten treffen wir auf beide, und meistens werden sie nicht genau auseinander gehalten. Zum einen gibt es, wie dargelegt, ein Konzept, das unmittelbar der *pragmatischen Verbesserung* interkultureller Kommunikation, Kooperation und Koexistenz dienen soll. Es steht im Zeichen einer für beide Seiten befriedigenden, den jeweiligen kulturellen Besonderheiten angemessenen und dabei effizienten Verständigung. Auf diesen Begriff und die damit verwobenen Absichten stützen sich zahlreiche erfahrungswissenschaftliche Forschungen und praktische Projekte. Zum anderen schwingt im interessierenden Konzept ein weitergehender Anspruch mit, der interkulturelle Kompetenz selbst zu einem mehrdeutigen Wert an sich macht. Dabei geht es nicht nur um die Wahrnehmung, Achtung und Anerkennung von Menschen, deren Handlungsweisen, Sprachspiele und Lebensformen von den jeweils eigenen mehr oder weniger verschieden sind, sondern auch darum, die Verschiedenheit zwischen Menschen als Anzeichen einer möglicherweise *radikalen* Anderheit und Fremdheit aufzufassen und dieses Bewusstsein radikaler Alterität und Alienität dem eigenen Selbst- und Weltverhältnis ‚einzuschreiben‘. Dieses (in gewisser Weise ‚vernunftkritische‘, aber keineswegs vernunftfeindliche) Motiv führt über eine Ethik und Moral z.B. in Kantianischer Tradition hinaus. Ein *so* verstandener Begriff interkultureller Kompetenz verweist uns vielmehr auf eine *Ethik der Alterität*, die erst im 20. Jahrhundert deutliche Konturen annahm (vor allem in den zahlreichen Schriften von Emanuel Levinas). Sie gewann an Bedeutung und zog die allgemeine Aufmerksamkeit auf sich, nachdem Andere und Fremde gerade in der Geschichte des fortschrittlichen, der ‚Vernunft‘ verpflichteten Europas mehrfach massenweise zu Opfern exzessiver, genozidaler Gewalt geworden waren.

Es geht, sobald heutzutage von interkultureller Kompetenz die Rede ist, stets auch um das, was der Mensch *aus sich machen kann.* Es geht um *unabgegoltene Erlebnis- und Handlungspotenziale,* die zu *stärken* gerade in unserer Gegenwart eine vordringliche ethisch-moralische Herausforderung und politisch-pädagogische Aufgabe darstellt. Bei deren Erfüllung assistieren zahlreiche wissenschaftliche Disziplinen (wie z.B. die Psychologie oder Soziologie). Vielleicht kann man sagen, dass es bei dieser ‚Stärkung‘ um die Aufwertung einer Haltung geht, die in der Geschichte des menschlichen Selbstverständnisses eher als ‚Schwäche‘ galt und allenfalls despektierliches Mitleid hervorrief. Wer sich Anderen und Fremden gegenüber öffnet, setzt in gewissem Maße sein Selbst aufs Spiel, macht es anfällig für Ansprüche und Einsprüche von Mitmenschen. Er oder sie verzichtet auf die rigide Abschottung und verbissene Verteidigung etablierter, lieb gewordener Grenzen des eigenen Selbst und ‚leistet‘ sich die ‚Schwäche‘ der Verletzlichkeit und Veränderlichkeit – wobei die Mitmenschen auf letztlich unkontrollierbare Weise ins eigene Selbst ‚hinein-spielen‘ und eingreifen.

Man kann das Konzept der interkulturellen Kompetenz also ganz zwanglos als eine der vielleicht besonders eindrucksvollen Manifestationen einer seit langem im Gang befindlichen *De-zentrierung* und *kommunikativen Verflüssigung* des Selbst des ‚modernen‘ Menschen auslegen. Genau dafür steht im Übrigen auch der (spät-)moderne (sozialpsychologische) Begriff der personalen *Identität.* Dieser ist seit jeher der Vorstellung eines *totalitär* strukturierten Selbst- und Weltverhältnisses entgegen-gesetzt (Straub 2004).

Man ahnt es: damit sind wir beim Humanismus angelangt und können fragen, ob und inwiefern sich der ganze Diskurs über interkulturelle Kompetenz nicht auch in einer humanistischen Perspektive begreifen und weiterführen ließe.

Eine humanistische Perspektive

Wie Hubert Cancik (1993; auch in diesem Band) darlegt, gibt es
‚den' Humanismus nicht – selbst dann nicht, wenn man sich auf
das Territorium und die Geschichte Europas beschränkt und die
anderen Weltregionen außer Acht lässt, in der der Humanismus in
irgendeiner seiner Spielarten längst Fuß gefasst und neue Gestalt
angenommen hat (vgl. die Beiträge in Teil I des vorliegenden
Bandes). Wir haben es vielmehr mit einer uneinheitlichen und
weit verzweigten, ja *in sich widersprüchlichen* Tradition zu tun.
Cancik zählt als exemplarische, vielfach unvereinbare Strömungen
auf: den abendländischen, atheistischen, christlichen, dialektischen, ethischen, evolutionären, existentialistischen, hebräischen,
klassischen, kritischen, sozialistischen und den weltlichen Humanismus (sowie einige andere mehr: vgl. Cancik 2003: 176). Der
Humanismus ist offenkundig sehr heterogen und bringt selbst
heute noch neue Varianten hervor.

   Erst Jahrzehnte nach der Verkündung des ursprünglichen refor-
merischen Bildungs- und Erziehungsprogramms wurde der Begriff
auch als Bezeichnung einer Epoche – der italienischen Renaissance
(durch Georg Voigt und Jacob Burkhardt) – geläufig. Schließlich
wurde er als Name *aller möglichen* geistigen Strömungen mit
praktischen Ambitionen geläufig (s.o.), die sich auf bestimmte
Anthropologien oder *Menschenbilder* stützten und entsprechende
Weltanschauungen und politische Ziele propagierten – wobei die
für den klassischen Humanismus noch zentrale Bezugnahme auf
die griechisch-römische Antike mehr und mehr in den Hintergrund geriet und oft ganz verschwand. Heute haben wir also eine
reichhaltige Palette teils ziemlich eigenwilliger Humanismen vor
Augen. Diese Vielfalt und Widersprüchlichkeit macht es schwierig,
interkulturelle Kompetenz kurzerhand an eine humanistische
Perspektive zu binden oder als humanistisches Projekt aufzufassen.
Die Frage ist unausweichlich: an *welche* humanistische Perspektive könnte hier gedacht werden? Was soll dieses Adjektiv im
interessierenden Zusammenhang bedeuten? Was könnte man in

unserer Gegenwart sinnvoller Weise als humanistische Bedeutung interkultureller Kompetenz auffassen?

Die unweigerlich *doppelte* Bedeutung von Humanität (*humanitas*), die auch zahlreiche humanistische Projekte und Bewegungen prägt(e), liefert einen ersten hilfreichen, wenngleich noch ziemlich allgemeinen und abstrakten Hinweis. Humanität bedeutet, wie Cancik (in diesem Band) ausführt, seit jeher „,Bildung' (*eruditio, litterae, scientia*) und ,Milde' (*mansetudo, comitas, benignitas*)" gleichermaßen, „,(geistige) Entrohung' (*eruditio*) und ,(tätige) Barmherzigkeit' (*philantropia*)" in einem. In diesem Begriff und sodann in verschiedenen humanistischen Programmen und Bewegungen verbinden sich, so kann man ganz grob sagen,

- Bemühungen um eine *universale (anthropologische) Bestimmung* des Menschen als Gattungswesen,
- *ethische und moralische Reflexionen*, die in der Moderne um die universale Würde des Menschen und allgemeine Menschenrechte kreisen, um Fragen der Gleichheit und Gerechtigkeit,
- der pädagogisch und politisch motivierte Appell, die Menschheit, also jeden Einzelnen, einer *fortschreitenden Bildung und Erziehung* zu unterziehen und so an der sukzessiven – natürlich nie abschließbaren – Vervollkommnung des ,ganzen' Menschen zu arbeiten,
- die Aufforderung, die menschliche Lebens- und Handlungspraxis stets auch an *humanitären Prinzipien* auszurichten, also den in Not geratenen und Hilfebedürftigen besondere Aufmerksamkeit und Unterstützung zuteil werden zu lassen.

Der Begriff der ,interkulturellen Kompetenz' tauchte in keinem der bisherigen Humanismen auf. Er ist das Kind einer Zeit, in der die praktisch und politisch motivierte Reflexion auf kulturelle Unterschiede, wie dargelegt, bislang unbekannte Ausmaße annimmt und eine ebenfalls bis dato unerschlossene Tiefendimension erhält. Zwar unterschied man seit jeher kulturelle Lebensformen, Sprachspiele und Handlungsweisen – mit großer Sorgfalt und ausgeprägtem methodischen Bewusstsein für die Schwierigkeiten Kultur vergleichenden Denkens bereits in der griechischen Antike, namentlich bei Herodot. Eine Komparatistik in anthropologischer Absicht, wie sie seit dem 18. Jahrhundert in den sich formierenden, den systematischen Kulturvergleich mit ins Zentrum stellenden Geistes-, Kultur- und Sozialwissenschaften entwickelt wurde, gab es *so* aber nicht. Wie das an den Anfang dieses Beitrags gestellte Zitat Johan Gottfried Herders andeutet, wurde im 18. Jahrhundert im Zuge gewachsener Differenzsensibilität und radikalisierten Fremdheitsbewusstseins das Verhältnis zwischen partikularen Kulturen und den universalen Gemeinsamkeiten aller menschlichen Lebensformen neu reflektiert. Mit den vertieften Einsichten in die mitunter erheblichen Unterschiede zwischen kulturellen Wissensbeständen und Praktiken, die ja nicht zuletzt veritablen Verständigungsproblemen und gravierenden Konflikten *abgerungen* worden waren, nahm die Notwendigkeit zu, nach universalen anthropologischen Grundlagen zu suchen. Diese erst ließen Kommunikation, Kooperation und Koexistenz trotz aller unübersehbaren, teilweise unfassbaren und unüberbrückbaren kulturellen Unterschiede weiterhin möglich erscheinen. Damit hatte auch die Stunde ‚interkultureller Kompetenz‘ geschlagen, selbst wenn dieser heute so modische Ausdruck erst im letzten Drittel des 20. Jahrhunderts in Umlauf kommen sollte.

Dieser Begriff trat aber nicht allein humanistisches Erbe an, weil er die *gesamte Menschheit*, also die Einheit der Gattung, *vor dem Hintergrund der intensivierten und differenzierten Erfahrung kultureller Unterschiede* in den Blick nahm. Humanistisches Erbe ist darüber hinaus im Spiel, weil diese Aufgabe als Herausforderung unserer praktischen Fähigkeiten und Fertigkeiten betrachtet wird, die es weiter *zu entwickeln* gilt. Gewiss, ohne dieses übergeordnete Bildungs- und Erziehungsziel, das auf die Möglichkeit der Verbesserung des Menschen – seine prinzipielle *Perfektibilität* – verweist, wäre überhaupt nicht verständlich, warum wir seit geraumer Zeit so viel von interkultureller Kompetenz sprechen und sie zum Ziel psychologisch-pädagogischer Bemühungen aller Art machen. Dabei wird, wie ausgeführt, das Andere und Fremde zu einem ‚ortlosen Ort‘ und einer Art Medium unendlichen Lernens. Es sind die einst und heute über den ganzen Globus verstreuten anderen und fremden Kulturen, von denen wir in einzigartiger Weise lernen können, lernen wollen und in gewisser Weise müssen.

Dieses Konzept besitzt nun aber nicht bloß die skizzierten pragmatischen Bedeutungen, sondern ist, wie dargelegt, obendrein mit einem weit ausgreifenden *ethisch-moralischen Anspruch* verbunden, der – wiederum vielfach unabgegoltene – Potenziale der humanistischen Tradition aufnimmt und zu entwickeln empfiehlt. Das scheint mir der Fall zu sein, insofern der Imperativ, interkulturelle Kompetenz zu fördern, zumindest untergründig auf die europäische Geschichte der gewaltsamen Unterdrückung und Beherrschung von Anderen und Fremden bezogen ist. Der in allen geläufigen Begriffsvarianten unübersehbare normative Gehalt des Konzepts klagt just jene Differenzsensibilität gegenüber, jene Achtung vor und Anerkennung von Anderen und Fremden ein, die in der europäischen Geschichte ,interkultureller Begegnungen‘ oft schmerzlich vermisst wurde – jedenfalls von denen, die zu Opfern einer überwältigenden Gewalt aus dem Schoß Europas wurden. Interkulturelle Kompetenz in diesem Sinn enthält eine selbstreflexive Dimension und selbstkritische Note, die mit der eigenen Geschichte und Gegenwart mitunter hart ins Gericht (ganz besonders wohl in Deutschland, wo die genozidale Ermordung der europäischen Juden – *des* Verbrechens gegen die Menschlichkeit und die Menschheit – zu einem Mahnmal der Inhumanität schlechthin wurde.)

Man muss nur noch einmal einen Blick auf die oben dargestellten exemplarischen Modelle werfen, um sich weiterhin vergegenwärtigen zu können: Bestimmte Werte und normative Grundüberzeugungen, die im Zuge einer kritischen Erinnerung und Reflexion exzessiver kollektiver Gewalt verstärkt ins Bewusstsein der Weltöffentlichkeit getreten sind, sind auch dem Konzept interkultureller Kompetenz eingeschrieben. Auch dadurch erweist es sich als Kind eines europäischen und in gewisser Weise globalen Humanismus und greift dessen Prinzipien auf. Das gilt nicht zuletzt für den Appell, das ethisch-moralische Selbstverständnis jedes Einzelnen und der Gattung insgesamt an die Wahrnehmung der Existenz von Anderen und Fremden zu koppeln – und zwar so, dass diese Wahrnehmung eine Kraft entfalten kann, die nicht zur gewaltsamen Überwältigung des Gegenübers führt, sondern, ganz im Gegenteil, zu einer Art Zurücknahme des eigenen Selbst und zur Selbst-Bescheidung sowie zu stabilen Anerkennungsverhältnissen. In der Bereitschaft und Möglichkeit, kulturellen Austausch, interkulturelle Kommunikation, Kooperation und Koexistenz als Quelle der Bildung des ganzen Menschen zu erfahren, wird man ein wichtiges Merkmal heutiger Bemühungen um interkulturelle Kompetenz sehen dürfen – *und* einer wie auch immer gearteten Tradition und Zukunft des Humanismus.

Man könnte auch sagen, dass die Erziehung zu interkultureller Kompetenz lediglich einen weiteren Schritt in einem mühsamen Bildungsprozess darstellt, in dem die Einzelnen, bestimmte Gruppen und die Menschheit insgesamt, zu lernen versuchen, dass und wie man Anderen und Fremden begegnen kann, ohne in ihnen von vornherein (potenzielle) Feinde zu sehen. Herder war seinerzeit wohl allzu optimistisch (obwohl er ja alles andere als naiv war), als er die von exzessiver Gewalt durchzogenen Zeiten der Feindseligkeiten und Feindschaften ans Ende gekommen sah. Schließen wir mit seinen Worten, mit einer Frage mithin, die vielleicht doch nicht ganz so ‚rhetorisch‘ ist, wie der hoffnungsvolle Autor sie auffasste: „Wo sind die Zeiten, da die Völker wie Troglodyten hie und da in ihren Höhlen, hinter ihren Mauern saßen und jeder Fremdling ein Feind war?" (Herder 1989 [1784]: 659). Sie sind auch heute noch nicht ganz vorüber und wohl niemals ein für alle Mal zu überwinden, müssen wir wohl antworten. Sie sind eine Möglichkeit jeder Zukunft des Menschen. Wer über interkulturelle Kompetenz spricht und ihre Bildung und Förderung zu einem allgemeinen ‚humanistischen‘ Anliegen macht, möchte das nicht vergessen.

Henner Laass

Nach-Denkliches zur Arbeit am Humanismus – statt eines Schlusswortes

> *Die Grundausstattung ist wohl immer gleich, aber die Ausprägung,*
> *übrigens auch der Grad, in dem Prägung möglich ist, ist von Volk zu Volk*
> *und von Epoche zu Epoche verschieden – wie auf andere Weise zwischen*
> *den Individuen. Denn Menschen sind sehr bildsam.*
> Christian Meier (in: Schloeman 2009: 10)

Kultur um der Freiheit willen – was kann das heißen?

Der hier vorgelegte Band versammelt Texte kulturell sehr verschieden geprägter Autoren. Allen Verfassern gemeinsam ist jedoch ein historisch gerüttelt Maß dessen, was man als ‚implizites Ethos‘ bezeichnen könnte. Und das heißt auch: Es verbindet sie der Wunsch, die Leiden anderer nicht nur televisionär zu konsumieren (Sontag 2003) und in ihrer jeweiligen Gewordenheit zu analysieren, sondern im Namen einer menschenverträglichen Zukunft auch zu lindern. Es geht also um die Möglichkeiten einer eingreifenden Wissenschaft im Sinne Bourdieus (Bourdieu 1998; vgl. Bourdieu 2001a), den Einsatz von Wissen für eine bessere Gesellschaft. Dabei sind sich alle Autoren ihrer fragilen und ambivalenten Rolle als Intellektuelle wohl bewusst. Indes: Die Gefahr des „scholastischen Epistemozentrismus" (Bourdieu 2001b: 65ff), lässt sich so einfach nicht bannen, auch wenn ein Bewusstsein dessen, was sich hinter den Rücken der Individuen abspielt und von ihnen – auch interkulturell – verarbeitet werden muss, in den letzten Jahren enorm verfeinert hat. So bleibt die Frage bestehen, wie wir die Welt und unsere Zeitgenossen mit unseren – rational verfassten – Einsichten ansprechen, ohne uns des Verdachtes stillschweigenden Einverständnisses und postkolonialer Intransigenz auszusetzen.

Die Frage nach der Gerechtigkeit in der Geschichte des politischen Denkens bleibt historisch weiterhin auf der Tagesordnung
(vgl. Münkler/Llanque 1999: 9-19). Sie kann nicht nur theoretisch
gelöst werden, wenngleich die in diesem Band skizzierten neueren Entwicklungen unter dem Stichwort *Behavioural Economics*
unter Rückbezug auf Adam Smith wichtige Gesichtspunkte zur
kulturellen Einbettung wirtschaftswissenschaftlicher Theorie-
stränge liefern.[1] Wir argumentieren nicht nur als Zwerge auf
den Schultern von Riesen, sondern agieren auch auf Bergen von
Trümmern und Leichen, die uns das zwanzigste Jahrhundert
hinterlassen hat, und manchmal könnte es scheinen, als hätten
wir uns im „wunschlosen Unglück" auch intellektuell behaglich
eingerichtet. Prometheische Scham, metaphysisches Trostbedürf-
nis und der Wunsch, die Dinge entschieden zu ändern, halten
einander die Waage.

Jeder Versuch, eine umfassende Dimension der kulturellen
Orientierung zu entwerfen – und das liegt in der Konstellation
der Beiträge dieses Buches vor – sollte nicht frei von Selbstkritik
sein. Lassen sich die Sachverhalte auf dem Globus wirklich so
einfach auf den Leisten eines ‚neuen Humanismus' spannen? Wir
wissen, dass alle universalen Weltdeutungen, die lediglich in den
Positionskämpfen westlicher Intellektueller funktionieren und
denen sich nicht ablesen lässt, was getan werden müsste, ohne
orientierende Kraft bleiben.

Auch die kürzliche Wiederentdeckung des „kosmopolitischen
Blicks" (Beck 2004; vgl. dagegen Toulmin 1994) enthebt uns
nicht des Verdachts, dass es sich bei der so genannten „Zweiten
Moderne" um eine Erfindung des späten Eurozentrismus han-
deln könnte. Die Paradoxien zur Feier der vermeintlich neuen
Unübersichtlichkeit, wie sie sich im Untertitel des genannten
Werkes ausdrücken („Krieg ist Frieden"), werden für die Betrof-
fenen wenig hilfreich sein. Krieg ist eben kein Frieden. Für die
Opfer von Genoziden[2], ethnischen Säuberungen, spekulativen
Waldrodungen, Raketenangriffen, Armutswanderungen und
Kriegen um Trinkwasser bleiben schillernde Wortspiele so lange

ohne Belang, als sich an ihnen nicht ablesen lässt, was getan werden müsste. Wie also verfahren angesichts der unübersehbaren Energiepotenziale menschlicher Destruktivität?

Die hier vorgestellten Beiträge versuchen den Boden dafür zu bereiten, diese Frage zu beantworten. Sie sind auch zu sehen im Kontext ihrer jeweiligen historischen Bezüge. Konfuzius, Mohammed, Las Casas, Gandhi und Mandela, um nur einige der herausragenden Gestalten zu nennen, die in diesem Band erwähnt werden, waren alle eingebunden in die Kämpfe ihrer Zeit. So war etwa der große indische Sozialreformer B.R. Ambedkar, dessen Wirken von Umesh Chattopadhyaya in diesem Band nachdrücklich hervorgehoben wird, politisch verstrickt in scharfe Auseinandersetzungen mit Mahatma Gandhi, was u.a. dazu führte, dass er zusammen mit Hunderttausenden seiner Anhänger öffentlich zum Buddhismus übertrat. Im Namen der Selbstbefreiung. Und als Protest gegen die Jahrhunderte alte kulturelle Unterdrückung der so genannten ‚Unberührbaren‘ in Indien. Auf ganz andere Weise drückte der bis zu seinem Tode in den USA lehrenden Literaturwissenschaftler palästinensischer Abstammung Edward W. Said seinen Protest aus. (Sein Buch „Orientalism" 1976[3], in dem er auf nicht polemische Weise Kritik an der Dominanz des westlichen Blicks auf die Lage der Welt formulierte, hatte unter den Gelehrten weltweit eine Kontroverse über das Bild westlicher Intellektueller des „Nahen Ostens" ausgelöst.) Er veröffentlichte 2003 eine Schrift unter dem bezeichnenden Titel „Culture and Resistance" (dt. 2006). Dieses Buch über die Auswirkungen des Konfliktes zwischen Israel und den Anrainern aus palästinensischer Sicht gibt den Sprachlosen eine Stimme und versucht ihre Perspektive zur Geltung zu bringen. Sein Werk lebt in ganz anderer Weise fort in den Aufführungen des „Orchesters des West – Östlichen Divans", eines aus jungen Israelis und Arabern gebildetes Ensembles, das er zusammen mit Daniel Barenboim gegründet hat und das seit Jahren – trotz größter Schwierigkeiten mit den jeweiligen Passbehörden – die Völker verbindende kulturelle Kraft der Musik demonstriert.

Die Vergegenwärtigung solch aktueller Konflikte macht – global gesehen – die Gleichzeitigkeit sehr ungleichzeitiger Bewusstseinslagen deutlich.

Unsere Texte umgreifen absichtsvoll Zeiträume von mehreren tausend Jahren. Ihre Spannweite reicht vom vormodernen Indien und China über das arabische Andalusien, prähispanische Amerika und präkoloniale Afrika zum multikulturellen Zentraleuropa der Gegenwart. Sie verändern auch unser planetarisches Raumempfinden. An der Stelle einer Billigung konfrontativer Strategien in Kategorien militärisch-ballistischen Denkens (vgl. Hillenbrand 2000) sind sie einem Bewusstsein multi-polaren Ordnungsbedürfnisses verpflichtet. Und an die Stelle des Glaubens an die Unabänderlichkeit imperialer Ausbeutungsverhältnisse treten sie für ein Empfinden (*sentiment*, Adam Smith) für die Netzwerkstruktur interkulturell möglicher und notwendiger Kooperation und Verteilungsgerechtigkeit ein (vgl. Sen 2002).

> Ohne den Glauben an das Neue kommen wir nicht aus, weil sich
> mit dem Neuen unsere Tatkraft, unsere Fähigkeit zum Optimismus, unser blindes biologisches Sehnen, unsere Fähigkeit zu
> vergessen verbinden – diese heilsame Fähigkeit, ohne die
> Versöhnung nicht möglich ist. (Sontag 2003: 54f)

Befriedung der Welt kann also letztlich nur gelingen durch die gleichmäßige Entfaltung aller humanen Potenziale – unter Einbeziehung der punktuell bereits hoch entwickelten diskursiven Kompetenzen, wie sie in unserem Buch exemplarisch dokumentiert werden.

Auch in den so genannten westlichen Hochkulturen steht die mit der Emanzipation aus überlieferten Zugehörigkeiten einhergehende Versöhnungsarbeit ganz konkret in den Kommunen auf der Tagesordnung. *The Clash Within* wird zum Thema (Nussbaum 2007). Ganz pragmatisch kleinschrittig und exemplarisch dargestellt von Michele Barricelli anhand der *gender*-sensiblen Analyse von Gesprächsverläufen im multikulturellen Geschichtsunterricht im „Integrationsland" Deutschland und – in sozialpsychologisch fundierter Perspektive – in den theoretischen Überlegungen zur

Interkulturellen Kompetenz von Jürgen Straub. Die Relevanz beider Forschungsansätze für das friedliche Zusammenleben künftiger Generationen in Mitteleuropa ist unübersehbar.

Die Vielfalt der hier vorgetragenen Positionen macht jedoch jeden Versuch, eine Summe zu ziehen, vergeblich. Wie Jörn Rüsen einleitend feststellte, stellt auch dieser Band mehr Fragen, als dass er schon über konzise Antworten verfügte. Allerdings wäre es angesichts der Dringlichkeit, mit der Menschlichkeit in Zukunft allenthalben zur Geltung gebracht werden muss, verfehlt, sich mit einem Brechtschen „Vorhang zu und alle Fragen offen" davonzustehlen.

Begriffsklärung tut Not, kein Zweifel. Sie bedarf auch der interlingualen Transposition und Vermittlung. Begriffsgeschichtliche Klärungen unter interkultureller Perspektive befinden sich noch im Anfangsstadium der akademischen Diskurse. Dennoch: Schon während sich die Gelehrten auf ihren Kongressen noch mit der „Arbeit am Begriff" aufhalten, deren grundsätzliche Relevanz und Orientierungspotenziale hier nicht nur nicht in Abrede gestellt, sondern nachdrücklich betont werden sollen – sonst verlöre auch dieser Sammelband seinen Geltungsanspruch –, kann es gelingen, in gemeinsam konzipierten und verantworteten Projekten sinnvolle Beiträge zur Humanisierung der Welt zu leisten. Problemfelder gibt es genug.[4]

Es gibt einen Zwang zum gemeinsamen Handeln in der Arbeit an der konkreten Verbesserung der Zustände. Um die Implikationen der in diesem Buch versammelten Aufklärungen auf die Arbeitsfelder der konkreten Praxis in Politik, Gesellschaft, Wirtschaft, Kultur im Umweltverhältnis anzuwenden, bedarf es der aufmerksamen Leser in ihren jeweiligen kulturellen Kontexten. So macht etwa der Beitrag von Heinrich Spanier auf einige der häufig übersehenen gedanklichen Fallstricke in der so genannten Umweltdebatte aufmerksam (vgl. Sinn 2008).

Eine Maxime – gleichsam als Zwischenfazit – lässt ich jedoch bereits hier formulieren. Sie lautet in biblischer Sprache: „Ändert Euren Sinn!" Oder in der deutschen Übersetzung eines Wortes des von Oliver Kozlarek in diesem Band ausführlich besprochenen Octavio Paz: „Leben heißt sich trennen von dem, was wir waren, um uns in das zu verwandeln, was wir in einer unbekannten Zukunft einmal sein werden" (Paz 1998: 289).[5] Humanisierung der Lebensverhältnisse bedeutet auch und zunächst die Preisgabe von tradierten Paradigmen, deren Zukunftsfähigkeit mit Recht in Zweifel gezogen werden kann und muss, und die grundsätzliche Bereitschaft zur Selbstverwandlung. Zugleich aber geht es auch darum, den Boden der geschichtlichen Voraussetzungen für zukunftsfähige Handlungsperspektiven nicht unter den Füßen zu verlieren. Deshalb sind die Besinnungen auf langfristige kulturelle Traditionen unverzichtbar.

Ausblick in heimatliche Gefilde: Leben die Bücher bald?

Aus der persönlichen Sicht eines Lesers der hier versammelten Beiträge, dessen Arbeitsfelder sich bislang überwiegend im Erziehungssystem der Bundesrepublik Deutschland befunden haben, sind die Ausführungen Volker Steenblocks zum Zusammenhang von Humanismus und Bildung von besonderem Interesse. Der Zusammenhang von Bildung, Schule und Politik ist heute unbestritten. Ebenso die Beiträge der elterlichen Erziehung zur Humanisierung der Lebensverhältnisse. Steenblock ist zuzustimmen: Auch unter den Bedingungen des föderal strukturierten Allgemeinbildungssystems, der „Pisa-Universität" (Wehler 2003: 71-79, hier 71) und des Europäischen Qualifikationsrahmens (EQR) (vgl. Euler/Severing 2007) geht es nicht nur um die möglichst zielgenaue Allokation zukünftigen Humankapitals, sondern auch und vor allem um die Persönlichkeitsbildung junger Menschen und Bürger. Es geht um ihre „Lebenschancen" (Dahrendorf 1979). Dazu freilich sollte ergänzt werden: Deren Beeinträchtigungen in einer Gesellschaft, die bislang alle Ansätze zur Überwindung der Dichotomie von Allgemein- und Berufsbildung abgewehrt hat (Friedeburg 1989; vgl. Friedeburg 1982: 221-231) und heute Millionen von Jugendlichen in die

Warteschleifen eines so genannten „Übergangssystems" verweist (vgl. Baethge 2003: 525-580),[6] bleibt ein ungelöstes Problem. Auch das Allgemeinbildende Schulwesen befindet sich nach Ansicht nicht weniger in der Schulreform engagierter Pädagogen in einer tiefgreifenden Krise:

> Solange ihr Bildung mit Laufbahn oder mit sozialpädagogischer Aufbewahrung oder mit der Sicherung des jeweiligen Industriestandortes verwechselt, (…) ist die Krise noch nicht weit genug fortgeschritten. (Hentig (1996): 208f)

Hartmut von Hentig schreibt hier aus seiner langjährigen Erfahrung mit Reformschulen, in denen erfolgreiche Alternativen zum traditionellen Schulsystem entwickelt wurden (vgl. auch Hentig 1976). Seine Ausführungen sind nach meiner Auffassung heute unvermindert aktuell. Sie sind zugleich ein Plädoyer für einen künftigen Humanismus, fordern sie doch die Anerkennung der Vielfalt und Differenz aller jungen Menschen ein: „Es geht darum, menschenwürdige Lebenseinheiten herzustellen, in denen zugleich gelebt wird und gelernt werden kann, wie man lebt" (Hentig 1976: 52).

In dem Maße, in dem es gelingt, solche utopisch anmutenden Postulate mit den Erfordernissen einer zukünftigen Bürgergesellschaft zu vereinbaren (vgl. Karakasokglu 2009: 177-195), sind zugleich auch die Grundlagen dessen gelegt, was in einem umfassenden Sinne „Interkulturelle Kompetenz" genannt werden kann. Mit Hentig ließe sich formulieren: Die Zukunft einer humanen Bildung „hängt davon ab, ob es gelingt, ob sie den Wandel von der Idee zum Prozess, oder im Bilde gesprochen: von der Morgenröte zum Fackelträger annimmt" (Hentig 1988: 148-156, hier: 156). Krisenbewusstsein als Innovationspotenzial? Bildungsreform – entlastet von den ökonomischen Funktionen der Statuszuweisung – als gelingende Prozesse der Selbst-„Erziehung des Menschengeschlechts" – ein Traum Lessings?

Langlebige mitteleuropäische Kontroversen, wie die soeben zitierte hinsichtlich der Frage: „Was ist eine humane Schule?" mögen einem jungen Doktoranden aus der nicht-westlichen Welt

am KWI in Essen oder an einer *post-graduate school* in den west-
lichen Nachbarstaaten einen oder mehrere Stoßseufzer entlocken:
„Eure Sorgen möchte ich haben!" Scheinen sie doch vor allem
den luxurierenden Problembestand etablierter Mittelschichten in
Europa zu betreffen. Dieses Buch möchte Beispiele anhand von
Texten geben, die solchen Befürchtungen widersprechen.

Elísio Macamos Aufsatz mag als Beispiel dienen. Sein Bericht
über die – aus heutiger Sicht kaum vorstellbaren – atavistischen
Ereignisse im Volk der Xhosa im südlichen Afrika des 19. Jahrhunderts, einem Volk, aus dem später die Befreiungsgestalt eines
Nelson Mandela erwuchs, rückt unsere Kontroversen in die scharfen Konturen interkultureller Problemlagen. Macamos trotz allem
optimistischen Formulierungen geben Anlass zur Hoffnung auf
eine menschliche Zukunft in allen Teilen der Erde. „Afrikanische
Gesellschaften", schreibt er, „sind nicht nur deshalb vorbildlich,
weil sie Lebensformen und Werte aufrechterhalten haben, die
aus einer normativen Perspektive heraus positiv besetzt sind. Sie
sind auch deshalb zu bewundern, weil Afrikaner angesichts eines
hohen Maßes an Leid, das aus Bürgerkriegen, Vertreibungen und
Verwundbarkeit in Bezug auf Naturkatastrophen entspringt, nicht
nur Widerstandsfähigkeit zeigen, sondern dabei menschliches
Durchhaltevermögen und einen starken Lebenswillen dokumentieren. Tatsächlich könnte man Afrika sogar als lebendiges
Beispiel dafür verstehen, wozu die Menschheit unter schwierigen
Bedingungen fähig ist."[7]

Das mahnt auch zur Geduld vor dem Hintergrund der nur
wenige Jahre zurückliegenden Katastrophen in der europäischen
Geschichte – von den ‚Großen Kriegen' des 20. Jahrhunderts
ganz zu schweigen.

Die Liste der Verbrechen gegen die Menschlichkeit ist lang.
Ihre Erwähnung soll nur dazu dienen, die Aufgabenfelder, die aus
den Beiträgen unseres Buches erwachsen können, exemplarisch
zu benennen. Marcus Lanque hat in seinem Beitrag bereits eine
Konfliktzone, nämlich „das Spannungsfeld von Humanismus und
Politik" gekennzeichnet. Andere, wie die zwischen Theologie und

Humanismus, werden deutlich. Das Neue seit der Epoche der Aufklärung besteht ja auch darin, dass sie keinen Ausweg mehr zulässt, weder in das isolierte Innere noch in ein Jenseits, zwei Instanzen, die bis dahin kompensatorisch für Knechtschaft oder erlittene Schmach wirken mochten (Koselleck 2006: 184). Die humanitäre Bedeutung des Völkerrechts und Handelsrechts und die kritische Begleitung der zwischenstaatlichen Regelungen,[8] die Frage nach der friedlichen Nutzung des Saatgutes und sauberen Wassers und die Gefahr ihrer Monopolisierung durch multikulturelle Konzerne wären zu nennen. Hier öffnen sich Perspektiven und Notwendigkeiten konkreter Weiterarbeit.[9]

Der Aufbruch zu einem künftigen interkulturellen Humanismus wird in jedem Fall die Maxime Dolf Sternbergers beherzigen müssen: „Not tut, dass wir das Gewissen retten, die gesellschaftliche Gesetzlichkeit bewahren, das allgemeine Menschenrecht befördern und die Nächstenliebe üben" (Sternberger 1986: 137). Zu solcher Nächstenliebe gehört vermutlich auch die Anerkennung eines „Menschenrechtes auf Einsamkeit". „Einsamkeit", um abschließend noch einmal Octavio Paz zu zitieren, „ist der tiefste Grund der *Conditio humana*. Der Mensch ist das einzige Wesen, das sich einsam weiß, das einzige, das nach dem ‚andern' sucht" (Paz 1998: 289).

Aber das wäre bereits das Thema eines anderen Projekts.

Anmerkungen

1 Siehe oben den Beitrag von Carsten Herrmann-Pillath in diesem Band.

2 Alison Des Forges 2002.

3 Dt. 1981. Vgl. dagegen aus neuerer Sicht: Waardenburg 2002.

4 Vgl. Schwemmer 2005: 87: „Wir können zusammen handeln auch dort, wo wir nicht miteinander reden oder uns jedenfalls nicht einigen können."

5 Ich verdanke den Hinweis Oliver Kozlarek.

6 „Die unterschiedlichen aktuellen Mängel des deutschen Berufsbildungswesens sind häufig auf den Nenner eines Modernisierungsrückstandes gebracht worden. (…) Die Kritik greift insofern zu kurz, als sie nur das Verhältnis von Ausbildung zur Erwerbsarbeit in den Blick nimmt, ohne die Beziehung von Berufsbildung zum Bildungssystem der Gesellschaft insgesamt mit einzubeziehen. (…) Die

Durchlässigkeit zwischen den Ausbildungsfeldern innerhalb des dualen Systems wie auch zum allgemeinen Schul- und Hochschulsystem ist nach wie vor sehr begrenzt." Baethge 2003: 579f.

7 Macamo, in diesem Band, 84.

8 Nach jahrelangem Zögern hat beispielsweise die Bundesrepublik erst Ende April 2008 die Zuständigkeit des Internationalen Gesichtshofs (IGH) in Den Haag – allerdings mit weitreichenden Ausnahmen – anerkannt. Vgl. den Wortlaut der Unterwerfungserklärung und die kritische Stellungnahme der Deutschen Sektion der International Association of Lawyers Against Nuclear Arms (IALANA) 2008: 119-121.

9 Vgl. beispielsweise Oliver Pye: Nachhaltige Profitmaximierung. Der Palmöl-Industrielle Komplex und die Debatte um „nachhaltige Biotreibstoffe" 2008, in: Peripherie, Zeitschrift für Politik und Ökonomie in der Dritten Welt, H. 112, 429-455; und andere Beiträge in demselben Heft.

343

Bibliographie

Abaelard, Peter 2008: Dialog zwischen einem Philosophen, Juden, Christen. Latei-
nisch-deutsch. Übers. u. hrsg. von Hans-Wolfgang Krautz, Frankfurt/M.

Abu-Lughood, Janet L. 1989: Before European Hegemony: The World System A.D.
1250-1350, New York.

Akerlof, George A./Kranton, Rachel E. 2005: Identity and the Economics of Orga-
nizations, in: Journal of Economic Perspectives 19.1, 9-32.

Alavi, Bettina 2001: Von der Theorie zur Praxis interkulturellen Lernens. Problem-
bereiche bei der Planung und Durchführung von Unterricht, in: Körber, Andreas
(Hrsg.): Interkulturelles Geschichtslernen. Geschichtsunterricht unter den Bedingungen von Einwanderung und Globalisierung, Münster, 97-104.

Andreae, Bernard 21984: Odysseus. Archäologie des europäischen Menschenbildes,
Frankfurt/M.

Antweiler, Christoph 2007: Kulturuniversalien für einen Humanismus – Ideen zu
einer Arbeitsaufgabe der Menschheit. Working paper Nr. 7 des Projektes „Der
Humanismus in der Epoche der Globalisierung – Ein interkultureller Dialog über
Kultur, Menschheit und Werte" im Kulturwissenschaftlichen Institut in Essen,
http://www.kwi-humanismus.de/de/k30.Working-Papers.htm.

Appiah, Kwame A. 1992: In my Father's House – Africa in the Philosophy of Culture, London.

Arendt, Hannah 1965: Über die Revolution, München. Mit einem Nachwort von
Hermann Lübbe.

Arendt, Hannah 1967 (1958): Vita activa oder vom tätigen Leben, München,
61989.

Arendt, Hannah 1986 (1951): Elemente und Ursprünge totaler Herrschaft, München.

Arkoun, Muhammad 21982: Traité d'Ethique by Miskawayh, Damaskus.

Arkoun, Muhammad 32005: L´Humanisme arabe au 4e/10e siècle, Paris.

Ashraf, Nava/Camerer, Colin F./Loewenstein, George 2005: Adam Smith, Behavioral
Economist, in: Journal of Economic Perspectives 19.3, 131-146.

Audibert, Louis 2002: The Villa, the Lake, the Meeting, London.

Auernheimer, Georg 52007: Einführung in die Interkulturelle Pädagogik, Darmstadt
(erstm. 1990).

Aurel, Marc 1998: Wege zu sich selbst, griechisch-deutsch. Hrsg. und übersetzt von
Rainer Nickel, Düsseldorf.

Aurobindo, Sri 1977: The Life Divine, Pondicherry.

Babu, Abdul R. 1981: African Socialism or Socialist Africa?, London.

Baethge, Martin 2003: Das berufliche Bildungswesen in Deutschland, in: Baumert,
Jürgen u.a. (Hrsg.): Das Bildungswesen in der Bundesrepublik Deutschland
Strukturen, und Entwicklungen im Überblick, Reinbek, 525-580.

Baron, Hans 1966: The Crisis of the Early Italian Renaissance. Civic Humanism and Republican Liberty in an Age of Classicism and Tyranny, Princeton.

Barricelli, Michele 2004: Mütter, Minnas, Bleisoldaten. Empirisch-hermeneutische Untersuchungen zur Frage des Geschlechteraspekts in historischen Schülererzählungen, in: Zeitschrift für Geschichtsdidaktik, 103-124.

Barricelli, Michele 2005: Schüler erzählen Geschichte. Narrative Kompetenz im Geschichtsunterricht, Schwalbach/Ts.

Barricelli, Michele 2007: „Hat doch bei allen stattgefunden gehabt!" Empirische Erkundungen in einem Kooperationsprojekt von Schule und historischem Museum zum Thema „Migrationen 1500-2005", in: GWU 58, 724-742.

Barricelli, Michele 2008: „The story we're going to try and tell". Zur andauernden Relevanz der narrativen Kompetenz für das historische Lernen, in: Zeitschrift für Geschichtsdidaktik, 140-153.

Basedow, Johann Bernhard 1893: Vorstellung an Menschenfreunde und vermögende Männer über Schulen, Studien und ihren Einfluß in die öffentliche Wohlfahrt (1768), Leipzig (Neudrucke pädagogischer Schriften 14).

Baumann, Zygmunt 2001: Modernité et Holocauste, Le Fabrique.

Baumgartner, Hans Michael ⁵1997: Narrativität, in: Bergmann, Klaus u.a. (Hrsg.): Handbuch der Geschichtsdidaktik, Düsseldorf, 157-159.

Beck, Ulrich 1997: Was ist Globalisierung? Irrtümer des Globalismus – Antworten auf Globalisierung, Frankfurt/M.

Beck, Ulrich 2004: Der kosmopolitische Blick oder: Krieg ist Frieden, Frankfurt/M.

Bediako, Kwame 1995: Christianity in Africa – The Renewal of a Non-Western Religion, Edinburgh.

Benner, Dietrich 1990: Humboldts Bildungstheorie, Weinheim.

Bergsträsser, Gotthelf 1913: Hunain ibn Ishaq und seine Schule, Leiden.

Best, Geoffrey 1980: Humanity in Warfare, The Modern History of the International Law of Armed Conflicts, New York.

Beuchot, Mauricio 1995: Bartolomé de las Casas (1484-1566), Madrid.

Bhaskar, Roy 2002: Reflections on Meta-Reality: Transcendence, Emancipaton, and Everyday Life, New Delhi.

Bhengu, Mfuniselwa J. 1996: Ubuntu – The Essence of Democracy, Cape Town.

Bieri, Peter 2001: Das Handwerk der Freiheit, Wien.

Bieri, Peter 2007: Wie wäre es, gebildet zu sein?, in: Zeit-Magazin „Leben" 32 (August), 26f.

Billmann-Mahecha, Elfriede/Kochinka, Alexander/Kölbl, Carlos/Montau, Robert/Straub, Jürgen (Hrsg.) 2005: Handlung, Kultur, Interpretation. Zeitschrift für Sozial- und Kulturwissenschaften 14.2.

Blankertz, H. 1969: Bildung im Zeitalter der großen Industrie, Hannover.

Blyden, Edward Wilmot 1971: Black Spokesman – Selected Published Writings of Edward Wilmot Blyden. Hrsg. von Hollis R. Lynch, New York.

Boll, Monika 1997: Zur Kritik des naturalistischen Humanismus. Der Verfall des Politischen bei Hannah Arendt, Wien.

Bolten, Jürgen 2001: Interkulturelle Kompetenz, Erfurt.

Borsche, Tilman 1990: Wilhelm von Humboldt, München.

Bourdieu, Pierre 1998: Vom Gebrauch der Wissenschaft. Für eine klinische Soziologie des wissenschaftlichen Feldes, Konstanz.

Bourdieu, Pierre 2001a: Wie die Kultur zum Bauern kommt, Hamburg.

Bourdieu, Pierre 2001b: Meditationen. Zur Kritik der scholastischen Vernunft, Frankfurt/M.

Braun, Lily 1911: Memoiren einer Sozialistin, Bd. 2., München, 305-309.

Bruner, Jerome S. 1997: Sinn, Kultur und Ich-Identität. Zur Kulturpsychologie des Sinns, Heidelberg.

Buck, August 1987: Humanismus. Seine europäische Entwicklung in Dokumenten und Darstellungen, Freiburg i. Br.

Bujo, Bénézet 2000: Wider den Universalanspruch westlicher Moral – Grundlagen afrikanischer Ethik, Freiburg i.Br.

Burckhardt, Jacob 1989 (1860): Die Kultur der Renaissance in Italien, Frankfurt/M.

Bush, M. L. 2000: Servitude in Modern Times, Cambridge.

Callenbach, Ernest 1978: Ökotopia. Notizen und Reportagen von William Weston aus dem Jahre 1999, Berlin.

Cancik, Hubert 1993: Humanismus, in: Cancik, Hubert/Gladigow, Burkhard/Kohl, Karl-Heinz (Hrsg.): Handbuch religionswissenschaftlicher Grundbegriffe, Bd. III: Gesetz-Kult, Stuttgart, 173-185.

Cancik, Hubert 1998: Der Ismus mit menschlichem Antlitz. ‚Humanität‘ und ‚Humanismus‘ von Niethammer bis Marx und heute, in: ders.: Antike – Modern. Beiträge zur römischen und deutschen Kulturgeschichte, Stuttgart, 317-332.

Cancik, Hubert 2003: Entrohung und Barmherzigkeit, Herrschaft und Würde. Antike Grundlagen von Humanismus, in: Faber, Richard (Hrsg.): Streit um den Humanismus, Würzburg, 23-42.

Capra, Fritjof 1983: The Tao of Physics, New York.

Caso, Antonio 1973: El nuevo humanismo, in: ders.: Obras Completas II, Mexiko, 65-71.

Caso, Antonio 1976: Nuestra misión humana, in ders.: Obras Completas IX, Mexiko, 55-62.

Cassese, Antonio 1990: Human Rights in a Changing World, Cambridge.

Cassin, René 1972: La pensée et l'action, Boulogne-sur-Seine.

Castro Varela, Maria do/Dhawan, N. 2005: Postkoloniale Theorie. Eine kritische Einführung, Bielefeld.

Chakkarath, Pradeep 2007: Kulturpsychologie und indigene Psychologie, in: Straub, Jürgen/Weidemann, Arne/Weidemann, Doris (Hrsg.): Handbuch Interkulturelle Kommunikation und Kompetenz. Grundbegriffe – Theorien – Anwendungsfelder, Stuttgart, 237-249.

Chapin, Mac 2004: A Challenge to Conservationists, in: World Watch magazine 17.6, 17-31.

Chen, Guo-Ming/Starosta, W. G. 1998: Foundations of Intercultural Communication, Needham Height, Mass.

Chomsky, Noam 1999: The New Military Humanism. Lessons from Kosovo,
Monroe.

Chomsky, Noam 2000: Der neue militärische Humanismus, Lektionen aus dem
Kosovo, Zürich (engl.: The New Military Humanism, 1999).

Comaroff, Jean (Hrsg.) 1993: Modernity and its Malcontents – Ritual and Power
in Postcolonial Africa, Chicago.

Cronon, William 1996a: Introduction: In Search of Nature, in: Cronon, William
(Hrsg.): Uncommon Ground. Rethinking the Human Place in Nature, New
York, 23-55.

Cronon, William 1996b: The Trouble with Wilderness or, Getting Back to the
Wrong Nature, in: Cronon, William (Hrsg.): Uncommon Ground. Rethinking
the Human Place in Nature, New York, 69-90.

Dahrendorf, Ralf 1979: Lebenschancen. Anläufe zur sozialen und politischen Theorie, Frankfurt/M.

Davis, David Brion 1966: The Problem of Slavery in Western Culture, Ithaca.

Dehne, Brigitte 2007: Gender im Geschichtsunterricht. Das Ende des Zyklopen?,
Schwalbach/Ts.

Deller, Jürgen/Albrecht, Anne-Grit 2007: Interkulturelle Eignungsdiagnostik,
in: Straub, Jürgen/Weidemann, Arne/Weidemann, Doris (Hrsg.): Handbuch
Interkulturelle Kommunikation und Kompetenz. Grundbegriffe – Theorien –
Anwendungsfelder, Stuttgart, 741-754.

Des Forges, Alison 2002: Kein Zeuge darf überleben. Der Genozid in Ruanda,
Hamburg.

Devarja, N. K. 1988: Humanism in Indian Thought, New Delhi.

Diawara, Manthia 1998: In Search of Africa, Cambridge, Mass.

Diderot, Denis/D'Alembert, Jean Le Rond 1782: Encyclopédie, Bd. 17, Bern.

Diels, Hermann/Kranz, Walther (Hrsg.) 1952/60: Die Fragmente der Vorsokratiker,
Berlin.

Dilthey, Wilhelm 1914ff: Gesammelte Schriften (GS), 26 Bde. und drei Briefbände,
Bd. 1, Leipzig.

Droysen, Johann Gustav 1977ff: Historik. Histor.-Krit. Ausgabe hrsg. von P. Leyh
und H. W. Blanke, 5 Bde., Bd. 1, Stuttgart-Bad Cannstatt.

Dülffer, Jost 1981: Regeln gegen den Krieg? Die Haager Friedenskonferenzen 1899
und 1907 in der internationalen Politik, Berlin.

Durkheim, Emile 1978: De la division du travail social, Paris.

Eisenstadt, S. N. 1986: The Origins and the Diversity of the Axial Age Civilizations,
New York.

Elias, Norbert 1965: Über den Prozeß der Zivilisation. Soziogenetische und psychoge-
netische Untersuchungen, Bd. 2: Wandlungen der Gesellschaft. Entwurf zu einer
Theorie der Zivilisation, 2., um eine Einleitung vermehrte Aufl., Bern.

Elwert, Georg 1991: Gabe, Reziprozität und Warentausch. Überlegungen zu einigen Ausdrücken und Begriffen, in: Berg, E./Wimmer, A. (Hrsg.): Ethnologie im Widerstreit. Kontroverse über Macht, Geschäft und Geschäft in fremden Kulturen, München.

Epstein, Debbie 2000: Kulturen des Klassenzimmers in der Veränderung – Die Arbeit mit Kindern, in: Quehl, Thomas (Hrsg.): Schule ist keine Insel. Britische Perspektiven antirassistischer Pädagogik, Münster u.a., 197-238.

Ette, Ottmar 2001: Literatur in Bewegung, Weilerswilst.

Euler, D./Severing, E. 2007: Flexible Ausbildungswege in der Berufsbildung: Ziele, Modelle, Maßnahmen, Bielefeld.

Evensky, Jerry 2005: Adam Smith's Theory of Moral Sentiments: On Morals and Why They Matter to a Liberal Society of Free People and Free Markets, in: Journal of Economic Perspectives 19.3, 109-130.

Ferguson, James 1999: Expectations of Modernity – Myths and Meanings of Urban Life on the Zambian Copperbelt, Berkeley.

Fischer, Veronika u.a. (Hrsg.) 2006: Interkulturelle Kompetenz. Fortbildung, Transfer, Organisationsentwicklung, Schwalbach/Ts.

Fleischer, Helmut 1972: Zum marxistischen Begriff der Humanität, in: Marxismus-Studien, Bd. 5 (1975), Tübingen, 1-25.

Fox, Gregory H. 2008: Humanitarian Occupation, Cambridge.

Frey, Bruno S. 2000: Leistung durch Leistungslohn? Grenzen marktlicher Anreizsysteme für das Managerverhalten, in: Zeitschrift für betriebswirtschaftliche Forschung, Sonderheft 44, 67-95.

Friedeburg, Ludwig von 1982: Zurück zu Humboldt?, in: Merkur 36, 221-231.

Friedeburg, Ludwig von 1989: Bildungsreform in Deutschland. Geschichte und gesellschaftlicher Widerspruch, Frankfurt/M.

Friedland, William H./Rosberg, Carl G. (Hrsg.) 1967: African Socialism, Stanford.

Garnsey, Peter 1996: The Idea of Slavery from Aristotle to Augustine, Cambridge.

Geertz, Clifford 1997: Spurenlesen. Der Ethnologe und das Entgleiten der Fakten, München.

Geyer, C. (Hrsg.) 2004: Hirnforschung und Willensfreiheit, Frankfurt/M.

Gloy, Karen 1995: Das Verständnis der Natur, Bd. 1: Die Geschichte des wissenschaftlichen Denkens, München.

Goethe, Italienische Reise, in: Goethe, Johann Wolfgang 1977 (= 1950): Sämtliche Werke, Bd. 11, Zürich.

Goethe, Johann Wolfgang von 1982: Werke, Hamburger Ausgabe, Bd. 1, München.

Gogolin, Ingrid/Nauck, Bernhard 2000: Migration, gesellschaftliche Bildung und Differenzierung, Opladen.

González, Juliana (Hrsg.) 2008: Dilemas de bioética, Mexiko.

Gottwald, Franz-Theo 2002: Agrar- und Esskultur. Zur ethischen Dimension der Ernährung, in: Ingensiep, Hans Werner/Eusterschulte, Anne (Hrsg.): Philosophie der natürlichen Mitwelt. Grundlagen – Probleme – Perspektiven. Festschrift für Klaus Michael Meyer-Abich, Würzburg, 137-154.

Graf, Friedrich Wilhelm 2006: Was ist Humanismus? Kulturwissenschaftliches Institut
    Essen. Humanism in the Era of Globalization – An Intercultural Dialogue on
    Culture, Humanity, and Value, Working Papers No. 4. Im Internet abrufbar unter:
    http://www.kwi-humanismus.de/de/k30.Working-Papers.htm (16.3.2008).

Gregorovius, Ferdinand 1953/1957 (1859/1860): Geschichte der Stadt Rom im
    Mittelalter, Darmstadt.

Grewe, Wilhelm G. 21988: Epochen der Völkerrechtsgeschichte, Baden-Baden.

Groh, Ruth/Groh, Dieter 1994: Natur als Maßstab – eine Kopfgeburt, in: Lan-
    deshauptstadt Stuttgart, Kulturamt (Hrsg.): Zum Naturbegriff der Gegenwart.
    Kongreßdokumentation zum Projekt „Natur im Kopf" Stuttgart, 21.-26. Juni
    1993, Bd. 2, Stuttgart-Bad Cannstadt, 15-37.

Grotius, Hugo 1625: De iure belli ac pacis, Paris.

Grunebaum, Gustave von 1962: Modern Islam, Berkeley.

Grzimek, Bernhard 1980: Vorwort, in: Klages 1980: 7-9.

Gupta, N. L. 1999: Humanist Traditions of India, New Delhi.

Habermas, J. 1981: Theorie des kommunikativen Handelns, 2 Bde., Frankfurt/M.

Hamlin, William M. 1995: The Image of America in Montaigne, Spenser, and
    Shakespeare. Renaissance Ethnography and Literary Reflection, New York.

Hard, Gerhard 1983: Zu Begriff und Geschichte der „Natur" in der Geographie des
    19. und 20. Jahrhundert, in: Großklaus, Götz/Oldemeyer, Ernst (Hrsg.): Natur
    als Gegenwelt. Beiträge zur Kulturgeschichte der Natur, Karlsruhe, 139-167.

Haym, R. 1965 (1856): Wilhelm von Hunboldt. Lebensbild und Charakteristik,
    Osnabrück.

Hegel, Georg Friedrich Wilhelm 1970: Rechtsphilosophie, Werke in 20 Bdn., Bd.
    VII, Frankfurt/M.

Heidegger, Martin 1976: Brief über den ‚Humanismus', in: ders. Gesamtausgabe.
    I. Abteilung: Veröffentlichte Schriften 1914-1970, Bd. 9: Wegmarken, Frank-
    furt/M., 313-364.

Henrich, Joseph/Boyd, Robert/Fehr, Ernst (Hrsg.) 2004: Foundations of Human
    Sociality – Economic Experiments and Ethnographic Evidence from Fifteen
    Small-Scale Societies, Oxford.

Henríquez Ureña, Pedro 2001: La cultura de las humanidades, in: ders.: Obra Crítica,
    Mexiko, 595-603.

Hentig, Hartmut von 1976: Was ist eine humane Schule?, München.

Hentig, Hartmut von 1988: Gegen die Gleichheit der Menschen, für die Gleichheit
    der Bürger, in: Rüsen, Jörn u.a (Hrsg.): Die Zukunft der Aufklärung, Frank-
    furt/M., 148-156.

Hentig, Hartmut von 1996: Bildung. Ein Essay, München.

Herder, Johann Gottfried 1784-1791: Ideen zur Philosophie der Geschichte der
    Menschheit, Riga.

Herder, Johann Gottfried 1965: Ideen zur Philosophie der Geschichte der Menschheit,
    Bd. 1. Herausgegeben von Heinz Stolpe, Berlin.

Herder, Johann Gottfried 1989 (1784): Ideen zur Philosophie der Geschichte der

Menschheit. Erster Teil. Vorrede, in: Johann Gottfried Herder: Werke, Bd. 6: Ideen zur Philosophie der Geschichte der Menschheit, hrsg. von Martin Bollacher, Frankfurt/M. 1989.

Herder, Johann Gottfried 1991: Briefe zur Beförderung der Humanität, in: Werke in 10 Bdn. Hrsg. von Martin Bollacher und Hans Dietrich Irmscher, Frankfurt/M.

Hermanni, Fr./Buchheim, Th. (Hrsg.) 2006: Das Leib-Seele-Problem. Antwortversuche aus medizinisch-naturwissenschaftlicher, philosophischer und theologischer Sicht, München.

Heydorn, H.-J. 1979/80: Bildungstheorie Hegels, in: ders.: Bildungstheoretische Schriften, Bd. 3, Frankfurt, 231-268.

Hillenbrand, Carole 2000: The Crusades. Islamic Perspectives, New York.

Hilpert, Konrad 2007: Die Idee der Menschenwürde aus der Sicht christlicher Theologie, in: Sandkühler, Hans-Jürgen (Hrsg.): Menschenwürde. Philosophische, theologische und juristische Analysen, Frankfurt/M.

Hobbins, A. J. (Hrsg.) 1995-2001: On the Edge of Greatness: The Diaries of John Humphrey, First Director of the United Nations Division of Human Rights, Montreal.

Hollis, Martin 1998: Trust Within Reason, Cambridge.

Hopgood, Stephen 2006: Keepers of the Flame. Understanding Amnesty International, Ithaca.

Horton, Robin 1960: African Traditional Religion and Western Science, in: Africa 37.1 u. 2, 50-71; 155-187.

Hountondji, Paulin 1983: African Philosophy – Myth and Reality, Bloomington.

Humboldt, Wilhelm von 1792a: Über die Sittenverbesserung durch Anstalten des Staates, in: Berlinischen Monatsschrift 2, 419-434.

Humboldt, Wilhelm von 1792b: Über öffentliche Staatserziehung, in: Berlinischen Monatsschrift 2, 597.

Humboldt, Wilhelm von 1960a (1792): Ideen zu einem Versuch, die Gränzen der Wirksamkeit des Staates zu bestimmen, in: ders. 1960b: Bd. 1, 56-233.

Humboldt, Wilhelm von 1960b: Werke. Hrsg. von A. Flitner und K. Giel, 5 Bde, Darmstadt.

Humphrey, John P. 1984: Human Rights and the United Nations: A Great Adventure, New York.

Huntington, Samuel P. 1996: Der Kampf der Kulturen. Die Neugestaltung der Weltpolitik im 21. Jahrhundert, München. (Engl. The Clash of Civilizations, New York 1996).

Hüther, Gerald 2004: Die Macht der inneren Bilder. Wie Visionen das Gehirn, den Menschen und die Welt verändern, Göttingen.

International Association of Lawyers Against Nuclear Arms (IALANA) 2008: Stellungnahme zur Unterwerfungserklärung der Bundesrepublik unter den Internationalen Gerichtshof (Wortlaut), in: Blätter für deutsche und internationale Politik 53.7, 119-121.

Irele, Abiola 1975: Négritude et African Personality, in: Alfons J. Smet (Hrsg.): Philosophie africaine – Textes choisies, Kinshasa.

Jaeger, Werner (Hrsg.) 1951 (1933): Das Problem des Klassischen und die Antike, Darmstadt.

Jaeger, Werner 1970: Antike und Humanismus, in: Oppermann, Hans (Hrsg.): Humanismus, Darmstadt, 18-32.

Jaeger, Werner ⁴1959 (mit Vorwort von 1935): Paideia. Die Formung des griechischen Menschen (1933/34; ²1936), Bd.1, Berlin.

Jahn, Jahnheinz 1961: An Outline of the New African Culture, New York.

Janich, P. (Hrsg.) 2008: Naturalismus und Menschenbild, Hamburg.

Jatava, D. R. 1998: Social and Humanist Thinkers (Indian and Western), Jaipur.

Jax, Kurt 2002: Mißtönende Harmonien: Naturvorstellungen und Theorieentwicklung in der Ökologie und ihre Folgen für den Naturschutz, in: Luig, Ute/Schultz, Hans-Dietrich (Hrsg.): Natur in der Moderne, interdisziplinäre Ansichten. Berliner Geographische Arbeiten Heft 93 (herausgegeben vom Geographischen Institut der Humboldt-Universität zu Berlin), Eigenverlag, 57-66.

Kaehler, S. A. 1927: Wilhelm von Humboldt und der Staat, Göttingen.

Kagame, Alexis 1956: La philosophie bantu-rwandaise de l'Etre, Bruxelles.

Kant, Immanuel 1781: Kritik der reinen Vernunft, Riga.

Kant, Immanuel 1785: Metaphysik der Sitten, Riga.

Kant, Immanuel 1968a (1793): Über den Gemeinspruch: Das mag in der Theorie richtig sein, taugt aber nicht für die Praxis, in: ders.: Theorie-Werkausgabe. Hrsg. von Wilhelm Weischedel, Frankfurt/M., Bd. XI, 125-172.

Kant, Immanuel 1968b (²1796): Zum ewigen Friede – ein philosophischer Entwurf, in: ders.: Werkausgabe. Hrsg. von Wilhelm Weischedel, Frankfurt/M., Band XI, 195-251.

Kant, Immanuel 1983 (1785): Grundlegung der Metaphysik der Sitten, in: Kant, Immanuel: Werke in zehn Bänden. Hrsg. von Wilhelm Weischedel, Bd. IV, Darmstadt.

Karakasokglu, Yasemin 2009: Beschwörung und Vernachlässigung der Interkulturellen Bildung im ‚Integrationsland' Deutschland, in: Melzer, Wolfgang/Tippelt, Rudolf (Hrsg.): Kulturen der Bildung. Beiträge zum 21. Kongress der Deutschen Gesellschaft für Erziehungswissenschaft, Opladen, 177-195.

Kashyap, C. 1994: Our Constitution: An Introduction to India's Constitution and Constitutional Law, New Delhi.

Kaunda, Kenneth 1976: A Humanist in Africa – Letters to Colin M. Morris, Lusaka.

Kersting, Wolfgang 2000: Bewaffnete Intervention als Menschenrecht?, in: Merkel, Reinhard (Hrsg.): Der Kosovo-Krieg und das Völkerrecht, Frankfurt/M., 187-231.

Kessel, Eberhard 1967: Wilhelm von Humboldt. Idee und Wirklichkeit, Stuttgart.

Kiros, Tedros 1996: Moral Philosophy and Development – The Human Condition in Africa, Athens.

Kirsch, Guy 2006: Angst und Furcht – Begleiterinnen der Freiheit, in: Freiburger Anregungen zu Wirtschaft und Gesellschaft, in: Dallmann, Nicolas/Seiler, Marc (Hrsg.): Freiburger Anregungen zu Wirtschaft und Gesellschaft, Bd. 1, Stuttgart, 97-111.

Klages, Ludwig 1980 (1913): Mensch und Erde. Ein Denkanstoß mit einem Vorwort von Professor Bernhard Grzimek, Bonn [Erstveröffentlichung 1913].

Klinger, Cornelia/Knapp, Gudrun-Axeli/Sauer, Birgit (Hrsg.) 2007: Achsen der Ungleichheit. Zum Verhältnis von Klasse, Geschlecht und Ethnizität, Frankfurt/M.

Knight, Alan 1991: Intellectuals in the Mexican Revolution, in: Roderic A. Camp, Charles Hale, Josefina Zoraida Vázquez (Hrsg.): Los intelectuales y el poder en México, Mexiko, 141-171.

Körber, Andreas/Meyer-Hamme, Johannes 2008: Interkulturelle historische Kompetenz? Zum Verhältnis von Interkulturalität und Kompetenzorientierung beim Geschichtslernen, in: Bauer, Jan-Patrick u.a. (Hrsg.): Geschichtslernen – Innovationen und Reflexionen, Kenzingen, 307-334.

Kort, Pamela/Hollein, Max (Hrsg.) 2006: I like America. Fiktionen des Wilden Westen Schirn Kunsthalle Frankfurt, München.

Koselleck, Reinhart 1987: Historik und Hermeneutik, in: Koselleck, Reinhart/Gadamer, Hans-Georg: Hermeneutik und Historik (Sitzungsberichte der Heidelberger Akademie der Wissenschaften, Phil.-hist. Klasse, Jg. 1987, Bericht 1), Heidelberg, 9-28.

Koselleck, Reinhart 1990: Zur anthropologischen und semantischen Struktur der Bildung = Einleitung zu ders. (Hrsg.): Bildungsbürgertum im 19. Jahrhundert Teil II: Bildungsgüter und Bildungswissen, Stuttgart, 11-46.

Koselleck, Reinhart 2006: Begriffsgeschichten. Studien zur Semantik der politischen und sozialen Sprache, Frankfurt/M.

Kraemer, Joel L. 1986: Philosophy in the Renaissance of Islam, Leiden.

Kraemer, Joel L. ²1992: Humanism in the Renaissance of Islam, Leiden.

Kraye, Jill 1988: Moral Philosophy, in: Schmitt, Charles B./Skinner, Quentin (Hrsg.), The Cambridge History of Renaissance Philosophy, Cambridge, 303-386.

Kretzmer, David/Klein, Eckart (Hrsg.) 2002: The Concept of Human Dignity in Human Rights Discourse, Dordrecht.

Kristeller, Paul O. 1974: Humanismus und Renaissance, Bd. 1, München.

Kristeller, Paul O. 1976: Humanismus und Renaissance, Bd. 2, München.

Küng, Hans (Hrsg.) 1993: Weltfrieden durch Religionsfrieden: Antworten aus den Weltreligionen, München.

Küng, Hans (Hrsg.) 1995: Ja zum Weltethos. Perspektiven für die Suche nach Orientierung, München.

Kurtz, Paul 2001: Skepticism and Humanism. The New Paradigm, New Brunswick.

Lammert, Norbert (Hrsg.) 2006: Verfassung – Patriotismus – Leitkultur, Bonn.

Landshut, Siegfried (Hrsg.) 1964: Karl Marx – Die Frühschriften, Stuttgart.

Latour, Bruno 2001: Das Parlament der Dinge. Für eine politische Ökologie. Edition Zweite Moderne, hrsg. von Ulrich Beck, Frankfurt/M.

Leclerc, Gérard 1972: Anthropologie et colonialisme – Essai sur l'histoire de l'africanisme, Paris.

Lee Shui-chuen (Li Ruiquan) 1999: A Confucian Perspective on Human Genetics, in: Döring, Ole (Hrsg.): Chinese Scientists and Human Responsibilty, Hamburg, 187-198.

Leiprecht, Rudolf/Kerber, Anne (Hrsg.) 2005: Schule in der Einwanderungsgesellschaft. Ein Handbuch, Schwalbach/Ts.

Leitzmann, A. 1919: Wilhelm von Humboldt. Charakteristik und Lebensbild, Halle.

Lenzen, Dieter 1997: Lösen die Begriffe Selbstorganisation, Autopoiesis und Emergenz den Bildungsbegriff ab?, in: Zeitschrift für Pädagogik 43, 949-968.

Lessing, Hans-Ulrich 2000: Zum Problem der Willensfreiheit in Diltheys Denken, in: Arndt, A./Jaeschke, W. (Hrsg.): Materialismus und Spiritualismus. Philosophie und Wissenschaften nach 1848, Hamburg, 101-112.

Llanque, Marcus 2007: Die politische Rezeptionsgeschichte von Cicero, in: Richter, Emanuel/Voigt, Rüdiger (Hrsg.): Res Publica und Demokratie. Die Bedeutung von Cicero für das heutige Staatsverständnis, Baden-Baden, 223-242.

Llanque, Marcus 2008a: Das genealogische Verhältnis der konstitutionellen Demokratie zur kosmopolitischen Menschenrechtsidee, in: Brodocz, Andre/Llanque, Marcus/Schaal, Gary (Hrsg.): Bedrohungen der Demokratie, Wiesbaden, 311-333.

Llanque, Marcus 2008b: Politische Ideengeschichte. Ein Gewebe politischer Diskurse, München.

Lübbe, Hermann 2005: Die Zivilisationsökumene. Globalisierung kulturell, technisch und politisch, München.

Lundt, Bea 2004: Das „Arbeiten" über und mit Geschlecht. Ein Plädoyer für die Genderisierung der Geschichtsdidaktik, in: Zeitschrift für Geschichtsdidaktik, 34-55.

Lüsebrink, Hans-Jürgen 2005: Interkulturelle Kommunikation, Stuttgart.

Lustig, M. W./Koester, J. (Hrsg.) 2003: Intercultural Competence. Interpersonal Communication across Cultures, Boston.

Macamo, Elísio 1999: Was ist Afrika? Zur Soziologie und Kulturgeschichte eines modernen Konstrukts, Berlin.

Macamo, Elísio 2005: Negotiating Modernity – Africa's Ambivalent Experience, London.

Mach, Ernst 1883: Die Mechanik in ihrer Entwicklung, Leipzig.

Makdisi, George 1990: The Rule of Humanism in Classical Islam and the Christian West, with special reference to Scholasticism, Edinburgh.

Manske, Gisela 2003: Verbrechen gegen die Menschlichkeit als Verbrechen an der Menschheit. Zu einem zentralen Begriff der internationalen Strafgerichtsbarkeit, Berlin.

Marx, Karl 1968 (1844): Ökonomisch-philosophische Manuskripte, MEW Ergänzungsband 1, Berlin.

Marx, Karl/Engels, Friedrich 1959: Die heilige Familie (Paris/Brüssel 1844/45), in: Marx-Engels-Werke (MEW) 2, 7, Berlin.

Marx, Karl/Engels, Friedrich 1960: Die großen Männer des Exils (Manchester 1852), in: MEW 8, 279.

Matzner, Florian 1994: Vita activa und vita contemplativa. Formen und Funktionen eines antiken Denkmodells in der Staatsikonographie der italienischen Renaissance, Frankfurt/M.

Mauss, Marcel 1992: The Gift, London.

Mayer-Tasch, Peter-Cornelius 2001: Mensch und Natur – Der ökologische Humanismus der Jahrtausendwende, in: Ber. ANL 25, 153-161.

Mbembe, Achile 1992: The Banality of Power and the Aesthetics of Vulgarity in the Postcolony, in: Public Culture 4, 1-30.

Mbigi, Lovemore/Maree, Jenny 1997: Ubuntu – The Spirit of African Transformation Management, Pretoria.

Mbiti, John 1970: African Religions and Philosophy, New York.

Menting, Georg/Hard, Gerhard 2001: Vom Dodo lernen. Ökomythen um einen Symbolvogel, in: Naturschutz und Landschaftsplanung 33.1, 27-34.

Menting, Georg/Hard, Gerhard 2002: Trauern um Dodo. Eine frühbarocke Tragödie als modernes Naturschutzsymbol, in: Luig, Ute/Schultz, Hans-Dietrich (Hrsg.): Natur in der Moderne, interdisziplinäre Ansichten. Berliner Geographische Arbeiten Heft 93, (hrsg. vom Geographischen Institut der Humboldt-Universität zu Berlin), Eigenverlag, 219-236.

Menze Cl. 1970: Bildung, in: Speck J./Wehle, G. (Hrsg.): Handbuch pädagogischer Grundbegriffe, Bd. I, München, 134-184.

Menze, C. 1965: Wilhelm von Humboldts Lehre und Bild vom Menschen, Ratingen.

Metz, Adam 1922/1968: Die Renaissance des Islam. Wieder abgedr.: Hildesheim 1968.

Metzinger, Th. 1993: Subjekt und Selbstmodell, Paderborn.

Meyer-Drawe, Käte 1990: Illusionen von Autonomie. Diesseits von Ohnmacht und Allmacht des Ich, München.

Meyer-Drawe, Käte 2004: Individuum, in: Benner, D./Oelkers, J. (Hrsg.): Historisches Wörterbuch der Pädagogik, Weinheim, 458-481.

Mez, Adam 1922: Renaissance des Islam, Heidelberg.

Michelet, Jules 1855: Histoire de France, Bd. 7, Paris.

Montaigne, Michel de 2001: Von den Menschenfressern, in: ders.: Essais. Hrsg. v. Ralph-Rainer Wuthenow, Frankfurt/M.

Morford, Mark 1999: The Dual Citizenship of the Roman Stoics, in: Byrne, Shannon N./Cueva, Edmund P. (Hrsg.): Veritatis amicitiaeque causa. Essay in honour of Anna Lydia Motto and John R. Clark, Wauconda, 147-164.

Motte, Jan/Ohliger, Rainer 2004: Einwanderung, Geschichte, Anerkennung. Auf den Spuren geteilter Erinnerungen, in: dies. (Hrsg.): Geschichte und Gedächtnis in der Einwanderungsgesellschaft. Migration zwischen historischer Rekonstruktion und Erinnerungspolitik, Essen, 17-49.

Muir, John 1901: Our National Park Boston, New York [Library of Congress Nr. E 160, M95].

Muir, John 1911: My First Summer in the Sierra. With illustrations from drawings made by the author in 1869 and from photographs by Herbert W. Gleason, Boston [Library of Congress Nr. F 868. S5.M9].

Müller, Klaus E. (Hrsg.) 1983: Menschenbilder früher Gesellschaften. Ethnologische Studien zum Verhältnis von Mensch und Natur. Gedächtnisschrift für Hermann Baumann, Frankfurt/M.

Müller, Klaus E. 1987: Das magische Universum der Identität. Elementarformen sozialen Verhaltens. Ein ethnologischer Grundriß, Frankfurt/M.

Müller, Max 1883: India: What Can It Teach Us? Cambridge, repr. New Delhi.

Mulsow, Martin/Schmitz, Claudia 2004: Eigennutz, Statuserhaltung und Naturzustand: Tradierungen des ethisch-politischen Epikureismus vom 15. bis zum 17. Jahrhundert, in: Paganini, Gianni/Tortarolo, Edoardo (Hrsg.), Der Garten und die Moderne. Epikureische Moral und Politik vom Humanismus bis zur Aufklärung, Stuttgart-Bad Cannstatt, 47-85.

Münkler, Herfried/Llanque, Marcus (Hrsg.) 1999: Konzeptionen der Gerechtigkeit, Baden-Baden.

Muthu, Sanka 2003: Enlightenment against Empire, Princeton.

Nandy, Ashish 1992: Traditions, Tyranny, and Utopias: Essays in the Politics of Awareness, New Delhi.

Narvane, V. S. 1964: Modern Indian Thought, Bombay.

Newen, Albert 2005: Kreatives Handeln und Willensfreiheit: Wie ist selbstbestimmtes Handeln möglich?, in: Abel, G. (Hrsg.), Kreativität. XX. Deutscher Kongress für Philosophie Bd. 1, Berlin.

Nida-Rümelin, Julian 2001: Strukturelle Rationalität. Ein philosophischer Essay über praktische Vernunft, Stuttgart.

Nida-Rümelin, Julian 2005: Über menschliche Freiheit, Stuttgart.

Nie Jing-Bao 2000: The Plurality of Chinese and American Medical Moralities: Toward an Interpretive Cross-Cultural Bioethics, in: Kennedy Institute of Ethics Journal 10, 239-360.

Niethammer, Imanuel 1968: Neuausgabe von Werner Hillebrecht, Weinheim 1968 (Kleine pädagogische Texte 29).

Nietzsche, Friedrich 1980 (1872): Der griechische Staat. Weihnachtsgabe an Cosima Wagner, in: Colli, Giorgio/Montinari, Mazzino (Hrsg.): Friedrich Nietzsche. Sämtliche Werke. Kritische Studienausgabe, Bd.1, München, 764-777.

Nkrumah, Kwame 1970: Consciencism. Philosophy and Ideology for Decolonization and Development, London.

Novak, Barbara 1980: Nature and Culture. American Landscape and Painting 1825-1875, London.

Novalis 1960-1970: Schriften. Die Werke Friedrich von Hardenberg. Hrsg. von Paul Kluckhohn und Richard Samuel, Bd. 1, 3., nach den Handschriften ergänzte, erw. und verb. Auflage, 2.-4. Stuttgart.

Nussbaum, Martha C. 1997: Kant and Stoic Cosmopolitanism, in: Journal of Political Philosophie 5, 1-25.

Nussbaum, Martha C. 2007: The Clash Within, Cambridge, Mass.

Nye, Joseph S. 2004: Soft power. The Means to Success in World Politics, New York.

Nyerere, Julius 1968: Ujamaa – Essays on Socialism, Dar es Salaam.

Oelkers, Jürgen 2001: Wo bleibt das humanistische Bildungsideal?, in: Universitas 56.661 (Juli), 700-707.

Oelkers, Jürgen 2004: Bildungsstandards vor dem Hintergrund der Schulgeschichte, in: Zeitschrift für Pädagogik und Theologie 3, 195-205.

Ofek, Haim 2001: Second Nature. Economic Origins of Human Evolution, Cambridge.

Pauen, M. 2007: Was ist der Mensch?, München.

Paulsen, Friedrich 1919-1921 (1885; ²1895): Geschichte des gelehrten Unterrichts auf den deutschen Schulen und Universitäten vom Ausgang des Mittelalters bis zur Gegenwart. Mit besonderer Rücksicht auf den klassischen Unterricht, Berlin, 3., erweiterte Auflage, hrsg. v. Rudolf Lehmann, Leipzig.

Paz, Octavio 1998: Das Labyrinth der Einsamkeit, Frankfurt/M.

Peires, Jeffrey B. 1989: The Dead will Arise – Nongqawuse and the Great Xhosa Cattle-Killing Movement of 1856-57, Johannesburg.

Petrarca, Francesco 1859-63: Epistolae de rebus familiaribus et variae. Hrsg. von Joseph Fracassetti, Florenz.

Petrarca, Francesco 1942: Epistulae familiares. Hrsg. von V. Rossi, Bd. 4, Florenz.

Petrarca, Francesco 1943: De vita solitaria. Hrsg. von A. Altamura, Neapel.

Peukert, H. 2003: Die Logik transformatorischer Lernprozesse und die Zukunft von Bildung, in: Arens, E./Mittelstraß, J./Peukert, H./Ries, M.: Geistesgegenwärtig. Zur Zukunft universitärer Bildung, Luzern, 9-30.

Platon 1900-1907: Platonis Opera. Hrsg. von J. Burnet, 5 Bde., Oxford.

Platon 1958: Politeia. In der Übs. von Friedrich Schleiermacher, Reinbek.

Pocock, J. G. A. 1985: Virtues, Commerce, and History, in: ders.: Virtue, Commerce, and History. Essays on Political Thought and History, chiefly in the 18th Century, Cambridge, 37-51.

Pöggeler, Otto 1980: Hegels Bildungskonzeption im geschichtlichen Zusammenhang, in: Hegel-Studien 15, 241-269.

Pomponazzi, Pietro 1938: De immortalitate animae. Hrsg. von William Henry Hay, Haverford.

Pope, Alexander 1733: Essay on Man, London.

Popp, Susanne 2005: Welt- und Globalgeschichtliche Perspektivierung des historischen Lernens, in: GWU 56, 491-507.

Pöschl, Viktor 1989: Der Begriff der Würde im antiken Rom und später, Heidelberg.

Prengel, Annedore 1993: Pädagogik der Vielfalt. Verschiedenheit und Gleichberechtigung in Interkultureller, Feministischer und Integrativer Pädagogik, Opladen.

Pye, Oliver 2008: Nachhaltige Profitmaximierung. Der Palmöl-Industrielle Komplex und die Debatte um „nachhaltige Biotreibstoffe" 2008, in: Peripherie, Zeitschrift für Politik und Ökonomie in der Dritten Welt 112, 429-455.

Qiu Renzong 2006: Culture and Bioethics in the Debate on the Ethics of Human Cloning in China, in: Roetz, Heiner (Hrsg.): Cross-Cultural Issues in Bioethics: The Example of Human Cloning, Amsterdam, 77-106.

Quante, Michael 2007: Person, Berlin.

Raaflaub, Kurt 1974: Dignitatis contentio, München.

Radhakrishnana, S. 1956: Foreword, in: Bapat, P. V. (Hrsg.): 2500 Years of Buddhism, New Delhi.

Ramakrishna, P. 1957: Memoirs of Ramakrishna, Calcutta.

Ramos, Samuel 1990: Hacia un nuevo humanismo, in: ders.: Obras Completas II, Mexiko, 4-75.

Rehbock, Theda 2005: Personsein in Grenzsituationen, Paderborn.

Reibstein, Ernst 1957: Völkerrecht. Eine Geschichte seiner Ideen in Lehre und Praxis, Bd. 1: Von der Antike bis zur Aufklärung, Freiburg.

Reibstein, Ernst 1963: Völkerrecht. Eine Geschichte seiner Ideen in Lehre und Praxis, Bd. 2: Die letzten zweihundert Jahre, Freiburg.

Renan, Ernest 1882: Was ist eine Nation?, Paris (http://www.dir-info.de/dokumente/def_nation_renan.html - März 2008).

Reyes, Alfonso 2000: Obras Completos de Alfonso Reyes XX, Mexiko.

Roberts, John 2004: The Modern Firm. Organizational Design for Performance and Growth, Oxford.

Roetz, Heiner 1984: Mensch und Natur im alten China, Frankfurt/M.

Roetz, Heiner 1992: Die chinesische Ethik der Achsenzeit, Frankfurt/M.

Roetz, Heiner 2003: Einträge „Ethik" und „Konfuzianismus", in: Staiger, B. u.a., (Hrsg.): Das große China-Lexikon, Darmstadt, 199-204 und 385-290.

Roetz, Heiner 2005: Tradition, Moderne, Traditionskritik. China in der Diskussion, in: Lalbig, T./Wiedenhofer, S. (Hrsg.): Kulturelle und religiöse Traditionen, Münster, 124-167.

Roetz, Heiner 2006: Konfuzius, München.

Roetz, Heiner 2008: Menschenrechte in China. Ein Problem der Kultur?, in: Yousefi, Hamid Reza u.a. (Hrsg.): Wege zu den Menschenrechten, Nordhausen, 177-196.

Roseman, Mark 2002: Ordre du jour: Génocide le 20 janvier 1942, Paris.

Rosenthal, Franz 1965: Usaibicah, Ibn Abi, cUjun al-anba (Geschichte der Medizin) I, 25-26, in: Das Fortleben der Antike im Islam, Zürich, 250f.

Rousseau, Jean-Jacques 1762: Contrat Social, Amsterdam.

Roy, M. N. 1955: Reason, Romanticism and Revolution, Calcutta.

Rüegg, Walter 1979: Christliche Brüderlichkeit und humanistische Freundschaft, in: ders./Wuttke, Dieter (Hrsg.): Ethik im Humanismus, Boppard am Rhein, 9-30.

Rüsen, Jörn 2005: History: Narration, Interpretation, Orientation, New York.

Rüsen, Jörn 2006: Humanism and Nature – Some Reflections on a Complex Relationship, in: The Journal of Interdisciplinary Research in Southern Africa 2.2, 265-276.

Rüsen, Jörn 2006: Kultur macht Sinn. Orientierung zwischen Gestern und Morgen, Köln.

Rüsen, Jörn 2007a: Kulturelle Identität in der Globalisierung – Über die Gefahren des Ethnozentrismus und die Chancen des Humanismus, in: Gunsenheimer, Antje (Hrsg.): Grenzen, Differenzen, Übergänge. Spannungsfelder inter- und transkultureller Kommunikation, Bielefeld, 49-54; und in: Handro, Saskia/Jacobmeyer, Wolfgang (Hrsg.): Geschichtsdidaktik. Identität – Bildungsgeschichte – Politik. Karl-Ernst Jeismann zum 50jährigen Doktorjubiläum, Münster 2007, 71-80.

Rüsen, Jörn 2008: Historische Orientierung. Über die Arbeit des Geschichtsbewusstseins, sich in der Zeit zurechtzufinden, 2., überarb. Auflage, Schwalbach/Ts.

Sachße, Christoph/Tennstedt, Florian 1980: Geschichte der Armenfürsorge in Deutschland, Stuttgart.

Said, Edward W. 1976: Orientalism, New York. (Dt.: 1981: Orientalismus, Berlin).

Said, Edward W. 2003: Culture and Resistance, Cambridge, Mass. (Dt. 2006: Kultur und Widerstand, Zürich).

Salem, Jean Peut-on définir les principes d'une politique épicurienne saur la base des sources anciennes?, in: Paganini, Gianni/Tortarolo, Edoardo (Hrsg.): Der Garten und die Moderne. Epikureische Moral und Politik vom Humanismus bis zur Aufklärung, Stuttgart-Bad Cannstatt, 23-43.

Salisbury, Johann von 1929: Metalogicon. Hrsg. von Clement Charles Julian Webb, Oxford.

Salutati, Coluccio 1896: Epistolario di Coluccio Salutati. Hrsg. von Francesco Novati, Bd. 3, Rom.

Sartre, Jean-Paul 1972: Orphée noire, Paris.

Schaeder, Hans Heinrich 1928: Der Orient und das griechische Erbe, in: ders. 1960: Der Mensch in Orient und Okzident. Grundzüge einer eurasiatischen Geschichte, München, 107-160.

Schaeder, Hildegard 21957: Moskau, das Dritte Rom. Studien zur Geschichte der politischen Theorien in der slawischen Welt, Darmstadt (Diss. Hamburg 1927; Erstdruck Prag 1929).

Schiller, Friedrich 1993: Über die ästhetische Erziehung des Menschen in einer Reihe von Briefen, in: ders.: Sämtliche Werke, Bd. 5, Darmstadt, 570-669.

Schloemann, Johann 2009: Bin ich ein Auslaufmodell, dass ich nach der Zukunft frage? Der Historiker Christian Meier wird achtzig Jahre alt. Ein Gespräch über deutsche Demokratie, griechische Freiheit und den Jahrgang 1929, in: Süddeutsche Zeitung, 16.02.2009, 10.

Schofield, Malcolm 1991: The Stoic Idea of the City, Cambridge.

Scholtz, G. 1999: Sokrates und die Idee des Wissens, in: Kessler, H. (Hrsg.): Das Lächeln des Sokrates, Kusterdingen, 247-269.

Scholz, Peter 1998: Der Philosoph und die Politik. Die Ausbildung der philosophischen Lebensform und die Entwicklung des Verhältnisses von Philosophie und Politik im 4. und 3. Jahrhundert, Stuttgart.

Schwemmer, Oswald 2005: Kulturphilosophie, München.

Sen, Amartya 1982: Rational Fools: A Critique of the Behavioural Foundations of Economic Theory, in: ders.: Choice, Welfare, and Measurement, Oxford.

Sen, Amartya 2002: Ökonomie für den Menschen. Wege zur Gerechtigkeit und Solidarität in der Marktwirtschaft, München.

Sen, Amartya 2005: The Argumentative Indian: Writings on Indian Culture, History And Identity, London.

Senghor, Leopold, S. 1964: On African Socialism, New York.

Siefer, Werner/Weber, Christian 2006: „Ich". Wie wir uns selbst erfinden, Frankfurt/M.

Simmel, Georg 1983: Philosophische Kultur. Über das Abenteuer, die Geschlechter und die Krise der Moderne, Berlin.

Sinn, Hans-Werner 2008: Das grüne Paradoxon. Plädoyer für eine illusionsfreie Klimapolitik, Berlin.

Skyrms, Brian 2004: The Stag Hunt and the Evolution of Social Structure, Cambridge.

Smith, Adam 1759/1977: Theorie der ethischen Gefühle. Nach der Ausg. letzter Hand übers. und eingel. v. Walther Eckstein. Hamburg. (Engl. Originalausg.: The Theory of Moral Sentiments, repr. 2005).

Smith, Stephen 2003: Négrologie – pourquoi l'Afrique meurt, Paris.

Snell, Bruno 1970 (1947/1948): Die Entdeckung der Menschlichkeit und unsere Stellung zu den Griechen, in: Oppermann, Hans (Hrsg.): Humanismus, Darmstadt, 239-258.

Sontag, Susan 2003a: Das Leiden anderer betrachten, München.

Sontag, Susan 2003b: Dankesrede, in: Börsenverein des Deutschen Buchhandels (Hrsg.): Friedenspreis des deutschen Buchhandels 2003, Frankfurt/M.

Spaemann, R. 1996: Personen. Versuche über den Unterschied zwischen „etwas" und „jemand", Stuttgart.

Spranger, Eduard 1909: Wilhelm von Humboldt und die Humanitätsidee, Berlin.

Spranger, Eduard 1921: Aufruf an die Philologie in: ders. 1922: 5-13.

Spranger, Eduard 1922: Der gegenwärtige Stand der Geisteswissenschaften und die Schule, Leipzig.

Spranger, Eduard 1960 (1910): Humboldt und die Reform des Bildungswesens, Tübingen.

Steenblock, Volker (Hrsg.) 2008: Zeitdiagnose (Kolleg Praktische Philosophie, hrsg. mit F. J. Wetz und J. Siebert, Bd. 3), Stuttgart.

Steenblock, Volker 1999: Theorie der Kulturellen Bildung, München.

Steenblock, Volker 2006a: Bildungstradition und Bildungssysteminnovation. Skizzen zu einer gegenwärtigen Problemlage philosophischer Bildung, in: Rohbeck J./ Steenblock, V. (Hrsg.): Ethisch-Philosophische Bildung und Ausbildung. Dresdner Jahrbuch für Didaktik der Philosophie und Ethik, Bd. 7, Dresden, 11-42.

Steenblock, Volker 2006b: Bildungstradition und Bildungssysteminnovation. Skizzen zu einer gegenwärtigen Problemlage philosophischer Bildung, in: Studia philosophica 65, 41-67.

Stehr, Nico 2004: Nothing Has Been Decided: The Chances and Risks of Feasible Globalization, in: Journal of the Interdisciplinary Crossroads 1.3, 411-460.

Sternberger, Dolf 1986: Das Zeitalter der Emanzipationen, in: ders.: Herrschaft und Vereinbarung, Frankfurt/M.

Stölting, Erhard 2003: Humanismus und Eurozentrismus, in: Faber, Richard (Hrsg.): Streit um den Humanismus, Würzburg, 95-110.

Stora, Benjamin 1991: La Gangrène et l'oubli: La mémoire de la guerre d' Algérie, Paris.

Straub, Jürgen 1999: Handlung, Interpretation, Kritik. Grundzüge einer textwissenschaftlichen Handlungs- und Kulturpsychologie, Berlin.

Straub, Jürgen 2004: Identität, in: Jäger, Friedrich/Liebsch, Burkhard (Hrsg.): Handbuch der Kulturwissenschaften. Grundlagen und Schlüsselbegriffe, Stuttgart, 277-303.

Straub, Jürgen 2007a: Kultur, in: Straub, Jürgen/Weidemann, Arne/Weidemann, Doris (Hrsg.): Handbuch Interkulturelle Kommunikation und Kompetenz. Grundbegriffe – Theorien – Anwendungsfelder, Stuttgart, 7-24.

Straub, Jürgen 2007b: Kompetenz, in: Straub, Jürgen/Weidemann, Arne/Weidemann, Doris (Hrsg.): Handbuch Interkulturelle Kommunikation und Kompetenz. Grundbegriffe – Theorien – Anwendungsfelder, Stuttgart, 35-46.

Straub, Jürgen/Weidemann, Arne/Weidemann, Doris (Hrsg.) 2007: Handbuch Interkulturelle Kommunikation und Kompetenz, Stuttgart.

Suchanek, Norbert 2001: Mythos Wildnis, Stuttgart.

Sweet, Paul R. 2008: Wilhelm von Humboldt oder Die Idee des Menschen, Paderborn.

Tagore, Rabindranath 1931: The Religion of Man, New York (The Hibbert Lectures 1930).

Tajfel, Henri (Hrsg.) 1981: Human groups and social categories. Studies in social psychology, Cambridge.

Tang Junyi 1958: Zhongguo renwen jingshen zhi fazhan (Die Entwicklung des humanistischen Geistes Chinas), Hongkong. (Teilübersetzung in T'ang Chun-i 1988: Essays on Chinese Philosophy and Culture, Taipei).

Taylor, Charles 1995: Das Unbehagen in der Moderne („The Malaise of Modernity"), Frankfurt/M.

Taylor, Charles 1993: Politik der Anerkennung, in: Gutman, Amy (Hrsg.): Multikulturalismus und die Politik der Anerkennung. Mit Kommentaren von Amy Gutman, Steven C. Rockefeller, Michael Walzer, Susan Wolf. Mit einem Beitrag von Jürgen Habermas, Frankfurt/M., 13-78.

Tempels, Placide 1949: La philosophie bantoue, Paris.

Thatcher, Margaret 1987: Interview for Woman's Own („no such thing as society"), http://www.margaretthatcher.org/speeches/displaydocument.asp?docid=106689 (28.02.2009).

Thomas, Alexander 1993: Psychologie interkulturellen Lernens und Handelns, in ders. (Hrsg.): Kulturvergleichende Psychologie. Eine Einführung, Göttingen, 377-424.

Thomas, Alexander 2000: Forschungen zur Handlungswirksamkeit von Kultur-standards. Handlung, Kultur, Interpretation, in: Zeitschrift für Sozial- und Kulturwissenschaften 9.2, 231-278.

Thomas, Alexander 2003: Interkulturelle Kompetenz, in: Erwägen, Wissen, Ethik 14.1, 137-150.

Tibi, Bassam 1998: Europa ohne Identität. Die Krise der multikulturellen Gesell-schaft, München.

Tiedemann, Paul 2007: Menschenwürde als Rechtsbegriff. Eine philosophische Klärung, Berlin.

Todorov, Tzvetan 1998/2002: Le Jardin imparfait, Paris. Engl. Übersetzung: Imperfect garden. The legacy of humanism, Princeton 2002.

Tönnies, Ferdinand 1963: Gemeinschaft und Gesellschaft – Grundbegriffe der reinen Soziologie, Darmstadt.

Toulmin, Stephen 1994: Kosmopolis. Die unerkannten Aufgaben der Moderne, Frankfurt/M.

Treadgold, Warren T. 1980: The Nature of the ‚Biblioteca' of Photius, Dumbarton Oaks.

Tu Weiming 1999: A Confucian Perspective on the Core Values of Global Community, in: The Review of Korean Studies 2, September, 55-70.

Tu Weiming 2001: The Ecological Turn in New Confucian Humanism, in: Daedalus 130.4, 243-264.

Turchetti, Mario 2001: Tyrannie et tyrannicide de l'antiquité a nos jours, Paris.

United Nations 1945-1995: Yearbook of the United Nations. Hrsg. von United Nations, Department of Public Information, Special Edition – UN Fiftieth Anniversary, Den Haag.

Vattel, Emer de 1758: Le loi des gens, Den Haag.

Velasco, Ambrosio (Hrsg.) 2008: Significación política y cultural del humanismo iberoamericano en la época colonial, Mexiko.

Vogl, Wolfgang 2002: Aktion und Kontemplation in der Antike. Die geschichtliche Entwicklung der praktischen und theoretischen Lebensauffassung bis Origines, Frankfurt/M.

Waardenburg, Jacques 2002: Islam. Historical, social, and Political Perspectives, Berlin.

Walde, Bettina 2007: Die Naturalisierung von Ich und Selbst, in: Wetz, F.-J./Steenblock, V. (Hrsg.): Ethik zwischen Kultur- und Naturwissenschaften, Stuttgart, 27-61.

Waldenfels, Bernhard 2006: Grundmotive einer Phänomenologie des Fremden, Frankfurt/M.

Walliser, Bernard 2008: Cognitive Economics, Berlin.

Ward, Ian 2003: Justice, Humanity, and the New World Order, Aldershot.

Wehler, Hans-Ulrich 2003: Konflikte zu Beginn des 21. Jahrhunderts, München.

Weidemann, Doris 2007: Akkulturation und interkulturelles Lernen, in: Straub, Jürgen/Weidemann, Arne/Weidemann, Doris (Hrsg.): Handbuch Interkulturelle

Kommunikation und Kompetenz. Grundbegriffe – Theorien – Anwendungsfelder, Stuttgart, 488-498.

Weinzierl, Hubert 1999: Leitbild Wildni, in: Laufener Seminarbeiträge 2.99, 57-64.

Wetz, F. J. 2007: Die Naturalisierung der Kultur – ein vollendbares Projekt?, in: ders./Steenblock, V. (Hrsg.): Ethik zwischen Kultur- und Naturwissenschaften, Stuttgart, 193-225.

White, Hayden 1987: The Value of Narrativity in the Representation of Reality, in: The Content of the Form, Baltimore, 1-25.

White, Louise 2000: Speaking with Vampires – Rumour and History in Colonial Africa, Berkeley.

Wilde, Oscar 1909: The Decay of Lying, in: Intention. The Complete Writings of Oscar Wilde, Bd. 7, New York.

Wilhelm, Richard 2008: (Über) Die Lehren des Konfuzius. Die vier konfuzianischen Bücher, Frankfurt/M.

Wilson, Catherine 2008: Epicureanism at the Origins of Modernity, Oxford.

Wiredu, Kwasi 1984: How not to Compare African Thought with Western Science, in: Wright, Richard (Hrsg.): African Philosophy – An Introduction, Lanham.

Wittrock, Bjorn 2000: Modernity: One, None, or Many? European Origins and Modernity as a Global Condition, in: Daedalus, Winter 20, 31-60.

Zea, Leopoldo 1968: El positivismo en México, Mexiko.

Zimmer, Heinrich 1973: Philosophie und Religion Indiens, Frankfurt/M.

Hinweise zu den Herausgebern und Autoren

Arkoun, Muhammad
Professor emeritus, zuletzt Senior Consultant, Islamic Studies, Library of Congress, Washington DC, 2000-2003.
Publikationen in Auswahl: L'Humanisme arabe au 4e/10e siècle, Paris ³2005, La Pensée arabe, Paris 2003; Critique de la raison islamique, Paris 1984; L'islam, approche critique, Paris 2003; The Unthought in Contemporary Islamic Thought, London 2002 (2. Auflage unter dem Titel: Islam: to Reform or to subvert, London 2005).

Barricelli, Michele
Professor für Didaktik der Geschichte an der Leibniz Universität Hannover.
Publikationen in Auswahl: Schüler erzählen Geschichte. Narrative Kompetenz im Geschichtsunterricht, Schwalbach/Ts. 2005; Jugend meets nation. Beobachtungen zu aktuellen Artikulationsformen jugendlichen Geschichtsbewußtseins im Zeichen popkultureller Erneuerung der Nation, in: Handlung Kultur Interpretation. Zeitschrift für Sozial- und Kulturwissenschaften 2/2005, 228-274; Per Video zugeschaltet. Periphere Gedanken zum Potenzial des „Visual History Archive" der Shoah Foundation im Geschichtsunterricht, in: Martin, Judith/Hamann, Christoph (Hrsg.): Geschichte – Friedensgeschichte – Lebensgeschichte, Herboltzheim 2007, 234-252; „The story we're going to try and tell". Zur andauernden Relevanz der narrativen Kompetenz für das historische Lernen, in: Zeitschrift für Geschichtsdidaktik 2008, 140-153; zus. m. Julia Hornig (Hrsg.): Aufklärung, Bildung, „Histotainment"? – Zeitgeschichte in Unterricht und Gesellschaft heute, Frankfurt/M. 2008.

Cancik, Hubert, Dr. Dr. h.c.
Professor emeritus der Eberhard-Karls-Universität Tübingen.
Publikationen in Auswahl: Grundzüge der hethitischen und alttestamentlichen Geschichtsschreibung, Wiesbaden 1976; Nietzsches Antike. Vorlesung, Stuttgart 1995; ²2000; zus. m. Richard Faber et al. (Hrsg.): Antik – Modern. Beiträge zur römischen und deutschen Kulturgeschichte, Stuttgart 1998; zus. m. Hildegard Cancik-Lindemaier (Hrsg.): Römische Religion im Kontext. Gesammelte Aufsätze I, Tübingen 2008; zus. m.

Hildegard Cancik-Lindemaier (Hrsg.): Religionsgeschichten. Gesammelte Aufsätze II, Tübingen 2008; (Hrsg.): Der Neue Pauly. Enzyklopädie der Antike, Stuttgart 1996-2003.

Chattopadhyaya, Umesh C.
Professor, Department of Ancient History, Culture and Archaeology, University of Allahabad, India.
Publikationen in Auswahl: The ‚Death' of the Past: A Problem in Philosophy of History, in: *Citi Vithika* (Journal of Art History, Culture & Literature, Allahabad Museum) 5, 1999-2000, 190-202; The Post-modern Denial of the Past: Challenges before Archaeology in the Twenty-first Century, in: S.C. Bhattacharya et al. (Hrsg.): Peeping through the Past: Prof. G.R. Sharma Memorial Volume, Allahabad 2000, 169-82; Post-Pleistocene Adaptations in the Vindhya-Ganga Valley Complex, in: Chauhan, P. R./Patnaik, R. (Hrsg.): Multidisciplinary Approaches to South Asian Paleoanthropology: Dedicated to the Memory of Gudrun Corvinus, Quaternary International 198, Dec. 2008, 89-101; Social Banking in Prehistory: Post-Pleistocene Adaptations in the Vindhyas and the Ganga Valley, New Delhi 2009.

Herrmann-Pillath, Carsten
Professor und Akademischer Direktor, Sino-German School of Governance, Frankfurt School of Finance and Management, Lehrstuhlinhaber, Evolutionsökonomik und Institutionentheorie an der Universität Witten/Herdecke.
Publikationen in Auswahl: International Market Access Rights and the Evolution of the International Trade System, in: Journal of Theoretical and Institutional Economics 164.2, 2008, 302-326; Diversity: Management der offenen Unternehmung, in: Koall, Iris et al. (Hrsg.): Diversity Outlooks, Münster 2007, 202-222; Cultural Species and Institutional Change in China, in: Journal of Economic Issues XL.3, 2006, 539-574.; Kritik der reinen Theorie des internationalen Handels, 2 Bde., Marburg 2001/2004; Grundriß der Evolutionsökonomik, Stuttgart 2002.

Kozlarek, Oliver
Professor für Sozialphilosophie und Sozialtheorie an der Universidad Michoacana de San Nicolás de Hidalgo, Morelia, Mexiko.
Publikationen in Auswahl: Universalien, Eurozentrismus, Logozentrismus. Kritik am disjunktiven Denken der Moderne, Frankfurt/M. 2000; (Hrsg.): De la Teoría Crítica a una crítica plural de la modernidad, Buenos Aires 2007; Entre Cosmopolitismo y „conciencia del mundo",

Mexiko 2007; Modernity as World Consciousness, in: Volker Schmidt (Hrsg.): The Concept of Modernity in the 21st. Century, Cambridge 2007; Theoretisch-begriffliche Anschlussstellen für ein Verständnis menschlichen Handelns als Improvisation, in: Ronald, Kurt/Näumann, Klaus (Hrsg.): Menschliches Handeln als Improvisation. Sozial- und Musikwissenschaftliche Perspektiven, Bielefeld 2008.

Laass, Henner
Dr. phil., seit 2008 Freier Mitarbeiter am Projekt „Humanismus im Zeitalter der Globalisierung".
Publikationen in Auswahl: Samuel Beckett, Dramatische Form als Medium der Reflexion, Bonn 1978; Exploration of the Non-Feasible: Syntactic Ambiguity in some Poems of Samuel Beckett, in: Hagenbüchle, Roland/Swann, Joseph T. (Hrsg.): Poetic Knowledge, Circumference and Centre, Bonn 1980, 100-113; zus. m. Wolfgang Schröder: Samuel Beckett, München 1984.

Llanque, Marcus
Professor für Politische Theorie an der Universität Augsburg.
Publikationen in Auswahl: Republican Rhetoric as a Theory of Democratic Deliberation, in: Redescriptions. Yearbook of Political Thought and Conceptual History, Bd. 9 (2005), 27-50; Die politische Rezeptionsgeschichte von Cicero, in: Richter, Emanuel/Voigt, Rüdiger (Hrsg.): Res Publica und Demokratie. Die Bedeutung von Cicero für das heutige Staatsverständnis, Baden-Baden 2007, 223-242; Max Weber and the Relationship between Power Politics and Political Ideals, in: Constellations, Bd. 14 (2007), 483-497; Politische Ideengeschichte. Ein Gewebe politischer Diskurse, München 2008; Das genealogische Verhältnis der konstitutionellen Demokratie zur kosmopolitischen Menschenrechtsidee, in: Brodocz, Andre et al. (Hrsg.): Bedrohungen der Demokratie, Wiesbaden 2008, 311-333.

Macamo, Elísio
Wissenschaftlicher Mitarbeiter am Lehrstuhl für Entwicklungssoziologie der Universität Bayreuth.
Publikationen in Auswahl: (Hrsg.): Negotiating Modernity – Africa's Ambivalent Experience, London 2005; Abecedário da nossa dependência, Maputo 2005; (Hrsg.): A leitura sociológica – um manual introdutório, Maputo 2004; Clausen, Lars/Geenen, Elke/Macamo, Elísio (Hrsg.): Entsetzliche soziale Prozesse. Theoretische und empirische Annährungen, Hamburg 2003; Elkana, Yehuda/Krastev, Ivan/Macamo, Elísio/Randeria,

Shalini (Hrsg.): Unraveling ties – From social cohesion to new practices of connectedness, Frankfurt/M. 2002; Was ist Afrika? Zur Soziologie und Kulturgeschichte eines modernen Konstrukts, Berlin 1999.

Roetz, Heiner
Professor für Geschichte und Philosophie Chinas an der Ruhr-Universität Bochum.
Publikationen in Auswahl: Die chinesische Ethik der Achsenzeit, Frankfurt/M. 1992; Confucian Ethics of the Axial Age, Albany 1993; Konfuzius, München 2006; zus. m. Hubert Schleichert: Klassische chinesische Philosophie. Eine Einführung, Frankfurt/M. 2009; zus. m. Lena Henningsen (Hrsg.): Chinesische Menschenbilder, i. Dr. 2009.

Rüsen, Jörn
Senior Fellow am Kulturwissenschaftlichen Institut in Essen, Professor für Allgemeine Geschichte und Geschichtskultur an der Universität Witten/Herdecke.
Publikationen in Auswahl: History. Narration – Interpretation – Orientation, New York 2005; Kultur macht Sinn. Orientierung zwischen Gestern und Morgen, Köln 2006; Humanism and Nature – Some Reflections on a Complex Relationship, in: The Journal for Transdisciplinary Research in Southern Africa 2, 2006, 265-276; Kulturelle Identität in der Globalisierung – Über die Gefahren des Ethnozentrismus und die Chancen des Humanismus, in: Gunsenheimer, Antje (Hrsg.): Grenzen, Differenzen, Übergänge. Spannungsfelder inter- und transkultureller Kommunikation, Bielefeld 2007, 49-54; Humanism in response to the Holocaust – destruction or innovation?, in: Postcolonial Studies 11, 2008, 191-200.

Spanier, Heinrich
Dipl. Ing., Referatsleiter im Bundesministerium für Umwelt, Naturschutz und Reaktorsicherheit (derzeit wegen anderer Aufgaben freigestellt).
Publikationen in Auswahl: Bild oder Wirklichkeit – Landschaft in der Bildenden Kunst, in: Schindler, Richard et al. (Hrsg.): Points of View. Landschaft verstehen – Geographie und Ästhetik, Energie und Technik. Freiburg, 2008, 55-68; Was kann die Naturschutzkommunikation von der Werbung lernen? Oder: Bühnenbilder des Erhabenen und Idyllischen in Werbung und Naturschutz, in: Erdmann, Karl-Heinz (Hrsg.): Informieren und faszinieren. Kommunikation in Natur-Infozentren. SchrR Naturschutz und Biologische Vielfalt vol. 54, 2008, 25-48; Kassandra und die Folgen. Wie Leute in ein Boot holen, von

dem man selbst behauptet, es sinke?, in: Busch, Bernd (Hrsg.): Jetzt ist die Landschaft ein Katalog voller Wörter. Beiträge zur Sprache der Ökologie. Valerio, vol. 5, 2007, 146-153; Pathos der Nachhaltigkeit. Von der Schwierigkeit, „Nachhaltigkeit" zu kommunizieren, in: Stadt und Grün, 2006, H. 12, 26-33; Perle der Natur? – Betrachtungen zu Natur und Kultur, in: Venturelli, Rita Colantonio/Tobias, Kai (Hrsg.): La cultura del paesaggio. Le sue origini, l situazione attuale e le prospettive future, Giardini e paesaggio, vol. 13, 2005, 149-168.

Steenblock, Volker
Professor für Philosophiedidaktik und Kulturphilosophie an der Ruhr-Universität Bochum.
Publikationen in Auswahl: Theorie der Kulturellen Bildung. Zur Philosophie und Didaktik der Geisteswissenschaften, München 1999; Kleine Philosophiegeschichte, Stuttgart 2002; Kultur oder: Die Abenteuer der Vernunft im Zeitalter des Pop, Leipzig 2004; Philosophische Bildung, Münster ³2007; zus. m. F. J. Wetz: Kolleg Praktische Philosophie, 4 Bde., Stuttgart 2008.

Straub, Jürgen
Prof. Dr. phil., Inhaber des Lehrstuhls für Sozialtheorie und Sozialpsychologie in der Fakultät für Sozialwissenschaft der Ruhr-Universität Bochum; leitet (zusammen mit Prof. Dr. Jörn Rüsen) das am Kulturwissenschaftlichen Institut Essen angesiedelte Graduiertenkolleg „Interkulturelle Kommunikation – Interkulturelle Kompetenz" sowie (als Mitglied der Lenkungsgruppe) das internationale Projekt „Humanismus im Zeitalter der Globalisierung".
Publikationen in Auswahl: Straub, Jürgen, zusammen mit Arne Weidemann, Doris Weidemann (Hrsg.): Handbuch Interkulturelle Kommunikation und Kompetenz, Stuttgart 2007; Zusammen mit Doris Weidemann, Carlos Kölbl und Barbara Zielke (Hrsg.): Pursuit of Meaning. Theoretical and Methodological Advances in Cultural and Cross-Cultural Psychology, Bielefeld (2006); zus. m. Friedrich Jäger (Hrsg.): Handbuch der Kulturwissenschaften, Bd. 2: Paradigmen und Disziplinen, Stuttgart 2004; zus. m. Joachim Renn (Hrsg.): Transitorische Identität. Der Prozesscharakter des modernen Selbst, Frankfurt/M. 2002; zus. m. Kurt Grünberg (Hrsg.): Unverlierbare Zeit. Langfristige psychosoziale Folgen des Nationalsozialismus bei Nachkommen von Opfern und Tätern, Tübingen 2001.